中国故宫全书

THE PALACE MUSEUM

中国瑰宝系列

红糖美学 著

華中科技大學出版社
http://press.hust.edu.cn
中国·武汉

有书至美
BOOK & BEAUTY

前言

在中华文明的灿烂长河中，“故宫”二字如同一颗璀璨的明珠，闪耀着千年帝王气象与文化积淀的光芒。这一浓缩了中国历史精髓的建筑群落，不仅包括北京紫禁城的雄伟宫殿，更是以“故宫”为名，在华夏大地上绽放出五朵瑰丽的文化之花。故宫博物院、台北故宫博物院、沈阳故宫博物院、南京故宫以及香港故宫文化博物馆，每一处都以独特的魅力，诉说着中华文明的辉煌篇章。

故宫博物院（北京故宫），这座世界上规模最大、保存最完整的木结构古建筑群，以其恢宏的气势和精湛的建筑艺术，成为中国传统文化的象征。180多万件珍贵文物，涵盖了中华五千年文明的方方面面，是一部可触可感的中华文明史。紫禁城内的每一砖每一瓦，都承载着明清两代的兴衰荣辱，诉说着帝王将相的喜怒哀乐。

台北故宫博物院（台北故宫）珍藏了近70万件文物，大多数是昔日北京故宫南迁保存的精华，其中不乏“翠玉白菜”“肉形石”等稀世珍品。台北故宫以其丰富的馆藏文物和精致的展陈设计，成为海峡两岸文化交流的重要桥梁。

香港故宫文化博物馆（香港故宫），作为最年轻的“故宫家族”成员，以其现代化的设计理念和国际化的视野，为故宫文化注入了新的活力。这座博物馆的建筑设计巧妙融合了中西元素，成为故宫文化在新时代的创新表达。

南京故宫遗址（南京故宫），虽已经历沧海桑田，却依旧在静默中诉说着明初洪武、建文年间的峥嵘岁月。这座曾与北京故宫比肩的明代宫殿，虽已不复昔日辉煌，但其遗址的每一寸土地，都蕴含着中国历史变迁的深刻印记。南京故宫的存在，为我们展现了一个完整的“故宫体系”，丰富了我们对中国古代宫廷

文化的理解。

沈阳故宫博物院（沈阳故宫），作为清廷入关前的皇宫，与北京故宫形成了一脉相承的历史叙事。这里不仅保留了满族早期宫廷建筑的典范，更是清文化的发源地。沈阳故宫的存在，让我们得以一窥清朝由塞外民族政权到统一中原的历史进程，是理解清代历史不可或缺的一环。

本书将以上五个“故宫”的历史变迁与文物瑰宝集中呈现。这五座“故宫”，如同五颗璀璨的明珠，串联起中国历史的光辉篇章。北京故宫与沈阳故宫，一南一北，共同见证了清王朝的兴衰；北京故宫与台北故宫，隔海相望，共同守护着中华文明的精粹；香港故宫文化博物馆与北京故宫的密切合作，则开辟了传统文化传播的新途径。它们既各具特色，又相互呼应，共同构筑了一幅完整的中国故宫文化图谱。

当您翻开本书，您将踏上一段跨越时空的文化之旅。本书不仅是一场视觉的盛宴，更是一次心灵的洗礼。通过这五座“故宫”的建筑与收藏，您将看到一个立体的、全面的中国故宫文化。在这里，您可以领略帝王的雄心壮志，感受匠人的精湛技艺，探索学者的深邃智慧。本书将带您穿越千年时光，在故宫的庭院间漫步，在文物的光影中徜徉，在历史的长河中沉思。

让我们一同开启这段奇妙的旅程，去探索那些深藏在宫墙之内的秘密，去聆听那些流传千年的故事，去感受中华文明的博大精深。

在这里，每一页都是一次文化的邂逅，每一幅图片都是一次美的震撼。让我们共同揭开故宫的神秘面纱，一起品味这部浓缩了中国历史与文化精华的鸿篇巨制。

目录

THE CHAPTER ONE 第一章

故宫博物院

THE CHAPTER TWO 第二章 台北故宫博物院

THE CHAPTER THREE
第三章

香港故宫文化博物馆

THE CHAPTER FOUR 第四章

南京故宫

THE CHAPTER FIVE 第五章

沈阳故宫博物院

故宫

物院

故宫博物院

第一章 故宫博物院

故宫博物院是世界上规模最大、保存最完整的木结构宫殿建筑群，也是国家一级博物馆，位于北京市中心的天安门广场北侧。故宫始建于明朝永乐四年（1406年），建成于永乐十八年（1420年），是明清两代的皇宫，近500年间，共有24位皇帝在此居住和处理朝政。故宫占地72万平方米，大小房间9000余间。无论追寻历史的足迹，还是欣赏建筑的华美，故宫都以其独特的魅力，带给你一段难忘的文化之旅。1925年，故宫博物院在此成立并向公众开放，成为集古代建筑群、宫廷收藏、历代文化艺术为一体的大型综合性博物馆。故宫博物院可谓是古代艺术藏宝库，其中囊括了先秦至清代180余万件文物，包含青铜器、玉器、金银器、书画等20余个品类。通过参观故宫，我们不仅可以感受古代皇家宫廷的壮丽与辉煌，亦可深入了解中国悠久的历史和丰富的文化遗产。

故宫的历史变迁

北京故宫又称“紫禁城”，曾是明清两朝皇权的象征与皇帝的居所。其南北长961米，东西宽753米，高达10米的城墙与宽阔的护城河将其围绕。紫禁城的命名以紫微垣为依据，且皇宫乃皇家禁地，故得名“紫禁城”。紫禁城见证了14位明代皇帝和10位清代皇帝长达491年的历史发展。直到1925年10月10日，故宫博物院正式成立并对外开放，让世人得以一窥其壮丽风貌。

百年故宫的壮丽开篇

北京故宫是明成祖朱棣继位后以南京故宫为蓝本营建的。明代初年，都城设在应天府（今南京）。朱棣继位后，为了国家的长治久安和政治军事的稳固，在永乐四年（1406年）决定迁都至自己曾经的封地——北平府（今北京）。他下令以南京皇宫（南京故宫）为蓝本，兴建北京皇宫（北京故宫）及城垣。经过数年的准备，永乐十五年（1417年），北京紫禁城的建造工程正式拉开帷幕，并于三年后完工。

与南京故宫相比，北京故宫在规模上更为宏大，彰显了皇家气派与威严。永乐十九年（1421年）正月初一，北京紫禁城宫殿正式启用，标志着北京从此正式升格为明朝的都城，南京则退居为留都。自这一天起，这座宏伟的宫殿成了明王朝政治权力的中心，见证了无数历史变迁。

明故宫——
奠定故宫的千秋基石

明故宫是在元大都的基础上进行营建的，且汲取了历代都城规划的优点，为故宫的建筑形制奠定了基础。自建立后，紫禁城见证了14位明代帝王跌宕起伏的人生。

午门与内金水河

明代故宫的建筑形制

明故宫沿用元朝大内的旧址而稍向南移，严格遵循《周礼·考工记》中的王城宫殿形式进行营建，形成了城墙高耸、护城河环绕和建筑中轴对称的建筑布局。

元大都基址上的宫殿城池

元大都的皇城布局以太液池（今中南海、北海）为核心，整体呈现出“太液为主，宫殿为客”的布局。明代则将宫城置于太液池的东岸，强调“宫殿为主，太液为客”的布局，将高耸的城墙作为重点，加强对皇宫的防御保护，而太液池则成为皇室成员消遣放松的地方。

明故宫还将太后嫔妃的宫室安置在紫禁城内部，使皇宫内部更加紧密有序。同时，明代在紫禁城周围挖掘了52米宽的河道，将太液池的水系引入其中设护城河。这不仅增强了皇宫的安全性，更增添了灵动与生机。

礼制

“王者必居天下之中，礼也。”礼，作为人们行为的至高准则，历来受到帝王们的尊崇与践行。在建筑中，礼的体现即为建筑的等级制度。在都城规划中，选择中央的方位极为重要，因为“中”象征着尊贵与权威。

明故宫与北京城池的营建，严格遵循了儒家经典《周礼·考工记》中的营建原则：“匠人营国，方九里，旁三门。国中九经九纬，经涂九轨，左祖右社，面朝后市。”这一布局不仅彰显了皇权的庄重与威严，也体现了礼制在建筑中的深刻影响。

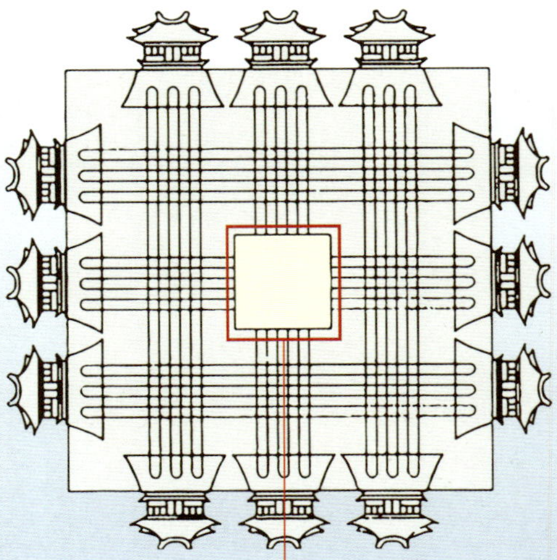
根据《周礼·考工记》绘制的王城图

中轴线

紫禁城的构建，通过建筑形体的精致变化和错落有致的高低布局，巧妙地营造出一个和谐统一的宏伟空间。这一设计不仅在视觉上达到了极致的平衡，更是封建社会的等级制度与艺术的完美交融。

在营建过程中，明永乐朝汲取了元大都的“中轴线”理念，将其作为城市规划的核心，奠定了北京城的秩序与和谐。正如建筑学家梁思成先生所言，北京独有的壮美秩序就是因这条中轴线的建立而产生的。

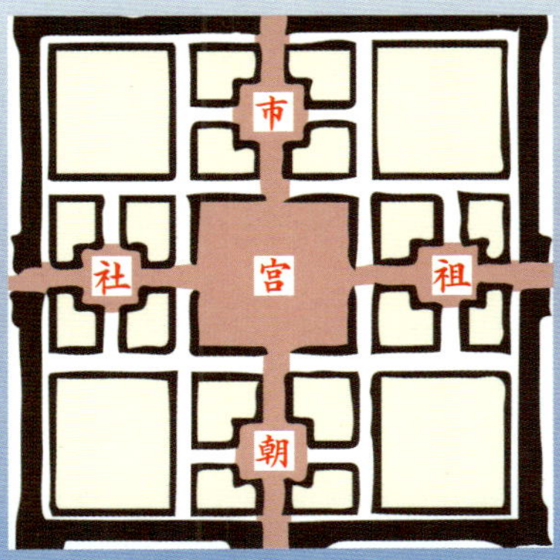

《周礼·考工记》中对宫殿的要求

围绕紫禁城城墙的护城河

明代住在故宫的帝王

明代历经16代君王的统治，除开国皇帝朱元璋、建文皇帝朱允炆居于南京，其余14位皇帝皆居于紫禁城内。这些皇帝分别是：朱棣、朱高炽、朱瞻基、朱祁镇、朱祁钰、朱见深、朱祐樘、朱厚照、朱厚熜、朱载垕、朱翊钧、朱常洛、朱由校、朱由检。

永乐皇帝

（在位时间：1403—1424 年）
明成祖 朱棣

明太祖第四子。太祖去世后，朱棣发动“靖难之役”，而后攻入南京，即位为帝。他迁都北京，改革政治，稳定边疆，兴建故宫，并派遣郑和七次下西洋，促进中外交流。他下令编纂《永乐大典》，三次亲征大漠，永乐二十二年（1424年）病逝于征途，庙号“成祖”。

洪熙皇帝

（在位时间：1424—1425 年）
明仁宗 朱高炽

永乐帝长子。永乐二年（1404年）立为皇太子，长期监国。因有杨士奇等大臣的协助，得以稳固政权。即位后减轻民困，释放旧臣，宽赦诸臣家属，调整统治机构，提高内阁权力，褒奖直言。然而，他体弱多病，在位仅8个月便病逝，享年48岁。

宣德皇帝

（在位时间：1425—1435 年）

明宣宗 朱瞻基

朱高炽长子，深得祖父永乐帝宠爱，被立为皇长孙。洪熙元年（1425年），朱瞻基即位，倚重“三杨”等重臣，稳定朝政，巩固了中央政权。他撤兵交趾（古省名，位于今越南境内），减轻民负，整顿统治机构，精减官员，设置巡抚，推行保举和久任政策，减轻民困。宣德十年（1435年），朱瞻基去世，享年38岁。

嘉靖皇帝

（在位时间：1521—1567 年）

明世宗 朱厚熜

兴献王朱祐杬的独子。因正德皇帝无子，按照“兄终弟及”的祖训，朱厚熜承统，15岁即位。即位初期，他整顿朝政，有所作为，但随后转向迷信道士，长期不理政事，导致严嵩乱政20年。他大兴土木，加重百姓负担，导致国家财政危机。嘉靖四十五年（1567年1月），朱厚熜卒于乾清宫，享年60岁。

弘治皇帝

（在位时间：1487—1505 年）

明孝宗 朱祐樘

明宪宗第三子。因前太子夭折被立为皇太子，18岁即位。实行改革，整顿吏治，任用贤能，政治清明，经济繁荣，称“弘治中兴”。重视农业，兴修水利。但先天体弱，36岁去世。

万历皇帝

（在位时间：1572—1620 年）

明神宗 朱翊钧

明穆宗第三子。隆庆二年（1568年）被立为皇太子，隆庆六年（1572年）即位。初期得张居正辅佐，整顿吏治，改革赋役，推行考成法，加强武备，明朝出现中兴。张居正去世后，万历帝怠政，导致朝政腐败，国库空虚。东北后金崛起，对明朝构成威胁。万历四十八年（1620年），朱翊钧去世，享年58岁。

太和殿

清故宫——独特魅力与发展变迁

清故宫沿袭了明故宫的形式，在历史流转中不断修建增设，形成清故宫的基本制式，又随着封建王朝的衰败和战乱而逐渐黯淡。

废墟中重建辉煌

清故宫于明故宫的废墟上而建，沿袭了明故宫的制式特点。而后经康熙时期的两轮大修，确立了清故宫的基本规制，以外朝三大殿最为典型。

灾后重建的清故宫

明故宫建成后历经多起天灾人祸和几次重修再建。随着明王朝的终结和各方势力的激烈冲突，紫禁城的绝大部分建筑被李自成焚毁，昔日辉煌壮丽的皇宫，顷刻间变成了灰烬，仅剩武英殿、建极殿、英华殿、南薰殿、皇极门及角楼等少数建筑幸免于难。随后，清军在一片废墟中接管了这座饱受摧残的皇宫。这些经历为清故宫蒙上了历史沧桑之感，增添了一份独特魅力。

清军入主北京后，百废待兴。首先，于顺治元年（1644年）对皇帝居住的乾清宫等建筑进行了修缮。一年后，将明代的皇极、中极、建极三殿进行重建，并改称为太和、中和、保和三殿，即如今的外朝三大殿，并在三年后完工。

太和门

典型建筑的重点建造

在外朝三大殿的修复中，太和殿作为其核心，修缮工作难度极大。康熙二十一年（1682年），清廷决定重修太和殿，并全力筹备物料。待物料齐备，康熙皇帝亲自督建。康熙三十七年（1698年），太和殿竣工。因国家统一，太和殿的修复被赋予了新的政治意义，更添了一份特殊的魅力。

由于木材有限，在修建时不得不破坏明代“面阔九间、进深五间”的传统格局。于是工匠们采用新的方式，在东西两侧的尽头构建砖墙，划分独立的房间，既保留古制，符合皇权的“九五之数”，也更贴近古代宗庙建筑的形制。

传承与变迁

清代的大修大建为故宫带来了无与伦比的辉煌，而后，清王朝的灭亡也让故宫走向落魄。经历跌宕起伏后，直至1949年，中华人民共和国成立，故宫才重现生机。

扩建与改建

顺治年间，清故宫大多是在明代遗留下来的基础上重建的，这一修复工作体现了“清承明制”的特点。而后到来的“康乾盛世”，让紫禁城的修缮工作进入了最为辉煌的阶段。康熙时期奠定了清代紫禁城的基本规制，乾隆皇帝更将紫禁城的兴建工程推向高潮。

乾隆皇帝继位后，首先完成了寝宫养心殿及其周边区域的扩建和改建。在乾隆时期浩浩荡荡的紫禁城修建工程中，不仅原有建筑得到了修护，大量新建筑也逐渐增加，如寿康宫、文渊阁、乾清宫、慈宁宫及其花园、宁寿宫及其花园等，这些建筑共同构建了清代紫禁城的鼎盛景象。

战乱中的故宫

随着清王朝的衰落，国家也陷入了动荡不安的局势。1924年，冯玉祥发动“北京政变”，成立“清室善后委员会”来接管这座曾经的皇家宫殿。1925年10月10日，故宫博物院正式成立，并向公众开放。自此，紫禁城被称为“故宫”。

然而，在战乱时期，故宫的辉煌逐渐黯淡，多处宫殿因年久失修而倒塌，众多文物也历经波折，一度被运至南京保管。

重生后的故宫

直至1949年，中华人民共和国的成立为故宫带来了新的生机。宫内建筑得到了大规模的修缮，大量文物也得到了保护。

故宫被列为全国重点文物保护单位及世界文化遗产，成为全球共同珍视的文化瑰宝，这使得更多人能够领略到这座古老宫殿的魅力和底蕴。

新建的寿康宫

建筑之美

故宫是中国现存规模最大、保存最完整、最壮丽的古代宫殿建筑群，也是中国历代皇宫建筑的集大成者，在殿宇上运用了庑殿顶、歇山顶、攒尖顶等多种形式，建筑细节上运用了鎏金、烫金、彩画等多种工艺，令人惊艳。

建筑布局与屋顶形式

强调中心对称布局是中式院落建筑的基本特征，故宫便是其集大成者。

中轴建筑

紫禁城中轴线上分布着核心礼制建筑：外朝三大殿、内廷后三宫。

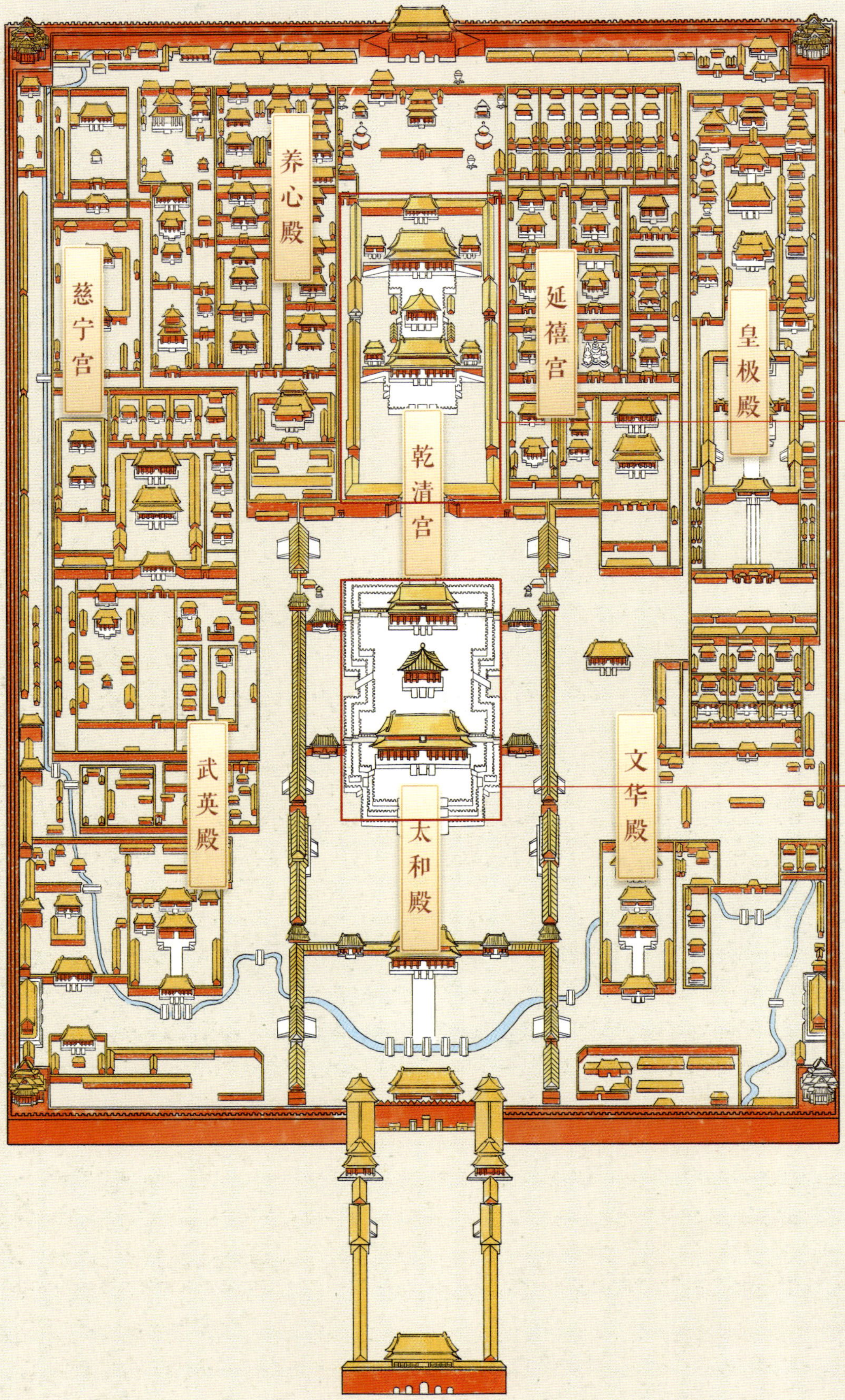

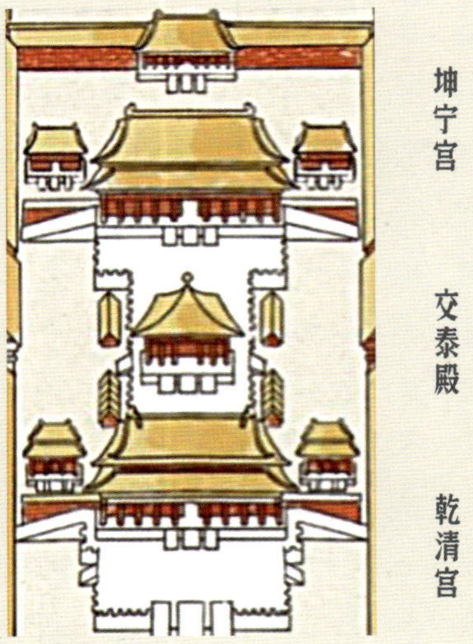

后三宫

后三宫是帝王及后妃生活的区域，宫殿体量不如前朝，但排列紧凑，富于变化，空间上更适合居住。

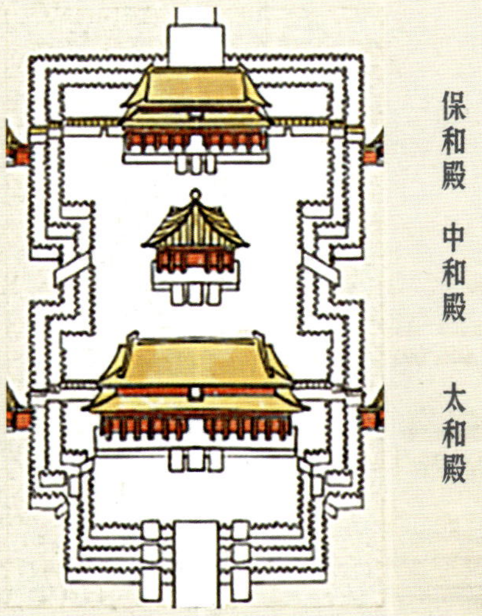

外朝三大殿

外朝三大殿是帝王办公的场所，朝见外宾、上朝等都是在这个区域。

屋顶样式

传统建筑的屋顶，从大体上讲，分为庑殿顶、歇山顶、攒尖顶、悬山顶、盔顶、卷棚顶等。它们的等级排序由高到低依次为重檐庑殿顶、重檐歇山顶、庑殿顶、歇山顶、四角攒尖顶、悬山顶、卷棚顶。 由于故宫是元明清三代的宫殿，所以像明代的重檐盝顶与盔顶等，都不参与排序。

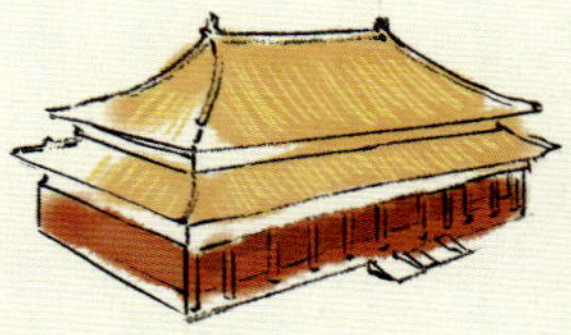

重檐庑殿顶
太和殿

重檐歇山顶
保和殿

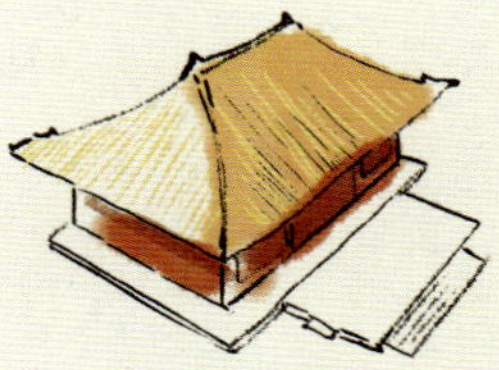

庑殿顶
文华殿

歇山顶
隆宗门

四角攒尖顶
中和殿

重檐盝顶
钦安殿

十字歇山顶
角楼

重檐攒尖顶
万春亭

盔顶
文渊阁碑亭

卷棚顶
抱厦

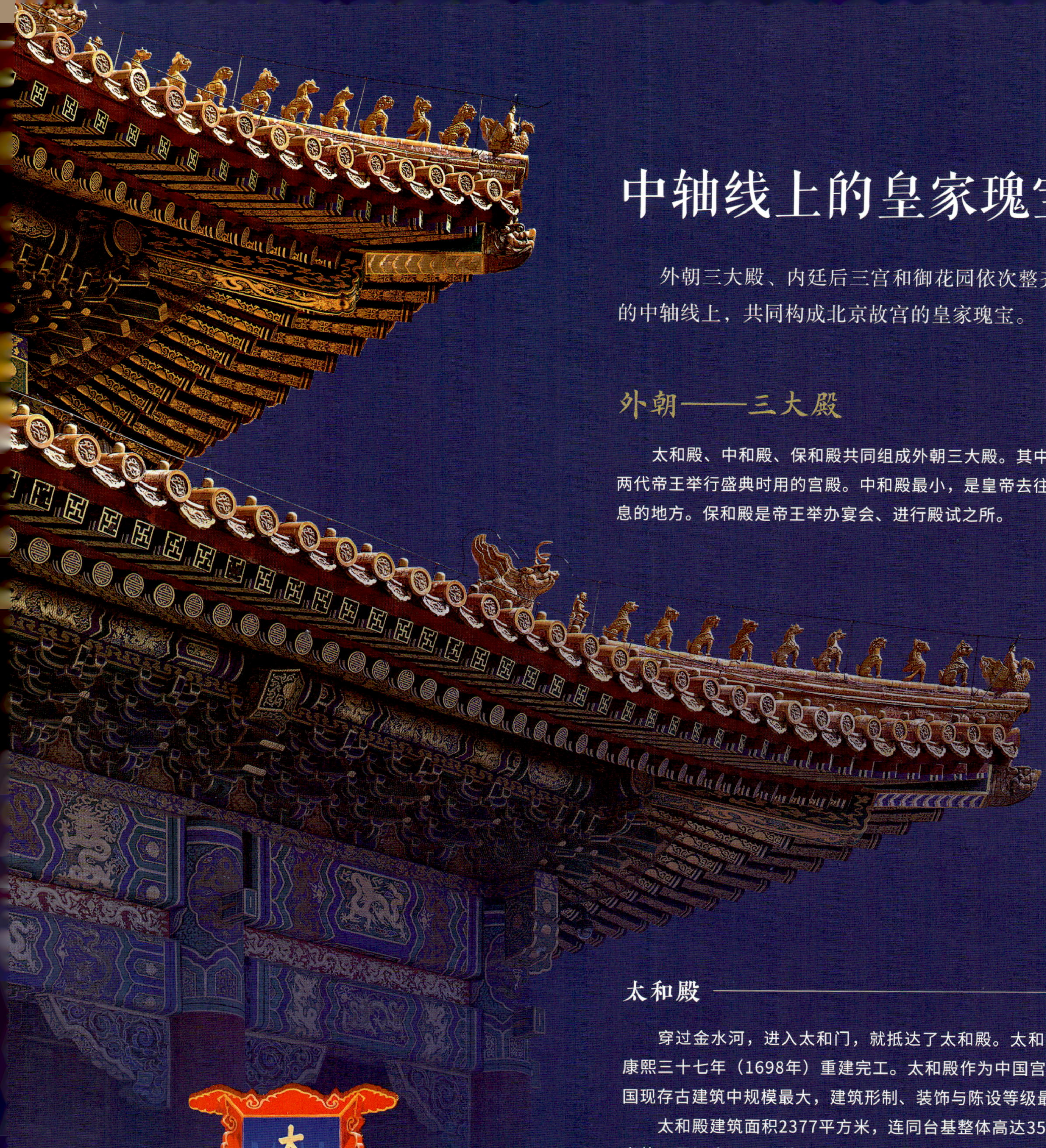

中轴线上的皇家瑰宝

外朝三大殿、内廷后三宫和御花园依次整齐地排列在紫禁城的中轴线上，共同构成北京故宫的皇家瑰宝。

外朝——三大殿

太和殿、中和殿、保和殿共同组成外朝三大殿。其中太和殿最大，是明清两代帝王举行盛典时用的宫殿。中和殿最小，是皇帝去往太和殿大典前暂时休息的地方。保和殿是帝王举办宴会、进行殿试之所。

太和殿

穿过金水河，进入太和门，就抵达了太和殿。太和殿又称“金銮殿”，康熙三十七年（1698年）重建完工。太和殿作为中国宫殿建筑的代表，是我国现存古建筑中规模最大，建筑形制、装饰与陈设等级最高的殿宇。

太和殿建筑面积2377平方米，连同台基整体高达35.05米。无论是高达8米的三层汉白玉石雕基座、密集复杂的斗拱结构，还是数量最多的屋脊兽、梁枋上精致优美的彩画，都使这座象征皇家最高等级制度的建筑展示出帝王的“九五之尊”风范。

中和殿

中和殿位于太和殿、保和殿之间，是三大殿中最小的宫殿。中和殿平面呈正方形，四面开门，且其门窗样式源于《大戴礼记》中描绘的“明堂”，这一选择避免了与另两座大殿的雷同。

保和殿

保和殿位于中和殿北侧，是三大殿最后面的一座。原为建极殿，清顺治二年（1645年）改为保和殿。建筑运用减柱造做法，前檐金柱减少六根，使空间更加开阔。

保和殿在明清两代的用途各异。明代举行大典前皇帝常在此更衣。清代在此举行重要宴会。顺治帝及康熙帝亦曾在此暂时居住。乾隆时期，科举制度的最高一级考试——殿试，在保和殿举行。

内廷——后三宫

后三宫即为古代帝王及其家眷居住的地方，又称为“后寝”。位于紫禁城后半部。相较于外朝三大殿，后三宫内的宫殿、园林、亭台楼廊紧密相连，布局更加紧凑，景观也更加秀美。

其中乾清宫与坤宁宫建在紫禁城的中轴线上，为皇帝、皇后的寝宫，与外朝三大殿并称为“三殿两宫”，是紫禁城的核心建筑。

乾清宫

明代和清初，乾清宫曾是皇帝的居所。宫殿宽敞，曾分隔数室居住。暖阁9间，床27张。因室多床多，皇帝寝处鲜为人知。自雍正皇帝移居养心殿后，乾清宫成为皇帝处理政务、接见外使及庆典之地。

乾清宫历经明清两代多次重建，现存建筑为嘉庆三年（1798年）所建。乾清宫的屋顶为黄琉璃瓦重檐庑殿顶，檐角置脊兽九只，斗拱繁复，金龙和玺彩画精美。殿外月台宽广，铜龟、日晷等陈设庄严，香炉矗立，丹陛通乾清门，尽显皇家风范。

立于乾清宫前的日晷，静静地记录着时间的流逝。

坤宁宫

坤宁宫曾是皇后寝宫，比乾清宫规模略小，明清两代经历过四次失火重修。在清顺治十二年（1655年）改建后，坤宁宫成为萨满教祭神的核心场所。虽地位未变，但雍正后皇帝与皇后不再在此居住，它专门用于萨满教祭神仪式。康熙、同治、光绪皇帝及溥仪的大婚均在此举行，更增添其庄重与神圣感。

交泰殿

交泰殿位于乾清宫和坤宁宫之间，是后三宫中最小的一间。它是皇后千秋节受贺礼的地方，清代的二十五宝玺也存放于交泰殿。正月吉日，皇帝亲临拈香行礼，钦天监择时开封陈宝。

交泰殿的平面呈正方形，面阔、进深各为三间，四面开门。盘龙衔珠藻井装饰在室内顶部，地面铺设金砖。中央宝座上方悬挂着康熙帝书写的“无为”匾。

清世祖曾立一块铁牌于此，上面是清世祖的谕旨：“内宫不许干预政事”。

园林——御花园

御花园，明代称“宫后苑”，清朝自雍正朝改名为“御花园”。它与外朝三大殿、内廷后三宫共处于紫禁城的中轴线上，位于中轴线的后方，是皇室宫殿的附属花园，也是明清两代皇室成员休憩游乐的场所。

御花园南北80米长，东西140米宽，占地12000平方米。全园以钦安殿院落为中心，近20座建筑沿中轴线呈东西对称式布局。园内建筑大多环绕布置在围墙附近，小巧精致的亭台点缀在花园中心，其中以浮碧亭和澄瑞亭、万春亭和千秋亭最具特色。园内空间有序且舒展，是中国古代皇家园林的典范。

园林之美

环抱叠石的养性斋

御花园西南角的养性斋始建于明代，为两层楼阁式建筑。原为7间，坐西面东。清乾隆时扩建，改为转角楼。其平面为凹字形。斋前叠石环抱，郁郁葱葱。楼上悬康熙帝御笔“飞龙在天”匾，楼下正中悬“居敬存诚”匾，北楼下东向匾为“悦心颐神”。

堆秀山上的御景亭

御花园东侧有一座高达10米、由石头堆砌而成的山——堆秀山。其正面有个岩洞，石雕蟠龙藻井内嵌其中。洞门的上方，以满汉两种文字题写了“堆秀”二字。精巧的石狮驮雕龙喷泉布置在堆秀山前的两边，形成了对称精致的喷泉景观。

沿堆秀山东西两侧的登道即可到达山顶的御景亭。御景亭的独特之处在于其承载的历史意义和所享有的优越观景位置。每至农历九月初九重阳节，这里便成为皇帝与皇后登高赏景之处。站在亭上，皇宫的美景一览无余，目光所及，紫禁城的宏伟壮丽、景山的秀美风光以及西苑的宁静雅致皆尽收眼底，令人心旷神怡。

钦安殿前，古树林立

钦安殿

钦安殿坐落在御花园中心，紫禁城的中轴线上。殿前院墙正中为“天一门”，两侧有小门连通御花园。殿内供奉玄天上帝，清朝每逢元旦，皇帝都会亲临此地，设立斗坛，虔诚拈香行礼，表达对天地神明的敬畏与祈愿。

千秋亭

千秋亭的平面为十字形，由方亭和四面的抱厦构成。亭子前方有汉白玉栏杆环绕，绿色琉璃槛墙装饰着黄色龟背锦花纹。檐下斗拱精致，顶为重檐攒尖式屋顶，上圆下方。

千秋亭处于澄瑞亭与养性殿中间，与御花园内的万春亭沿中轴线对称布局，是园内著名的观景处。

千秋亭与紫玉兰花

暗藏玄机的宫城广场

紫禁城的广场，以坚实的地基与空旷宽广的地面而闻名。这不仅仅是一处宏伟的广场，其背后更是暗藏玄机。每一块砖、每一粒土，都承载着工匠的智慧与帝王对皇权稳固的执着追求。

坚不可摧的砖石地基

紫禁城的建筑庞大沉重，尤其是外朝三大殿。汉白玉的建筑台基、室内的粗壮梁柱、屋顶的琉璃瓦……所有的建筑材料都加重了宫殿的分量。若无深厚坚固的地基支撑，如此庞大的建筑在岁月长河中，将不堪重负，逐渐沉降，甚至有坍塌之险。

因此，在广场的地面之下，是横七层、竖八层，纵横交错铺设的15层地砖。正是这坚实的地基，确保了故宫历经600年风雨，仍屹立不倒。

坚石之美 故宫的金砖

故宫的地砖也称为“金砖”，并非黄金制作，而是因为其珍贵如金。这些地砖选材于苏州，烧制完成后，经京杭大运河长途跋涉，送至千里之外的北京。

其制作过程也繁复至极，稍有瑕疵即被淘汰。因此，铺设一层“金砖”极为不易，更显其珍贵无比。

无树无花的空旷广场

防火灾之患：外朝三大殿由于建筑高耸，极易受到雷击。且殿内结构多以木材搭建，极易起火，酿成灾难。若在广场上种植大量树木，一旦发生火灾，树木也将成为火势蔓延的媒介，使得火势难以控制。

防范刺客：外朝三大殿建筑体量庞大，位置明显。若在广场上种植茂密的树木，这些树木极易成为心怀不轨的刺客潜藏和逃逸的绝佳掩护，从而威胁到皇帝的人身安全，因此皇帝下令宫殿周围不得种树。

遵循阴阳五行之道：古人讲究阴阳五行之和谐，这一哲学观念在紫禁城的规划设计上也得以严格体现。故宫的三大殿位于宫殿的中心，与五行中的“土”相对应。在阴阳五行理论中，“木”与“土”相克。若院内布满树木，无疑是打破了这一平衡，有违风水之道。

暢音閣

戏台——视听盛宴的极致展现

赏戏作为古代宫廷的核心休闲活动，在清代达到了鼎盛阶段。清王朝皇室有“应节赏戏”的传统，每逢佳节或皇室重要庆典，都会精心策划和上演相应的戏曲节目，加以庆祝。

紫禁城曾经有戏台十余座，它们皆坐落于皇宫的内廷之中，且多为清代所建。然而，至今仅有五座戏台得以完好保存，其中包括著名的畅音阁大戏台，位于漱芳斋院内的重华宫戏台、风雅存戏台，倦勤斋的室内戏台，以及长春宫的室外戏台。这些戏台不仅形态各异、大小不同，而且每一座都承载着独特的艺术魅力和历史意义。

畅音阁

畅音阁位于宁寿宫后区，是故宫内现存的建筑体量最大、保存最完整的戏台。建于乾隆年间，后又扩建修缮。其三层屋檐的设计，覆盖绿琉璃瓦和黄琉璃瓦剪边，彰显皇家气派。屋脊的四角上翘，十分特别。其内有三层戏台，由上至下依次为福台、禄台、寿台。

巧思之美

舞台的隐藏机关

畅音阁的舞台设计十分巧妙。寿台的面积有普通戏台九倍之大，然而台内却无立柱，十分宽敞。寿台台下的四角和中央各设置地井，其中的铰链用作机关布景。寿台上方的天井可用于升降演员、道具。畅音阁的规制独特，颐和园内的德和园大戏楼便是仿其建造，是清宫文化的重要象征。

角楼——故宫最美的防御建筑

紫禁城共有4座角楼，分别位于城墙的四角之上，建成于明代永乐十八年（1420年），后经清代重修。它与城垣、城门楼及护城河共同构成了皇宫的坚固防线，是防御体系中重要的辅助建筑。这些角楼不仅具有实用功能，更因其繁复精细的构造和无可比拟的美学价值而享誉世界。

角楼高达27.5米，矗立于须弥座之上，被石栏环绕，中心呈方亭式，四面均设有抱厦。因地势原因，外侧的抱厦进深短，内侧的抱厦进深长，形成不对称的十字形平面。

梁檐之美

九梁十八柱七十二条脊

角楼有着九梁十八柱七十二条脊，檐角挺拔秀美，造型玲珑精致，各部分和谐统一，轮廓虽繁复却井然有序，是中国古代工匠们卓越工艺与非凡技巧的结晶。

雪后的紫禁城角楼，银装素裹，宛如一幅静谧的画卷，更添一分宁静祥和的气息，让人心驰神往。

在春日的照耀下，紫禁城的角楼生机勃勃，春意如诗如画般弥漫，充满了无尽的活力与生命力。

结构装饰之美

华丽非凡的紫禁城中，斗拱精巧，承托宫殿巍峨；藻井精致，彰显皇家气派；琉璃斑斓，熠熠生辉；瑞兽镇守，寓意吉祥；色彩绚丽，映衬五行之色；纹样优美，繁复精细。每一处细节，都凝聚着中华文化的精髓，展现了紫禁城无与伦比的结构装饰之美。

斗拱——中国古建筑的特有结构

斗拱，集实用与装饰于一身。至清代，斗拱更被用作建筑模数，确立建筑尺度。斗拱由方形斗与弓形拱组合，形似倒立的三角形，与屋檐、柱子形成完美过渡，展现其独特魅力。它不仅结构优雅，且抗震性能卓越，小木构件组成的斗拱，依次分散屋顶重量。斗拱还具有自动恢复能力，地震时，可灵活地来回摆动，化解冲击力，地震后可复原如初。

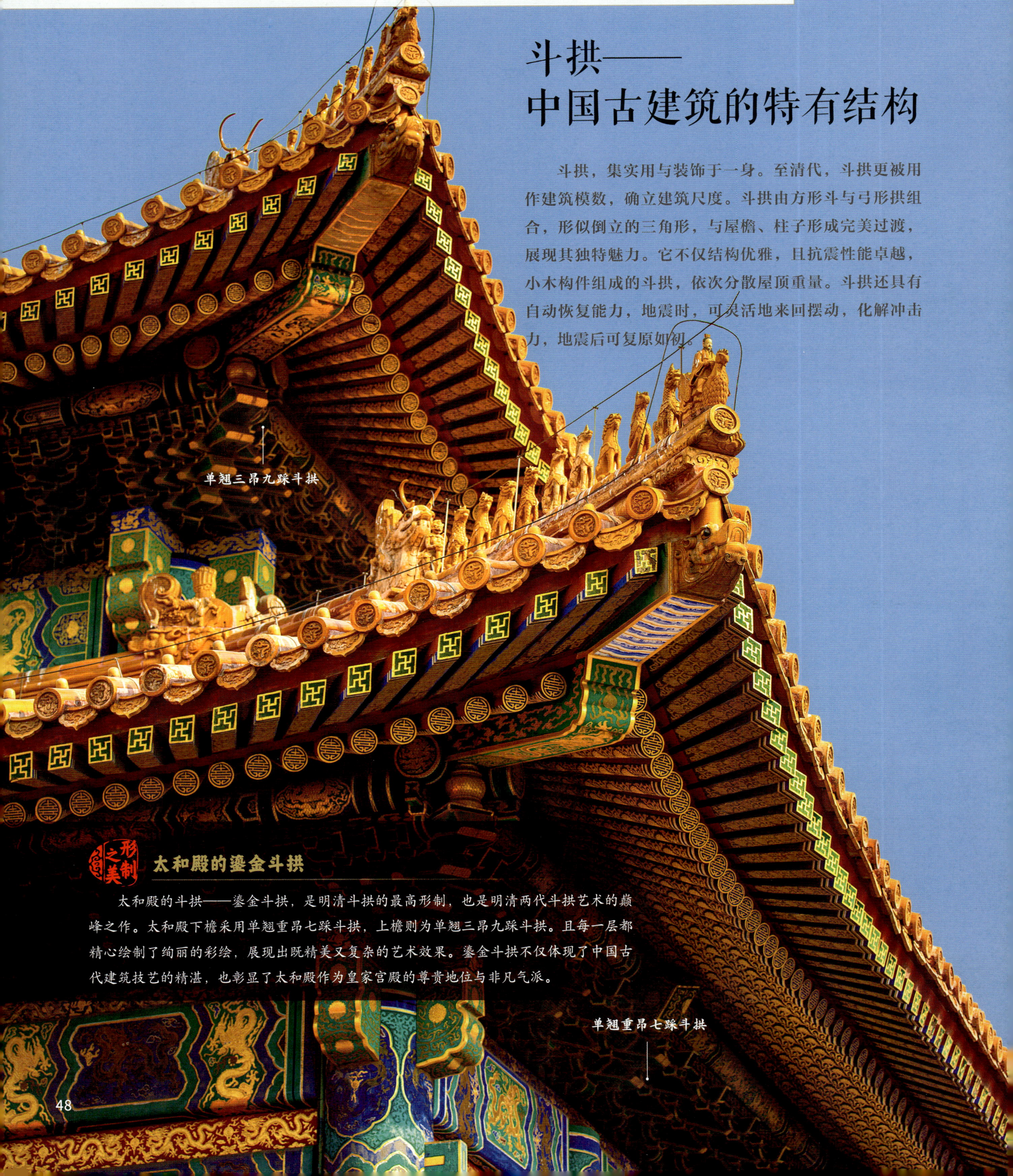

形制之美 太和殿的鎏金斗拱

太和殿的斗拱——鎏金斗拱，是明清斗拱的最高形制，也是明清两代斗拱艺术的巅峰之作。太和殿下檐采用单翘重昂七踩斗拱，上檐则为单翘三昂九踩斗拱。且每一层都精心绘制了绚丽的彩绘，展现出既精美又复杂的艺术效果。鎏金斗拱不仅体现了中国古代建筑技艺的精湛，也彰显了太和殿作为皇家宫殿的尊贵地位与非凡气派。

数字之美

角楼檐下的斗拱

角楼的斗拱数量蕴含了“天在上，地在下，人居中”的层次理念。更为角楼增添了艺术美感。其中：

顶层：28攒斗拱，象征二十八星宿；

中厅屋顶：36攒斗拱，代表三十六天罡星；

中层：60攒斗拱，体现人的六十甲子；

底层：72攒斗拱，寓意七十二地煞星。

藻井——尊贵建筑的华丽装饰

穿越故宫的璀璨华彩，游走于宏伟宫殿和雕栏画柱之间，却往往忽略了那潜藏在屋顶上的华美符号——藻井。藻井通常位于古建筑天花板的正中央，或宫殿宝座、皇家碑亭和寺庙佛坛等之上，呈伞盖形，由细密的斗拱承托向上，象征天宇的崇高。

作为明清官式建筑的巅峰代表，故宫的藻井精雕细琢，呈现出复杂而精致的结构。一般呈向上隆起的井状，有方形、多边形或圆形凹面，周围饰以各种花藻井纹、雕刻和彩绘。这些图案寓意深远，既与宫殿的功能和用途相关，又体现了中国传统文化的内涵。比如，在故宫的藻井上，精美的龙纹被雕刻得栩栩如生，人们也将其称为“龙井”，寓意着皇家的特权和荣光。

藻井被视为一种“通天”的象征，承载着深厚的中国传统思想，为中国古代建筑增添了无尽的魅力。

御花园千秋亭藻井

雕龙之美

磅礴威严

千秋亭的藻井中央雕有一条盘卧的巨龙，采用混金形式。龙身纤细，龙头下垂，口衔宝珠，整体呈现出圆形的轮廓。在天气晴朗的时候，阳光透过圆顶的窗户洒进亭子，光束直射到龙头上，抬头便能感受到“飞龙在天”的震撼之美。

琉璃装饰——点缀建筑的流光溢彩

故宫的琉璃装饰瑰丽夺目，墙门、院门、照壁、花坛皆有其身影。其中琉璃照壁如九龙壁，色彩斑斓，龙形生动，尽显皇家气派。琉璃盒子则作为门垛或照壁的装饰，形状多样，为故宫增添了浓厚的艺术气息。

琉璃照壁

照壁又称“影壁”，是中国传统建筑中常见的元素，坐落于院中门前，是院落的屏障，用以遮挡视线、区分内外。

作为院落的第一道景观，其图案纹饰丰富多样。这些图案纹饰或寓意吉祥，或象征皇权，都有特定的文化寓意。琉璃照壁采用琉璃砖瓦精心砌筑，每一块琉璃砖都经过精心挑选和打磨，使得整个照壁在光线的照射下呈现出绚丽夺目的光彩，宛如一幅幅流动的画卷。

琉璃之美 九龙至尊

皇极门外的九龙壁，龙纹生动，气势磅礴，壁面以云水为底，蓝绿两色交织，描绘出水天相连的壮丽景象。

九龙以高浮雕手法呈现，立体感极强，高出壁面20厘米。黄色蟠龙居中，神态威严；两侧蓝白两龙升降呼应；外侧黄龙与紫龙动感十足，争夺之势栩栩如生。

分置五处的九龙，更将“九五之数”融入其中。这种设计不仅体现了皇权的尊贵，也展示了古代匠人的高超技艺与匠心独运。

从清乾隆所建的皇极门
洞望去，黄色蟠龙位于正中。

琉璃盒子

紫禁城中的照壁或门垛的正中央常常镶嵌着别致的琉璃盒子，其外观多为菱形或如意形，线条流畅优雅，十分精致。

琉璃盒子通常采用高质量的琉璃材料，经过精心设计和烧制，呈现出各种精美的图案和造型。当需要装饰的面积较大时，工匠们会进行分块烧制。在安装时，这些琉璃块会被精准地拼在一起，形成一幅完整的图案。正是工匠们高超的技艺，让琉璃盒子成为珍贵的艺术品。

纹样之美

重华门照壁上的琉璃盒子

该琉璃盒子以祥云为背景，碧水青山环绕其间。盒中，黄色巨龙脚踏祥云，威武盘踞，张口戏珠，目光炯炯有神。这一画面设计精巧，不仅传达了吉祥的寓意，更彰显了皇家的尊贵与威严。

建筑小知识 **盒子内的无限魅力**

盒子内的图案种类多样，尤为常见的是龙、凤、麒麟和西番莲，还有寓意丰富的山水、花鸟等自然元素。色彩也十分丰富，以黄色、绿色、蓝色为主。每一块琉璃砖都展现出极高的审美价值，更体现着皇家的尊贵与威严，为古代建筑增添了无尽的魅力。

瑞兽——故宫之灵

故宫内的瑞兽丰富多样，有卧于屋檐的脊兽，有立于门前的故宫狮，也有装点院落的仙鹤，还有跪在花园的铜象……它们默默守护着这座皇家宫殿，是故宫的守护灵。

象征皇权的屋脊兽

在故宫的各个建筑的檐角上，或多或少都能看到一排小兽，这些屋脊上所安放的兽件是中国传统建筑中的屋脊兽，也称“脊兽”。在不同的屋顶上，脊兽所处位置分别在垂脊和戗脊下端，既稳固又美观。这些脊兽呈现出龙、凤、狮子等形象，雕工精湛，最初只是为了保护建筑，后来在历史的演变中被赋予了更多的神秘色彩，有着中国古代传说中各种美好的寓意。

脊兽的数量有着严格的等级区分，小兽越多，建筑级别越高，常见的为九个、七个、五个、三个，均为奇数。当数量有九个时，天马与海马、狻猊与押鱼之位可互换；未有九个时，则按顺序排列；有十个时，第十个脊兽便为行什，为中式古建的最高等级。

海马

也被称为落龙子。象征忠勇，可逢凶化吉。

天马

寓意万事顺通，有帝王恩泽天下之意。

骑凤仙人

在故宫建筑中，脊兽的排序尤为重要。打头的是骑凤仙人，但它并不是脊兽之一。传说骑凤仙人因战国时齐宣王之子齐湣王典故，有了逢凶化吉的寓意。

龙

象征天子，万兽之首，震慑火灾，可利万物。

凤

是传说中百鸟之王，比喻有圣德之人。

狮子

乃百兽之王，象征勇猛，驱魔辟邪。

位于太和殿的屋脊兽

雪景之美 灵动传神

在白雪覆盖的故宫中，高高伫立在宫殿檐头的脊兽仿佛融入了银色的梦境。它们的轮廓清晰可见，姿态矫健，在白雪的映衬下散发出古老而神秘的光芒。每个脊兽都犹如一位沉默的守护者，静静守护着这座历经沧桑的宫殿，为故宫增添了一份肃穆与庄严。

规格之美

高规格的脊兽

太和殿作为故宫最高等级的宫殿，其屋脊上共有10只神兽。这个数量规格是独一无二的，突显了太和殿至高无上的地位。与其他宫殿不同的是，太和殿多了一只“猴面人身”的行什，传说是雷震子的化身，被安置在房角，守护着太和殿免受雷电之害。

守护皇家的故宫狮

故宫内的神兽多种多样，其中人们最熟悉的吉兽就是狮子。成对出现的狮子坐落于门前，共同守护着皇家宫门。

形态与寓意

威严雄壮的狮子，不但可以避邪，还可带来祥瑞之气。院落门前的狮子通常左公右母，成对搭配。且狮头朝外，意在阻挡邪魔鬼怪入内，确保皇宫安宁。公狮前右脚踩一绣球，象征平定江山，权力无限；母狮前左脚脚下有小狮，寓意子孙绵延，代代相传。

内廷外朝，形态各异

紫禁城内除了造型丰富的石狮，还有几对特别的铜狮。且外朝与内廷的铜狮特征不尽相同。外朝的铜狮昂首挺胸，怒目立耳，威风凛凛，是皇家权力的象征；内廷的铜狮大多双耳下耷，含胸垂首，眉毛遮目，用以告诫后宫之人谨言慎行。

谦卑恭顺的内廷铜狮

养性门是宁寿宫区建筑群的庄严正门，曾是乾隆晚年修身养性的静谧之所。门前的铜狮与宁寿门前的石狮遥相呼应，默默守护着皇室内廷的“家门”。其低眉顺耳，神态恭顺，展现出对皇室的忠诚与敬畏。铜狮表面覆盖的鎏金熠熠生辉，金光灿灿，尽显皇家的尊贵与富丽，令人不禁为之震撼。

威严雄壮的外朝铜狮

太和门前的狮子是外朝唯一一对青铜狮，也是唯一一对未鎏金的铜狮。该对铜狮高达2米，为所有铜狮中最大的一对。

太和门是外朝门户，这对狮子即为国门的守护灵。它们身形健壮，挺胸抬首，横眉怒目，颈间系着铃铛，底座雕刻着精美的卷叶纹。这对狮子不仅为外朝增添了庄严肃穆的氛围，更将皇家宫殿的壮丽与威严展现得淋漓尽致。

色彩——五行之色

《孙子兵法》记载："色不过五，五色之变，不可胜观也。"世间色彩变化多端，却始终离不开五色，五色隐喻山川日月，也体现古人朴实的色彩理念与生于自然的哲学思想。

黄——土、中、长

黄色是古人最早认识的色彩之一。在传统的五色中，土居四方的中间，土又是一切元素的根本，而黄色属土，代表孕育万物的大地，所以又称"地色"，属五色之首，为至高无上的颜色。

黄色宫瓦

从高处望去，故宫中黄色的琉璃瓦金碧辉煌。琉璃瓦在唐代就已应用到建筑中，到了清代，琉璃瓦的技术已经发展成熟，宫殿建筑基本铺满黄琉璃瓦，形成一片金灿灿的景象。

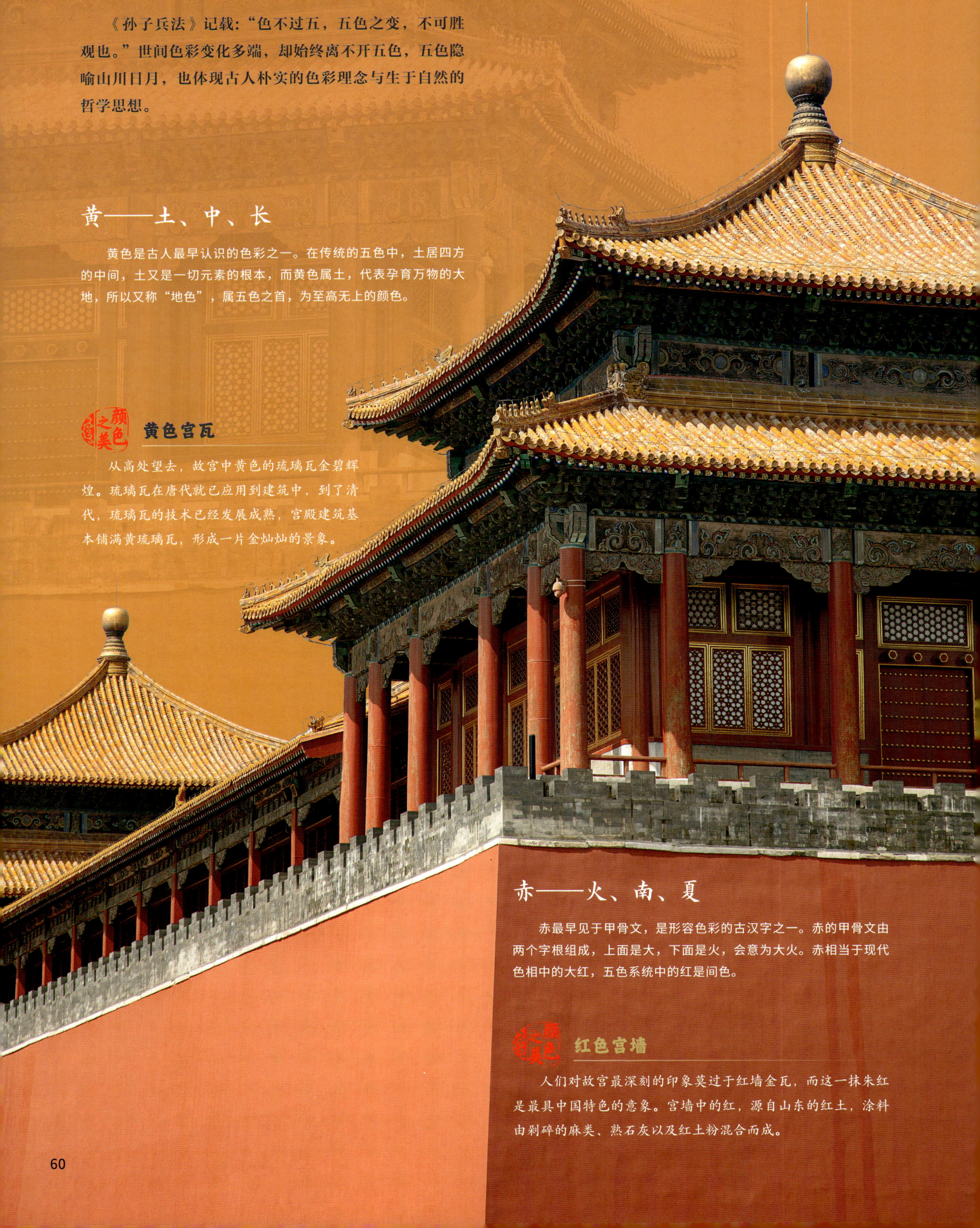

赤——火、南、夏

赤最早见于甲骨文，是形容色彩的古汉字之一。赤的甲骨文由两个字根组成，上面是大，下面是火，会意为大火。赤相当于现代色相中的大红，五色系统中的红是间色。

红色宫墙

人们对故宫最深刻的印象莫过于红墙金瓦，而这一抹朱红是最具中国特色的意象。宫墙中的红，源自山东的红土，涂料由剁碎的麻类、熟石灰以及红土粉混合而成。

黑——水、北、冬

黑色原指经烟熏后产生的一种暗沉无亮光的色泽，自古就被用来描述光线的阴暗。在古汉语中，黑与“玄”“幽”字义相通，泛指北方天空黯然深邃的色调。秦始皇在统一中国后，选取黑色为秦朝的代表色。但随着朝代更迭，黑色的地位有所起落。

黑色瓦顶

在故宫中，文渊阁的黑色房顶是唯一的例外。黑色在五行之中代表着“水”，“水”能克“火”，文渊阁中有丰富的藏书，需要格外注意火情，用黑瓦以“水”防“火”，由此可见设计的巧妙。

太和殿檐下的建筑构造色彩缤纷，椽木、檐枋、斗拱以及檐柱皆经过精心彩绘，以青色为主色调，施以金色装饰，呈现出极其精致与华丽的艺术效果，令人叹为观止。

青——木、东、春

《说文解字》中提到“青，东方色也”，从五行来理解，东方属木，而草木皆青，所以青色是东方色。古时的青，涵盖广泛，用法千变万化，具体指的是绿或蓝，需要根据语境来确认。如青绿色且发灰的陶瓷釉色称为青釉，被树木覆盖的山脉称为青山，还有古人穿的蓝色衣服叫青衫。

颜色之美 檐下青碧

在屋檐下的空间使用青绿色彩能使建筑物在视觉上显得更深远出挑。当以仰视的角度来观察檐下彩绘时，可以感受到前所未有之气势。

白——金、西、秋

“白”最早出现在甲骨文中，本义为虚空，表示日光照射之意。白在古代是颜色词，指素色、白色。白日的白色在《易经》中与夜晚的黑色分别代表阳极和阴极，表示宇宙日夜运行，循环不息。

颜色之美 汉白玉雕

故宫中的石雕部分是用汉白玉制作的，是代表“白”的部分，建筑的每个部分色彩区分明确，整体简洁而又大气。进行石雕前，需要先挑选石料，接着将原料加工成规则的形状，这个阶段称为打荒。然后用凿子开出平面，再进行雕刻，雕刻有扁光、錾凿、剁斧等多种方法。最后将石料刮边就完成了。

汉白玉雕的云龙纹望柱头

纹样图案——细节之美

在紫禁城内，各式纹样图案遍布其间，主要有三类：自然纹样，包含动物、植物、天体乃至自然现象的精致描绘；几何纹样，展现了简洁严谨的秩序之美；人工纹样，融入了匠人们的巧思与匠心。这些纹样，无论繁复细腻，还是简洁有序，均能在石雕的精细、彩绘的绚烂、窗棂的雅致中得以展现，彰显出故宫无与伦比的细节之美。

刀尖之上的雕刻

在紫禁城的每一个角落，无论庄严的台基，还是宏伟的建筑，甚至桥梁和雕塑，都蕴藏着丰富的雕刻艺术之美。这些雕刻作品所采用的材料丰富多样，金属、石雕、木雕等各具特色。其中，最为常见且引人注目的，便是台基上那巧夺天工的石雕艺术。

建筑小知识 帝王的专属通道

在宫殿台基中央的坡道上，铺设着大块长方形石雕——御路石。这是故宫中最大的石质雕刻，是专为皇帝铺设的通道。皇帝出入时，以辇代步，轿夫走两侧台阶，皇帝坐于轿中。因此御路逐渐成为纯粹的装饰，用以彰显皇权威严。

御路石材质上乘，雕刻精美，图案含祥云、腾龙、寿山等，寓意皇帝为真命天子，拥有至高无上的权力。

保和殿后的御路石——云龙阶石

雕刻之美

云龙阶石

云龙阶石是整个故宫中最大的一块石料，位于保和殿正后方，自下而上的第一级御路上。整石重达200吨，长16.57米，宽3.07米，厚1.7米。为整块汉白玉雕刻而成，雕九龙飞舞，升腾降跃，龙下万朵云霞，五座宝山巍峨，水纹流畅，四周用卷草图案点缀。此石雕构图严谨，栩栩如生，是古代石雕艺术之瑰宝。

云龙阶石上方流云翻涌，下端江河滔滔，悬崖林立，中间九龙戏珠，雕工细腻，构图巧妙。

精致华丽的彩绘

金瓦之下，红墙之上，梁枋上常绘有华丽精致的彩画。“雕梁画栋”这一成语，正是对中国古代建筑雕饰彩画的辉煌与卓越的最佳诠释。彩画最初是为了保护木结构不受腐烂和虫害。随着时间的推进，彩画的实用性逐渐与审美需求相融合，而后更是成为宫殿建筑中不可或缺的艺术形式。

紫禁城的彩画种类丰富。其中和玺彩画的等级最高，以龙凤图案为主，绘于重要的皇家宫殿；旋子彩画次之，图案多为花卉；苏式彩画常见于园林之中，画面布局灵活，常绘山水人物、花鸟草虫。不同彩画中的纹样图案多以组合形式出现，使画面更加丰富。彩画常采用大面积的冷色，形成视觉上的间断和对比，为宫殿的红墙黄瓦增添一抹静谧与清新。这些彩画既用来区分建筑主次，划定类型，又丰富宫殿艺术，使建筑群更多姿多彩、引人入胜。

建筑小知识 和玺彩画

在紫禁城内，无论外朝还是内廷，和玺彩画的应用都极为广泛。它由枋心、藻头和箍头三部分组成。画面中，常用龙或凤构成主体图案，而精致的花卉纹饰则作为点缀。此外，彩画上还进行沥粉贴金的装饰，使宫殿熠熠生辉、金碧辉煌。

太和殿檐外金龙和玺彩画

枋心

位于彩画中心，画面最大，是彩画的视觉焦点。中央绘制龙或凤的图案，用花卉加以装饰。

藻头

位于箍头旁边，靠近中心，用竖线与锯齿形的线分割，中间绘制图案。

箍头

位于最外侧，用两道竖线分割，中间图案常为圆形。

建筑小知识 三交六椀菱花

午门的窗格为窗格等级最高的三交六椀菱花式。该形式由三根棂子交叉相接，竹木钉固定为花心，能构成圆形、菱形、三角形等图案，还能演绎为龟背锦线、花瓣线组合的复杂纹样。

这些复杂而整齐的窗格点缀在庄重的红墙之上，与其共同构成一幅秩序井然、威严精致的画卷，令人叹为观止。

光影之下的窗棂

故宫的光影之美，常常透过不同样式的窗格得以展现，为故宫增添了雅致与优美。这些窗格以木框架为骨，搭建而成，根据不同等级的建筑，窗棂样式的复杂程度亦不相同。紫禁城内常见的窗格样式有三交六椀菱花、双交四椀菱花、步步锦、斜方格、正方格、轱辘钱、万字纹等。这些样式也寄托了人们对幸福、美好、富庶、吉祥的祈愿和追求。每一种样式都蕴含着独特的文化意义与美学价值。

光影之美

光影交织的窗韵

当阳光透过这些窗格，洒在故宫的红墙上，光影与色彩交

光影之美

海棠映窗景

颐和轩的槛窗仿佛一个精致的画框，将盛开的海棠花映衬其中。海棠花瓣轻盈地摇曳，构成了一幅雅致而优美的画面。

宫廷礼仪与生活

皇家的礼仪规范与日常生活丰富多彩。最高等级的登极大典庄重盛大；日常政务严谨有序；园林景色宜人；后宫居所精致典雅。紫禁城不仅展现了中国古代建筑之美，更体现了皇家生活的尊贵气质。

登极大典——最高等级的礼仪大典

宫中最为隆重的典礼无疑是登极大典，它象征着旧皇权的结束和新皇权的开启。清廷入关后举行了十次大典，其中八次均是在前任皇帝离世后的一个月内择吉日举行，即丧期即位。

然而有两位皇帝情况比较特殊，顺治帝在沈阳和北京先后举行了两次登极大典；嘉庆帝则由乾隆帝亲自传位，其登极大典称为“授受大典”，仪式既隆重又充满喜庆。

庄严之美

太和门的登极大典

顺治皇帝入关后的登极大典在太和门举行。站在太和门的大厅之内，目光所及之处，便是庄严肃穆的午门。

法驾卤簿

卤簿，是皇帝专用的仪仗，在重大典礼中用作陈设和装饰，以展现皇权的至高无上和典礼的盛大隆重。

在登极大典中，皇帝使用的是法驾卤簿。大典当日，从太和殿前至天安门外，御道两侧皆整齐陈列着庞大的卤簿和宫廷乐队，整个场面庄重肃穆，十分隆重。

顺治帝的两次登极大典

顺治元年（1644年）十月初一，小皇帝福临在北京紫禁城举行了登极大典。这次典礼尤为特殊，因为前一年其父皇太极去世，福临已在沈阳即位。而后入关定都燕京（即北京），并再次举行大典。但由于战乱未修的皇极殿（后改名为太和殿）无法使用，故在皇极门（后改名为太和门）举行。

典礼中，顺治帝坐临时宝座，诸王、贝勒、贝子、公等立于金水桥两侧，文武百官进表并宣读，随后群臣行“三跪九叩”礼，仪式虽简，却尽显新皇威严。

历史小知识　顺治皇帝（1638—1661年）

清世祖爱新觉罗·福临，清太宗皇太极第九子。皇太极逝世后，6岁的福临在多尔衮辅佐下即位，改元顺治。而后迁都北京，成为清廷入关后的首位皇帝。年幼的福临在叔父多尔衮和母后孝庄的教导下成长，为清初入关后的朝政局势奠定了基础。

皇帝生活——古代帝王的繁忙日常

自帝王晨起，就开启了一天忙碌而有序的宫廷生活。除了处理堆积如山的政务，日常的社交、娱乐也十分丰富多彩，衣食住行皆规矩繁多，展现帝王生活的精致与秩序。

皇帝宴桌设于"正大光明"匾下

日常政务

帝王日常政务繁重，涵盖御门听政（即早朝）、御殿视朝（即常朝）、宫中事务处理、奏折批阅、懋勤殿出勤确认、金殿传胪、接见使臣等。

御门听政是一种朝会制度，因每天都有，且在黎明举行，常称日朝或早朝。而御殿视朝则更为隆重，每月初五、十五、二十五举行，文武百官皆须参与。清代御门听政在乾清门进行。

每日膳食

皇帝平日吃饭称用膳或进膳，地点不固定，早晚两次正餐，沿袭满族传统。早膳在上午8—9时，晚膳在下午1—2时。每日膳食由御膳房负责，需详细列出菜肴及厨师，内务府大臣审核后方可执行。传膳时，太监布好膳桌，膳食迅速上桌。若无特殊旨意，无人可与皇帝同桌用膳。

皇帝日常政务处理、用膳以及就寝通常都在乾清宫。雍正后，皇帝日常活动移至养心殿，乾清宫政务减少，多用于内廷典礼或筵宴。节日时，庆贺礼及宗亲、家宴均在此举行。珍馐佳肴丰盛可口，颇具满族特色，共计热菜、冷菜、汤菜等一百零九品。

历史小知识 乾隆初年的皇帝日常

晨起饮冰糖燕窝，后至乾清宫、弘德殿或养心殿，浏览前朝实录或圣训。八时用早膳，阅王公大臣求见名牌，再阅奏折，召见官员。下午二时用晚膳，阅内阁奏章。晚间进食晚点。

正大
表正萬邦慎厥身修思永
克寬克仁皇建其有極

皇家园林——帝后嫔妃的散心之所

游玩行乐是清代帝后妃嫔的日常活动，皇家园林便是他们主要的游乐场所。紫禁城内共有4座花园：御花园、慈宁宫花园、建福宫花园和宁寿宫花园。它们小巧精致、严谨有序。这些园林虽平日使用不多，但各自根据位置和用途的不同，呈现出独特的魅力与风情。

园林之美

碧波树影中的临溪亭

临溪亭，始建于明万历六年（1578年），是慈宁宫花园的休憩赏花之所。它立于花园中部偏南的矩形水池之上，东西两面临水。亭与南入口、假山及北部的咸若馆、慈荫楼共同构成花园的中轴线。

亭身方形，四面皆开门，檐下斗拱支撑，窗下红墙上饰有精致的黄绿色琉璃砖。亭前池畔汉白玉栏板环绕，池中游鱼嬉戏，莲花飘香。南北花坛中种植牡丹、芍药、柏树、玉兰、丁香，点缀其间。碧波树影间的临溪亭，清雅绝俗，是皇太后、太妃嫔们赏花观鱼、休憩游园的绝佳之地。

咸若馆前的西缸

慈宁宫花园

慈宁宫之南，坐落着专为太后、太妃嫔们游憩、礼佛的慈宁宫花园。其占地6800平方米，园中共有11座建筑且集中位于花园北部，南部则开阔平坦，池石相映。迈进揽胜门向北，可见主殿咸若馆。馆前设花坛，两侧为宝相楼和吉云楼，且各自围一小院，名为含清斋、延寿堂。咸若馆后接慈荫楼，楼内一小门与慈宁宫广场相连。

整个花园布局严谨庄重，不同于其他花园。园内多种植松柏，梧桐、银杏作为点缀，花坛中牡丹、芍药盛开，营造出一种肃穆而又不失生机的氛围。

东西六宫——中轴对称的后妃之所

东西六宫坐落于后三宫的两侧，是专为皇妃们设计的居住之所。这些宫殿仿佛是精心雕琢的“标准单元”，整齐划一地排列在后宫之中。每个院落的占地面积为2000多平方米，内部结构严谨有序，包含前殿、配殿和寝殿，用于举行各类接见仪式和日常生活。

各个宫殿之间通过纵横交错的街巷相连，街巷两端设有宫门和侍卫，确保宫内的安全与秩序。除了庭院的主门，各个庭院还设有巷门和街门，使整个后宫的布局井然有序。这些宫殿见证了无数皇妃的荣耀与悲欢，承载着封建王朝的文化与历史。

站在景山万春亭，西六宫宫殿景色一览无余

储秀宫——慈禧的居所

储秀宫，原名寿昌宫，内廷西六宫之一，西临咸福宫，南接翊坤宫，曾是明清妃嫔的居所。在储秀宫的后殿，即今天的丽景轩，慈禧太后生下了同治皇帝。慈禧太后五十寿辰时斥资63万两白银对储秀宫进行了一番大规模修建。太后遂移居于此，居住了十余年。

储秀宫建在一个宽敞的庭院内，为单檐歇山顶建筑，门前两侧古柏高挺。晚清时期，储秀宫和翊坤宫被打通，曾经二进院的储秀宫变成了四进院。后殿丽景轩，宽敞明亮，采用单檐硬山顶建筑风格。储秀宫外檐油饰精美，苏式彩画绘于其上，色彩淡雅而富有韵味。清末，婉容入住后，在装修陈设中融入了西洋元素，使其更添别样魅力。

瑞兽之美

栩栩如生的铜龙铜鹿

储秀宫的殿台基下，东西两侧分别摆放着两对精致的铜制雕塑：一对是铜龙戏珠，另一对则是铜制梅花鹿。它们身姿优雅，寓意着吉祥与长寿。这两对铜雕塑皆为纪念光绪十年慈禧太后的五十大寿而特别铸造。

"翔凤为林" 牌匾

翊坤宫——辅佐皇后的宫殿

翊坤宫为内廷的西六宫之一，是明清两代妃嫔的居所，于明永乐十八年（1420年）开始建造，最初为万安宫，后更名为翊坤宫。清代对其进行了多次修缮与扩建，形成了现今的四进院格局。

翊坤宫与东六宫中的承乾宫遥相呼应，承乾寓意"顺承天意"，而翊坤则象征着"辅佐皇后、敬爱大地"，两者共同构成了"顺天敬地"之意。正殿面阔五间，黄琉璃瓦歇山顶，檐角装饰有五只脊兽。檐下斗拱排列整齐，梁枋上绘以苏式彩画，十分精致。

翊坤宫的后殿体和殿，正中挂有"翔凤为林"牌匾。清晚期，其与储秀宫相连，被慈禧改建为宽敞的穿堂殿。此处曾为慈禧太后接受朝贺的地方，也举行过光绪帝选妃的仪式。

瑞兽之美

龙凤呈祥，六合同春

体和殿前的铜凤与翊坤宫、储秀宫的铜龙、铜鹿共同组成了"龙凤呈祥，六合同春"。

"翔凤为林"牌匾与铜凤在雪景中相映，构成了一幅祥和吉瑞的画卷，十分和谐。

延禧宫——未建成的水晶宫殿

延禧宫为东六宫之一，于明永乐十八年（1420年）始建。其原称为长寿宫，清代定为延禧宫。康熙年间，延禧宫曾得到重修，其宫殿布局严谨，前后两进院落，与其他后宫布局相似。

道光二十五年（1845年），延禧宫遭遇了一场大火，宫殿受损严重，仅宫门得以幸存。宣统元年（1909年），皇家决定在原址上新建一座三层西洋式建筑——水殿，希望借此化解火灾的厄运。

水殿的设计独一无二，中间的主楼每层有9个房间，四面皆开门，建筑四周环绕有围廊，四角有六角亭进行连接。其独特之处在于建在水池之上，墙壁双层玻璃内置水养鱼，底层地板用玻璃制成，池鱼清晰可见，犹如一座“水晶宫”。然而，因清朝国运衰微，工程最终未能完成。如今，水晶宫已成为历史的遗迹，见证了清朝的兴衰。

承乾宫——明初始建的格局

承乾宫，始建于明朝，初名为永宁宫，而后更名为承乾宫，为东六宫之一。承乾宫在明代曾是贵妃之所。到了清代，这里则成为后妃的居所，但整个承乾宫仍旧维持着明初始建时的格局。

承乾宫整体布局为两进院，前院的主殿即为承乾宫，宫殿宽敞，面阔五间，覆盖着黄琉璃瓦歇山式屋顶，檐上卧着五只脊兽，檐下采用单翘单昂五踩斗拱结构，内外檐均饰以龙凤和玺彩画。宫殿前有一片宽敞的月台，东西两侧分别设有贞顺斋和明德堂，两殿皆硬山式屋顶，黄琉璃瓦，檐下绘以旋子彩画。

后院有五殿。正殿同样为歇山式屋顶，黄琉璃瓦片，檐下与承乾宫相同，饰以龙凤和玺彩画。正殿的东西两侧也设有明间开门的三间配殿，檐下为旋子彩画。后院角落还建有一座亭子。

承乾宫正殿的内外檐均饰以龙凤和玺彩画，十分精美。

正殿明间采用了双交四椀菱花槅扇门，为承乾宫增添了雅致与优美。

服饰——精美绝伦的皇家华服

帝后的衣冠鞋履丰富多样，不仅款式繁多，根据季节还分为冬装和夏装，每一套都对应着特定的场合和用途。此外，皇后在出席不同场合时，还会搭配不同的饰品，每一件都独具匠心，彰显着皇家的尊贵与典雅。

皇帝服饰

大典时，皇帝身着的服饰规格最高，是朝服、端罩和衮服。规格稍次的是吉服，又称龙袍，日常则穿着常服，便利舒适；巡行狩猎时则选行服。冠冕也多样，与服饰相配。冠袍带履均由内务府四执库统一管理，确保皇帝随时展现皇家风范。

朝服

皇帝朝服，因季节而异，有裘、棉、单纱等多种类型。其颜色亦讲究，明黄色最为尊贵，专用于节日及重大典礼；还有蓝色、红色和白色，分别用于祭天、祭朝日和祭夕月。冬季，朝服外还会罩端罩以保暖，端罩用上等动物皮毛制成。

朝冠

皇帝的冠冕与服饰相匹配。其中，朝冠又分为冬、夏两款，形状装饰各不相同。冬朝冠材选用海龙、薰貂等保暖材质；夏朝冠则用玉草、藤、竹丝等，更轻盈透气。朝冠分为三层，每层四条金龙合抱一起，顶端一硕大东珠作为点缀，光彩华丽。

清宣宗道光皇帝朝服像

清高宗乾隆帝朝服像（此为乾隆帝的第二式冬朝服）

皇后服饰

皇后的服饰丰富多样，包括礼服（如朝服、朝褂等）、吉服（即龙袍），以及日常穿着的常服。其冠饰则有朝服冠、吉服冠和多彩的钿子。朝冠冬、夏用料亦有别。朝冠以金累丝三凤为顶，饰以东珠等宝石，彰显尊贵与奢华。冠后垂有护领及黄绦，末缀宝石，更显庄重与典雅。

衣料

其材料既丰富又讲究，通常主要为各种绸缎、纱、罗、缂丝，加以孔雀羽毛金线、穿珠等装饰。样式则先由宫廷画师绘制，经皇帝过目确认后方可制造。

饰品

后妃的饰品也有特别规定。如穿朝服时，皇后需颈挂三串朝珠，头戴金约（额头装饰），还需搭配彩帨（类似手帕）、领约（类似项圈）及耳饰等，相同饰品亦根据其规格材料分级。

装饰精美的孝全成皇后朝服

画像中，孝全成皇后头戴夏朝冠，金累丝三凤冠顶，冠檐下镶嵌金约，耳挂东珠耳坠，颈间佩戴领约。她身着一袭华丽朝服，佩戴一串东珠朝珠，两串珊瑚朝珠。胸前悬挂五谷丰登绿帨，尽显皇后威仪与尊贵。

孝全成皇后朝服像

华丽精致的乾隆帝朝服

画像中乾隆帝端坐于龙椅，右手置膝，左手抚朝珠。头戴圆顶斜坡式冬朝冠，黑狐毛制，上饰朱纬，宝顶为两层，均饰龙珠，顶部嵌大东珠。颈挂朝珠，由珊瑚制成。朝服绣九龙，形态各异。

充满巧思的附属设施

紫禁城内，除宏伟建筑与精美装饰外，还有众多基础设施，虽不显眼，却凝聚着匠人智慧，默默支撑皇家日常，确保皇权稳固，皇宫生活井然。

烛光灯火——装点故宫的夜晚

紫禁城内，夜间照明设施主要为蜡烛灯具。为确保安全，宫中对灯火管理极为严格。清代外朝除特定区域外，皆无灯火。至清末，紫禁城先于各地引入电灯，并设有自发电设备，为宫廷带来更为明亮且安全的照明方式。

沿街路灯

内廷与东西长街两侧均设有路灯，这些路灯以汉白玉石为座，上架有铜制重檐攒尖四柱正方形亭，早年以铜丝为门壁，至晚清，改用玻璃。

每当入夜，由内府库监工为这些路灯添油点灯，确保夜间巡查关防顺利进行。但是，故宫在很长时间内不允许点路灯，天明前趋朝时，仅亲王有权使用灯引路，军机大臣则可提角灯，其余人员不得使用灯火引路。

皇帝出入时，前有引灯数对，还有门灯和站灯若干对。到了嘉庆时期，更是规定皇帝出入时，驾后还需添设四盏明灯，以进一步增强照明效果。

灯火之美

皇宫独有的石座路灯

清末，路灯的门壁由铜丝改为玻璃，既可防风又能照明。当时的路灯玻璃上还绘有红色“寿”字与蝙蝠，寓意福寿双全。石座路灯仅皇宫专有，王府等地禁止设置。

屋檐下的挂灯

檐下宫灯

在清代，宫灯不仅是紫禁城内厅、轩、廊、台、榭等地的点缀，更承载了实用与节庆的双重功能。日常照明中，宫灯静默地守护着宫廷的安宁；而在节日庆典时，它们则化身为五彩斑斓的彩灯，为宫廷增添喜庆氛围。

每逢正月十五的灯节，各种造型别致的宫灯被高高挂起，如鸟兽、花果，它们虽以蜡烛为光，却经匠人巧手设计，散发出非凡的艺术魅力。灯罩装饰更是千变万化，或雕竹，或镂铜，有的加华盖，有的垂珠玉，尽显皇家尊贵与精致。它们用途各异，各具特色，为宫廷生活增添了一抹亮丽的色彩。

河流桥梁——流转故宫的韵律

紫禁城外，四面环绕着宽阔的护城河，即筒子河，宽达52米。河帮由青石和豆渣石整齐地堆砌而成。河水源自玉泉山，流入积水潭后，分两支：一支流入紫禁城西北角的护城河，经地沟流入宫内，名为内金水河；另一支流向社稷坛（今中山公园），最终至天安门前，为外金水河。两条河流功能形态各有不同，共同守护着紫禁城的安宁。

内金水河

“帝王阙内置金水河，表天河银汉之义也，自周有之。”紫禁城内的河流——金水河因此得名。此河自紫禁城西北角流入，经太和门前，再从东南角流出，全长约2000多米，流向遵循风水与礼制。金水河不仅美观，更兼具供水和排水功能。宫内排水沟道纵横，最终汇入金水河，确保顺利排水。

金水河设计巧妙，依地势或宽或窄，河身以石砌成，装饰各异。太和门前河段最宽，围以汉白玉栏杆，其余以砖砌矮墙。河身多弯转自如，衬托出宫廷的庄严雄伟。河上架桥二十余座，涵洞十多处，样式繁多，包括单拱桥、三座并列的桥及半边涵洞半边桥等，展现了紫禁城桥梁设计的独特魅力。

太和门前的金水桥

太和门前，金水河上五桥横跨，中间主桥宏伟，两侧宾桥渐小，桥面斜坡随河弯曲成弧。桥梁石拱单孔，汉白玉栏杆雕刻精美。桥梁大小与栏杆花纹各异，工艺精细程度彰显等级，构成一幅独特的艺术画卷。

太和门前的内金水河与金水桥

主桥——御路

正中的主桥是皇帝行走的御路，白石栏杆上为最高等级的龙纹望柱头。

吉兽之美

可爱的护裆狮

断虹桥栏杆上的护裆狮，一爪挠头，一爪护裆。虽历经百年，面目模糊，但抓耳挠腮的模样仍十分可爱。

内金水河上的断虹桥

太和门外，武英殿东，有座十分精美古老的桥——断虹桥。它横跨内金水河，18.7米长，9.2米宽。桥身为单拱石券，桥面为汉白玉石，两侧栏板刻有精美的穿花龙纹。每个望柱头上，都有一只石狮子，大的有10厘米高，小的仅几厘米高。它们或蹲或坐，形态各异，充满趣味。尽管部分构件有所更换，但桥的整体仍坚固如初。

断虹桥以其选材的考究、雕刻的精细和装饰的华丽，成为紫禁城内桥梁的典范之作。而“断虹”之名，虽为俗称，却为这座古桥增添了几分神秘色彩。

宾桥——王公百官之路

宾桥四座，左右对称，是百官之路。栏杆上为火炬形阴刻弧形线的望柱头，称“二十四节气”。

排水系统——功能与美学并存

紫禁城的排水系统巧妙地利用了地形坡度，让水流自然汇聚，从“钱眼”漏至下水道里。院内设计北高南低，中间高四周低，四周环绕着精心雕琢的石水槽，即明沟；台阶下设有石券洞，使水流无阻。明沟及“钱眼”所漏之水汇流，最终流入金水河内。明清两代定期淘修沟渠，确保了排水系统的畅通无阻，使其历经五百余年仍有效运行。

三重台基的疏水系统

太和殿三重台基的输水系统是功能与美学兼具的艺术品。它有巧妙的排水方式——螭首喷水，不仅能高效疏水，更形成壮丽的“千龙吐水”景观。而太和殿的明沟因螭首构件，改于房基外，漏水的“钱眼”位于四角。

“小龙头”

螭首构件位于须弥座上方，两唇间有圆孔连通望柱下面的孔道，小巧精致，称为“小龙头”。

“大龙头”

每层台基折角处的大螭首，前足伸出，撑着台基，被称为“大龙头”。

功能——高效疏水

故宫的外朝三大殿下面的三重台基周边都雕刻着须弥座，其上横卧着厚实的长方形石条，即地袱石。石条间设有望柱，两柱间为栏板，下方凿有排水的孔道。每个望柱下都伸出一个螭首，即石雕的龙头。暴雨来袭时，雨水流入龙头后的进水孔，被巨大压力挤出龙嘴，从而实现高效排水。

龙头——螭首构件

外朝三大殿的台基四周整齐排列的龙头名即为螭（音吃）首构件。除转角稍大的螭首外，其余螭首的牙齿间凿有小圆孔，用于泄水，设计巧妙，展现了古人的智慧与匠心独运。

千龙吐水

故宫的“千龙吐水”是一道独特的自然景观。由于台面为四周低于中央，因此暴雨时，雨水就顺势流向地势更低的周边，从三重台基上的1100多个龙口排出，气势磅礴，形成“千龙吐水”的壮观场面，是故宫不可错过的雨中奇景。

栏板下的排水孔道

台基栏杆——宫殿的最佳配角

台基、屋身和屋顶三大元素共同构成中国宫殿建筑的核心结构。宫殿建筑中的台基，以高为美，环绕的栏杆，与之浑然一体。高级建筑的基座更是采用佛教中象征世界中心的须弥山的佛像基座——须弥座，尽显神圣庄严。

台基上立有栏杆，栏杆由栏板和望柱构成。栏板又包括寻杖、荷叶净瓶和华板。其中华板花纹多变，例如海棠线纹、竹纹、水族动物、方胜、夔龙等。每块栏板的花纹都独一无二，展现了匠人的独特匠心，为建筑添彩。

三重台基栏杆

明代对台基设计尤为重视，如故宫中最高等级的建筑物——奉天殿（即太和殿），三层汉白玉石台基与须弥座完美结合，尽显建筑之庄严与宏伟。其“工”字形基座设计，将整组建筑群统一于高台之上，彰显了帝王的至高无上。

在中国古建筑中，通常重要的殿堂如太和门、乾清门等，更倾向于选择单层须弥座，并围以白石栏杆来构建其台基。因此，三重台基栏杆实属罕见。

外朝三大殿前三重台基上的石栏杆

纹样之美

雕刻精致的望柱头

望柱头的图案装饰因其所服务的建筑功能而有所差异。外朝三大殿是皇宫核心，象征皇权，因此其栏杆望柱头以龙凤纹图案彰显威严。而在其他建筑如三大殿四角的崇楼，望柱头则采用较为次要的“二十四气”图案。至于花园中的亭台楼阁，其栏杆望柱头则装饰有石榴头、云头、仰覆莲和竹节纹，与环境相衬，清新雅致。

雕梁画栋

红窗绮丽

琼楼金阙

花木扶疏

亚醜方尊

商代 ｜ 青铜器

故宫博物院　　高45.5厘米，宽38厘米，口径33.6厘米×33.4厘米，重21.5千克

亚醜（音酗）方尊为盛酒器，流行于商代早期及春秋战国时期。亚醜方尊原本是完全相同的一对，另一件现藏于台北故宫博物院，相比此件较为残缺。这件方尊为亚醜族为祭祀太子与王后所制作的青铜重器，亚醜族很可能是此时期的重要部族，传世的亚醜器有50余件，山东益都苏埠屯出土了众多亚醜器，有推测认为此处是亚醜族的墓葬区。

这件方尊为侈口、广肩形、高圈足，器型高大。腹部及圈足布满兽面纹，颈部装饰夔龙纹，肩部装饰一圈浮雕兽首。器身竖向分布八条扉棱，并在口沿处向外延伸，更显雄奇。透过古老的方尊，我们也可一窥商周时期青铜器制作的高超工艺。

文字之美

器身铭文

亚醜者姛以

大子尊彝

在方尊口部内侧铸有两行共9字铭文，大意为亚醜族为了祭祀王后与太子所做的宝尊。

纹饰之美

兽面纹

兽面纹是青铜器上的常见纹饰，具有“狞厉”之美。多以鼻梁为中线，角、目、口对称排布，造型丰富的还连接身体与尾巴。方尊腹部以扉棱为界，四面分别铸有兽面纹，兽面眼部突出，线条粗犷，为方尊增添了一份庄重威严之美。

塑造之美

肩部兽首

在方尊肩部四角装饰有四只象首，象头上有卷曲的夔角，象鼻高举，并伸出两只长长的象牙。其间还分布有四只兽首，兽角呈枝杈形状，似为鹿首。

莲鹤方壶

春秋 | 青铜器

故宫博物院　　高 122 厘米，宽 54 厘米，重 64 千克

莲鹤方壶为春秋时期盛酒（水）器，1923年出土于河南新郑李家楼郑公大墓。出土方壶共两件，另一件现藏于河南博物院，除高度略低于故宫所藏方壶外，其余并无差别。全器采用圆雕、浅浮雕、焊接、细刻等多种工艺，经失蜡法铸造的器身纹样更加繁复精致，而盖上仙鹤、双龙耳以及底座则采用分铸法铸成再与器身焊接。

莲鹤方壶造型奇特，采用西周后期的流行样式，壶身重心下沉，盖上镂空雕刻双层莲瓣，盖顶矗立一只振翅欲飞的仙鹤。仙鹤清新俊逸，姿态秀美。圆雕的神龙与怪虎夺器而出，仿佛演绎着古老的神话。器身纹样繁密，龙、蛇、凤、鸟交织错落，华丽异常。鹤舞青莲，神兽腾跃，古人的智慧与巧思融入壶身，共同谱写了一曲青铜时代的绝唱。

工艺之美

分铸法

盖上的仙鹤铸造在一块铜板上，可单独取下，周围的莲瓣共10组，分别铸造后再与主体拼合并浅铸，从而形成了标志性的主体造型。

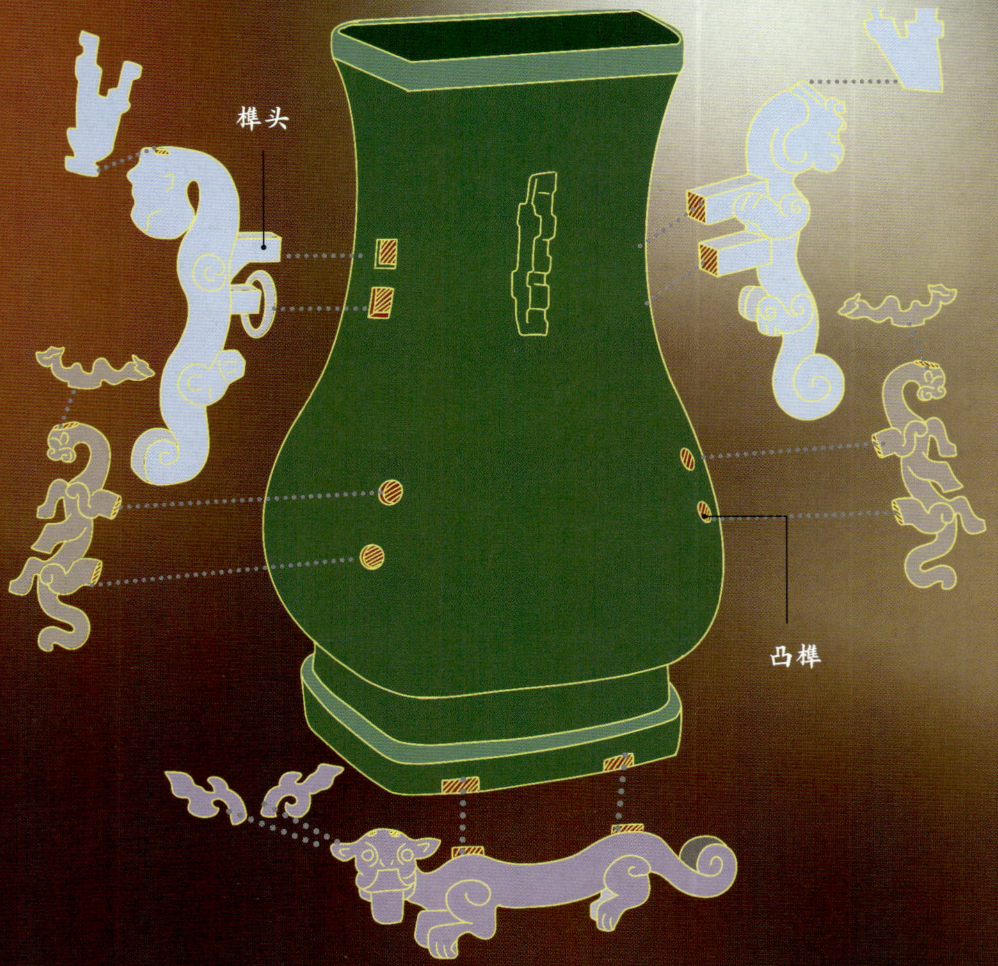

在器身上则预留了凸榫，器身龙虎诸兽则铸造榫头，便于后期焊接，拼铸成完整的器物。同时，四周以及底部的龙形兽兽身、兽耳亦是分铸而成，展现了青铜时代晚期制器工艺的繁复。

龙盘鹤舞

壶顶的立鹤受郑国北部接壤的晋文化青铜鸟形象影响，莲瓣则由西周时期立体环带形纹演变而来，器身龙兽形则受郑国南部的楚文化影响。从方壶身上亦可看到文化的相互交融。

龙形兽

方壶的双耳塑造为回首而望的卷尾龙纹，龙头上高高耸立的镂雕龙角更显威风。

翼龙

翼龙背部塑双翼，头颈后扭，头上四角，角端如盛开的花朵，造型十分憨厚可爱。

龙形兽

底部的龙形兽尾巴卷曲，身体匍匐，如威风的护卫般支撑起壶身。

鹤立莲心

盖顶的仙鹤塑造在写实中透着生机，仿佛在诉说着古人对美好生活的向往和追求，以及对未来的希望和憧憬。

盘曲错结的纹样

相较于商周时期青铜器纹样的厚重狞厉，春秋时期青铜器上的纹样更多地以浅浮雕雕刻，纹样也更为繁密。蟠蛇纹、凤鸟纹、鸟身龙纹等纹饰，以抽象对称的形式排布在莲鹤方壶器身之上。

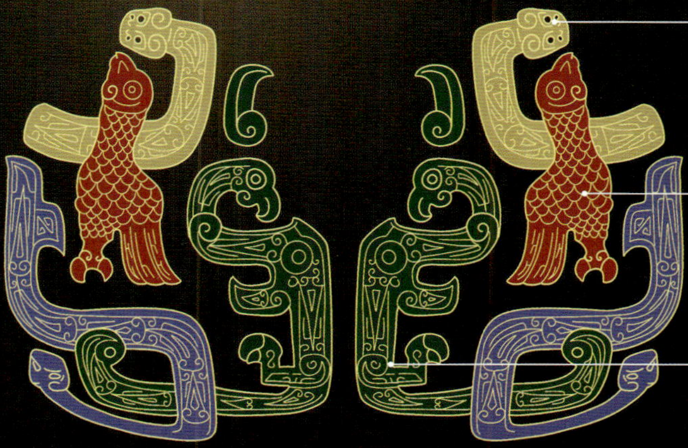

壶身正腹部

壶身正腹部装饰盘绕在一起的蟠龙纹、蟠蛇纹以及蟠凤纹，造型抽象，动感十足。

掐丝珐琅三狮戏球纹鼎式炉

明代 | 珐琅器

故宫博物院　通高 21.3 厘米，口径 14.2 厘米

这件掐丝珐琅三狮戏球纹鼎式炉为明代晚期宫廷御用铜炉，采用掐丝珐琅工艺制作。采用这种工艺制作的器物因常常以蓝色作为底色，又在明代景泰年间盛行，因此又称为“景泰蓝”。其做法是在铜胎上用柔软的扁丝掐成各种纹样，然后再将珐琅料填充至花纹内烧制而成。

这件鼎式炉器型仿商周青铜鼎器型，炉身圆形深腹，底部三足，口沿及双耳鎏金并錾刻花纹，器身装饰三只戏球雄狮，其间装饰五彩云纹，三足各有一莲花纹。现存的掐丝珐琅器当中鲜有狮子戏球纹样，这主要是由于珐琅色料具有流动性，在烧制过程中极容易变形走样，而像狮子戏球这样具象的纹样烧制更是不易，而这件鼎式炉纹样精细而繁密，是掐丝珐琅器中的精品之作。

色彩之美　景泰蓝配色

鼎式炉通体以天蓝色珐琅为底色，以大红、明黄、墨绿、宝蓝、精白、赭石等色为纹，是较为经典的景泰蓝配色。多彩的颜色搭配繁密的纹饰，凸显出皇家器物的华美。

墨绿　宝蓝　明黄　大红　赭石　精白

纹饰之美　狮子戏球

鼎身三面各有一狮子戏球纹样，三只狮子颜色不同，各自身披红色飘带，追逐跳跃，色彩富丽，样式憨态可掬，为复古的炉身增添了一份轻快与吉祥之感。

纹饰之美

玉质盖纽

在器盖中部黏结有一镂雕玉质盖纽，盖纽上方树叶繁密，下方几只小鹿昂首环绕，仿佛在啃食叶片，造型精致讨巧。

画珐琅冰梅纹菊瓣式执壶

清代 | 珐琅器

故宫博物院　　高约9厘米

这件画珐琅冰梅纹菊瓣式执壶为乾隆时期所制。梅、兰、竹、菊被喻为四君子。梅花独自盛开在春寒料峭之际，它的孤美与清高也备受古代文人的热爱，成为器物上经常表现的纹样。冰梅纹又称“冰裂梅花纹”，是仿照宋代官窑冰裂开片而形成的一种纹样，后代匠人巧妙地将这种纹路移植到珐琅器上，将寒风中的白梅衬托得更为高洁。

这只画珐琅冰梅纹菊瓣式执壶器型敦实，壶身、壶盖塑为菊瓣式，盖纽及边沿鎏金，整体以蓝色釉为底绘冰梅纹，壶柄与壶嘴处以土黄色釉料装饰。其款式简洁中不失优雅高贵之美，宝蓝色的底色搭配冰裂纹给人以清凉之感，梅花秀美、鎏金闪烁，仿若一个高贵优雅的女子静静伫立。

纹饰之美

雅致冰梅

珐琅壶上满布白梅，梅花花心点点红色花丝，花叶绿色渐变。执壶整体以蓝色釉料为底，以金色料绘制冰裂纹连接各簇白梅。俯视盖纽四周围绕一圈莲瓣纹，盖纽如花心般置于正中，整体给人沉稳雅致之感。

细节之美

流光溢彩

在壶盖下部口沿处，以金色线描绘一圈花瓣纹，与鎏金口沿相接，清新的梅花辅以金色的细密花纹，既表现了梅花的君子之气，又突出了皇家用器的低调华丽。

画珐琅开光提梁壶

清代 | 珐琅器

故宫博物院　　通梁高 27.7 厘米，口径 8.8 厘米，足径 13.3 厘米

这件画珐琅开光提梁壶为乾隆时期所制，为清内务府造办处珐琅作制作，原为清宫旧藏。清代由于对外通商口岸的陆续开设，中国也与西方开展了密切的贸易交流，也正是在此时期，西方的精巧器物陆续流入清廷。画珐琅技法的开创是在康熙初年，早期画珐琅器器型较为规整，色彩也十分保守，雍正时期珐琅色料更为丰富，至乾隆时期，画珐琅技术已接近巅峰，无论色彩还是纹样都精美异常。

这件画珐琅开光提梁壶分为壶身、八方扁平式油盒、壶架三部分，整体鎏金，壶的样式依照西洋器型制作。壶腹八面开光，其上以中式的山水画与花鸟画相间装饰，壶顶、壶颈则以大卷叶宝相花装饰。西洋器的精致繁复与中国画的清新雅致相结合，是清代东西交融的画珐琅器精品之作。

山水与花鸟

乾隆时期的画珐琅技术大大提升，壶身开光内山水、花鸟画充满了文人趣味，色泽明快，用笔细腻，展现了宫廷制器的高超技艺。

精致的保温油盒

提梁壶底部放置一画珐琅八棱油盒，盒身开光处绘黄地菊花纹。盒身内装灯油，点燃后缓慢燃烧，加热壶中的饮品，既精美又实用。

底部款识

乾隆款画珐琅袱系纹盖罐

清代 | 珐琅器

故宫博物院　口径 8.6 厘米，底径 11.8 厘米，高 35 厘米

袱系纹盖罐是清代的创新之举，最初出现于清代早期，并流行于雍正、乾隆时期。这类装饰不仅出现在珐琅器上，也常常用于装饰瓷瓶瓷罐。清代中后期，由于西洋画师入驻宫廷，画珐琅技术融合中式题材与西洋画法，形成中西合璧的装饰风格，不仅具有中式的吉祥寓意，在细节描绘上也更加立体生动。

这件画珐琅袱系纹盖罐直口、鼓腹、收腰，浅圈足，上有画珐琅器盖。器身通体色彩艳丽明快，满布纹饰，器腹部绘粉蓝相间的锦袱，包裹大部分器身。相传乾隆帝对于喜爱的器皿都会专门命人制作精美的锦袱包裹并装入楠木匣中收藏，袱系纹的流行或许正是与此相关。坚硬的铜胎经过匠人的巧手描绘，将柔软的丝织物的质感表现到了极致，同时也以谐音“包福”传达出了吉祥寓意。

画珐琅鎏金纽器盖

器盖盖纽及盖缘鎏金，盖上绘黄地缠枝花卉纹，色彩艳丽，吉祥富贵。

蝴蝶纹

仙桃纹

蝙蝠

包袱器

包袱正面为粉红色龟背锦地，上有蝴蝶、仙桃、蝙蝠作吉祥纹饰，蓝色边绘卷草纹，背面为绿色地卷草团花纹，包袱正面结扣，盖住器腹大部分，似真实的锦袱一般，色彩鲜艳，寓意吉祥。

纹饰之美

吉祥美好

画珐琅袱系纹盖罐颈部口沿处绘一圈蓝底卷草纹，下方黄色为地、开四处蓝底开光，内绘西番莲，外部穿插牡丹花纹。在包袱纹的掩盖下，绳结下可见红绿勾边的黑底云纹，下腹部则以黄色为地描绘各色缠枝花纹，色彩明艳，充满活力与吉祥之气。

画珐琅八宝纹法轮

清代 | 珐琅器

故宫博物院　高 22 厘米，底径 10 厘米

法轮是佛教法器中的一种。法器一般分为庄严具、供佛器、报时器、容置器、携行器及密教专用法器，而法轮则属于置于佛案之上的供佛器。法轮原为古印度的一种兵器，具有生生不息、威力无比之意，法轮转动，可碾碎一切罪恶。因佛说法不局限于一人一处，犹如车轮辗转，因此在佛教中也是对佛法的喻称。

画珐琅法器的制作始于清代雍正年间，这件画珐琅八宝纹法轮轮中设八条镂空辐条，每条在黄底上绘莲花底托八宝纹，轮上绘宝蓝色卷草花纹，轮外以如意云头及黄地叶片相间分布，轮下有莲花瓣纹底托。将佛教法器进行艺术化的表达，展现了雍正时期珐琅器的巧思与匠心。

纹饰之美

佛教八宝纹

在法轮的辐条上分别描绘有佛教八宝纹，又称“八吉祥相”，包含法轮、法螺、宝伞、白盖、莲花、宝瓶、金鱼、盘长结。每个符号都有着不同的吉祥寓意，例如法轮代表生生不息，宝伞代表张弛自如等。

法轮底部

底部装饰有一朵红白相间的五瓣葵花，在其中一瓣花叶上以蓝釉书写“雍正年制”款识。

画珐琅嵌玻璃大吉葫芦式挂灯

清代 | 杂器

故宫博物院　　高 144 厘米

《旧都文物略》里有记载：“宫中各式灯品，雕刻彩画，精美绝伦。因出于宫中特制，称为宫灯。”宫灯的历史可谓源远流长，西汉时期的长信宫灯被誉为“中华第一灯”。随着朝代的更迭，宫灯的款式与纹样也变得更为丰富，其象征意义也变得更为丰富。清宫廷的宫灯不仅仅作照明之用，在元旦、春节、元宵节以及皇帝、太后的寿辰之日，宫灯更是不可或缺的庆典祝寿之物。

这件画珐琅嵌玻璃大吉葫芦式挂灯灯身为铜胎，宝盖以珐琅色料绘制蓝绿相间的吉祥纹样，灯身以透明玻璃做宝葫芦形，上方描绘“大吉”字样，周围垂挂四条宝珠与珐琅挂件串成的灯穗，中间装饰八宝纹样挂饰，吉祥美好之意不言而喻。清代是珐琅器发展的巅峰时期，宫廷匠人将珐琅技术、玻璃装饰技法与传统的宫灯相结合，使挂灯既具有观赏性，又增添吉祥之气，可谓集“颜值”与功用于一身的精品。

装饰之美

清新的珐琅吊坠

在宝盖四周向下垂坠着四条宝珠串成的流苏，流苏由蝙蝠、蝴蝶、葫芦等元素组成，皆象征着吉祥幸福之意。流苏随风飘荡，与灯身相映成趣，从侧面反映了宫廷生活的雅致与考究。

造型之美

吉祥的葫芦

灯身以铜胎为框架，开光处镶嵌透明玻璃，形成宝葫芦造型，寓意着“福”“禄”。玻璃上描绘缠枝莲纹，中心以朱红色书“大吉”二字。可以想见灯火点燃，火光透过玻璃将各色纹样映照到周围，浮光掠影间尽是浪漫与美好。

大
吉

乾隆款画珐琅牡丹纹葵瓣式唾盂

清代 | 珐琅器

故宫博物院　　高 9 厘米，口长 12 厘米，宽 10 厘米

这件画珐琅牡丹纹唾盂是清代乾隆时期所制，为皇帝卧榻、桌边摆放的日常用器。整个器物为铜胎画珐琅制成。画珐琅技法又称“珐琅画”，清代康熙年间试烧成功，并得到推广，其制作方法是在铜胎上绘各色釉料，经烧制抛光后在器表形成精美的纹饰。乾隆时期，各色釉料不断丰富，并且在宫廷匠人的不断创新之下，画珐琅器无论从器型还是纹饰都更为精致，常制作成日常用器并受到宫廷贵族的喜爱。

唾盂上置牡丹花纹器盖，内部有一宝蓝色内屉。器身宽平沿，平底，腹部微垂。内部白瓷色，外部明黄色为地，满饰各色卷草牡丹纹，明黄色凸显了皇家的尊贵之气，映衬着器身华贵的牡丹花更显娇艳。屉盒外部以宝蓝色为底，以金色勾勒牡丹花枝，相比外盒纹样的繁密增添了一份沉稳的魅力。内外盒的盖纽及边沿皆以鎏金装饰，仅从日常用器便可窥见昔日宫廷生活的华贵。

装饰之美　**黄地牡丹纹**

牡丹花自古是吉祥富贵之花，花团锦簇，寓意着国力昌盛。牡丹纹是中国古代经常使用的装饰性纹饰，往往见于服饰、瓷器以及珐琅彩等器物之上。这件珐琅器上的牡丹受西洋风格的影响，在花朵晕染上以渐变色展示花瓣的立体感，更显花朵的娇艳欲滴。

盒盖

盂盖以盖纽为花托，整个盖子绘制为一朵盛开着的倒扣牡丹花，颇具设计感。

内部屉盒

宝蓝色描金花纹沉稳中透着华贵，与黄地牡丹花纹外壁搭配富于色彩冲击力。

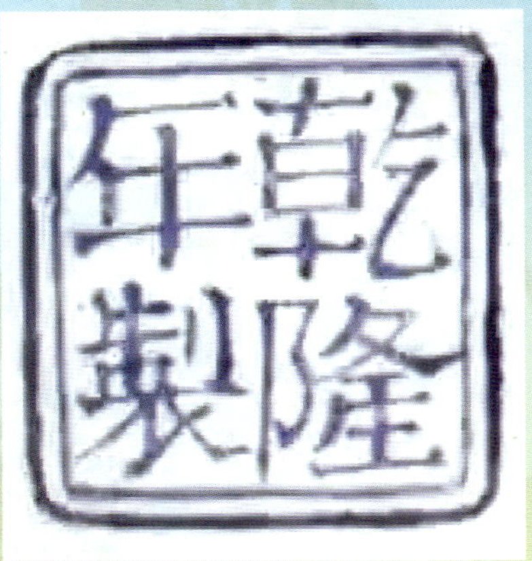

乾隆年款

在唾盂的底部以蓝色釉用楷书写“乾隆年制”款，这也是少见的一只书写款识的乾隆年间唾盂。在乾隆二十七年（1726年），皇帝认为在此类器物上书写款识有辱国号，下令之后所制唾盂皆不落款，因此这只唾盂很可能是乾隆早年间所制。

乾隆款金胎画珐琅开光山水人物图杯、盘

清代 | 珐琅器

故宫博物院　　高 15.8 厘米，杯口直径 4.5 厘米，盘口直径 14 厘米

杯与盘相得益彰，均以黄金铸造，彰显尊贵之气。杯身圆润，足座稳重，耳饰金质卷草，端庄典雅。盘子呈圆形，边缘如花瓣，增添了一份柔美与生机。盘心巧设杯槽，设计独到，体现了工匠的巧思。杯身、槽底、盘内及折边处，均点缀着金属錾花，繁花似锦，绚丽夺目。

杯身两面开光，彩绘西洋女子，婀娜多姿、栩栩如生。而托盘则有16处开光，花卉、西洋风景以及西洋妇女图案交织相融，勾勒出一幅生动细腻的画面。杯底以蓝色书写“乾隆年制”，盘底则镀上金层，同样以楷书书写款识，岁月的痕迹点缀其中，更显得皇家风范独具魅力。

纹样之美　繁缛华美

托盘的杯槽、内底及折边皆做开光处理，依次装饰有花卉、妇女和西洋风景图画。图案用色恰到好处，工艺精雕细琢，无不反映出古代宫廷用品的奢华至极以及工艺的鬼斧神工。同时，以西洋风景入画，也反映出当时中西文化交流的繁荣。

图1

图2

图1 托盘盘底
图2 托盘内底

款识之美

书法生动

杯底署有蓝色的“乾隆年制”款识，这既表明了其制作的年代——乾隆时期，也表明了当时宫廷御用器物的独特“身份”，更彰显了它的尊贵。

乾隆款金胎掐丝珐琅嵌画珐琅执壶

清代 | 珐琅器

故宫博物院　　通高 39 厘米，宽 25.5 厘米

明清时期，珐琅器的制作已达炉火纯青的程度，画珐琅技法经康熙、雍正、乾隆三朝更是成熟完善。这件金胎掐丝珐琅嵌画珐琅执壶结合掐丝珐琅与画珐琅技法，壶身为上圆下方的葫芦式，以蓝色为地掐丝装点缠枝莲纹，上下皆四面开光描绘了不同场景的仕女，她们或山野赏景，或庭前读书，或戏哄小儿，仅从一件执壶上就做到了移步换景，设计巧妙，绘画精致。在实用的同时兼具了赏玩的功能，可谓乾隆时期珐琅器的集大成之作。

清代由于港口开放以及西方传教士的到来，西方精致的金银器、珐琅器以及绘画技法对于宫廷制器产生了巨大的影响。受到18世纪西方绘画风格的影响，清宫廷的器物绘画也表现出了明显的明暗关系和立体感，又与中式题材相结合，中西交融之美在一件执壶上尽显无遗。

绘画之美　画珐琅仕女画

壶身以掐丝珐琅填缠枝莲纹为底，开光内则以画珐琅技术镶嵌仕女画。从图中人物景色的描绘可以看出明显的立体感，显然是受到了西洋绘画技法的影响。

细节之美　迷你珐琅画

在执壶的盖上四处开光，每处皆为指甲盖大小，但仔细观察，会发现内部皆以珐琅料绘制了不同的仕女形象，下方的器颈处亦装饰有胭脂色山水小景。细节的描绘毫不马虎，彰显了乾隆时期珐琅器制作的高超技艺。

底部款识

在壶底以双线方框阴刻“乾隆年制”楷书款识，从侧面体现了乾隆年间器物的精美与国力的强盛。

乾隆款掐丝珐琅山水楼阁图铜镜

清代 | 珐琅器

故宫博物院　　直径9.5厘米，厚0.6厘米

这件掐丝珐琅山水楼阁图铜镜为清代乾隆时期制作，为清宫旧藏。在不足10厘米的镜背上以细密的铜丝拼粘亭台楼阁之景，天高云淡，草木茂盛，夏日庭院的景致精细地呈现于小小的镜背之上。楼阁的屋顶以黄绿色装点，草地施以翠绿色，树叶则以松绿装点，细微之处彰显区别。前方的湖石以重色装点，为画面增添了一份沉稳。透过精致的铜镜，我们似乎可以窥见地位尊贵的妃嫔的精致生活。

清代珐琅镜十分稀少，流传下来的更为稀少。这件铜镜不仅制作精美，包装亦十分华丽，靛蓝色的绒布袋上片片金羽闪烁，残存的翠羽零零星星，双龙捧寿纹饰寓意吉祥。铜镜装饰富于雅趣，包装精美华贵，可谓传世宫廷日常用器中的精品。

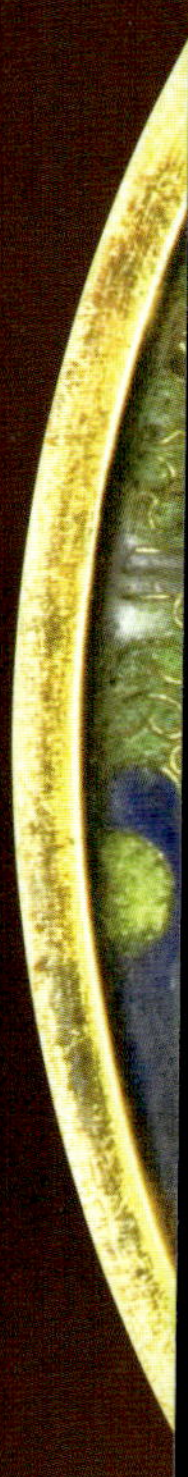

款识

镜背左侧镶嵌一金片，阴刻“乾隆年制”款。

造景之美

亭台楼阁

镜背以院墙与屏风分割前中后景观，前景为蓝色湖石，中景的凉亭作为视觉中心最为吸睛，院墙后方的楼阁红墙金瓦，掩映在苍松翠柏之间，闲云飘散，呈现出一派宁静美好的画面。

装饰之美

点翠与织绣

镜外的靛蓝色镜套装饰华丽，镜套正面以层层金羽拼接为一朵盛放的菊花，在花瓣上可依稀看到遗留的翠色，可见运用了点翠工艺。围绕金羽以细小的米珠装饰两条螭龙，共同簇拥着寿字纹，包装华丽，夺人眼球。

錾胎珐琅太平有象

清代 | 珐琅器

故宫博物院　　通高 170 厘米，长 100 厘米，宽 55 厘米

根据记载，珐琅工艺最早为元代由阿拉伯传入中国，不同于掐丝珐琅在铜丝内填色料，錾胎珐琅是在铜胎上刻画纹样，并将内部雕刻减地，从而使纹样凸出，再将珐琅料填入凹陷处并烧制打磨而成，錾胎珐琅器的制作在清代中期达到巅峰。这件錾胎珐琅太平有象器型硕大，原为一对，是盛装香薰的器物。象身以月白色釉料为底，通体錾刻西番莲纹饰，色彩绚丽，线条流畅。

象驮宝瓶是清代常出现的器物造型，蕴含着太平、吉祥的美好寓意。大象低眉顺目，脖颈系红色铃铛与镀金葫芦，背上的鞍披上绘蓝底龙纹，象身披挂的菱形璎珞镶嵌各色宝石。宝象立于束腰长方台之上，不禁让人感慨清代宫廷用器的精致华美。

塑造之美　吉“象”

大象目光低垂，象鼻微卷，象牙镀金，眉间及鼻子上的纹路线条流畅，神态自若，生动表现出了大象温顺的性格特点，也表现了吉祥平顺的祝福之意。

细节之美　宝石璎珞

象身鞍辔镀金，并且披挂的璎珞上镶满珍珠、珊瑚、绿松石等各色宝石，在光照下熠熠生辉。璎珞连接处为莲花、法轮、宝伞、海螺等佛教八宝纹饰，细节之处尽显精美。

银胎绿珐琅嵌宝石右旋海螺

清代 | 珐琅器

故宫博物院　　通高 16.1 厘米，盒最大径 9.5 厘米，重 642 克

这件精美的银胎绿珐琅嵌宝石右旋海螺是六世班禅额尔德尼特为庆祝乾隆皇帝七十大寿跋山涉水由西藏入北京进献的珍宝。螺身采用天然蝾螺制成，通体闪烁着珍珠般的迷人光泽。天然的右旋海螺产量极少，因此更显出其珍贵性。海螺的器口微敞，螺口嵌接银胎绿珐琅嵌宝石盖，盖顶上有葫芦形纽，上嵌各色宝石，如一顶精致的僧帽一般。

海螺原本是作为扩声的工具或乐器，同时也是佛教八宝之一，具有弘扬佛法、驱除魔道的含义。海螺浑然天成，精致华美，显示出了极高的审美价值，这件结合自然与人工精制而成的宝器被乾隆皇帝供奉于养心殿西暖阁的仙楼之上，足见其珍贵性。

造型之美

黄金比例的海螺

器身采用天然的蝾螺制作而成，通过测量可见，海螺盘旋的曲线与斐波那契螺旋惊人地相符，呈现出完美的黄金比例，不禁让人感慨大自然的鬼斧神工。

装饰之美

嵌宝石螺盖

海螺盖顶以墨绿色珐琅为底，对称排布八朵嵌红宝石花，其间点缀绿松石，边沿装饰硝石，雍容华贵，充满装饰美感。

海螺上方的宝盖浑圆，宝石镶嵌富于节奏感，配色亦采用红、黄、绿、蓝等主色调，浓郁中透着华丽。
晶莹剔透的墨绿色琉璃色料
缠枝莲花纹
右旋海螺本就十分珍贵，且这只海螺体量大，壳体表面光滑，闪烁着珍珠般的光泽，在阳光下显得尤为迷人。

《兰亭序》卷

唐代 | 纸本

故宫博物院　　纵 24 厘米，横 88.5 厘米

这件国宝是“书圣”王羲之所书、晋代书法成就的巅峰、被历代书界奉为极品之《兰亭序》的唐摹本。其以楮纸两幅拼接，因卷首有唐中宗李显神龙年号小印，故称“神龙本”。其章法、笔法颇得原本神韵，被认为是最好的摹本，令人们得见“书圣”的艺术面貌。

这件国宝前纸13行，行距较松；后纸15行，行距趋紧；但通篇融成一片，优于其他摹本。其用笔俯仰反复，笔锋尖端锐利，时出贼毫、叉笔，既保留了照原本勾摹的痕迹，又表现出自由临写的特点，摹临结合，较其他摹本更显自然生动，并在一定程度上具有“存真”的优点。王羲之书法遒媚多姿、神清骨秀的艺术风神在此作中得到了充分体现。

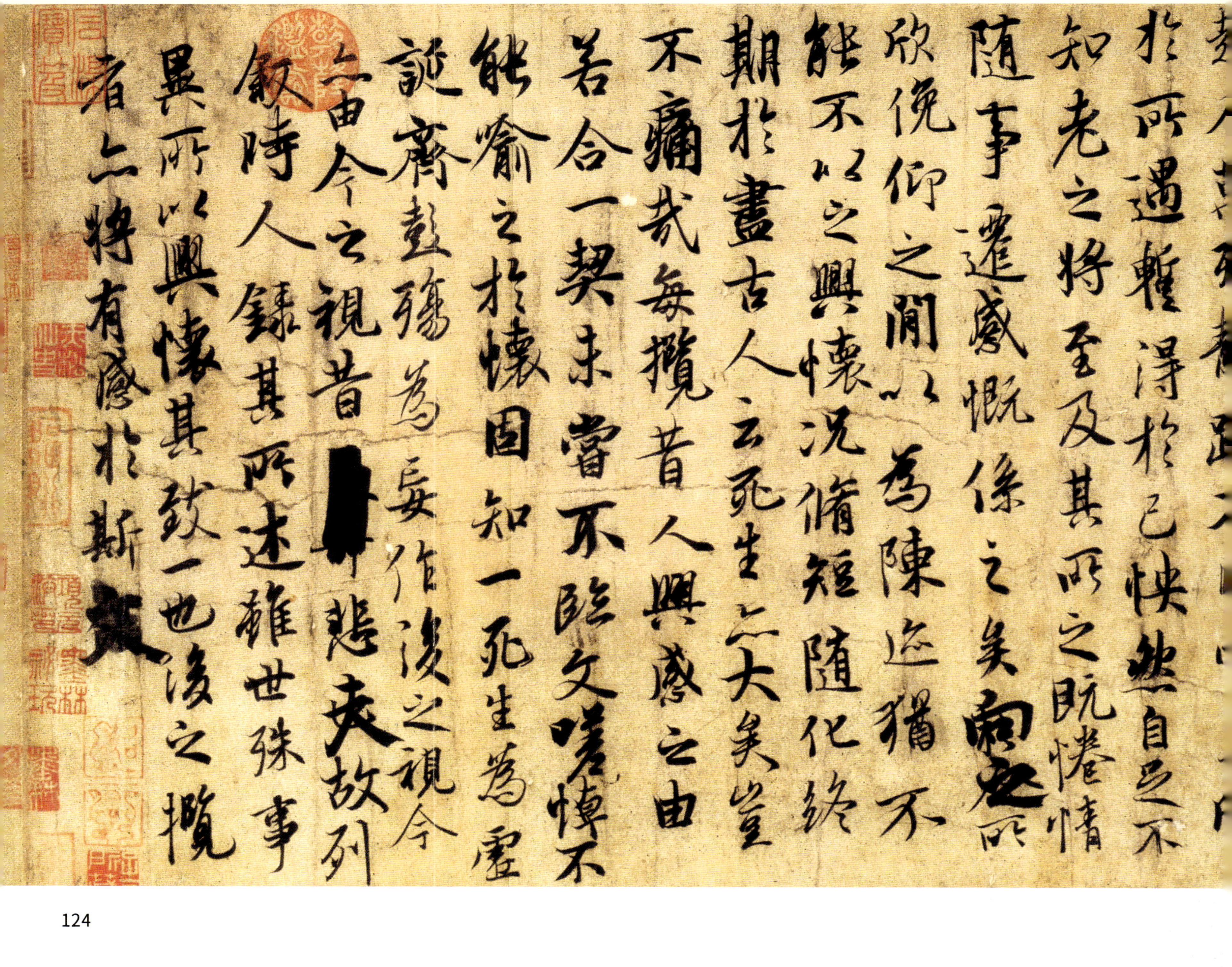

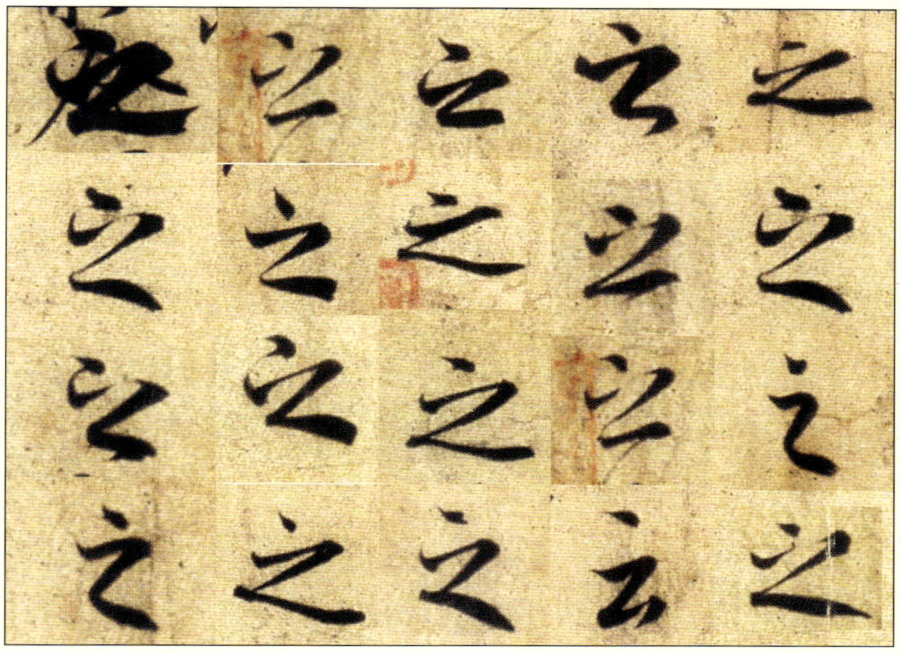

变化万千

《兰亭序》全篇共28行324字，飘逸流畅，流丽雄健，每一字都可说写到了完美，所谓“增一分太长，亏一分太短”。用笔以中锋为主，间有侧锋；笔画之间的萦带（行书笔法之一，比字的主笔小、细，可活跃画面，让字“动”起来）轻盈纤细，或笔断而意连，提按顿挫一任自然；整体布局错落有致，妙法天成。尤其篇中共有20个“之”字，其写法竟无一雷同，令人叹为观止。

抑扬顿挫

《兰亭序》语言通俗流畅，感情真挚自然，行文极尽波澜起伏、抑扬顿挫之美，本身即为文学名篇。王羲之首先写聚会盛况，描述环境——“茂林修竹”“清流激湍”“天朗气清，惠风和畅”，之后笔锋突变，格调转为悲伤，感叹欢乐时光并不长久，人生短暂，然而他并不宣扬“及时行乐”，而是反对了庄子“一死生、齐彭殇”的论调。

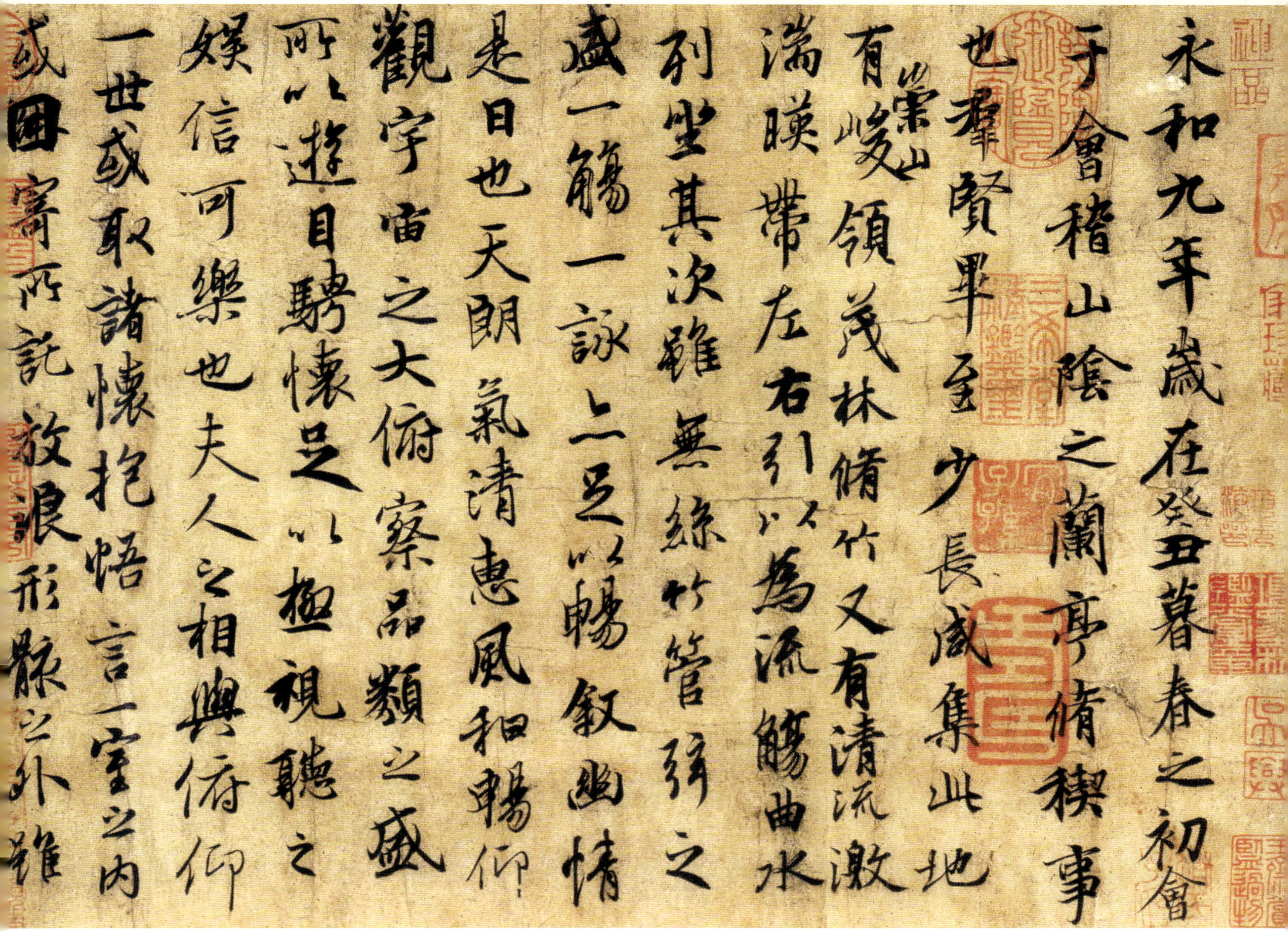
永和九年歲在癸丑暮春之初會
于會稽山陰之蘭亭脩稧事
也羣賢畢至少長咸集此地
有崇山峻領茂林脩竹又有清流激
湍暎帶左右引以為流觴曲水
列坐其次雖無絲竹管弦之
盛一觴一詠亦足以暢敘幽情
是日也天朗氣清惠風和暢仰
觀宇宙之大俯察品類之盛
所以遊目騁懷足以極視聽之
娛信可樂也夫人之相與俯仰
一世或取諸懷抱悟言一室之内
或因寄所託放浪形骸之外雖

《伯远帖》

东晋 | 纸本

故宫博物院　　纵 25.1 厘米，横 17.2 厘米

《伯远帖》是东晋书法家王珣写的一封书信，作为其传世唯一墨迹真本，与陆机《平复帖》为现今仅存的两件晋代名人法书（又称“法帖”，指学习书法可以作为楷模的范本）。此帖风神俊朗，潇洒流利，在中国书法史上具有崇高的地位。

这件国宝以行书写就，其行笔流畅自然，秀雅俊丽，是行书早期的典范之作。《伯远帖》与《快雪时晴帖》《中秋帖》并称“三希帖”，为“中华十大传世名帖”之首，亦被列为“天下十大行书”之一，排行第四。

此帖共5行47字，全文为：“珣顿首、顿首。伯远，胜业情期，群从之宝。自以羸患，志在优游。始获此出，意不克申。分别如昨，永为畴古。远隔岭峤，不相瞻临。”

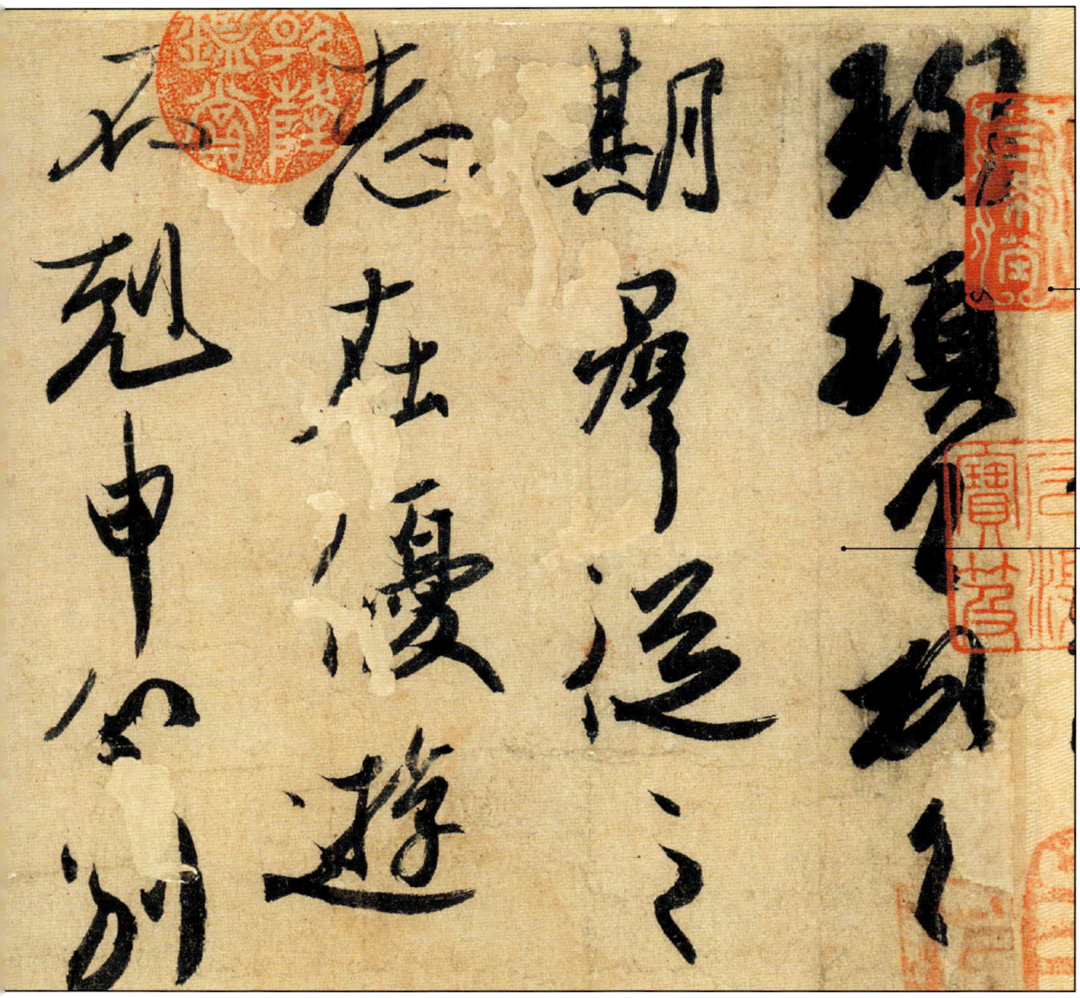

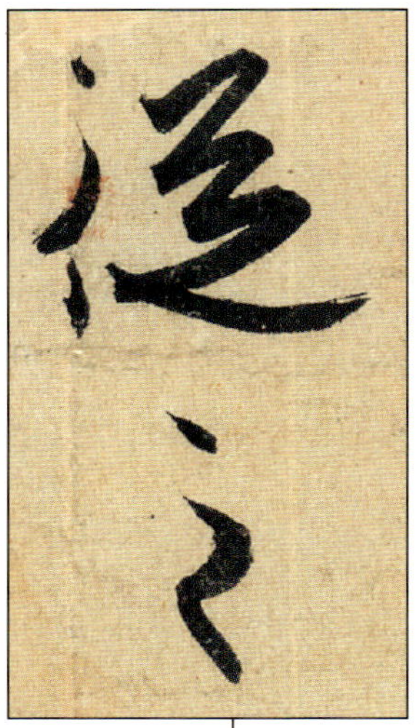

结体和谐

行书风格多样，但在结体（又称“结字”，指汉字书写的间架结构，笔法、结体和章法是书法技艺的三个要素）上有共同规律可循，核心在于和谐的变化。此帖中，像“顿首”“从之”等相邻的字，其上下两字比较，大小和长短变化十分明显：上一字长、大，下一字短、小。类似的，各字在收放、疏密等方面也富于和谐的变化，功力精到。

爽劲挺拔

由于是书法家真迹，此帖如实反映了王珣的笔法特点——爽劲挺拔，清瘦快捷，这既是王珣的书法个性，也是王羲之时代书法的共性。王珣在波擎、折角处的处理很是独到，如“远”字的捺，起笔方截，一拓劲过，极为矫健；“期”字的月部折角有上下错动的小动作，虽是偶然，但能形成一种特征，使观者体验到运笔过程中的节奏感。

中顏曰三希堂 御筆又識

晉王珣伯遠帖

珣頓首頓首伯遠勝業情
期群從之寶自以羸患
志在優遊始獲此出意
不剋申分別如昨永為畴
古遠隔嶺嶠不相瞻臨

晉人真跡惟二王尚有存者然米南宮時
大令已罕謂一紙可當右軍五帖況王珣書

宋人《洛神赋图》

宋代 | 绢本

故宫博物院　　纵 27 厘米，横 635.3 厘米

“余情悦其淑美兮，心振荡而不怡……浮长川而忘返，思绵绵而增慕。”《洛神赋》是三国时期文学家曹植所作的一篇抒情赋，文中虚构了自己与洛水之神宓妃相恋却最终因人神殊途而遗憾分别的爱情故事。东晋画家顾恺之在领会《洛神赋》主旨思想的基础上发挥艺术想象，以绘画形式还原了这个凄美的故事。顾恺之的原作现已丢失，但从现今留存的众多摹本中我们仍可窥见他的笔墨气韵。摹本共九册，分别藏于故宫博物院、台北故宫博物院，辽宁省博物馆及美国弗利尔-赛克勒美术馆。此宋摹本又称“故宫乙本”，故事完善，有始有终，相比故宫甲本，该件在顾恺之原作的基础上有自己的个人发挥，人物风景具有明显的宋画风格，刻画也更为细

赋，画面之间的连贯性更强，人物的神情、衣饰更加清晰饱满，且在不同画面旁有框线文字做注解。

《洛神赋图》为长卷的形式，整体根据曹植的文赋为观者呈现了曹植回到封地的路途中遇到了洛神宓妃，并象征性地表现了洛神不凡的美貌，以及众神环绕、浩浩荡荡的离别之景，将诗赋中的玄幻色彩以及浪漫主义氛围生动地表现出来。画面疏密相间，充满动感，人物神情动态刻画细致，将神的飘逸、兽的威猛、人的质朴以及树石的硬挺通过不同笔墨描画出来，是诗歌与绘画的高度结合。

宋人《洛神赋图》画心部分，从上到下、从右至左展卷

初见之美

一见钟情

在画面的前段描绘了曹植从京城返回封地，时近黄昏，于是在河岸边休整。经过洛水之时在河滨遇到了美丽的洛神（宓妃），洛神“翩若惊鸿，婉若游龙。荣曜秋菊，华茂春松”。曹植感慨洛神的美丽，以微波传情，以玉佩为信发出邀请。而洛神以礼自持，指着潜渊为期，深受感动的洛神也深感彷徨，怅然长吟，表达着深沉的思慕之情，并有感人神殊途而哀婉不已。

上：初遇洛神

右下：以礼相待

情绪之美

爱慕与克制

图中两段曹植与洛神相遇的场景充满了情绪的暗涌，曹植在河岸边见到洛神，眼神炯炯，与一旁的随从低眉顺目形成了强烈的对比。虽然双方还未交流，但从神情中已经可以看出其感慨于洛神的美貌并心生爱慕。

两处图景当中洛神与曹植的视线形成连接，但双方并未有强烈的动势，二人心中明白人神之间终究殊途，爱而克制的画面或许从一开始就预示了分离的结局。

左：停靠岸边的车辇
右上：嬉戏打滚的马匹
右下：吃草的马匹

姿态各异的人物与马匹

图中前段展现了一行人将车辇停驻洛水之滨休整的场景，画中人疲马歇，侍从们有人攀谈，有人逗马，姿态各不相同。而画中的马匹明显受到前人影响，虽然在画中只起点缀作用，但有的吃草，有的嬉闹，有的打滚，为开卷的画面增添了细节与可看性。

众神之美 离别的预警

曹植与洛神互生爱慕之情，众神亦前来为二人的爱情喝彩。欢愉的时光总是短暂，风神屏翳收起了风，水神川后静水止波，空中的冯夷鸣鼓，女娲清歌，预示着二人的离别。虽然洛神与曹植都明白人神之道殊，但当离别到来时还是难以接受。洛神虽离开，但仍依依不舍地回望，离别的景象不禁让人动容。

细节之美 姿态不一的神灵

在此段画面中的众神姿态各不相同，鸣鼓的冯夷神情严肃，挺直腰板；一旁的女娲衣带飘然，神情哀婉，仿佛为二人鸣唱悲歌；空中的屏翳威风赫赫，水神川后面向洛水作法。姿态不一的众神亦为画卷的故事性增色不少。

左上：冯夷与女娲
左下：风神屏翳
右下：水神川后

离别之美 浩浩荡荡地离别

洛神的离别是故事与画卷中最令人动容的部分，洛神驾着凤凰与曹植告别，而画面调转，“腾文鱼以警乘，鸣玉鸾以偕逝。六龙俨其齐首，载云车之容裔，鲸鲵踊而夹毂，水禽翔而为卫”，洛神在神灵的簇拥之下无奈离去。画面中，云中六龙齐发气势雄壮，云车旁的文鱼和鲸鲵刻画精细，烘托出离别的宏大画面。然而场面越是盛大，越是反衬出离别的悲哀。

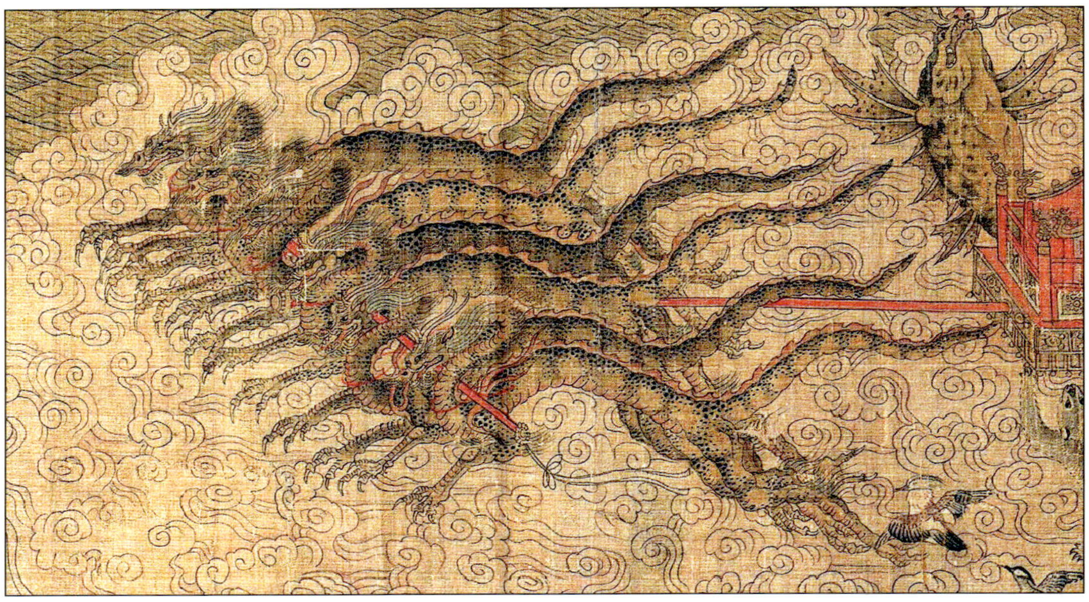

细节之美 不舍回望的洛神

云车之上，一位仙女目视着前方专心赶路，车上的飘带随风翻飞，增添了仙境中的飘逸感。而作为视觉中心的洛神则忧心忡忡地回头望去，发出“虽潜处于太阴，长寄心于君王”的誓言。

左上：回望的洛神
右上：腾跃的鲸鲵
左下：六龙云车

思念之美 夜不能寐

与洛神分别后的曹植难掩悲伤的情绪，于是手持洛神的羽扇驾轻舟逆水而上追寻洛神的踪迹却无功而返。夜色低沉，匆匆赶路一天的曹植满身疲惫，身沾霜露，浓浓的思念之情让他夜不能寐，怅然坐到天亮。侍卫在一旁躬身侍奉，表现出担心之态，然而失神的曹植却满心只有爱而不得的遗憾。

《洛神赋图》弗利尔甲本

《洛神赋图》故宫乙本

细节之美 人物树石之美

图卷不仅为我们展现了一段凄美的爱情故事，图中山水人物的刻画同样细致精彩。此卷宋摹本不同于原作及其他摹本对于顾恺之画作的精确还原，人物树石可以明显看出宋画中惯用的皴法及笔触。在原作中树石的笔法较为简洁古朴，在背景上也少有装饰性的笔墨，而该本松树叶片分明，山石坚硬，水波细腻，景与景之间连接密集，鲜有留白。

左上：手持羽扇的曹植
左中：怅然若失的曹植
右上：回望的曹植
下：汹涌的洛水

汹涌的洛水与失落的曹植

船上的曹植心事重重地拿着洛神的羽扇，身后的侍女低眉顺目，下方的船夫奋力划桨，这些都表现出主人公追爱不得的焦急与失落。在后段中怅然若失，眼神放空，再如尾段驾车归去，却还不舍地向后回望。值得注意的是，画面中每一段对水的描绘都不相同，例如此段的洛水汹涌澎湃，湍急的水流也烘托了逆水寻仙的困难与急迫的气氛。

《步辇图》

唐代 | 绢本

故宫博物院（禁止出境）　　纵 38.5 厘米，横 129 厘米

唐代画家阎立本的名作《步辇图》是唐代绘画的代表性作品、中国十大传世名画之一。它的历史价值与艺术价值同样珍贵，因其内容反映了吐蕃（今西藏地区）王松赞干布迎娶文成公主的史实，是汉藏兄弟民族友好情谊的实物见证。

这件工笔重彩画作品构图富于变化，线条圆劲流畅，设色富丽典雅，体现了画家纯熟的技艺。有学者推测时任朝中高官的画家可能亲眼看见了画作中的场景——在宫女簇拥下坐在步辇中的唐太宗接见来唐朝国都长安（今陕西西安）迎接文成公主的吐蕃使臣禄东赞。

人物之美

帝王之姿

唐太宗位于画面的视觉中心，面容俊朗，目光深邃，神情和蔼，较画面中其他人明显高大——这是画家突显这位“男主角”的手法之一。画家还以其身边娇小柔弱的宫女们和对面恭谨的使臣与官员作对比，强调了唐太宗的魁伟身姿与平和态度。画面布局自右向左由紧密渐趋疏朗，重点突出，张弛有度，和谐有序。

《步辇图》画心部分

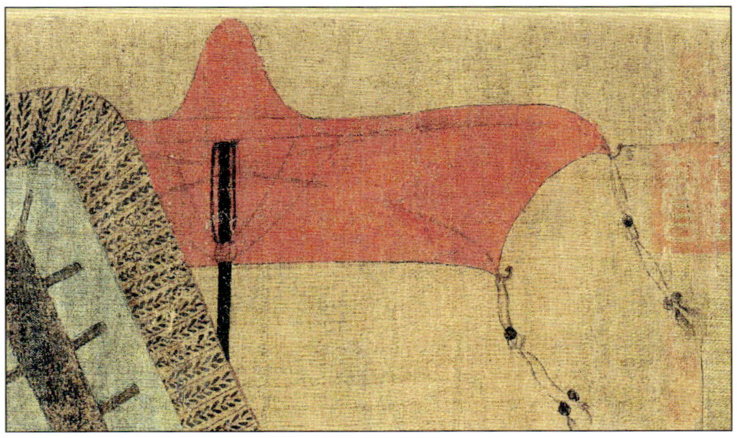

喜庆的红色

为烘托这场仪式祥和喜庆的气氛，画家以红色来表现典礼官和多名宫女的服饰，并将画面右上角的华盖也设为红色。这些红色块与绿、白等色块错落出现，令画面富于韵律感。

《挥扇仕女图》

唐代 | 绢本

故宫博物院　　纵 33.7 厘米，横 204.8 厘米

《挥扇仕女图》传为唐代画家周昉所作，描绘了13位唐代仕女（在国画领域里指古代贵族妇女或美女）的形象，在复现唐王朝富裕奢华的物质生活之时，揭示出贵妇们极度贫乏的精神世界。这件工笔重彩作品以横向排列的形式展示了仕女们的多种活动场景：13人分为5组，分别在执扇慵坐、解囊抽琴、对镜理妆、绣案做工、挥扇闲憩。画面结构井然，线条劲秀，赋色浓丽，时代感强。

此作与作者另一名作《簪花仕女图》一同代表了唐代宫苑仕女画在形神兼备方面所取得的杰出成就，二者同属于中国十大传世名画之一的《唐宫仕女图》（一组5幅国画）。

构图之美

有序排布

画面中人物或坐或立，或聚或散，或正或侧，姿态各不相同。起首人物向内挥扇与结尾人物的回眸形成呼应，较弱的丫鬟与丰腴的宫人形成对比，看似随意，实则都经过了画家细心的排布。

《挥扇仕女图》画心部分，从上到下、从右至左展卷

宫花寂寞

与其师张萱笔下欢愉活泼的仕女形象不同，经历盛世的周昉所画的仕女们多为茫然若失的神态，她们动作迟缓，似乎沉浸在百无聊赖之中。此画中的仕女们浑身锦绣绸缎，头戴珠玉，可从她们低眉垂首的动作与黯然失色的神情可以看出她们深藏内心的寂寞与空虚。

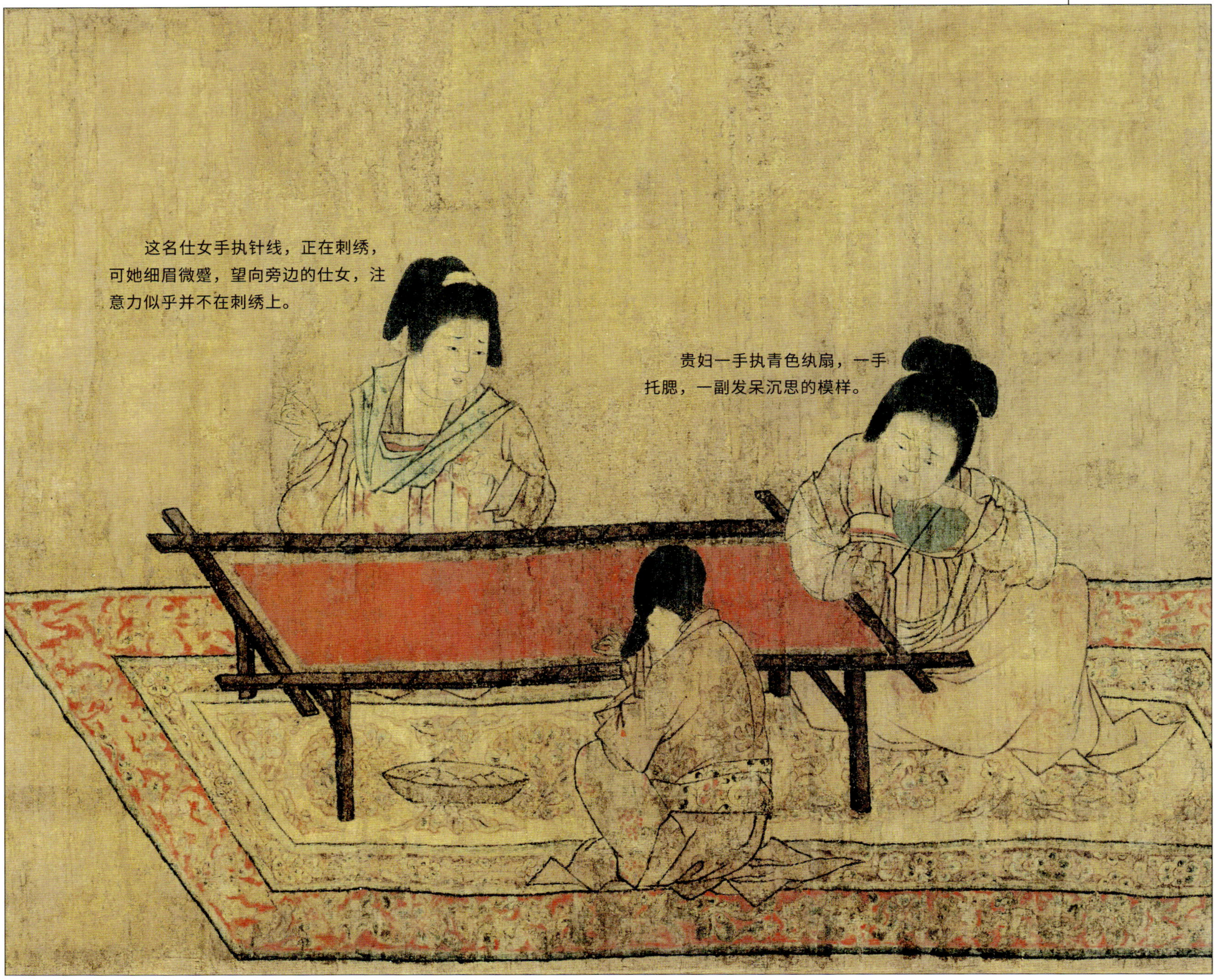

仕女们头绾高髻，圆面细目，装扮精致，体态丰腴，身姿婉约，但都举止慵倦，缺乏生气，隐隐透出空虚、愁苦之感。这位对镜理妆的仕女微微低首，仿佛因镜中自己憔悴的面容而心情沉重。

仕女们长裙曳地，其衣服褶纹的线条近铁线描，较准确地勾画出了人物的体态。铁线描是人物衣纹画法之一，其形如铁丝，故名。铁线描可勾勒出无粗细变化、遒劲有力的圆笔线条，由其绘制的衣纹常稠叠下坠，如“曹衣出水”——与“吴带当风”对应，后者形容衣纹似迎风飘曳之状。

袅袅云鬓

唐代女性发型、发饰种类丰富繁多。此图中的仕女们乌发如云，发髻发饰各具特色，是当时女子时兴装扮的集中体现。

栉：是梳和篦的统称。除平时梳头外，唐朝妇女在发髻的正中或周围往往插着大小栉具作为装饰。

堕马髻：发髻侧在一边，外形宛若从马上堕下来一般，故名。

云髻：一种状如云的高髻。

抛家髻：唐末京中妇女流行的发髻。将头发梳在两鬓，环住面庞，再向后抛出发鬟，谓之“抛家髻”。

这名仕女所梳的为中唐最基础的发式，由于较为日常、简便，经常为一些身份较低的宫女所梳。

垂练髻：由南北朝时期的垂髻发展而来，是未婚女子和侍婢常用的发型。

女巾幞头：幞头不仅是男性“时尚单品”，唐代宫内侍官、侍女及贵族女性也会佩戴。女巾幞头的幞巾较小，顶部加高，两脚反结于脑后，自然垂下。

花冠：唐代花冠多以罗帛制成，饰以绢花，可像帽子一样戴在头上。

衣着精致的宫人

在画面首段，头戴玉莲冠的妃子一旁站着身穿紫袍束带的女官，虽为侍从，但身为宫廷中人穿着打扮亦毫不马虎。宫人手执一柄硕大的团扇，扇面呈现浓重华丽的墨绿色，扇上绘有成双的鸾凤纹，灵动飞舞。

身着紫衣的女官

古朴沉着

这两位仕女正坐在华丽舒适的椅凳上挥扇歇息，她们同样显得沉闷、寂寞。画中仕女们的衣饰以红色为主，兼有青、灰、紫、绿等色。冷暖色调相互映衬，刻画出人物衣料的华贵和肌肤的细嫩。

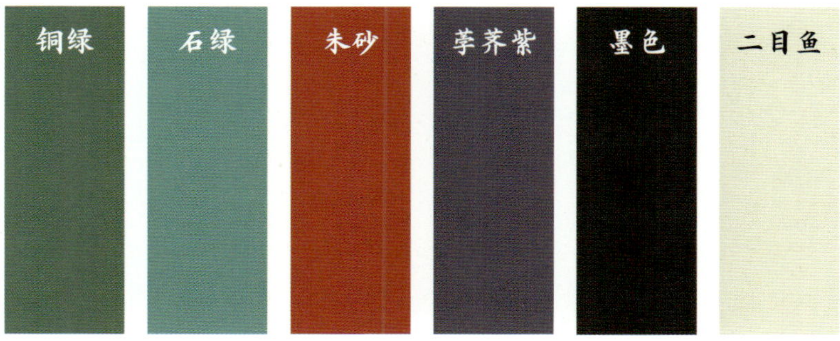

《五牛图》

唐代 | 纸本

故宫博物院　　纵 20.8 厘米，横 139.8 厘米

《五牛图》为唐代画家、官至宰相的韩滉所作，是其作品的传世孤本，描绘了五头姿态各异的牛。此作是寥寥几件唐代纸绢绘画真迹之一、中国十大传世名画之一，也是目前所见最早的纸本中国画。

这件国宝为手卷式组画，几无背景衬托，凸显了画家的构图功力。画家的造型功力同样出色，笔法流畅老练，配合清淡沉稳的设色（即用颜色渲染，渲染指用水墨或颜色烘染物象以增强质感和立体感），画面构图巧妙，层次丰富，形神兼备，达到了空前的艺术高度。

温驯而倔强

画家着重刻画了每头牛的眼睛及其周围的皱纹，并用尖细劲利的笔触描绘了牛的睫毛，画龙点睛，塑造出其温驯、倔强的性格。同时，每头牛的整体姿态全然不同，毫无重复之感。

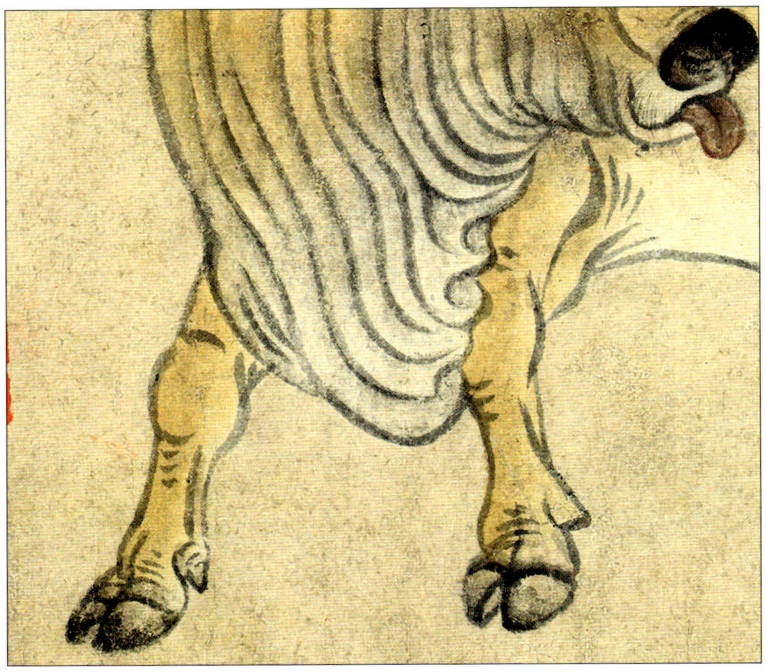

形象的皮肉质感

画家以粗劲而富有弹性的墨线勾勒每头牛的轮廓，并对其骨骼转折、筋肉缠裹处着意刻画，生动表现出牛筋骨的强健和皮毛的质感。

各显精彩

唐代推行均田制、租庸调制等制度减轻百姓负担，从而促进农业发展，而牛作为耕种的重要畜力而被百姓熟知，因此要画好这种时人常见的动物更需功力。《五牛图》中的牛都画得非常真实，姿态样貌各不相同，细节生动，肌肉线条和毛发质感都处理得十分细腻。画面布局简洁，五头牛自然排列，使画面显得既丰富又不失和谐。

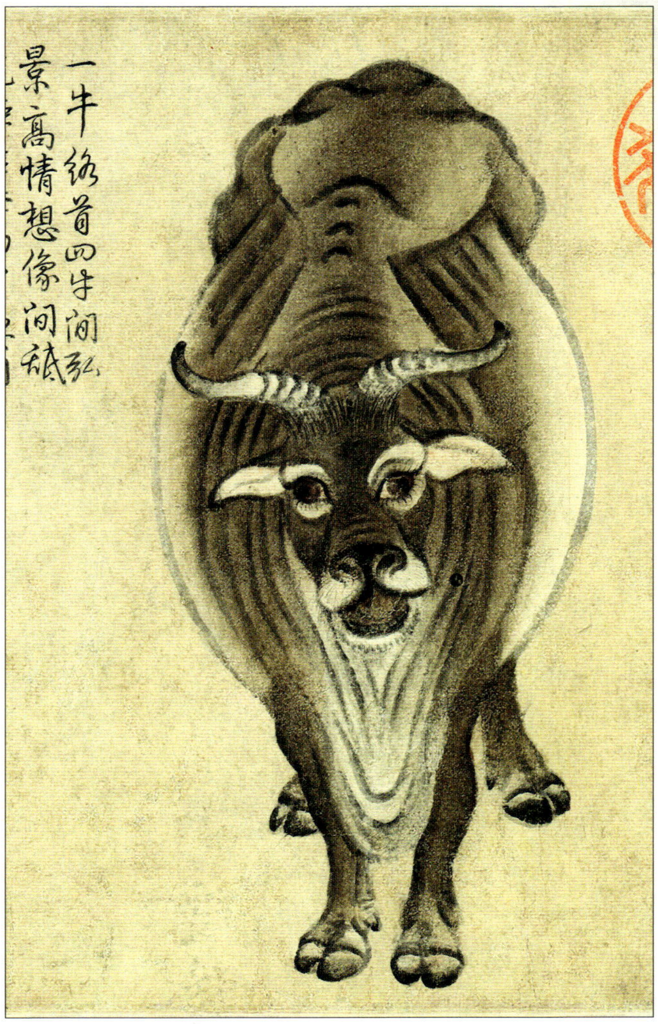

端正的视角

正中一牛呈现视角十分罕见，为完全的正面，立体感强，透视关系准确。其两侧各有两牛，约呈对称状。五头牛既各自为形象鲜明的独立个体，又相互顾盼、呼应，画面均衡、和谐。

跳脱的花色

这头牛昂首摆尾，目光炯炯，与其右侧的棕色老牛相比，明显更“年轻”。画家以墨赋予其黑白杂花的花色，而其他几头牛的花色也各不相同。表现它们画家只用了两种颜色：黄色和深褐色，奥妙在于渲染时颜色的浓淡有别。

《五牛图》画心部分

《韩熙载夜宴图》

五代十国（宋摹本）｜绢本

故宫博物院　　纵 28.7 厘米，横 335.5 厘米

《韩熙载夜宴图》是中国十大传世名画之一，为五代十国时期南唐画家顾闳中奉诏而作，如实再现了南唐大臣韩熙载夜宴宾客的历史情景，现存为宋摹本。画家在细致描绘宴会上弹丝吹竹、清歌艳舞、主客相欢、调笑欢乐等热闹场面的同时，深入刻画了主人公超脱不羁、沉郁寡欢的复杂人性。此作代表了中国古代工笔重彩画的最高水平，在美术史上具有重要地位，也是研究五代十国时期服饰、装饰、乐器、舞蹈、人文生活艺术等的重要实物参照。

这件国宝描绘了一次完整的韩府夜宴过程，即听乐、观舞、暂歇、清吹和散宴五个场景。整幅作品构图富于想象力，造型准确精微，线条工细流畅，色彩明丽协调，在栩栩如生地刻画人物的同时，有着如连环画般具体生动的情节描述，写实性强，较唐人仕女画前进了一大步。

上图：《韩熙载夜宴图》画心部分，从上到下、从右至左展卷

下图：《韩熙载夜宴图》局部

熙載風流清
爲天官侍郎以
簡爲時論所誚

布局之美

动静结合

画面中40余人分为多组，宾主有序，动静相宜。如上图，侍女手捧装有酒壶、酒杯的托盘，向手持乐器伫立的歌女恭敬躬身，二人似在交谈。画中不同组人物行动各不相同，听乐、观舞各不相同，而此段的人物也为热闹的画面留出了“气口”。

心不在焉的主角

主角韩熙载的形象和个性被画家刻画得极为传神。无论亲自擂鼓助兴、净手、欣赏乐舞还是手持鼓槌送别之时，气宇轩昂、长髯、高帽的他始终紧锁眉头，心不在焉，若有所思，与周围环境对比鲜明，表现出空虚苦闷、无可奈何的复杂内心世界。五代政权更迭之时，韩熙载虽满腹才华，无奈南唐颓势积重难返，因此他躲进声色犬马之中，以避免成为亡国之相。

精美的屏风

画家使用屏风这一古代室内常见的陈设物分隔不同时空的场景，令各场景画面既彼此独立，又不乏连贯性，同时毫无割裂感。这些屏风被画家描绘得富于美感和立体感，屏风上大多细致地描绘着不同的山水画场景，让人身处闹市亦可“卧游”山水，同时也使得画面更为丰富。

《写生珍禽图》

五代十国｜绢本

故宫博物院　　纵41.5厘米，横70.8厘米

《写生珍禽图》是五代十国时期西蜀宫廷画家黄荃的传世名作，其以双钩填彩法在不大的尺幅中生动描绘了雀、鸠、龟、蝉等24只小动物。这一时期花鸟画趋于成熟，但流传下来的珍品极少，此作以实证标志了花鸟画从早期的粗拙臻于精美，意义重大。

这件国宝属于写生画，是画家交给其子临摹练习用的稿本，因此构图上没有刻意经营，但各小动物排列依然错落有致。画家的造型能力和笔墨技巧极为高超，此作中小动物的形象线条细谨，设色鲜丽，虽赋重彩却似以轻色染成，活灵活现。

神情灵动

一老一小两只麻雀相对而立，雏雀张口扑翅，嗷嗷待哺，惹人怜爱；老雀低首视子，好似因无食可喂而颇感无可奈何，令人莞尔。画家不是单纯地照抄自然来画鸟，而是抓住其与人类生活遭际、思想情感的某种联系，予以强化表现。除了有“明察秋毫”之眼，画家更有一颗能体会世间百味的心。

《写生珍禽图》全卷

色之美彩 微妙的色彩变化

这是画面中唯一赋红色的鸟儿。其圆目细喙长尾的形态被画家刻画得极为细致，翅膀上根根羽毛也纤毫毕现。可以看到其红色为层层敷染而得，并非平实死板的一块，富有深浅层次变化。这一抹红令整体以水墨画就的画面一下活了起来。

差之美别 区分与记录

这只老龟似正一步步向前爬行，它双目注视前方，不紧不慢，神态安详。老龟身后的小龟与之品种明显不同，它引颈昂首，四肢灵活，似在好奇地探索前方的未知世界。

纤毫毕现

此画精工雕琢，作者力求真实还原绘制对象的特征细节，例如鸟类的羽毛质感和昆虫的纤薄翅膀等，对应采用了不同的绘制技巧来表现最贴切的质感。例如对蝉翼整体笼罩薄色，透出腹部色彩。这种叫作罩染法的染色方法可以体现出通透、纤薄的蝉翼。而在绘制鸟羽的质感时，用极细的线条根根勾勒，组合成片。这种叫作丝毛法的勾勒技法，可以用来表现出纤细、分散的鸟羽绒毛。

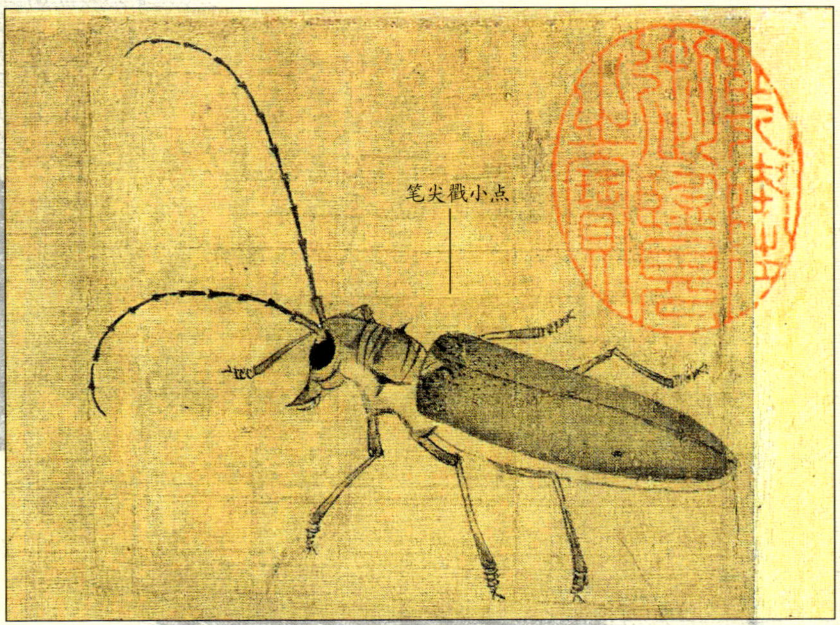

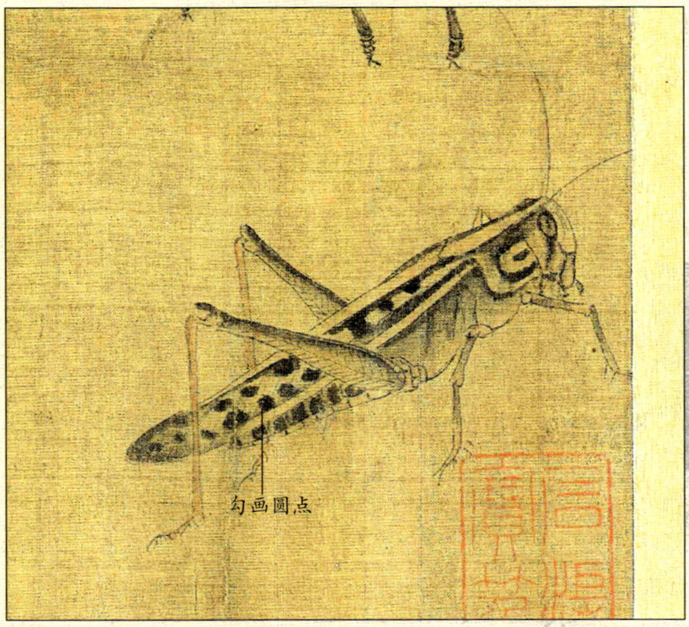

斑纹

斑纹的绘制不仅能表现出身体结构，也能表现出最直观的动物特征。绘制斑纹的技巧各不相同，根据斑纹的大小、形状、质感选择对应的方式。

《清明上河图》

北宋 | 绢本

故宫博物院　纵 24.8 厘米，横 528 厘米

《清明上河图》为长卷式风俗画，是北宋画家张择端仅见的存世精品、中国十大传世名画之一，被认为描绘了清明时节北宋都城汴京（即汴梁，今河南开封）东角子门内外和汴河两岸的景象。全画可分为三段，首段描绘市郊；中段以一座大型拱桥为中心，描绘汴河及两岸；后段描绘汴京城内的街市。此作采用散点透视构图法，在长5米有余的画卷里表现了数量庞大的各色人物、牲畜、车轿和舟船，以及时代特征显著的房屋、桥梁、城楼等建筑，如实反映了当时汴京的城市面貌和社会各阶层人民的生活状况。其用笔兼工带写，设色淡雅，全画场面浩大，结构严谨，刻画细致，对人物与周围景物的关系处理巧妙，具有极高的历史价值和艺术价值。

《清明上河图》画心部分
从上到下、从右至左展卷

情景之美 戏剧冲突

张择端在这幅画中安排了很多极具张力的戏剧化情景，除了前面的虹桥下将要撞桥的大船外，还有很多。这些场景给画面增加了活力和动感，也让观者更易沉浸其中。他通过高超的画技、合理的构图和逻辑安排，完美地将它们一一呈现。

这是一队踏青扫墓归来的人马，主人乘轿骑马，随从挑担跟从。其实早期《清明上河图》并无名称，也不知所画具体时节，正是因为这队人马中主人乘坐的轿辇上以“杨柳杂花装簇轿顶”，符合当时清明节扫墓归来，以插柳避邪的习俗，方才定名。

在长卷前端，顺着祀扫回城的长队目光下移，一老叟驱赶的马匹或是受到惊吓，发狂冲撞不受控制，老叟手指马匹已来不及阻拦，轿前的小厮怕冲撞主人连忙奔走阻拦，而几步开外，屋舍前的儿童似乎并没有发现危险，一旁的大人却惊慌失措，连忙奔向孩童想要阻止危险的发生。仅仅是短短的一队人马，其姿态神情便各不相同，充满了戏剧张力。

郊区风光

开卷起首部分绘制汴梁城外郊区风光，这一日正是清明节，许多人家出城踏青扫墓。时值初春，绿柳刚发新芽，土陇才现翠色，高树上的鸟巢里，雏鸟嗷嗷待哺。树下的田野中，阡陌方正，农夫正在引水灌溉，一派春意盎然之景象。

河上风景

描绘上图和右图这样的船只和房屋是画家的拿手好戏。他在画中绘制了约30座建筑、28艘船、20辆车和8顶轿子，其大小和视角不同，形制和材质各异，刻画一丝不苟，众多细节如船缆绳扣的系法都交代得一清二楚。这些建筑和交通工具内外均搭配以装扮和姿态与之相符的人物，如船夫和食客等。

虹桥风光

画卷中段也是这幅画的核心区域，以汴梁东南处汴河之上规模最宏大的桥梁为主绘制汴河两岸风光。此桥正名“上土桥”，因状如飞虹，俗称“虹桥”。

张择端在虹桥上安排了画面中最密集的人物和最热闹的场景，以及最具观赏性的情景故事。桥上车马来往如梭，商贩密集，行人熙攘，汴河两岸商铺林立，客栈、餐馆、地摊、茶铺无数，将汴梁城之繁华完完整整地表现了出来，充分展现了北宋末期商品经济空前繁荣的景象。

在热闹的桥边，我们可以看到两个衣袖颇长的人，他们被称为“牙郎”。所谓“牙人”“牙郎”是指为买卖双方说合，抽取佣金的中间商，其身着长袖的原因主要是在衣袖内以手指比画价格，为双方的交易留有余地。画面中众人都在看行船的热闹，唯有牙人和周围人手舞足蹈、聊得热络，似要积极促成手头的生意。

这艘货船是张择端在画面中安排得最具戏剧性的一幕——一艘大船从虹桥下穿过，划桨工一时失神，用力过猛，发现船上高高的桅杆即将撞到虹桥的桥面了。桥上的行人也发现了这一幕，赶紧趴在桥边栏杆上大声呼喊。船工们赶紧爬上船顶放倒桅杆；划桨工赶紧倒划，一个工人用撑杆奋力顶住桥沿，以减缓船行速度。这一画面极具张力，船工们人人使劲的样子 和桥上行人惊呼的模样被张择端高超的画功表现了出来，让观者也充分感受到了紧张感。

市区街道

继续往左行进，离开汴河，便来到了城区，还未进城，便有公廨寺观，相比其他部分，这一区域显得清静一些。再继续向前很快就来到汴梁城的护城河，再往前就来到了汴梁城东南的城门——东角子门。穿过城门就是真正的市区街道了，城内商店鳞次栉比，各色商铺小店拥挤而有序地分布。街上行人摩肩接踵，车马轿驼络绎不绝。各色人物，身份不同，衣冠各异，同在街上忙闲不一、苦乐不均。这一区域的景色，将北宋社会的真实面貌最完整、真实、客观地表现了出来，也将这幅画的“移步观景”推向最后的高潮。

几名衣袖高挽、打着绑腿的男子正在井边打水。这一场景与文献中的“间作方井，宫寺民舍皆得汲用”的记载完全吻合。

画面后端的十字路口也描绘了一处有趣的场景，一位骑马的士人持扇望向一旁正在行进的深色衣衫的文人，但行人却以扇遮面。由衣着来看两人皆为有身份之人，缘何如此不愿相见呢？这很可能与当时的党派之争有关，被贬之人往往只能徒步。二人身前背后的小厮一个昂首阔步，一个躬身面露难色，神情仪态亦颇耐人寻味。

一进城门，就会看到一处税务办事处，所有进城贩物走商的人都必须在此登记，此时税务人员正在登记一队从西域远道而来的驼商队的货物数量以及商税。北宋财政超半数来自商税，相较于其他，朝廷对此更为重视，所以我们才能在《清明上河图》中看到这唯一一处还在正常办公的公廨衙署机构。

亭台楼榭

《清明上河图》十分写实地还原了北宋末年的舟船、桥梁、车轿等。作者也让我们看到了当时建筑的原貌，认识到中国古建筑的形制、材质、尺寸、形状等内容，也充分了解到古人的创造才能和审美素养。

茅草屋

瓦房

城外的建筑大多顶部以茅草铺顶，屋前搭棚，粗木为柱，夯土与竹篾嵌入制成墙面。而城内的建筑则采用瓦片铺顶，墙面用砖石、夯土混合搭建。民居基本采用四回连廊形成小院，而河边的房屋，在靠近河岸侧则建有吊脚楼。

正店

脚店

在热闹的市井之中，我们会发现有两处门面写着门口“正店”与“脚店”，在《东京梦华录》中提到：“在京正店七十二户，其余皆谓之‘脚店’。”所谓正店，是指得到官府许可，能够合法酿酒的机构，而脚店则只能向正店购买酒水并销售。右图中的脚店门前“欢楼”已搭建得颇为夸张，而左边楼高三层的正店则装饰更为夸张。大店人流密集，也吸引了形形色色的小贩在门前招揽活计。

车之美 车轿牛马

北宋人出行的交通工具种类丰富，但宋朝律法规定：不同身份、地位的人选择的出行工具也不同，不能随意使用。我们从《清明上河图》中看到的这些车轿，也表明了乘坐者的身份。

棕棚牛车

草棚牛车

宋朝规定士大夫家中本人及家眷出行，只能坐牛车，且严格限制用牛的数量。家中较为富裕的女眷，喜欢乘坐一种棕棚车，这是当时最流行的款式。家境一般或低调的家庭，则坐以竹、草等编织而成的棚车。

轿子

文人出行一般坐轿，这是一种四方带顶、门前有帘的小型出行工具，左右支出两根轿杆，由两名轿夫肩扛行进，称为“肩舆”。在《清明上河图》里，一共出现了八顶轿子。例如上图之处，为两轿一骑，前前后后共三主十三仆，体现出主人身份的尊贵。

板车

普通老百姓只能使用驴，不能骑马或牛，这种由驴拉的双轮车，前坐一车夫控制方向速度，后面板斗上左右有护栏，可以载人，也可以装货。

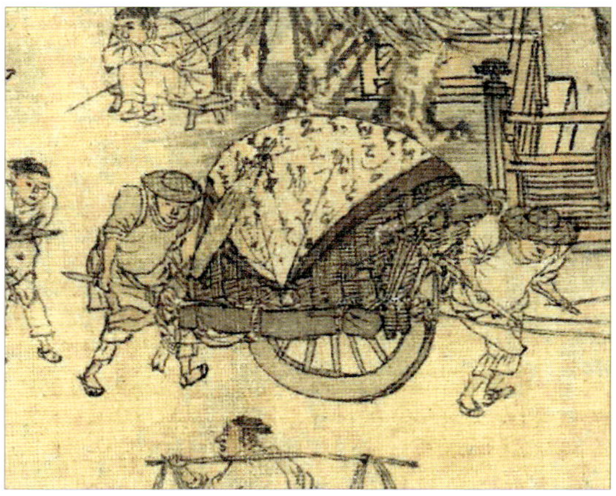

独轮车

独轮车上盖有写满文字的盖布，仔细观察会发现画中对此的描绘不止一处，这很可能是与当时的“新旧党争”有关，被贬的一方往往文学作品也会受到牵连而运往郊外焚毁。

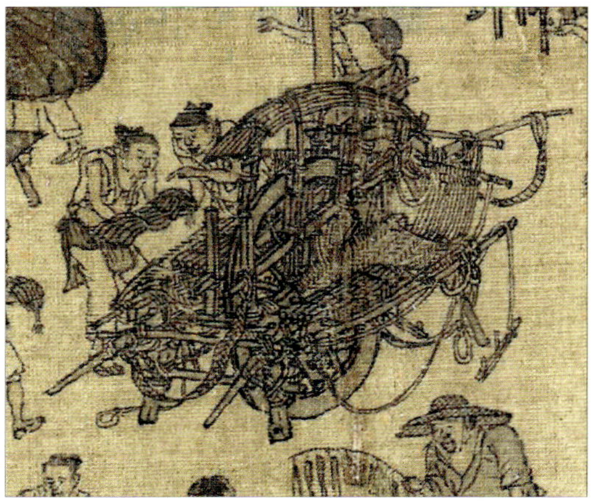

双辕推车

在脚店门前停有一架双辕推车，一位伙计正将长串的铜钱运到车上，车旁两人手指细数清点着车上的银钱，宽敞的车体也便于盛放更多的钱货。

末世端倪，文恬武嬉

《清明上河图》除了是一幅画外，它的最大价值来源于它的历史价值。这幅画成画数年以后，金军南下，攻进汴梁城，俘虏徽钦二帝，此地变为一片焦土，从此再不复画中的繁华。而堂堂大宋为何如此轻易战败，后世学者也在此画中找到了诸多线索和答案。

散布各处的术士

《清明上河图》中画了很多算命、解卦的术士、僧人、铺子等，这从一方面说明了当时的社会风气，士人尽信算命，进京赶考的举子围在算命摊前问卜前程，而无多少人真正治学。《东轩笔录》记载当时“士大夫无不作卦影”，可见北宋巫卜盛行。

衙署机构

在一处似是官衙的宅院门前，几位兵卒有的坐着发呆，有人闷头睡觉，还有人做着针线活，门上的告示也打叉作废，似是荒废已久。

军巡铺

出入城门似乎无人阻拦，而城门内的军巡铺内，几人张弓却无箭，显然正在玩闹，而前方用于消防的木桶只有一个有盖子，显然也已成摆设。

太丞医馆

画面最左侧的一处官衙，同样是大门敞开，但门口空无一人，百姓在门口闲坐。旁边便是一家由宫内太医赵太丞开设的医馆，门口招牌写着“治酒所伤真方集香丸”，专治饮酒过度身体不适，想来也十分讽刺。

城门

东角子门作为汴梁城东南唯一的出入口，城门无一士兵把守，仅有一名士兵站在城楼探头在看下方税务所的热闹。而用夯土建成的城墙，因年久失修而坍塌，上面长满了杂草杂树。

望火楼

望火楼是一种类似如今消防站和警备处的机构，平日有军士把守站岗。可画中的这处望火楼此时却空无一人。

警示之美　黄河易道，辉煌不再

1127年，金军南下，汴梁城破，徽钦二帝被俘北上。金军在汴梁城中烧杀掳掠，繁华的汴梁城几乎沦为一片废土。从此，如《清明上河图》中的繁华场景再无重现之日。1128年，金军再度南下，欲攻击此时已经建立、定都临安（杭州）的南宋政权，金军攻到汴梁城下时，时任汴梁留守的杜充，自知无力抵挡，便掘开黄河企图以大水阻拦金军。没承想金军没有阻住，反倒淹死城中百姓无数。自此黄河改道，距离汴梁城不足百里，而黄河汛期时常决口倒灌，昔日繁华的汴梁城，如今早已被淹没于泥沙之下，而这幅画也似乎是一道醒世良符，永远警示着后人。

《千里江山图》

北宋 | 绢本

故宫博物院　　纵 51.5 厘米，横 1191.5 厘米

作为中国十大传世名画之一，《千里江山图》是典型的院体画：风格华丽，笔触细腻，形神兼备。《千里江山图》色调雅致却不失绮丽，山峦叠嶂，连绵不绝；水面烟波浩渺，船舶星星点点，散落其间。画面采用了“青绿山水”的绘画技法，经过层层罩染，通过微妙的色彩变化将山峦的空间感和水波的清澈感表达得淋漓尽致。在壮丽秀美的山水之间，亦有渔村、院落、亭台、桥梁等建筑穿插其间，画家以细致入微的笔触刻画出人们生活、劳作、玩乐、访友的场景。作者王希孟十多岁入宫廷“画学”为生徒，后得徽宗亲自指点，画技遂精进，完成此画时年仅十八岁，此后再无作品或记载留世。因此《千里江山图》也成为王希孟唯一留存于世的画作。

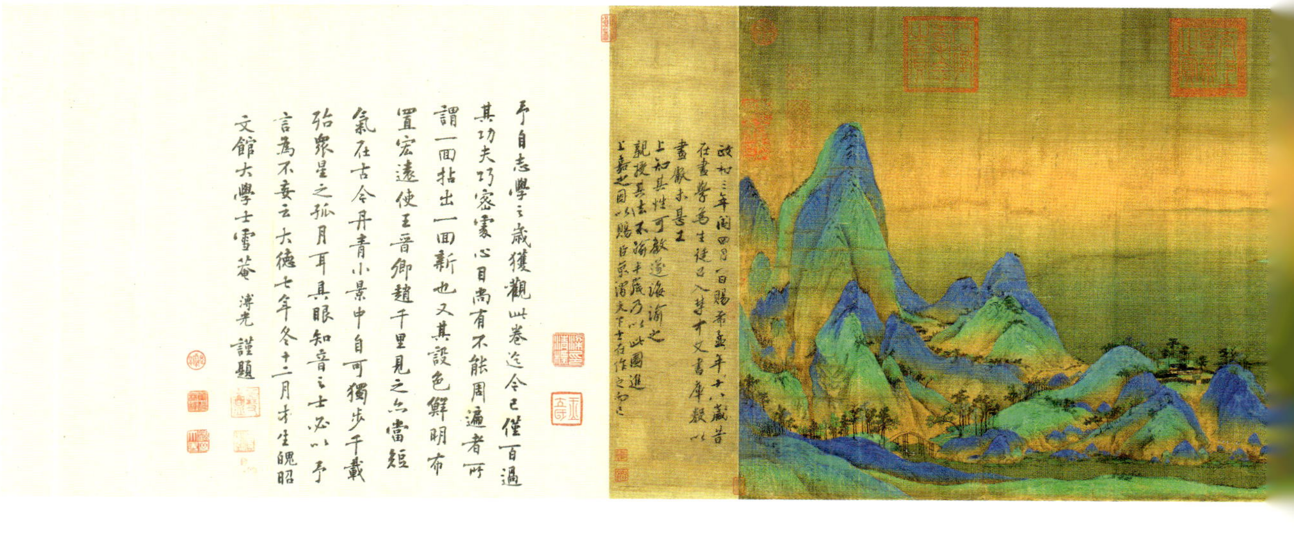

《千里江山图》全卷
从上到下、从右至左展卷

千年不败

《千里江山图》历久弥新，秘诀在于巧妙地运用矿物颜料。赭石为底，孔雀石点缀，色彩生动，层次分明。蓝铜矿勾勒青山，砗磲白（有机宝石颜料）填充人形，使画面清雅而立体。这些颜料的奇妙交融，让《千里江山图》色彩千年不褪，展现出矿物在艺术中的璀璨光辉。

青绿山水

在这幅画中，山石的大部分采用石青和石绿作为主色调，构成了宏伟的山体景观。尽管画家王希孟使用了大量的青绿设色，但他对色彩的变化进行了深入的探索。在绘制山体的过程中，巧妙地运用了平涂、晕染整体和逐渐刻画的技法，使同类色产生微妙变化，让画面色彩层次丰富的同时增强了山势的厚重感。

山体暗面用深一些的头绿头青进行烘染。

山头最亮处用三绿和三青进行提亮。

桥梁之美

桥亭交辉

画卷中有多达十余座桥梁，其中最引人注目的是这座凌水而建的三层木结构梁柱式亭桥。这座亭桥采用独特的三根柱子为一组的构架，总计33组木构架，32跨，形成宏伟的建筑。桥面由木板铺设，两侧配以木栏杆，桥面自两端向中间逐渐升高，中间还设有交叉的桥亭，共两层。上层通行，同时具备观赏功能，而底层则设计为休憩和游赏的空间，呈现出一种类似现代立交桥的感觉。

乡间野趣

画中也有许多造型简洁的桥梁，桥墩用木栅栏或竹笼装卵石，桥面架梁铺板，上铺土路面，栏杆用树枝、竹条或不做栏杆，极富乡野气息，与自然环境更好地融为一体。

船影婆娑

在《千里江山图》中，水景扮演着重要角色，绵延的江水为观者呈现出丰富多彩的舟船画面。各种类型的船只繁忙穿梭，包括客船、货船、渔船等，而船上的人物各司其职，如摇橹撑篙的船夫、撒网捕鱼的渔民，以及在港口拉纤的纤夫等，形成了一幅繁忙而生动的画卷。

大客船

这是一艘两层的客船，船体呈流线型，船上建舱室，窗户帷布一应俱全，舱内场景依稀可辨，舱外建有护栏，甲板撑棚。

双体渔船：两艘细长的渔船相互连接，渔民们正下网捞鱼。

龟形漕船：船舱似龟壳，用来运送货物。

双体脚踏船：像踩水车一样刨水前进，是一种快速船。

小渔船：船体纤长，首尾上翘，是一种体量轻便的船。

院落村舍

这幅山水图中描绘了不少平常百姓居住的院落村舍，它们有“一”字形、“工”字形、“丁”字形、曲尺形等不同的房屋排列方式。同时院落内依稀可见有居民坐于廊下休闲、交谈，或者有小儿玩耍，有的院落内还飘起了袅袅炊烟，生活气息非常浓厚。

一穿白衣男子正坐于大石上

“工”字形厅堂

穿白衣的男子正在与檐下一人交谈

水鸟归鸣

一群飞鸟在湖面上盘旋，打破了水面的宁静。它们形态各异，有的展翅高飞，有的低空掠过，有的在半空中翱翔，形成了一道道优美的弧线，不仅为画面增添了动态的元素，也象征着自由与生机。它们时而成群结队，时而各自散开，仿佛在自由地享受着天空的广阔与湖水的清凉。透过图画，观者仿佛能听见暮色中有阵阵鸟鸣声传来。

《乾隆皇帝大阅图》第二卷《列阵》局部

清代 | 绢本

故宫博物院　　纵 332.5 厘米，横 232 厘米

这幅《乾隆皇帝大阅图》出自宫廷西洋画家郎世宁之手。意大利人郎世宁经受过专业的绘画训练，19岁成为耶稣会的修士，并受教会派遣来到中国。怀抱传教之责的郎世宁没想到自己的画艺受到康熙皇帝的赞赏，成为历经康熙、雍正、乾隆三朝的西洋宫廷画师，并最终在78岁终老于京城。

满族是马背上的民族，清代帝王依传统每三年大阅一次，这幅作品描绘的就是乾隆皇帝马上检阅时的英姿。郎世宁将中国绘画与西洋画法结合，因为西洋绘画注重光影，但描绘面部时的光影被中国人认为是不吉利的“阴阳脸”。郎世宁发挥巧思将人物描绘为正面受光，并将衣物场景进行精细化的刻画，形成了独属于他的强烈个人风格。这幅作品就是体现其高超技艺的经典之作。

融之美合

工笔画与西洋画的结合

对乾隆皇帝的描绘自然是图中最为精彩的部分。此时的乾隆皇帝29岁，意气风发。郎世宁创新地将西洋画法中的光影及精细的刻画手法融入中国工笔人物画当中，人物塑造及色彩十分写实，帽盔上金色的梵文装饰及银盔的反光如照片般写实，甲胄上的纹饰刻画一丝不苟，将盛年乾隆皇帝大阅时的飒爽威武展现得淋漓尽致。

动之美物

英勇神气

马匹自古以来就是中国人乐于表现的动物，无论昭陵六骏还是李公麟笔下的马匹都各有风格。而郎世宁笔下的马匹亦受到皇帝的大加赞赏。画中马匹前蹄微抬，马身健硕，毛色棕白相间，马背、马尾的鬃毛与身上的短毛以精密的笔触区别开来，显得健美又神气。

桐荫仕女玉山

清代 | 玉石器

故宫博物院　　高 15.5 厘米，长 25 厘米，宽 10.8 厘米

桐荫仕女玉山是清代乾隆时期用一块玉石废料雕琢出的精美玉山，玉料本是制作玉碗后的废料，由于剩料上有裂痕，又有赭色黄皮而被废弃。然而苏州的能工巧匠巧妙地利用了废石的形态，将其雕琢成了一座精巧的仕女玉山。玉山是指用玉石雕琢的立体图像，又称玉图、山子。这件玉山参考了康熙时期的油画作品《桐荫仕女图》，将平面的图画转换为可观赏把玩的玉山，深受乾隆皇帝喜爱。

玉山描绘了桐树下的一座月亮门前，洞门虚掩，一位仕女手持灵芝望向门内另一位仕女的画面。画面中坚硬的湖石、繁密的树叶、线条柔和的门洞以及门洞上的门闩都被精巧地刻画了出来。山子正面一仕女站立在门前，周围湖石环绕，门前桐树荫凉，女子手持灵芝，望向门缝另一边手持宝瓶的仕女，二人目光相交，仿佛在共同倾诉着闺中密语。

桐荫仕女玉山呈现出一幅古典雅致的画面，充满了诗意与韵味。这种意境让人心生向往，仿佛置身于世外桃源，远离尘世的喧嚣，享受片刻的宁静与美好。

诗文之美　巧夺天工

在乾隆的诗文中记述了这件废料如何化腐朽为神奇：

相材取椀料，就质琢图形。剩水残山境，桐檐蕉轴庭。女郎相顾问，匠氏运心灵。义重无弃物，赢他泣楚廷。

借鉴之美　平面走向立体

玉山所模仿的正是康熙时期的油画作品《桐荫仕女图》。这幅作品采用了明显的西洋技法来表现桐荫之下亭中的仕女攀谈伫立的画面，这也是目前中国所见最早的油画作品之一。玉山仿照了画中两仕女前后相望的构图与动态，再加上匠人巧手的雕琢，将平面的画面立体化地呈现了出来。

人物之美　门前侍女

玉山以一圆形月亮门为界分为前后两部分，玉石原本的裂缝巧妙地被雕琢成了洞门的门缝。门前的仕女身姿纤细，手持灵芝，宽大的袖袍以简练的刀法刻画出布料的垂坠质感。女子神情温婉，发髻整齐，头上的发丝纤毫毕现地表现了出来，一方废料在匠人的巧手下变为充满文人趣味的玉雕精品。

青玉大禹治水图山子

清代 | 玉石器

故宫博物院　　高224厘米，宽96厘米，座高60厘米，重5000千克

这件青玉大禹治水图山子是用新疆密勒塔山青玉制成。玉山体形硕大，下方烧古色山形座，镶嵌金丝，整体依形而塑，崇山峻岭，人物劳作，刻画精细，可谓时代精品。清代时期新疆向朝廷进贡玉石，一般要使用特制专车，用百余匹马和数千名役夫拖曳，逢山开路，遇水架桥，用时三年才能运达。玉料抵京后乾隆帝亲自挑选图样，并由画师贾全画样、两淮盐政所辖扬州工匠依样雕刻而成。从采玉到制成共耗时十年之久，由此乾隆帝也在其上题诗告诫后代只有功德垂千古的功绩才能与宝玉相称，但若只求珍玩，绝不可再制。

这件硕大精美的玉山现藏于故宫博物院的乐寿堂之中，是世界上最大的玉雕之一，也是工艺美术史上的一次创举。它不仅展现了康乾时期雄厚的国力，也体现了此时期高超的玉雕制作工艺。

众人百态

在这件硕大的玉山上依形雕刻为山水画般层层叠叠的巍峨高山，山上瀑布飞流、苍松翠柏间刻画不同姿态的众多人物，有的凿石开山，有的推辇前行，有的运送木材，一派繁忙景象、人物衣着动态栩栩如生。

大禹治水

这座玉山是依照《宋人画大禹治水图》所刻制的。相传大禹是黄帝后代，尧舜时期，民众苦于洪水之灾，于是大禹率领民众共同抗洪，最终赢得了抗洪的胜利。乾隆皇帝制此玉山，一方面是歌颂先人的丰功伟绩，另一方面也是以此来歌颂乾隆一朝的太平盛世。

带领众人治水的大禹

石料背后的"山洞"及坡面巧妙镂刻了运送石材的民众

故宫博物院（禁止出境）　　高 46.4 厘米，口径 11.3 厘米，底径 13.5 厘米

这件青釉堆塑谷仓罐是当时贵族的随葬品，属于明器（古人为随葬而制作的象征性器物）。其反映了三国时期制瓷工艺在成型技术上所取得的高度成就，还原了1700多年前江南吴地庄园五谷丰登的景象，散发着浓郁的生活气息。

这件国宝是一件青瓷大罐，通体施青釉，釉面不甚匀净。其造型模拟谷仓，平底略内凹。装饰技法主要使用堆塑（又名“堆雕”“堆花”），纹饰立体感十足，生动表现了百鸟争食、欢庆丰收、牲畜满栏等场景。

塑造之美

死后世界

谷仓罐上部正中塑有三层崇楼，两侧有狗把门，楼上还有鸟雀及老鼠探头而出，侍仆们手持不同的乐器，正在演奏乐曲。他们身前，猪、鹿、龟等动物和人物正在奔跑嬉戏。罐身上还刻画有“飞”“鹿”“句”“五种”（即五谷，泛指粮食作物）等字样，将千年前的江南丰收之景展现于罐身之上，期望着墓主人在逝后亦能感受到生前丰收时节的喜悦。

细节之美

墓主信息

罐肩部塑贴（塑出或印出立体装饰物贴于器物坯体上的装饰技法）一龟驮碑，碑上刻有“永安三年时富且洋（祥）宜公卿多子孙寿命长千意（亿）万岁未见英（殃）”24字。

青釉凤首龙柄壶

唐代 | 瓷器

故宫博物院　　高 41.3 厘米，口径 19.3 厘米，足径 10.2 厘米

这件青釉凤首龙柄壶整体造型似一只傲立的凤鸟（凤首壶器型是由波斯的鸟首壶衍生而来），壶柄则似一条挺立的蟠龙。其釉层凝厚，玻璃质感强，纹饰繁复，层次分明，是初唐青瓷中的典型器物，体现了当时制瓷工匠的高超技艺。唐代是中国瓷器发展的重要时期，越窑青瓷在此时期发展，并形成了“南青北白”的格局，在唐代东西交流密切的背景之下，这件鸟首壶亦是受西域文化影响下的创新产物。

这件国宝胎体厚重，壶盖可拆卸。壶体以塑贴和刻画等技法装饰，其中壶腹上下两层主体纹饰采用塑贴技法，壶口沿、颈、肩和胫部饰以连珠纹、莲瓣纹、卷叶或垂叶纹。各组纹饰间以弦纹相隔。唐代佛教兴盛，器物上的莲纹一定程度上凸显了佛教的影响，而中间的胡人形象又凸显了中西之间的文化交流。总的来说，青釉凤首龙柄壶不仅代表了唐代青釉瓷器的高超水准，同时也为今人提供了研究唐代社会、文化和艺术的重要实物资料，展示了当时的生活方式和审美情趣。

造型之美

龙凤呈祥

壶嘴部分塑造成凤首形状，凤首细致入微，神态生动，展现出唐代工匠高超的雕塑技巧以及对波斯风格的参考创新。壶的柄上部分塑造成龙头形，壶柄塑为龙身，龙爪、龙足贴于壶身，气势非凡的同时充满了巧思。

凤头形壶盖和尖嘴流（即壶嘴）合成凤头。凤鸟双目圆睁，高冠利喙，颇显威严。

国宝小知识 凤首壶的传承

凤首壶这一器型在唐代青瓷、白瓷和三彩釉陶（即唐三彩）中均有出现，是深受波斯（古伊朗）萨珊王朝造型风格影响的产物。

故宫博物院藏　唐　三彩凤首壶

蟠龙口衔住壶口沿，似在窥视探饮。其前肢撑于壶肩部，后肢立于喇叭形底座上。

纹饰之美 立体的纹饰

在青釉凤首龙柄壶的器腹部以贴塑手法满布纹饰，呈现浅浮雕的装饰形态。上腹部开光内舞蹈的胡人力士动态鲜活，下方的宝相花纹则显示出极强的装饰性美感。

开光连珠纹

上层主体纹饰为6个圆形连珠纹（西亚器物常见纹饰，象征光明）开光（一种装饰技法，即在器物某处留出某一形状的空间，再在其内饰以纹饰），内有手舞足蹈的力士。

宝相花纹

下层主体纹饰为6朵宝相花。宝相花又名“宝仙花”“宝莲花”，其兼具莲花、牡丹等花卉的特征，象征圣洁、美丽，于唐代盛行。

故宫博物院　　高 118 厘米，宽 50 厘米

唐三彩是唐代的代表工艺。唐三彩的制作始于唐高宗时期，至开元、天宝时期形成制作高峰，中晚唐之后则较少出现，且唐三彩主要流行于西安、洛阳的墓葬当中，稍大型的陶俑在容易破碎、朝代更迭、战乱等因素下留存下来的更少。天王本是佛教的护法神，常常被置于佛像的两旁护卫佛法，而随着佛教在中国的汉化，天王俑的形象不断夸张化，也随着佛教不断本土化增添了辟邪驱魔的意味。

这件三彩天王俑本为一对，是唐代墓葬仪仗中必不可少的器物，常与镇墓兽一起安置于墓葬之中守卫着墓主人的安宁。天王俑一手叉腰，一手上举，头上顶着一只欲飞的大鸟，身披护甲，脚下踏一只卧牛，身体施绿、褐、白三色釉，神情愤怒，守护着墓主人“身后”的世界。

汉化之美　人相的天王

唐代的天王俑和武士俑有很多相似之处，其身上的甲胄是由魏晋时期演变而来的“明光铠”，他们以现实生活中的武士为原型并做夸张化表达，造型威猛，神情凶狠，已然完全世俗化与人性化，他们与现实人类的区别仅在于被赋予了镇护墓主灵魂的寓意。

姿态之美　足下卧牛

天王头部装饰一只正要展翅翱翔的飞鸟，脚下踩一只卧牛，为唐代中期典型的天王俑形象，也有同时期天王俑脚下踩一小鬼，都是为了烘托天王神力通天的形象。

细节之美

逼真的驼峰

唐代东西文化交流密切，丝绸之路的开辟促进了东西方的贸易往来，而骆驼则是这条漫漫长路之上运送货物、商人赶路骑乘的重要牲畜。骆驼的塑造十分逼真，呈现仰头张口嘶鸣状，身躯施黄褐色色料，来表现短小的鬃毛，而驼峰处则在胎土上刻画出长条纹样表现背部长毛，造型写实而到位。

三彩胡人牵骆驼俑

唐代 | 瓷器

故宫博物院　　骆驼高 70 厘米，长 51 厘米，俑高 68 厘米

这件三彩胡人牵骆驼俑由骆驼与牵骆驼的胡人共同构成。骆驼俑脖颈高扬，体形健硕，扬着高高的脖颈呈嘶鸣状。骆驼通体施黄褐色釉料，两座驼峰如两座小山般耸立在驼背之上，背上披着的毡垫以黄色、绿色及白色釉料装点。骆驼四肢修长有力，身上的肌肉走向塑造明显，整体造型精准，颇具盛唐审美特点。而一旁的胡人头戴折檐尖顶毡帽，面容高鼻凹眼，具有典型的胡人特征，身着窄袖长袍，背后背着包袱。受到西亚造像风格的影响，可以发现无论人物还是动物造像，都显示出饱满逼真的特征。透过这组三彩胡人牵骆驼俑，我们仿佛可以看到盛唐时期丝绸之路的繁华热闹，而此类人俑在唐代墓葬中的发现，也表现出了当时胡人与汉人在生活上的密切交流。

国宝小知识 异域风情的胡人骆驼俑

唐代时期东西文化交融，因为大唐国力强盛，众多胡人乐伎汇聚长安，为宫廷贵族提供表演。而载乐骆驼伎是唐代百戏之一，多位胡人艺伎在没有保护的情况下在两米多高的骆驼上保持平衡，载歌载舞，出土的众多骆驼俑也展现出了唐代的历史风貌。

中国国家博物馆　唐　三彩釉陶载乐骆驼

登封窑白釉珍珠地划花双虎纹瓶

宋代 | 瓷器

故宫博物院　　高 32.3 厘米，口径 7.3 厘米，足径 9.5 厘米

这件登封窑白釉珍珠地划花双虎纹瓶是宋代民窑翘楚，也是以出品珍珠地划花瓷而闻名的登封窑的代表性作品。其外观独特，制作精良；釉面细腻温润，有如玉般的光泽；纹饰线条流畅，色调和谐，其中主体纹饰动物纹为同型器中仅见。

这件国宝形似橄榄（归类为梅瓶），胎灰褐色，表面施白色化妆土。由大小相若、疏密有致的小圆圈组成的红褐色珍珠地令人印象深刻；主体纹饰双虎纹形态独特而有趣，近底处环饰一周莲瓣纹。

吉兽之美　造型动感的老虎

双虎之一如人般直立，张牙舞爪，似在吼叫。其身上的花纹不是老虎那种条纹，而是一个个小圆圈，因此也有人认为它应是豹子。

另一虎四肢着地，似在向面前的同类龇牙示威，因此整个主体纹饰应在描绘二兽相遇正准备搏斗的一瞬间。此虎身躯大部分被山石遮挡，尾巴旁边的植物似为芭蕉。

国宝小知识　珍珠地划花瓷

珍珠地划花瓷在北宋流行一时，最早出现于唐代河南密县窑，其装饰技法来自中国古代金银器制作中普遍采用的錾刻。錾刻也称“錾花”，是用各种大小、纹理不同的錾具，配合小锤敲击，在金属表面留下錾痕，以制作出各种纹饰。

故宫博物院藏　唐　密县窑珍珠地鹦鹉纹枕

工艺之美　步骤繁多的装饰手法

珍珠地划花工艺可分为四道工序。首先在器坯上施一层化妆土，随后用铁质工具在器身上刻画主体纹饰，接着用蘸有呈色剂的工具在空余部分满满戳印小圆圈以形成珍珠地，最后上釉。

钧窑月白釉出戟尊

宋代 | 瓷器

故宫博物院　　高 32.6 厘米，口径 26 厘米，足径 21 厘米

这件钧窑月白釉出戟尊是存世仅有的约10件钧窑出戟尊之一，属于典型的宋代宫廷陈设用瓷。其造型古朴规整，釉色匀净淡雅，气势庄重雄伟，是本就稀有的宋代钧瓷大型器中难得一见的精品，素为明清皇室所珍爱。

这件国宝的造型仿照古代青铜器的经典器型，分段拉坯接合制成。通体施月白色（即淡蓝色）釉，釉质细润，且有几项钧瓷独有的特征。

器型之美　仿古的造型

尊颈、腹、足每一段的四面均塑贴竖向条形方棱，俗称“出戟”。钧瓷中出戟尊这一器型十分罕见，最为多见的是各式花盆和花盆托。

工艺之美　数字之谜

尊底涂酱色釉，刻画“三”字。传世钧瓷底部多刻有数字“一”到“十”之一。据考证，器底所刻数字越小，器物越大。

细节之美 高温下的不确定因素

釉面上有棕眼（细密的小坑点，因釉料在高温下熔化，并在冷却过程中形成气泡后破裂而形成）和蚯蚓走泥纹（形如其名，因器物釉层在烧制过程中干裂，低黏度釉在高温作用下流入裂口而形成），它们都是宋代钧瓷的典型特征。

各边棱处因高温烧制时釉层熔融垂流致其变薄，映现出胎骨，因此呈黄褐色。

国宝小知识 出戟尊的传承

出戟尊也见于宋代官窑制品中。明代青花瓷承袭了这一传统器型，自明中期至万历时期烧造数量很多，造型变化也很明显，比如将四面出戟改为了两面出戟。后世将此器型去戟，命名为花觚。

故宫博物院藏　明　青花缠枝花卉纹出戟尊

五彩鱼藻纹盖罐

明代 | 瓷器

故宫博物院　　通高 33.2 厘米，口径 19.5 厘米，足径 24.1 厘米

五彩鱼藻纹盖罐创烧于明嘉靖年间，是当时官窑青花五彩瓷中的名器，也是世界陶瓷史上最早出现的大型彩瓷之一，目前存世的同型完整器不足10件。其器型高大规整，胎体厚重，纹饰色彩斑斓，气质清朗，主体纹饰鱼藻纹逼真生动。这件国宝采用了釉下青花和釉上五彩相结合的青花五彩工艺。这里“五”泛指多种颜色。五彩瓷是以成化斗彩为基础创烧的，主色调有蓝（由青花代替）、红、黄、绿、黑等，在明嘉靖、万历朝盛极一时。

工艺之美　多次上色

这件国宝需要数次施彩、多轮烧制才能制成。第一轮烧制令青花显色；第二轮施黄彩并烧制，使其显色；第三轮施红彩并烧制，以实现寓意皇上洪福齐天的“黄上红”。

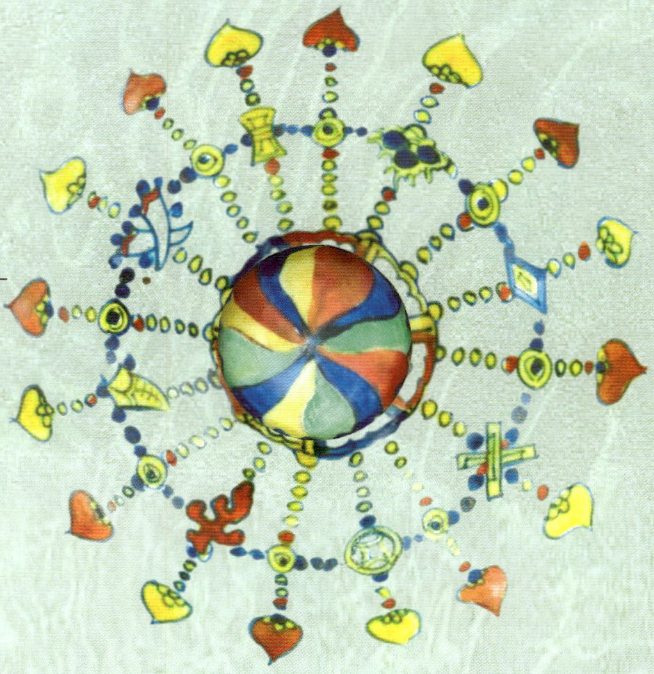

火焰纹宝珠纽

罐顶置火焰纹宝珠纽，盖面饰璎珞纹一周。火焰纹寓意光明、吉祥；璎珞纹寓意与之相似。璎珞是古代用珠玉穿成的装饰物，可戴在人的颈项上。

莲瓣纹

罐肩环饰一周变形莲瓣纹。与近底处环饰的蕉叶纹不同，此处的莲瓣纹更多被当作了边框——其内填充了其他纹饰，装饰效果更强。盖沿饰鱼藻纹。以上纹饰均很好地衬托了罐腹的主体纹饰。

年年有余

无论从哪个角度观察罐腹，都能看到一幅色彩和景物搭配完美的图画——八条红色鲤鱼鳞鳍清晰，姿态各异，在莲花、浮萍和水草间自在游弋。鱼谐音“余”，鱼藻纹寓意年年有余。明嘉靖帝即明世宗朱厚熜所笃信的道教十分尊崇鲤鱼。

五彩镂空云凤纹瓶

明代 | 瓷器

故宫博物院　　高 49.5 厘米，口径 15 厘米，足径 17.2 厘米

这件五彩镂空云凤纹瓶为典型的万历五彩，“青花幽靓，五彩华贵”，这件彩瓷主要采用釉下青花与釉上多彩相结合的工艺共同绘制而成。明代时期，成化“斗彩”以及万历“五彩”都是富于时代性的珍贵名瓷，永乐、宣德时期釉下青花工艺已十分成熟，五彩彩绘类的各类瓷器亦争奇斗艳，为清代瓷器的创新与发展打下了基础。

这件五彩镂空云凤纹瓶整体使用红、蓝、绿、褐、茄紫等颜色构成丰富的瓶上花纹，凤纹瓶瓶身纹样由上至下可分为八层，口沿处描绘如意云头纹，颈部绘五彩蕉叶纹及寿字纹，下方镂雕云纹，下方四处开光绘花果、鸟雀，再向下的器腹则绘有云间飞舞的凤凰。整个凤纹瓶花样繁而不乱，色彩浓艳，镂空技法高超，巧夺天工，器型雅致，可谓万历时期的瓷器精品。

细节之美

多样的底纹

凤纹瓶瓶身纹样丰富，仅是器颈处的三处锦地纹就各不相同，寿字纹旁的地纹为锁子纹，下方镂雕云纹，内部填钱币纹，再下方四处开光两旁装饰万字锦地纹。锦上添花，颇具吉祥之意。

纹饰之美 镂雕凤凰

瓶腹部是整个瓷瓶最为精彩的部分，腹部镂空雕刻九只凤鸟穿梭于五彩祥云之间。镂空的雕刻技法使得凤凰更显立体生动，凤凰引颈展翅翱翔，双翅羽毛以多色填染，凤鸟尾部的翎毛上扬，头上的凤冠与鸟喙以朱红色装饰，凤眼细长，仙姿绰约，搭配五彩釉料装饰。仿佛要飞出瓶身，盘旋四周。

德化窑白釉鹤鹿仙人雕像

明代 | 瓷器

故宫博物院　　高 39 厘米

德化窑白瓷早在宋代已有烧制，到明代更以造型独特的瓷塑最为出名，题材多以观音、达摩、仙人等为主。瓷塑往往会在隐蔽处戳印工匠的姓名，其中尤其以何朝宗所制瓷塑最为精巧出名，而这件德化窑白釉鹤鹿仙人雕像便是何朝宗所做的瓷雕精品。

这件德化窑白釉鹤鹿仙人雕像鹤发童颜，面容慈祥，怡然自得地坐在一块湖石之上。仙人双手交叉倚坐于桌前，手中托一经卷，另一只手藏于袖后。仙人端坐的湖石两旁，右边立一仙气飘飘的立鹤，左边卧一仰头回望的小鹿。仙人的仙风道骨，鹤鹿的灵动与安静共同构成了这尊洁白晶莹的瓷塑。

质感之美 **莹白陶土**

能烧制出如此栩栩如生的瓷雕，与何朝宗高超的技艺和德化窑的优质陶土都不无关系，德化窑的陶土中含有极高的氧化硅，在高温之下便会呈现出晶莹洁白的效果，再加上胎釉含有极高的氧化钾，使得瓷器表面明亮洁净，更加烘托出仙人的高洁气质。

国宝小知识 **技艺高超的何朝宗**

何朝宗因其高超的制瓷技艺被誉为明代“瓷圣”，出自他手的德化白瓷依不同形象神情动态各不相同，如这尊菩萨神情温婉、衣饰飘然，不仅充分发扬了“传神写意”的宗旨，也体现了明代宗教塑像的世俗化特征。

“何朝宗”款渡海观音　私人藏品

造型之美

逼真的衣褶

何朝宗的白瓷塑像造型往往逼真写实，如仙人的衣袍褶皱线条劲道，造型到位，通过大师的巧手将冰冷的泥土展现出布料的质感。

五彩蝴蝶纹瓶

清代 | 瓷器

故宫博物院　　高44厘米，口径12厘米，足径13厘米

经历了明代五彩瓷的钻研与发展，清代五彩瓷器无论烧制还是纹样绘制都有了长足的发展，尤其以康熙时期最为精美与典型，此时期的五彩瓷也称为“康熙硬彩”。这是由于五彩瓷采用单线平涂的方法赋彩，且要比粉彩烧制温度高，因此制作出的五彩瓷釉料色彩浓艳晶莹，质地坚硬。随着粉彩瓷的产生，康熙朝以后的五彩瓷逐渐减少，因此此时期的五彩瓷也常常被作为模仿的对象而称为“古彩”。

这件五彩蝴蝶纹瓶为短颈长腹器型，瓶口微敞，整体以白色釉为底，瓶颈饰锦地花纹、如意云头纹，瓶身绘制或聚或散的蝴蝶与蜻蜓，瓶身每只蝴蝶纹样色彩皆不相同，颜色丰富却不艳俗，纹样繁多却不凌乱，给人以五彩缤纷、绚丽夺目之感，是极富代表性的康熙朝五彩瓷精品。

纹饰之美　蝴蝶飞舞

瓷瓶通体施白釉，瓶上蝴蝶色彩斑斓，每只蝴蝶的形态与色彩皆不相同。或以绿色为底描绘各色花纹，有的以青花加彩勾勒蝶纹，还有的用金色釉料装点蝶身花纹。“图必有意，意必吉祥”，蝴与“福”同音，蝶又与“耋”同音，象征着长寿吉祥的美好寓意。

蜻蜓

器型之美

康熙时期的棒槌瓶

这件瓷器的器型因形似捣衣时的棒槌而称为棒槌瓶，这也是康熙时期十分流行的瓷器器型，这只棒槌瓶器肩较圆，也称为圆棒槌瓶。康熙中后期的棒槌瓶器身趋于细长，为与雍正时期作区分也常被称为硬棒槌瓶。

方棒槌瓶　　圆棒槌瓶

不同纹样颜色的蝴蝶

绿地红彩云龙纹盘

清代 | 瓷器

故宫博物院　　高 4.7 厘米，口径 21.7 厘米，足径 14.2 厘米

这件绿地红彩云龙纹盘为康熙时期烧制，整个瓷盘以豆绿色为底，上以朱红色描绘一只张牙舞爪的飞龙，周围红色的云气环绕，盘内沿及外沿各绘制两条长龙呈追逐龙珠样式。龙身威武，色彩艳丽，凸显了威严的皇家之气。清代康熙时期景德镇官窑烧制过大量的双色瓷器，例如黄地红彩、白地红彩、黄地绿彩等，然而绿地红彩的瓷盘数量极为稀少，这也看出了这件彩瓷盘的独特与珍贵。

龙是帝王的象征，最早在宋代出现在器物之上，直到明清才正式成为皇家御用纹饰。康熙彩瓷早期延续了明代品类，如五彩、三彩等，康熙时期瓷器色彩样式明快，具有古朴淳厚之气，至乾隆时期瓷器风格艳丽繁杂，因此后人大多认为清代时期瓷器以康雍为最。

纹样之美　云龙飞舞

云龙纹是中国传统纹饰，早在商周时期的各种青铜器上就常常出现，明清时期的龙纹瓷器更是密集出现。康熙时期的龙纹常与云纹相伴出现，龙身常呈现弓形，龙口大张，龙头长眉长须，形如老者，龙鳞亦刻画细密，展现出此时期的典型特征。

豆绿　　朱红　　精白

底部“大清康熙年制”款识

简约的搭配

这件云龙纹盘色彩搭配十分简约，豆绿色的底色清新自然，更加烘托出朱红色描绘的龙神气又威猛。盘子底部与口沿施白釉，在凸显出皇家威严的同时又具大气整肃之美，在一众纹样繁丽的清代瓷器中显得简洁典雅。

五彩攻城图长方瓷板

清代 | 瓷器

故宫博物院　　长 25 厘米，宽 19.2 厘米，厚 3.5 厘米

这件五彩攻城图长方瓷板为康熙时期所烧制，一般为空心、双面绘画，常常作为家具上的装饰备受皇室贵族喜爱。瓷板一面描绘多彩的博古纹，另一面则描绘双方交战、攻城略地的战争场面。这类出现在瓷器上表现战争的纹样也被称为“刀马人图”，这类纹样起源于元代，清代康熙时期崇尚武功，以表达不忘江山来之不易。

画面描绘进攻城门与守城的两股势力，整体以黑彩描边，内部以红、绿、褐色等颜色平涂渲染。紧张的气氛溢出画面，而背面的博古纹则凸显出文人的闲情雅趣，一动一静，对比强烈。康熙五彩是此时期所创烧出的重要瓷器种类，不仅将黑彩运用于釉上装饰，还将黑、金等色彩运用于绘画，色彩浓艳夺目，沉稳雅致，改变了明代以来的局面。这件康熙时期的刀马人物主题瓷板对于考察此时期的瓷器风格具有重要参考价值。

题材之美

雅趣的博古纹

所谓“博古”，就是博古通今的意思。在这件瓷板上描绘有花瓶、香炉、古钱币、古书等各类文人常备之物，这就是博古纹。“博古”一词来源于宋代《宣和博古图》，在万历、崇祯年间常见于瓷器之上。这类瓷器表现出明清贵族的文人雅趣。

背面

画面之美　迫在眉睫

画中人物剑拔弩张，一方驾马摇旗，守卫着城门，而另一方则持枪挺进，一副誓要攻破城门的阵劲。色彩鲜艳饱满，整体采用平涂法填色。其人物风格主要受到陈老莲画派影响，人物动态夸张，造型生动。

纹饰之美　繁华环绕

瓷板周围以绿色点纹为地，周围描绘红黄相间的缠枝花纹。颜色明快，不落俗套。

正面

郎窑红釉穿带直口瓶

清代 | 瓷器

故宫博物院　　高 20.8 厘米，口径 6.1 厘米，足径 9.1 厘米

这件郎窑红釉穿带直口瓶是清康熙年间江西巡抚郎廷极督理当时的官窑景德镇窑事务时所创烧的瓷器。其红色釉浑然一体，有着接近宝石的光泽和类似玻璃的质感，是我国名贵铜红釉中色彩最浓艳的一种，醇美无俦，极为珍稀。

这件国宝通体施红釉，但颜色并非死板一片，而是自上而下呈渐变趋势。当时郎廷极试图烧制失传数百年的祭红没有成功，却烧制出了一种更为鲜亮的红釉瓷器，人们将其以他的姓氏命名，也简称“郎红”。

诗文之美　乾隆帝的赞许

外底施白釉并镌刻清乾隆帝御制诗：“晕如雨后霁霞红，出火还加微炙工。世上朱砂非所拟，西方宝石致难同。插花应使花羞色，比尽翻嗤画是空。数典宣窑斯最古，谁知皇祐德尤崇。乾隆乙未仲春月御题。”由此可见乾隆帝对郎窑红釉瓷器的喜爱和推崇。

国宝小知识　郎窑的传承

郎窑红釉，又称“牛血红”或“宝石红”，是康熙年间景德镇御窑厂烧制的一种高温铜红釉瓷器。它的红色釉层厚实，色泽深沉浓艳，犹如初凝的牛血，光彩照人。郎窑红釉主要使用氧化铜作为着色剂，配制釉料时需要精确的比例控制，以确保釉色的稳定性和一致性。康熙帝喜爱郎窑象征庄重、吉祥、幸福的红釉，下旨烧造了不少器物。清代中后期，仿康熙郎红的器物在红釉发色、玻璃质感、开片等方面都与康熙本朝有所不同，而且大型器渐多。

故宫博物院藏　清　康熙郎窑红釉凤尾尊

渐变的瓶口

瓶口部露出了白色胎体，这是釉质在高温（1300摄氏度以上）烧造时垂流而产生的普遍现象。郎窑红釉瓷器的器口有时也呈粉色、淡青或浅红色，俗称“灯草边”。

色彩浓重的器底

瓶底部红釉凝聚，釉色浓重，接近黑红色，原因与前述一致。为了流釉不过底足，工匠用刮刀在圈足外侧刮出一个二层台，阻挡釉流淌下来，这是郎窑红釉瓷器制作过程中一项独特技法。

黄地粉彩镂空干支字象耳转心瓶

清代 | 瓷器

故宫博物院　　高 40.2 厘米，口径 19.2 厘米，足径 21.1 厘米

这件黄地粉彩镂空干支字象耳转心瓶为清代乾隆年间烧制，转心瓶短颈鼓腹，瓶内与内部转心瓶相接。内部为一直腹小瓶，上绘婴戏图，瓶外同样满布纹饰，瓶颈、瓶身装饰缠枝花纹，在腹部开四天窗，镂空雕刻各色庭院花景。转动瓶颈，内瓶的景致透过天窗转换，巧夺天工，趣味十足。另外，匠人还巧妙地将传统的天干地支纪年法与可转动的瓶颈相结合，精巧的瓷瓶便成为一件立体的万年历。

清代乾隆时期的制瓷工艺堪称时代巅峰，转心瓶也是乾隆一朝的经典瓷器样式，此时期崇尚奢靡繁华的审美风格，因此瓷器多纹样繁密，色彩艳丽。此外，在纯手工制瓷的时代，如此体量的瓷瓶往往分段拉坯烧制再进行黏结，且烧制过程中会有一定量的缩小，能做到在黏结后合卯对缝看不出一丝接口的痕迹，足可见此时期瓷器烧制的高超技艺。

侧面鎏金象耳

造型之美　鎏金象耳

转心瓶的颈部贴塑两只鎏金象形耳，象形耳为事先雕塑成型再粘接于器身之上。象首低垂，目光温顺，通体鎏金，象牙则装饰为褐色。象形耳精致华丽，与鎏金瓶口交相辉映，为转心瓶增添了一份华丽与高贵。

正面鎏金象耳

设计之美 陶瓷与日历的结合

在转心瓶的颈部一圈绘十二开光，内以篆书书写十天干名及楷书“万年”“甲子”字样，肩部十二开光则以篆书书写地支名，颈、肩为分开塑造。转动瓶颈，天干地支相对，形成了一部万年历，将传统纪年与瓷器制作相结合，不禁让人感慨匠人的巧思。

绘十二开光

纹样之美 园林草木

在转心瓶外瓶的腹部开四处天窗，天窗分别镂雕玉兰花与牡丹、芍药、石榴以及梅花，其间穿插太湖石、灵芝、牵牛花等纹样，展现了一幅园林中的四时图景。仔细看天窗内部童子们有的骑马，有的扛太极旗，有的打灯笼，随着瓶子的转动图景也跟着变换，颇具雅趣。

牡丹从湖石中穿插而出，周围栏杆弯折，交代了背景。牡丹象征着富贵，后方还生长着一丛玉兰花，宛如古诗画中的一角，让人不由得沉浸其中，流连忘返。

芍药花朵硕大，色彩粉红，每一朵花都绽放着，娇艳欲滴。湖石静卧一旁，纹理独特，显现出天然的古朴和沧桑感。

纹饰之美

吉祥花草

围绕器颈一周排布两朵缠枝莲纹，颈部、局部文字开光旁则装饰团花地纹与缠枝莲纹，向下一圈为蓝色如意云纹装饰，器腹则装饰黄地缠枝花纹。底部及圈足装饰莲瓣纹和缠枝花纹。色彩明艳，吉祥喜庆。

老树上已结出果实，硕大的石榴成熟裂开，露出颗颗饱满的石榴籽，有着多子多福的美好寓意。下方点缀几朵菊花，色彩斑斓热闹，与主题相符。

丛丛白梅料峭地生长，梅树的枝干苍劲有力，白梅点点仿佛散发出清雅的香气，给人以宁静、优雅之感。

各种釉彩大瓶

清代 | 瓷器

故宫博物院　　高86.4厘米，口径27.4厘米，足径33厘米

这件各种釉彩大瓶制作于清乾隆年间，由对瓷器情有所钟的乾隆帝降旨创烧。它集各种高、低温釉、彩于一体，有“瓷母”的美誉，标志着中国古代制瓷工艺的顶峰，也体现了当时中国的文化自信。传世仅此一件，珍贵无比。这件国宝通体施红釉，制作工艺繁复至极，主因是高、低温釉、彩的焙烧先后顺序不同，而此器所用釉、彩众多。只有充分掌握各种釉、彩的特性，同时完全不考虑批量生产的可能，才能制作出如此“突破想象”的杰作。其纹饰的精美程度同样令人赞叹。

造型之美　华丽的螭耳

瓶颈两侧各置一螭耳。螭是古代传说中一种没有角的龙，在古代建筑中或工艺品上常用其形状做装饰。

釉色之美　不同的施釉方式

瓶身自上而下装饰的釉、彩多达15层，于古代官窑瓷器中装饰层次最多，釉、彩用料最考究。其所用的釉有霁蓝釉、粉青釉、松石绿釉、酱釉、窑变釉、仿汝釉、仿哥釉、仿官釉等。其所用的釉上彩品种有金彩、粉彩、珐琅彩等；釉下彩品种有青花；还有釉上彩与釉下彩相结合的斗彩。

丰富的图画与纹饰

瓶腹饰霁蓝釉描金开光粉彩，共12幅开光。其中6幅为写实画面，分别为“三阳开泰”“吉庆有余”“丹凤朝阳”“太平有象”“仙山琼阁”“博古九鼎”。另6幅为锦地“卍”字、蝙蝠、如意、蟠螭、灵芝、花卉，分别寓意“万”“福”“如意”“辟邪”“长寿”“富贵”。

粉彩雕镶荷叶香橼盘

清代 | 瓷器

故宫博物院　高 3.8 厘米，长 15.7 厘米，宽 10.5 厘米

清代乾隆时期可谓制瓷工艺的鼎盛时期，此时期不仅在器型、色釉方面更为丰富多样，还热衷仿制各种器物，仿照样式不仅有前代的青铜器，还有各种动物、水果、花卉等，制作达到了以假乱真的程度。早在明清之交，宜兴的像生紫砂器就已十分出彩，到了乾隆时期，景德镇的能工巧匠对釉、彩、烧制等工艺掌握得更为炉火纯青，可随心烧制各类仿生瓷。

这件粉彩雕镶荷叶香橼盘是用于盛装香橼等水果的清供盘，盘子塑造为一片青黄相接的荷叶，荷叶上置一束荷花，叶片下还贴塑田螺与菱角。整个盘以粉彩装饰，色彩清新，过渡自然，形象逼真，颇具雅趣。观赏瓷盘，仿佛荷塘边花香伴着徐徐微风迎面而来。

荷叶边缘一侧颜色略显枯黄，生动展现出暴晒下荷叶枯黄卷边的状态。

功用之美　逼真的清供盘

香橼是一种类似柠檬的水果，果皮淡黄色，外观与柠檬类似，因为能散发出清新的香气，便常常与佛手等可以散发浓郁果香的水果成为文人清供的盘中之物。它既可散发香气，又可赏玩，富于文人雅趣。清供源于佛供，而后发展为置于桌案前一切可供赏玩之物，是中国文人独特审美与生活品位的一种体现。

仿生之美

荷塘莲叶

整个盘子塑造为一片硕大的荷叶，荷叶一侧微卷，叶面上以红色丝带束起一束莲梗与两朵莲花。莲花形态亦不相同，一朵含苞待放，另一朵已然盛放，花心中的莲蓬莲子可以活动，塑造逼真，巧夺天工。荷叶脉络分明，颜色过渡自然，背面还粘接有田螺与菱角，欣赏着一方瓷盘仿佛已漫步于夏日荷塘边。

粉彩像生果品高足盘

清代 | 瓷器

故宫博物院　通高 13 厘米，口径 17.3 厘米，足径 8.7 厘米

乾隆时期的像生瓷可谓异彩纷呈，正如清乾隆年间朱琰《陶说》所云：“戗金、镂银、琢石、髹漆、螺甸、竹木、匏蠡诸作，无不以陶为之，仿效而肖。”另外，粉彩瓷的发展也为此时期像生瓷的烧制增添了一份助力。景德镇窑开创的粉彩瓷“始于康熙、精于雍正、盛于乾隆”，其发源于康熙五彩瓷，属于釉上彩瓷，在绘画时一般先施含砷的粉底，再加颜料渲染开，釉面在乳浊效果的腐蚀之下粉化，呈现出清新粉嫩的视觉效果，加之此时期色料的不断丰富，更加促进了像生瓷的以假乱真。

这件粉彩像生果品高足盘外壁施珊瑚红釉，盘内施绿松石色釉，盘内中部为一可打开的柑式盒，周围分散桔子、樱桃、桑葚、荸荠等果品，造型逼真，色彩丰富，惟妙惟肖，透过画面仿佛可以闻到阵阵果香。

盘中的蜜柑可以打开，内部可以存放零碎物品。

器型之美　**高足盘**

高足盘是瓷器中的传统器型，起源于先秦时期的陶豆，最早是作为盛食器出现的，唐代之后就很少再出现，而清代随着仿古之风的盛行，这种器型又逐渐回到人们的视线。

饱满的樱桃

仿真之美 盘中杂果

盘内的各色水果塑造得十分逼真，最中心的蜜柑中部可开合，兼具了审美与实用。蜜柑周围散布着带皮的核桃、脱皮的核桃、干瘪的红枣以及颗粒饱满的石榴、樱桃等。可以看出工匠在赋色时刻意模仿现实中水果的真实样貌，将瓜果或青或熟的最真实的色彩状态表现了出来，可见匠人观察之仔细与塑造之精妙。

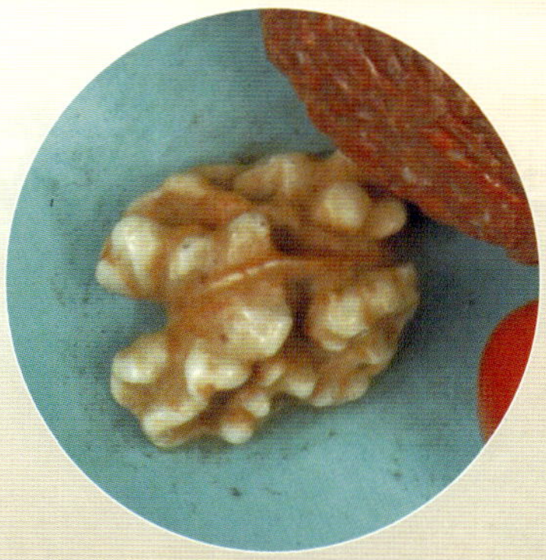

光洁的核桃仁

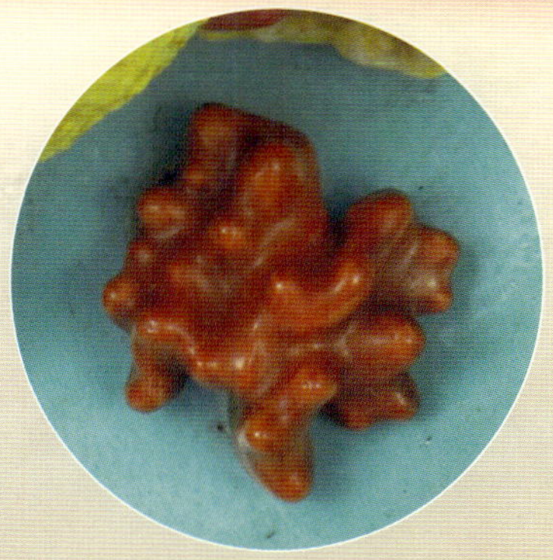

带皮的核桃

粉彩像生瓷果品盘

清代 | 瓷器

故宫博物院　　高 6.5 厘米，口径 22 厘米，足径 12.3 厘米

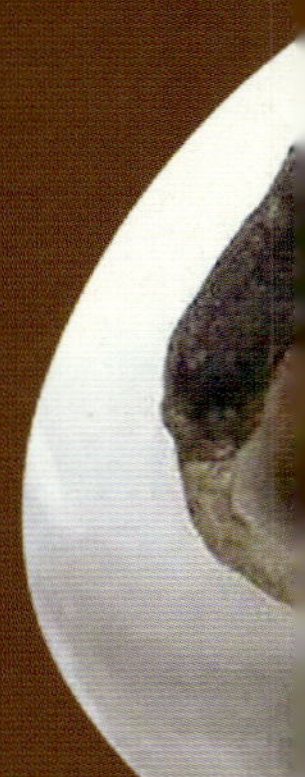

清代乾隆时期，景德镇陶工对釉、彩配方及烧窑技术的掌握达到了炉火纯青之境界，运用瓷质釉彩，制作出模拟实物，这种几乎以假乱真程度的瓷器，被称为“像生瓷”。正如这件粉彩像生瓷果品蟹盘采用贴塑、雕塑、刻画等多种手法，化泥土为栩栩如生的螃蟹、果品，不同物体有着不同的质感，螃蟹的生冷、菱角的湿滑、石榴果实的饱满都刻画得精细入微，粉彩色料的运用过渡自然，青中泛粉，更显逼真，仿佛一个晃神之间，盘中的螃蟹就要离盘脱逃。

像生瓷可以使用任何类型的瓷器装饰方式，对烧造技艺、施釉工艺等进行灵活的组合，以烧制出与原物尽可能一致的瓷器为根本目的。此件像生瓷果品蟹盘仿生效果精湛，盘中诸果品不但酷似实物，而且都具有吉祥含义,作为宫廷陈设、把玩的瓷器，具有一种写实的、震撼的美感，装饰意味强烈，令人赏心悦目。

工艺之美　繁琐工艺造就逼真外形

像生瓷盘的制作并非一次即可完整烧制而成，而需要将白盘与盘中各物分别制作烧制，瓷盘的光润与螃蟹果品的精密细节通过不同的温度、不同的刻画手法而形成静与动、光润与粗粝的对比。同时，瓷器上釉烧制前后颜色亦会有很大的变化，足可见匠人对色彩的雕塑的精细把控。

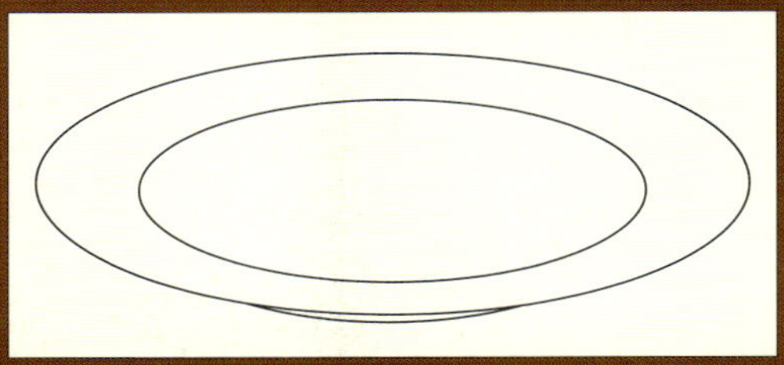

第一步

首先在素盘上施透明釉以1300摄氏度高温烧制定型。

第二步

分别雕琢每一件盘内果品和蟹，并贴塑于盘上，再施透明釉烧制，烧成后整体施玻璃白色釉。

第三步

为盘中不同物品一一上色，并经600～800摄氏度低温烧制，从而使器表产生粉化作用，栩栩如生。

细节之美

不同物体、不同质感

盘中堆砌的各种物象均表现出不同的质感，尤其以盘中的螃蟹最为生动吸睛。螃蟹青色中泛着点点黄褐，螃蟹背面及爪子釉色光亮，仿佛刚从水中爬出，蟹腿泛白，仿佛在光线照射下可透出光亮，而蟹钳则生动地表现出绒毛的质感，足见匠人功力的深厚。

寓意之美

多子多福

盘中以瓷土塑造的螃蟹、菱角、石榴、花生等多种物象，这些形象的塑造并非随意拼凑，这些物象全部都含有吉祥如意、子孙兴旺等美好寓意，赏玩瓷器的同时也包含着对主人的美好祝福。

石榴
石榴多籽，寓意多子多福。

珊瑚豆
寓意健康长寿。

荔枝
通“利至”，寓意好运连连。

瓜子
象征腹中有子。

莲子
通“连子”，寓意子嗣绵延。

花生、红枣
“枣”通“早”，寓意早生贵子。

宜兴窑紫砂梅花鹿

清代 | 陶瓷器

故宫博物院　　高12.8厘米，长13.8厘米

这件宜兴窑紫砂梅花鹿为乾隆时期所制，小鹿的姿态栩栩如生，充分展现出其机警和灵动的特性。毛色的处理及梅花斑点的布置，使得小鹿的外观更加接近自然，增添了作品的真实性。鹿在中国传统文化中与“禄”同音，寓意高官厚禄和福禄双全。梅花鹿的形象不仅具有美学价值，更寄托了人们对美好生活和事业成功的期盼。自明清以来，梅花鹿的形象被广泛应用于各种工艺美术品的装饰中，成为吉祥图案的重要元素之一。这件紫砂梅花鹿不仅是一件艺术品，也是一件具有深厚文化内涵的吉祥物。

宜兴窑是中国著名的陶瓷产地，早在明代时期江苏宜兴窑所产的各色紫砂像生陶器便已闻名中国，清乾隆时期工艺更加精进，所制仿生器亦更加灵动。动物俑在明代之前大多作为明器出现在墓葬之中，而随着清代纸扎的普及，陶俑则更多作为文玩摆件出现在日常生活中。

神情之美

机警的小鹿

小鹿睁大了双眼，眼神中透出一丝机警，似乎正在密切关注周围的一举一动。黑色的眼睛明亮有神，显得格外灵动。小鹿面部线条柔和，嘴角略带笑意，显得格外讨喜，耳朵向后竖起，敏锐地捕捉着周围的声音，仿佛周围发出一点声音就会跃然跑走，足见刻画的栩栩如生。

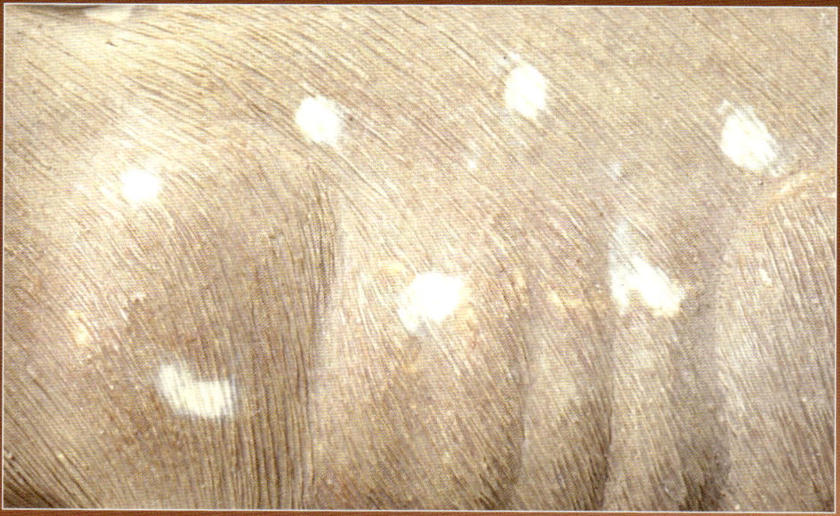

细节之美

纤毫毕现的毛发

梅花鹿的毛色为浅褐色，上方涂白色斑点，小鹿身上的毛发线条流畅，毫无僵硬之感。每一根毛发都自然地铺展，呈现出一种柔和的质感。毛发的走向和排列紧密有序，仿佛可以感受到毛发的柔软与顺滑。

故宫博物院　清　宜兴窑紫砂三连核桃

国宝小知识　精妙的紫砂仿生器

宜兴窑的仿生紫砂器主要采用手工雕刻工艺。工匠们通过捏、塑、雕、刻等技法，将紫砂泥塑造成形态各异、栩栩如生的仿生器物。正如这件仿生核桃，无论色彩纹路还是核桃上的灰土都通过工匠们的精湛技艺得以细致呈现。

珐琅彩缠枝莲纹双连瓶

清代 | 瓷器

故宫博物院　　高 17.5 厘米，口径 4.8 ~ 6.8 厘米，足径 5.1 ~ 7.5 厘米

这种双连式瓶的样式同样为乾隆朝创烧，被称为“合欢瓶”，用双生相伴的器型，比喻君臣一心，天下归心之意。这件合欢瓶器型特别，以中间中轴线为界，左右分别用胭脂红、钴蓝为地交替互施。满瓶以轧道工艺满刻凤尾卷草花纹，颇为费时费工，这种装饰手法也被称为“锦上添花”。此后这种造型优美、设计精巧的瓷器，成为清宫流行一时的陈设瓷器器型。清代中后期，合欢瓶逐渐减少。乾隆时期同样是珐琅彩瓷发展的高峰期，珐琅器由西方传入，最初是在铜胎上施珐琅色料，康熙时期，在皇帝的授意下首次将珐琅色料移植到瓷胎之上，形成了纹样精细透亮的瓷器风格，至乾隆一朝不仅色彩更为丰富，器型也更为新颖。这件双连瓶造型新颖，色彩艳丽，花纹繁复，寓意美好，是不可多得的时代精品。

花团锦簇

在双连瓶瓶身分别装饰有缠枝水仙花纹、缠枝牡丹花纹、缠枝石榴花纹等，主要以各类花卉作为主体纹饰并搭配各类卷草纹饰。此类花纹多蕴含着富贵吉祥之意。

合和共生

将两个外形一致的带盖尊瓶，在塑坯阶段成型后，平整地削下一小侧边，用同样的方式，将两个这样的坯体组合起来，衔接处用瓷土贴补，形成双连式合欢瓶器型。

纹样之美 缠枝纹

瓶盖顶部同样采用塑形、切割再黏合的工艺塑造，盖上两个鎏金圆形纽，盖面在珐琅彩色地上用铁锥画出细如毫芒、宛如凤尾的花卉纹，称为轧道工艺。上绘缠枝卷草纹环绕一圈。

色彩之美 绚烂珐琅彩

双连瓶整体以鞓红与青花蓝为底色对称分布于瓶身，器身的花纹则装点葱青、橘红、宝蓝、蜜蜡黄等数种颜色，颇具装饰感。

鞓红　青花蓝

枣皮红　葱青

橘红　蜜蜡黄

宝蓝　桃夭

帝释青　矾红

鸭头绿　柳黄

青花花卉纹水仙盆

清代 | 瓷器

故宫博物院　　长 21.5 厘米，宽 16.5 厘米

1884年，即光绪十年，慈禧太后迎来了她的五十大寿。尽管当时朝局动荡，她仍下令在紫禁城内修建了一座新宫殿，命名为“体和殿”，并配置了一系列生活用具。其中就包括这件青花花卉纹水仙花盆。

这件水仙盆胎体厚重，白釉部分洁白如雪，青花色彩淡雅。作为水仙花盆，侧面的花卉纹饰描绘得细腻柔和，花朵和枝干的脉络清晰，风格幽雅清新。虽然造型简约，但青花朴素，与冬日清新淡雅的水仙花相得益彰。在青花瓷器中，如此细致入微的绘画技法非常罕见，既表现出青色的浓淡变化，又用更粗的线条勾勒出轮廓，清晰明了。这在中国古代瓷器史上堪称一曲绝妙的乐章。

器型之美　四平八稳

水仙盆大多制作为矮平的长方体器型，器身直腹平底，在盆底塑有四个阶梯形足，可以使花盆的放置更加平稳。

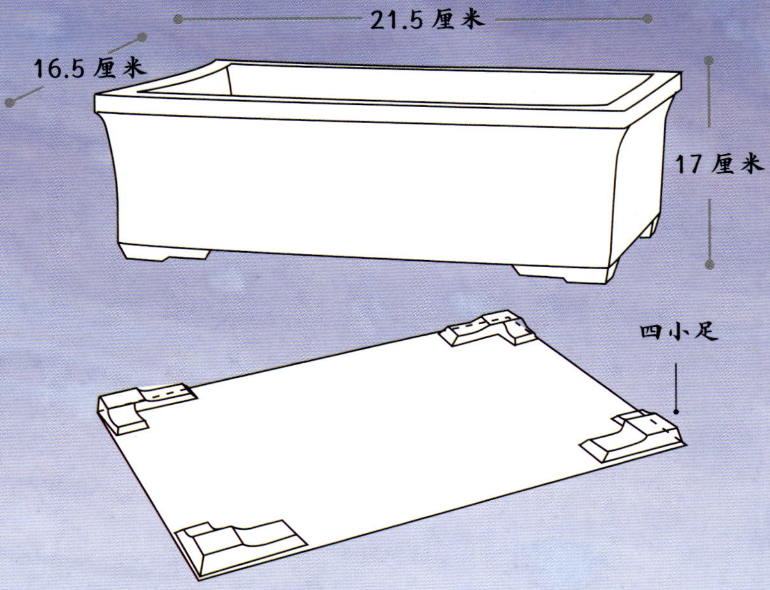

纹样之美　花草繁密

在水仙盆的正面描绘有折枝水仙花以及南天竹，花草间穿插两枝灵芝，在水仙盆侧面描绘一株高雅的兰花。其中水仙代表纯洁、高雅；南天竹代表平安长寿，好运吉祥；灵芝同样有长寿健康之寓意；兰花则因其高洁清幽被誉为“花中君子”。

优雅青花

这件青花花盆制作于清代晚期，带有明显的晚清光绪官窑风格，主要体现在坯料和釉料的原料有所不同。其中坯料主要以景德镇的高岭土为主，青料则用珠明料。青花瓷绘制花纹的釉料称为青料，晚清时期所用青料为云南、福建等地出产的国产钴土矿制作而成的，名曰“珠明料”。珠明料色彩饱满，不易产生裂纹，但缺点是颜色略微发紫，不够鲜亮。

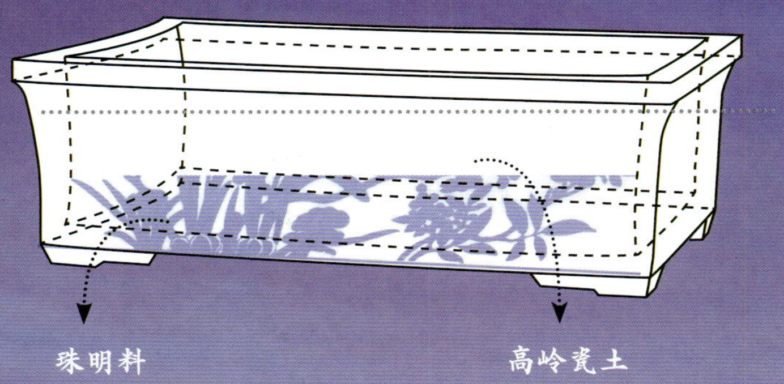

步骤一：

将高岭土、长石、石英，以及少量铁磨细而成的瓷土烧制，无须化妆土也能让胎色洁白。

步骤二：

以国产钴土所制成的珠明料绘制花纹，再进行低温烧制，形成洁白的瓷胎与清新的青花纹样。

绿地粉彩花鸟纹高足盘

清代 | 瓷器

故宫博物院　　高 9.6 厘米，口径 20 厘米，足径 8.1 厘米

这件绿地粉彩花鸟纹高足盘具有敞口、浅腹、高足的造型特点，其中，高足设计尤为突出，表现为中空外撇的形状。通体以松石绿釉为地。盘壁描绘粉彩花鸟纹，精工细致。束足处凸起金彩单箍一周。足部近底处绘制有一周海水江崖纹。这件高足盘以其精美的造型、丰富的纹饰和独特的款识呈现出一种典雅大方的气质，成为清代瓷器中的珍品之一。

高足盘为我国古代陶瓷的传统造型，隋代即有烧制，以后历代各朝烧制不断。故宫藏品中以光绪朝数量为冠。绿地粉彩花鸟纹高足盘是光绪时期景德镇御窑厂为慈禧太后烧造的专用器，其制瓷工艺体现了中国传统陶瓷制作的精湛。

大雅斋

绿地粉彩花鸟纹高足盘的内壁靠近口沿处，可以看到用楷书书写的“大雅斋”三个字，并且旁边钤有红彩篆书的“天地一家春”五字印章款。“天地一家春”本为慈禧太后在圆明园内住所；“大雅斋”为斋名，而该名随后也成为慈禧太后的私人堂印。在慈禧太后曾活动的储秀宫、长春宫等地都留存有众多“大雅斋”瓷器。

海水江崖纹

山石与海水的形态组合形成了独特的纹样，其中曲线形态位于下方，代表“海水纹”；岩石形态位于中间，代表“江崖纹”。在明清时期，海水江崖纹通常与龙纹、云纹等图案搭配，象征着绵延不断、福山寿海、一统江山和江山永固等寓意。这些纹样表现了统治者对国家统一和长治久安的渴望。

技艺之美　粉彩

工匠们运用了多种粉彩装饰技法，如平涂、渲染、勾线等。整个画面层次丰富，立体感强。盘身的颜色渐变效果主要依靠粉彩技艺达成，通过粉彩的渲染表现明或暗、浓或淡的颜色效果，使花卉和绿色背景均有不同层次的变化。

粉彩的绘制工艺首先是在底层涂上一层含砷的“玻璃白”，然后用芸香油调和彩料进行上色。粉彩的创制始于康熙晚期，在雍正和乾隆时期达到成熟。《饮流斋说瓷》中便说过：“软彩又名粉彩，谓彩色稍淡，有粉匀之也，硬彩华贵而深凝，粉彩艳丽而清逸。”

纹饰之美　中国传统花鸟纹

盘子的整体设计以绿地为背景，这种松石绿釉的底色清新雅致，既突出了花鸟纹样的主题，又为整个作品奠定了宁静、和谐的基调。在纹样设计上，盘壁上的粉彩花鸟纹是主要装饰元素。花鸟纹样包括藤萝花、月季花等花卉，以及一只栖息在枝上的雀鸟。描绘精细，笔触细腻入微，使整个画面栩栩如生，充满生机。

松石绿釉

绿地粉彩花鸟纹高足盘通体采用松石绿釉。此种釉在清朝雍正时创烧成功，乾隆时期流行。

松石绿釉是以铜为着色剂的低温彩釉，因发色与绿松石相似而得名。

掐丝珐琅缠枝莲纹象耳炉

元代 | 珐琅器

故宫博物院　　高 13.9 厘米，口径 16 厘米，足径 13.5 厘米

这件掐丝珐琅缠枝莲纹象耳炉器型庄重，纹饰精美，属于典型的宫廷用器。其釉质莹润，珐琅色彩瑰丽，搭配和谐。我国最早的掐丝珐琅实物是元代的制品。此时期的珐琅器色彩明艳，呈现半透明的玻璃质感，部分器物的工艺与质感甚至明清部分带款识的器物都难以企及。此器是元代珐琅工艺的代表作品，其部分色釉如水晶般通透，具有元代掐丝珐琅器独有的特征。

这件国宝的制作工艺繁复至极，主因是其器口为铜镀金，器身上以掐丝珐琅工艺刻画出繁复而优美的纹饰，铜胆、象耳和圈足为后配。整器华丽雍容，珐琅釉色泽鲜亮通透，似用进口釉料烧造。

工艺之美　象首卷鼻耳

此象首卷鼻耳造型夸张，极具特色，反映了古人对动物形象的喜爱和神化。其既有实用性和装饰作用，也象征着权力和神圣。

纹样之美　多彩的缠枝莲纹

器腹以宝蓝色珐琅釉为地，环饰一周六朵大缠枝莲，分为红、黄、白三色。缠枝莲，又名“万寿藤”，形态为莲花和藤蔓互相缠绕，纹饰连绵不断，寓意富贵吉祥。此器上缠枝莲纹中的莲花与传统莲花外观明显不同，名为“西番莲”。西番莲纹在元、明、清时十分流行，其寓意与传统莲纹相同。

纹样之美　吉祥的莲瓣纹

圈足上方环饰莲瓣纹和卷草纹一周，底部铜镀金阴刻缠枝莲纹。

绿地剔红双龙纹圣寿万年盘

明代 | 漆器

故宫博物院　　高 4.2 厘米，最宽径 25.9 厘米

明代由于出现了御用漆器作坊，因此剔红工艺快速发展。此时期以雕漆与填漆技术为主，明代早期的漆器延续元代雕漆风格，髹漆厚重，层次感强，至明代中后期则漆层变薄，线条也更为锐利。这件绿地剔红双龙纹圣寿万年盘为明代中后期的创新样式，盘内随形开光雕刻海水江崖纹、双龙纹，中间宝箱中圣光上刻“圣寿万年”字样，由此可见这是一件为皇帝祝寿的御用漆盘。

漆盘以绿漆为底，在盘沿内外还满饰缠枝花纹与松竹等寓意高洁的花草纹样。剔红漆器一般以朱砂或银朱入漆，因此制作出的漆器颜色纯正，在墨绿底色的映衬之下显得鲜艳吉祥，正好与祝寿之意相合，神龙腾跃，花枝蔓延。独特的器型与精细的雕刻构成了这件时代精品。

造型之美　银锭式盘

明代漆雕工艺飞速发展，早期的剔红漆器器型较为规整，而到了明代中后期，不仅工艺和图案更为精致，也发展出很多新奇的器型。如这件漆盘就类似银锭，造型奇巧，是嘉靖年间的创新样式，也可视为明代雕漆的重要断代参考。

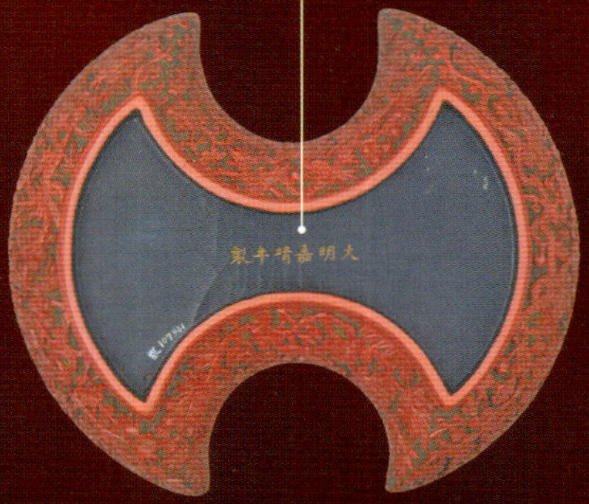

“大明嘉靖年制”款识

盘内壁雕刻缠枝花卉纹

盘外壁雕刻松、竹、梅等装饰性纹样

万年

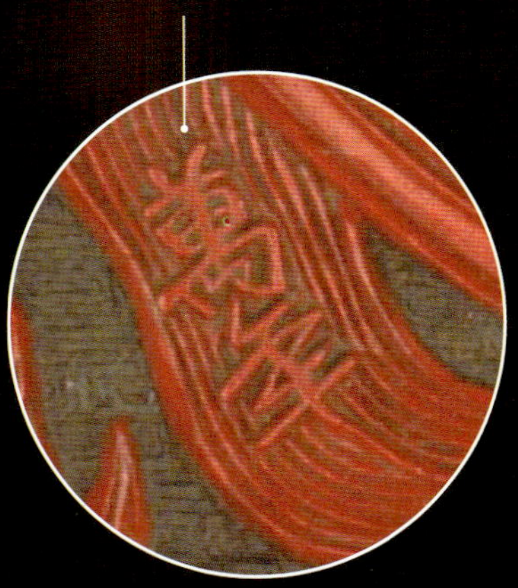

圣寿

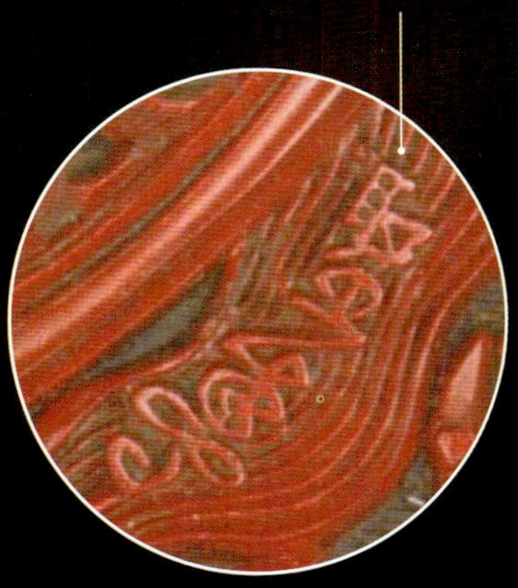

纹饰之美

双龙捧盒

盒上随形开光，下部雕刻海水江崖纹，海水纹中央涌出一只蚌壳样式的宝箱，宝箱内部装有珊瑚、钱币、犀角等八宝纹饰；宝箱内飞出两道圣光，上面雕刻“圣寿万年”字样，周围环绕的两只神龙身体盘曲，腾云出海，纹样繁密，寓意吉祥。

点翠嵌珠石金龙凤冠

明代 | 杂器

故宫博物院　　高35.5厘米，径20厘米，重2.95千克

这件点翠嵌珠石金龙凤冠于1956年出土于北京明定陵，是明代孝靖皇后的一顶三龙两凤冠。凤冠是古时皇帝的后妃在册封、朝会等重要场合所戴冠帽。孝靖皇后为万历皇帝的皇贵妃，在逝后并没有受到重视与厚葬，直到其孙朱由校登基才追封她为皇后并迁至定陵厚葬，这件凤冠就是当时的陪葬品之一。

这顶凤冠通体以点翠工艺装饰密布于冠上的如意云纹，正面两只点翠装饰的凤鸟分布两旁，振翅欲飞，顶上以累丝工艺焊接三只口含珠宝流苏的如意金龙，凤冠上镶嵌上千宝石及珍珠，以环绕的梅花形式装饰密布于冠上。在凤冠后方，衔接六扇以珍珠、宝石装饰而成的“博鬓”。纹样之繁复、装饰之华丽不禁让人感叹皇室女性在首饰装扮上的极致奢华。

凤冠上红蓝宝石共百余颗，珍珠3400多颗，珠宝多为国外进口。

工艺之美

点翠

点翠工艺是将翠鸟的羽毛经过修剪之后粘贴在金属底托之上。因为昂贵稀缺，翠羽也被称为软质蓝宝石。出于保护动物，现代点翠饰品改用孔雀、鹅毛来装饰。

装饰之美

华贵金龙

将金锻造成极细的金丝并焊接为腾跃的神龙，神龙口中垂下珍珠串成的挂坠，脚踩如意祥云，云上镶嵌红宝石，分外华丽。

剔红枫叶秋虫图盒

清代 | 漆器

故宫博物院　　通座高 8.5 厘米，口径 10.5 ~ 13.5 厘米

这件剔红枫叶秋虫图盒为清代乾隆时期所制漆盒，盒子双层双盖，呈枫叶形，盒盖脉络清晰，器表刻画细密的锦地花纹，叶片上停留两只硕大的秋蝉与蝈蝈。两只昆虫体形硕大饱满，触须高扬。盒内髹黑漆，依形隔开六格，下层漆盒同为枫叶形，盒沿以细密的纹饰刻画海水纹，盒内描金书“大清乾隆年制”款识。盒底呈枫叶形底座，边刻海水纹及锦地纹，整体雕刻细密。古语常说寒蝉凄切，落叶秋蝉的搭配常常给人秋日的萧瑟之感，然而这件作品完全不会给人悲切之感，这与漆盒豪华精细的雕工不无关系。

清代乾隆时期的漆器以精细繁丽而著称，且乐于仿古与创新，可以看到很多仿青铜器或者仿照生活中的花果虫草而制作的漆器。但不同于大部分放大底纹将昆虫作为点缀的装饰方法，这件漆盒将昆虫刻画得十分形象逼真，可谓别具一格的时代精品。

细节之美 不同的底纹

清代剔红漆盒重视刻工，上层漆盒的叶片以细密的钱币纹为地，而下层漆盒叶片则以三角纹为地，下方盒托则以锦地花纹为地，一套漆盒仅地纹就区别出三种，足可见刻画的精细。

仿生之美 叶上昆虫

在上层盒盖压雕一只秋蝉与一只蝈蝈，两虫相对而立，触须、翅膀均雕刻得栩栩如生，可谓整盒的点睛之笔。据史料记载，制作不够精良的漆器会被乾隆帝以“蠢”“粗糙”形容并返工修改，正是在严格的评判之下促成了此时期漆器的精美细致。

黑漆嵌螺钿间描金职贡图长方盒

清代 | 漆器

故宫博物院　　高 6.8 厘米，长 40 厘米，宽 30 厘米

这件黑漆嵌螺钿间描金职贡图长方盒以黑漆为底，上以细螺钿片用点螺工艺装饰，描绘了各民族前来朝拜的职贡图场景。所谓螺钿，是用贝类、蚌壳装饰在漆器之上而形成流光溢彩的纹样。这件嵌螺钿漆盒所镶嵌为薄螺钿，也称“软螺钿”，将色泽不同的螺钿镶嵌于纹样的不同位置，在阳光照耀之下如同绘画的设色效果一般，流光溢彩，熠熠生辉。

这件黑漆嵌螺钿间描金职贡图长方盒以薄螺钿镶嵌人物屋宇，描金装饰山峦，贝壳磨成的细沙装点树木与门前沙土，近景人物熙攘热闹，远处天空云气环绕，层峦叠嶂，加以金线描绘，形成一幅和谐的大国盛景。漆盒巧妙地将描金与螺钿工艺相结合，展现了清代高超的螺钿漆盒制作工艺。

漆盒整体呈扁长方形，在古代，这类漆盒往往被用于盛装首饰或文玩等小件器物。

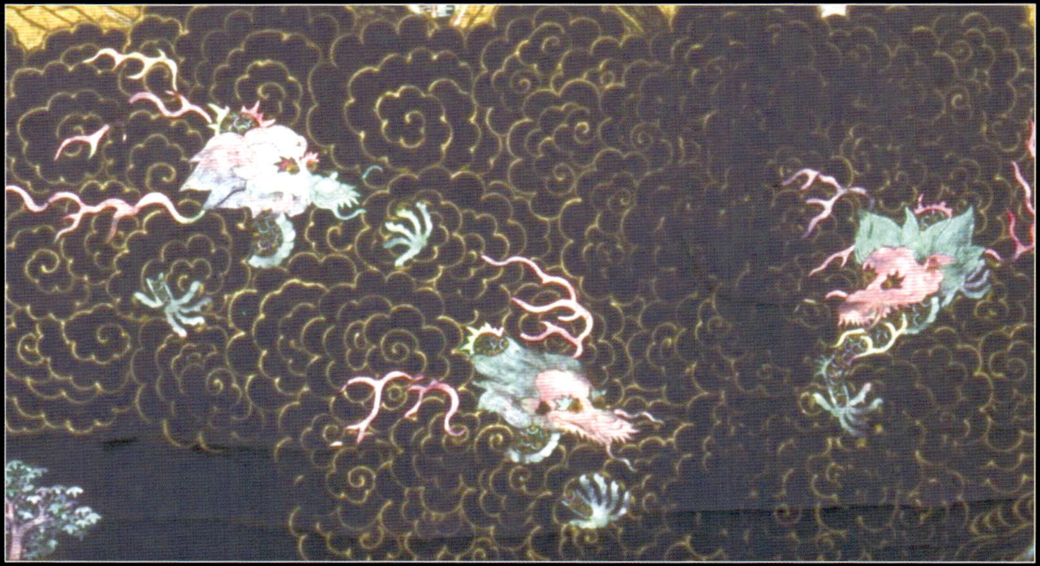

云中神龙

画面之美

在画面上端以金线刻画一片细密的祥云表现天空，在云中三只神龙探头从云雾中穿行，为画面增添了一份神话色彩。

金碧辉煌的楼宇

细节之美

职贡图中的屋宇刻画细致，将薄螺钿裁切为细条，依照形状排布于顶上，周围又装点细小螺钿嵌成的茂密树丛，屋顶在光线下犹如真实的琉璃瓦一般闪闪发光。

国宝小知识 五彩斑斓的螺钿漆盒

我国发现的最早的嵌螺钿漆器为西周燕王墓出土。唐代的螺钿工艺已十分成熟，明代更是嵌螺钿漆器的发展和繁荣期。例如这件黑漆嵌螺钿文会图长方盒采用的是点螺工艺，将螺片裁成细长条并拼合成文人雅集的画面，既精美又富有文人趣味。

大英博物馆 明 黑漆嵌螺钿文会图长方盒

除了精巧的螺钿镶嵌外，在屋檐、山顶等地方还以描金勾勒点缀，更显华丽。

内容之美 职贡图

职贡图是用于记录各少数民族前来进贡的画面，各族人民汇聚一堂，前来对大清王朝朝拜并进贡珍宝。将职贡图刻画于漆盒之上也表现了此时期国力强盛，万国来拜的大国自信。

黑漆描金嵌染牙妆奁

清代 | 漆器

故宫博物院　　通高42厘米，长42厘米，宽42厘米

这件黑漆描金嵌染牙妆奁为清宫旧藏。所谓妆奁，就是古代妇女盛装首饰等梳妆用品的匣子，相当于现代女性的化妆包、首饰盒。“晨起对镜奁，晓妆点绛唇。”妆奁也成为古代女性每日整理仪容必不可少的器具。

明清时期是妆奁文化发展的鼎盛时期，妆奁不仅具有实用性，且造型新奇多样，具有独特的审美价值。这件黑漆描金嵌染牙妆奁盖顶、前端奁门可开合，盒背部还有一小门，周围排布抽屉，内外皆以染色象牙装点花草纹饰，门内还有金漆描绘的山水画装饰。将雕刻、描金、染牙工艺集于一奁，造型古朴，纹样雅致，工艺精巧，可谓清中期漆器妆奁中的精品之作，表现了清代宫廷用器的创新与精妙。

画之美面　**描金山水**

打开妆奁的小门，在门内侧描金描绘有两幅山水画。画面中的亭台楼阁、苍松翠柏共同构成了两幅文雅娟秀的画面，在黑漆底的映衬下显得更加精致。

工艺之美

精巧的染牙纹饰

在妆奁外盒各面、内盒抽屉、小门都以染牙工艺镶嵌花草纹样。所谓染牙工艺，就是将象牙雕刻为各种纹样并染成各种颜色，染色后的象牙雕精巧立体，在黑漆映衬下华丽又清新。

立体花草纹

机关之美

多功能宝盒

打开妆奁顶部的盖子里面为一面可以立起的圆镜，而打开下方的门则又出现嵌套在内的双开小门，门上透雕窗棂，两旁及下方对称几个小抽屉，上面皆装饰各色染牙花纹。制作之精巧令人叹为观止。

盖内梳妆镜

底部矮平的抽屉　雕漆的小门　对称的小抽屉

金瓯永固杯

清代 | 金器

故宫博物院　　高 12.5 厘米，口径 8 厘米

这件金瓯永固杯由清宫造办处制造，是新年时乾隆帝在“明窗开笔”仪式上使用的礼器。其设计和加工水准极高，且不惜工本，共用黄金20两、珍珠11颗、红宝石9块、蓝宝石12块，是中国乃至世界金银器史上的巅峰之作，被清代帝王视为珍贵的祖传器物。

这件国宝金质、鼎式，通体以錾刻技法制作出繁缛精美的纹饰。“瓯”意为小杯，古人常以“金瓯永固”比喻国土完整、天下太平。此款酒杯存世共4只，另外3只中，一只金质杯藏于台北故宫博物院，另一只金质杯、一只铜鎏金杯藏于英国伦敦华莱士博物馆。

装饰之美

满布纹饰的杯身

杯口一面中部錾篆书“金瓯永固”，一面錾“乾隆年制”四字款。杯外壁满錾宝相花，花蕊以珍珠和红、蓝宝石为主。凹陷处以点翠工艺装饰。

器型之美

奇巧的象首足

杯身微鼓，两侧各一龙形耳，龙首顶一龙珠，在杯底以三只象首作为底部足。象首头部向下，小象耳，长象牙，长而弯曲的象鼻形成了稳定的支架，生动而新颖。

杯口沿錾回形纹一周。回形纹形似连续排布的“回”字，寓意吉祥永久，民间也将其称作“富贵不断头”。

色彩之美 流光异彩

纯金打造的杯体呈现出亮丽的金黄色，象征着富贵与权力，奠定了整个器物的华丽基调。珍珠的莹白色与金色杯体形成柔和的对比，增添了一份典雅与高贵，白色的珍珠也带来了一种纯净的视觉感受。红、蓝色的宝石互为补色，装饰杯身的同时达到色彩的平衡与和谐。

国宝小知识 明窗开笔

每年元旦前夜子时一到，乾隆帝会身着龙袍来到故宫养心殿东暖阁处。他先将此杯放在紫檀长案上并注入屠苏酒，亲燃蜡烛，提笔蘸取朱墨，书写祈求江山社稷平安永固的吉祥语。随后他端起此杯将酒一饮而尽，再将钦天监新进的宪书浏览一遍。这就是“明窗开笔”仪式。

杯体两侧各有一夔龙（似龙但只有一足的神话动物）耳。夔龙头顶珍珠，象征威力与活力。

杯的三足均为象首式，寓意太平、吉祥。象耳略小，卷鼻长牙，额顶和双目之间均嵌有珠宝。

金镶宝石朝冠耳炉

清代 | 金器

故宫博物院　　高21厘米，宽16.2厘米

这件金镶宝石朝冠耳炉为一座香炉，另有同样风格装饰的松竹铲箸座与梅花带座香盒各一件，香盒储存香料，箸座用于置火箸和香铲。火箸是燃香时处理香灰炭火的器具，香铲又名“香匙”，用来从香盒中拿取香料。它们与香炉共同组成一套齐备的燃香工具。此种配置始见于清代，平日将一套香具置于书房、卧室、厅堂，便可随取随用。香炉的盖、耳、足、座均排列镶嵌红蓝宝石和绿松石，盖组嵌粉色碧玺，器身纹饰以绿松石制成的三瓣花卉拼接镶嵌组成，花心亦镶宝石小珠。底部有三只象鼻形足，镶嵌青金石和绿松石。整件香炉珠光宝气，装饰华丽，做工精细无比。

灿若星辰

这件香炉上的红蓝宝石镶满器身，绿松石则做成星形、祥云形、三瓣花形、竹叶形的装饰，形状各异，与大小不一的宝石共同装点器身，宛若繁星闪耀，显得璀璨夺目。

瑰丽多变的蓝宝石

蓝宝石呈色的一大特点是颜色不均匀，同一颗蓝宝石，其颜色通常深浅不均。这也令其色泽更为多样化，装饰性更强。

黑漆彩绘楼阁群仙祝寿钟

清代 | 漆器、钟表

故宫博物院　　高 185 厘米，面宽 102 厘米，侧宽 70 厘米

清代，西洋传教士的到来为清宫廷带来了众多新奇的西洋器，其中就有西洋钟。清代帝王们对于这种机关精巧、造型精美的钟表十分喜好，同时也令造办处研究设计了众多精美的中西合璧的钟表。这件黑漆彩绘楼阁群仙祝寿钟融合中西技术、精湛的制作工艺和精美的艺术装饰，使其成为中国工艺美术史上的瑰宝，同时也体现了清代工匠的智慧和创造力。

这件祝寿钟是清乾隆年间清宫造办处历时五年多制成的，设计巧妙，结构精密，丝毫不逊色于西方人献给清帝的钟表，反映了清代宫廷钟表工匠的高超技艺。这件国宝中的“建筑”为木胎黑漆彩绘二层楼阁，高大端庄，古朴华美，“建筑”的栏杆、柱头、屋脊上的吻兽等刻画入微。钟盘位于一层。器内共设有七套由盒装发条、塔轮和链条等组成的机械装置，分别控制走时、报时和布景箱内的活动装置等，展现了高超的技术水准。

设计之美　精巧的机关

该祝寿钟分为两层，每层都有设计精巧的机关，表盘位于钟表下层中部，通过在弦孔内上弦控制走时及二层门内人偶的奏乐报时，上方人物及下方景箱皆随报时而变动，这离不开钟身内的七套报时系统。从这件钟表亦可看出我国匠人对西方机械工艺的吸纳与创新。

报时人偶

二楼为三间房屋，内各有一报时人偶。每逢3、6、9、12时，房门开启，三人手执钟碗缓步出门。站定后，左边的人敲钟碗发出“叮”声，右边的人敲钟碗发出“当”声，“叮当”声响一次报一刻，响两次报两刻，依次类推。报完四刻后，中间的人敲钟碗报时。

钟盘

一楼的双针时钟硕大精美。钟盘上饰以造办处特有的黄色珐琅，写有“乾隆年制”字样。钟盘上的五个上弦孔分别控制五种功能：走时、报时、报刻、开关门、打乐。

丰富的造景

钟盘两侧设布景箱，报时完毕后随乐曲声开始表演。左边布景箱的主题是“海屋添筹”，右边布景箱的主题是“群仙祝寿”——八仙依次飞过南极仙翁（即寿星）的身前，向其献宝，如左图所示。乐止，报时人偶退回门内，楼门关闭，布景箱内各活动装置复位。

国宝小知识　造钟处

清宫造办处下设的造钟处（又称“做钟处”）专门为宫廷制作钟表，清代乾隆时期是造钟处的鼎盛时期，此时会集了一批西洋和来自广州、苏州等地的钟表匠和机械师，设计并制作了众多更钟、自鸣钟、时乐钟等。造型华丽、寓意吉祥，正如这件宫廷御用钟表即可体现出此时期造钟的高超水平。

蝠纹和寿字纹

“楼阁”通体彩绘多种寓意吉祥、祝颂福寿的纹饰，比如象征幸福的蝠纹和象征长寿的寿字纹。

明黄色缎绣彩云蝠寿字金龙纹男夹龙袍

清代 | 丝绸

故宫博物院　　衣长 143 厘米，袖长 190 厘米，下摆 126 厘米

这件明黄色缎绣彩云蝠寿字金龙纹男夹龙袍是清乾隆帝的吉服（礼服的一种，级别仅次于朝服）之一，供其在元旦、冬至、万寿（皇帝生日）等时令节日场合穿着。其绣工端整细腻，构图气势宏健，配色富丽辉煌，体现了当时织（绣）染工艺的最高水平。

这件国宝为直身式袍，圆领，大襟右衽，马蹄袖，左右及前后开裾。在明黄色缎地上，绣制出彩云蝠寿金龙纹、海水江崖纹，以及十二章纹——古代帝王礼服上绘绣的12种纹饰，展现出天子气动八方、富有四海的卓绝风范。

色彩之美　帝王之黄

明黄色是皇帝专用的颜色，象征着皇权、尊贵和神圣。在中国传统文化中，黄色被视为中央之色，代表大地和皇帝的统治中心地位。皇帝之下，皇太子吉服则为杏黄色，皇子则着金黄色。而以黄色为帝王之色并非古来如此，例如秦汉以黑色为尊，晋、宋、明代以红色为贵，直到清代才将明黄色正式定为帝王之色。

行龙纹

坐龙纹

坐龙纹与行龙纹

清代时龙纹已发展得十分完备和程式化，是皇权的象征。如图为正龙纹（又名“坐龙纹”）—— 龙首正向，龙身盘曲，四爪分布匀称；下图则为行龙纹 —— 龙侧面斜身，状如行走。皇帝龙袍上龙纹的数量很有讲究，通常为九条：前后身正中各一条、其下方衣襟部位各两条，左右肩各一条，里面的衣襟上“藏”着最后一条；于是正背各显五条，符合其“九五之尊”的身份。

国宝小知识　龙袍

龙袍泛指古代帝王绣有龙形纹饰的服装。除了皇帝、皇后、皇太子等也有对应其身份的龙袍。辨别龙袍是否为皇帝本人所穿用，有两大依据：第一，饰有完整十二章纹的龙袍，一定为皇帝专属；第二，龙袍上的龙，四爪均有五只脚趾的，大概率为皇帝专属。

福山寿海，一统江山

龙袍下摆饰有海水江崖纹，它也常出现在古代官服下摆。纹饰下端斜向排列着许多弯曲的线条，名为水脚，水脚之上有许多波涛翻滚的水浪，水中立一山石，并有祥云点缀，寓意福山寿海，也有一统江山的含义。

五福

五只聚拢的蝙蝠象征五福。古籍中的五福“一曰寿，二彐富，三曰康宁，四曰攸好德，五曰考终命”。后世其含义有所变化，大致可归纳为五种吉祥的祝福：寿比南山、恭喜发财、健康安宁、品德高尚、善贻善终。其中“寿”居于首位。

掐丝珐琅三狮戏球纹鼎式炉

画珐琅冰梅纹菊瓣式执壶

画珐琅八宝纹法轮

粉彩雕镶荷叶香橼盘

金胎画珐琅杯盘

绿地粉彩花鸟纹高足盘

银胎绿珐琅嵌宝石盖右旋海螺

各种釉彩大瓶

三彩胡人牵骆驼俑

金镶宝石朝冠耳炉

第二章

台北故宫博物院

台北故宫博物院坐落于台湾省台北市，包含台北市士林区和嘉义县太保市馆区，是台湾八景之一，同时也是研究中国艺术文化的重要博物馆之一。其中代表性的北部园区占地总面积约160000平方米。馆藏文物近70万件，囊括铜器、绘画、陶瓷、书法、玉器、档案文献等众多品类，集北京故宫（故宫博物院）、沈阳故宫、圆明园、避暑山庄等多处皇家旧址藏品之大成。博物馆内不仅有常设展览展示精品文物，亦设专题展览及各式活动为民众提供科普学习的机会。走进这座博物院，便仿佛踏入了一个时光交错的空间，每一件展品都在静静地诉说着中华五千年的璀璨文明。

波折中的历史流转

台北故宫博物院，又称“中山博物院”。馆中的近70万件珍贵文物历经战乱，从故宫博物院几经迁移至台北故宫，最终得一归宿，并向世人展现其貌。其数量之大、保存之完善、意义之非凡，难以比拟。

文物南迁

1925年10月10日，故宫博物院正式成立并对外开放。但其早期发展之路，因政局动荡而异常艰难。直至1928年6月，国民政府北伐成功并接管故宫博物院，才得以稳固根基，长远发展。

然而，1931年九一八事变爆发，故宫未雨绸缪，毅然决定将珍贵文物南迁至沪上避难。1936年，南京建立了朝天宫故宫分院，文物又从上海转移到南京存放。而后，爆发了七七事变，文物又分为三批，依次转移至四川的巴县（现重庆市巴南区）、乐山（今四川省乐山市）及峨眉（今四川省峨眉山市）。

抗战胜利后，三批故宫南迁文物先汇于重庆，后沿水路返京，1947年底全部归位。同时，为庆祝人文馆落成，“中央博物院筹备处”联合故宫博物院，举办盛大展览会，彰显中华文化的博大精深。

台北故宫博物院的主体建筑

文物迁台

1948年，随着解放战争形势变化，“中央博物院理事会”决定将文物分批运往台湾。而后，故宫博物院等多家机构及单位的文物开始陆续迁运，共计珍贵文物和图书5000余箱。待文物图书陆续抵台后，皆被临时妥善安置。1949年，故宫博物院“中央博物院筹备处”“中央图书馆”等单位暂时合并为“中央博物图书院馆联合管理处”（简称联管处）。

1950年，台中雾峰北沟建设完成了文物库房，全部的迁台文物得以入库储藏。此后，两院“共同理事会”成立，进一步加强管理。1953年，北沟库房附近建设了一个个小山洞，以备必要时将珍宝存放于此。1954年，耗时四年的迁台文物点查工作终于完成。尽管经历了战时的颠沛流离，这些文物却损伤甚少。1956年，北沟陈列室建成，曾经长途迁徙的故宫珍宝终于再次有了归宿。

天下為公

台北建馆

由于北沟文物陈列室的室内空间狭窄、地理位置偏远，且简陋的馆舍难以抵御雨水侵袭，导致其社会教育功能受限，难以吸引游客前来参观。因此，两院“共同理事会”决定在台北的双溪地区建设新馆，即如今的台北故宫。新址靠近市区，便于市民参观，从而促进国际观光与教育。附近的山地还可开凿防空洞保障文物安全，可谓一举多得。

黄宝瑜的宫殿式建筑方案，因其完美契合官方对中华文化复兴的愿景而被采纳。该方案深受故宫博物院的宫殿式建筑的启发，设计者称之为“北平午门”意象，主体建筑为黄色正脊与绿色琉璃瓦盝顶式明堂建筑，外墙则选用米黄色石英质无釉面砖，彰显出台北故宫的庄重与典雅。

1965年8月，新馆落成，“行政院”迅速将“中央博物院”筹备处运台的文物并入，丰富了台北故宫的馆藏。11月13日，正式对外开放，吸引了众多游客的热烈关注与赞誉。

台北故宫博物院正门，无论饰以精致纹样的拱券，还是朱红色槅扇门，皆体现了中国古典建筑风格。

历久弥新的建筑扩建

最初的台北故宫仅有一个院区（即北部院区），且中央的主体建筑并无左右两侧建筑，历经近50年，不断扩建与整修，才有了如今的规模。

台北故宫北部院区的大规模扩建共有五次，包括建筑与园林的增扩。而后又选址嘉义县太保市的70万平方米土地，用以新建南部院区。随着展区面积的扩大，更多藏品得以向世人展示。

北部院区扩建

北部院区的扩建包括建筑的扩建和园林的增设，二者相辅相成，形成了如今和谐统一、景色优美的院区布局。

建筑扩建

台北故宫自建设之初仅有中央主体部分，而后经过不断规划与扩建，形成了如今的宏伟规模。每次扩建均遵循原有建筑布局及形式，使北部院区的新旧建筑能完美融合，和谐统一。

其扩建历程主要包括五次大规模工程：

1967年，首期，扩建了正馆左右两翼的建筑；

1970年，二期，扩建主体建筑的护龙部分（厢房），正馆的“凹”字形平面由此确立；

1984年，三期，新建行政大楼并投入使用，库房及展厅更新了现代化的文物保护设施，正馆内，仿照乾隆养心殿的西室书斋，又扩建了“三希堂”；

1994年，四期，提出改建想法并于隔年建设了图书文献大楼（第二展览区）；

2007年，五期，北部院区进一步扩建，更将台北故宫推向新的高度。

自1967至2007年，数次扩建工程不仅大幅增加了展览空间，更强化了对台北故宫的管理与保护能力。1983年，张大千的故居“摩耶精舍”被捐赠给台北故宫，更为它增添了丰富的文化底蕴。

第三期扩建工程：行政大楼

景观增建

随着北部园区建筑的兴建，景观园林也随之规划设计，并建成了北部院区一大一小的中式庭园——至善园和至德园。1985年，第三期修建工程结束后，至善园作为仿宋明风格的园林落成。它坐落于台北故宫前，华表大道东侧。十年后，1994年，第四期扩建工程竣工之际，又新建了院区西侧的至德园。

至德园

院区西侧，至德园静谧开放。园内曲桥蜿蜒，池沼澄明，小亭雅致。每当秋夜降临，清风送爽，桂花飘香，荷香四溢，令人心旷神怡，陶醉不已。

尽管面积有限，却尽显中式庭园之精髓，幽娴贞静之美尽在其中。带状莲花池为园中核心，池畔布局巧妙，幽篁琴啸，榕荫曲径，翠堤曲桥、兴登临、望云亭等景点相映成趣，为人们带来一场视觉与心灵的双重享受。

至德园内的望云亭

至善园

院区东侧的至善园于1984年动工，次年竣工，占地共约7000平方米。园林的格局设计来源于王羲之在《兰亭集序》中所描绘的景象。园内融合中国传统园林理念，楼台入画，片石生情，小桥流水，灵沼曲径，表现朴实悠闲的情趣。亭台梁柱，镌刻古贤法书联句，飘逸神飞，更增游赏雅致。

至善园内湖面上的西桥亭

南部院区新建

2003年，嘉义县太保市的土地被选定，用来建设南部院区，2013年初开始动工，2015年底完工，并对外开放。该院区总面积约68万平方米，建筑面积为38332平方米，主体建筑以水墨画浓墨与飞白笔法为灵感，与迎宾大道、至美桥完美融合，共同塑造南部院区独特的魅力。

灵韵流动的至美桥

墨韵楼与白飞馆主体建筑以独特的流线型交织形态呈现，巧妙地隐喻了“龙”“象”“马”的文化精髓。为与之相呼应，至美桥的设计也别具匠心。桥身采用书法中草书的灵动形式，其富有韵律的动态线条，不仅引导着入馆的人群一步步接近主体建筑，更为参观的游客带来了一份独特而舒适的步行体验。

至美桥横跨南端人工湖，宛如一条优雅的丝带，将游客从龙马象圆形广场引领至博物馆二楼大厅。桥身跨度长达140米，采用不落桥墩的设计，确保了湖底防水效果的同时，也展现了宏伟的建筑景观。

浓墨笔法的墨韵楼

墨韵楼，其灵感来自于书法中的浓墨笔法。因为典藏品对自然光相当敏感，所以作为实量体的墨韵楼不仅设有精美的展厅以展示珍贵文物，还有安全的典藏库房来妥善保存藏品。其设计融合了现代与古典元素，采用钢结构和混凝土建材构建而成。弧形外墙装饰着马赛克瓷砖和35861个五种尺寸的铸铝圆盘，这些圆盘精心排列，仿佛青铜器上的龙纹和云纹，赋予建筑一种厚重而沉稳的美感。

灵韵流动的至美桥

飞白笔法的飞白馆

象征书法中飞白笔法的飞白馆，则是由玻璃与钢柱构筑的虚量体。飞白馆为一个多功能区域，设有售票处、接待大厅、儿童创意中心、图书馆、礼品供应中心、餐饮部和多功能演讲厅等空间。飞白馆通体采用钢结构，并由玻璃帷幕曲墙包覆，与墨韵楼的沉稳形成鲜明对比。飞白馆巧妙地运用了98个小圆窗，将自然光引进参观走道，与墨韵楼一虚一实地交错，寓意着亚洲文明的交织与融合。

具象化的水墨意象

南部院区的建筑由三座流线型的体量相互交织而成，其源于中国书法中的浓墨、飞白、渲染三种笔法。仿佛在嘉南平原的绿色农田间，书写出行云流水般浓墨重彩的一笔。

华韵复兴的建筑之美

台北故宫北部院区，广场布局典雅，建筑形式古朴，细节处处展现出中国传统宫殿的韵味，庭院景观则融合中式园林之美，尽显中华文化的深厚底蕴。

广场布局——中轴对称

台北故宫博物院，占地面积约16万平方米，内设中央园林、步道、正馆建筑、文物贮存山洞和廊桥等。整体的建筑群落倚山建造，顺应自然，正馆坐北朝南。华表大道、“天下为公”牌楼与正馆建筑浑然一体，共处于中轴线上。两侧的园林与建筑交相呼应，左右平衡，共同维持着中轴对称的古典美感，尽显中式宫殿群落的独特魅力。

孙中山亲笔“天下为公”牌匾

“天下为公”牌楼与正馆建筑同处中轴线上，立于牌楼前，使台北故宫更显威仪之感。其对称之美令人赞叹不已。

“天下为公”牌楼

牌楼建于1967年初，采用六柱五间五楼式的冲天柱形制。中央的“天下为公”牌匾取自《礼记·礼运篇》中的“大道之行也，天下为公”。其顶柱雕刻精美的云纹，配有黄绿琉璃瓦屋顶，与正馆风格统一。檐下辅以菊纹装饰，落地柱与抱柱石立于基座之上，底座为仰伏菊瓣纹样。整体色调以白色为主，点缀以黄、绿两色，令人心旷神怡。

华表大道两侧的铜狮

华表大道

穿过“天下为公”牌楼，一条通向正馆的宽阔大道映入眼帘。两侧，一对雄壮的铜狮威严屹立，犹如守护神一般。大道两旁，长方形草坪绿意盎然，一排翠绿的松柏整齐排列，左右对称。两侧的草坪上，各矗立着一座高耸的华表，与铜狮一同构筑了庄严的入口景观，更加凸显了这座博物院的气势恢宏。

台北故宫前，宽阔笔直的大道上，两侧雕花汉白玉华表对称而立，高耸威严。

华表大道两侧的铜狮

建筑形式——宫殿式建筑

台北故宫是仿照故宫博物院样式设计的宫殿式建筑，虽经过五次大规模扩建与不断装修，建筑群落依旧和谐统一，富有秩序感。其遵循着“南北中轴，南向为尊，平面对称”的理念，彰显中国传统的宫殿式建筑之美，呈现出别样的艺术魅力。

最初的主体建筑随着不断扩建依旧保持其形式之美——中轴屹立，左右平衡。完美诠释了中国传统宫殿式建筑的制式。

第一、第二次扩建工程：主体左右两翼的建筑。

第三次扩建工程后，新建至善园。

建筑理念

台北故宫的设计理念来自古代的五室制明堂，其平面外观呈现出独特的“器”字形格局，对称方正，充满了古典韵味。中央的主体建筑为盝顶式，四角则是方形展室。

形式之美 中轴屹立，左右平衡

台北故宫的建筑形式十分巧妙。当阳光斜照时，四周形成45°的阴影，营造出如北京故宫午门前般庄重温暖的氛围。同时，五室的方正平面确保了四周及中央均有合理的延伸空间，从而维持中国传统宫殿式建筑的中轴对称理念。因此，经过扩建的台北故宫建筑群仍和谐统一，始终保持着皇室宫殿“中轴屹立，左右平衡”的经典格局。

建筑分析

台北故宫的正馆，是一座典型的中国宫殿式建筑，巍峨四层，斗拱出挑、飞檐翘角，绿瓦黄脊相映成趣，形成独特的“盝顶”形制。黄墙碧瓦，青石基台上环绕白色的石栏杆，呈现出庄重的秩序感与典雅之美。

扩建部分沿袭主体建筑形式，正馆为中轴对称的“凹”字形，内有一广场围合，形成和谐统一之感。整座建筑群落依山傍水，气势宏伟，一砖一瓦、一草一木间流露出浓厚的中国传统文化气息，凸显出中国宫殿式建筑的魅力。

建筑细节——中国元素

除了中国传统宫殿式建筑的设计理念及形式，在建筑细节之处，无论碧瓦黄墙、斗拱装饰，抑或是台基部分的琉璃面砖、入口处的拱形门券，皆可见中国传统元素的运用。

碧瓦黄墙的建筑色彩

不同于故宫博物院的红墙黄瓦，台北故宫的色调展现出一种别样的素雅之美。蓝绿色的琉璃瓦与金黄色的屋脊巧妙搭配，檐下则以洁白的建筑装饰点缀，整体色彩和谐而不失雅致。

屋檐之下的斗拱装饰

台北故宫的建筑装饰有丰富多样的中国传统建筑元素。三楼的檐口下，一排精致的一斗三升夹人字补间的斗拱形装饰巧妙地装点其间，其下方的椽头装饰简约而不失庄重，彰显了中国大木作结构的博大精深与源远流长。

这些元素共同构成了台北故宫独特的艺术魅力，让人在欣赏中感受到中国古代建筑的智慧与韵味。

色彩之美 绸缎般的米黄色面砖

建筑墙面铺设的含石英质的米黄色无釉面砖，不仅质地坚硬，更以凹凸线条勾勒出连续的几何图案。天气晴朗时，阳光洒落在墙面上，随观看角度的不同，整个建筑闪耀着绸缎般绚丽的光泽，呈现出一种独特而迷人的质感。

庭院景观——中式园林

北部院区的至善园与至德园皆是典型的中式古典园林。其中，至善园最为典型。两处园林交相辉映，为台北故宫注入了中式典雅的韵味，让人们在品味文物之余，亦能领略到中式古典园林在起承转合间的诗情画意之美。

至善园中的诗情画意

至善园，仿照宋、明朝代的园林风格而建。它的设计灵感源自王羲之的千古佳作《兰亭集序》，巧妙地将其中的八大胜景——兰亭、笼鹅、曲水流觞、松风阁、水榭、碧桥西、洗笔池及招鹤听莺融入其中。尤其是兰亭，仿照浙江绍兴的实景而建，外观呈八角形，亭旁矗立着一块黑色名石，上面镌刻着王羲之的《兰亭集序》。

步入至善园，仿佛走进了一幅古色古香的画卷，每一处造景都流露出精致典雅的艺术气息。楼台如诗如画，片石凝聚自然之情。小桥流水，曲径通幽，尽显悠然雅趣。亭台间，古贤法书联句镌刻于梁柱，翰墨流香，为游赏增添了无尽雅致。

游鱼自得的龙池

池中蛟龙盘踞，寓意神龙之力通天达地。龙口吐水，普降甘霖。戏水鸳鸯点缀其间，水面波光粼粼，池鱼畅游其中，整片景象充满和谐与祥和。

如诗如画的松风阁

松风阁上下两层，龙凤木雕装点木梁柱。拾级而上，顶层视野开阔，园内山水美景尽收眼底。阁内琴台高烛，古韵盎然，令人沉醉于思古之幽情。

镇馆之宝

台北故宫珍宝无数，涵盖铜器、绘画、陶瓷器、书法、玉器、漆器、丝绸、珐琅器、雕刻、书籍、钱币、织品等近20项，有藏品近70万件。馆内藏有无数稀世珍品。其中当属翠玉白菜、毛公鼎和肉形石最为著名，又称为台北故宫的“故宫三宝”。

翠玉白菜

清代 | 玉石器

台北故宫博物院

翠玉白菜是故宫珍宝中最为出名的藏品之一。工匠巧夺天工，顺应玉料天然色泽，以翠玉之绿展现菜叶层次；白色部分的裂痕与杂质，则化作鲜嫩的白菜茎部。顶端的螽斯与蝗虫，更添真实之感。此白菜原为宫殿陈设，立于珐琅盆景之上，宛如田园风光缩影，深受人们喜爱。

毛公鼎

西周 | 青铜器

台北故宫博物院

此青铜器器型简朴，厚重端庄，三蹄足支撑半球形器身，口沿立耳宽厚。器身简洁，仅饰有重环纹和凸弦纹。器内篆刻的铭文长达500字，为青铜器铭文之最长。其文风古雅，述宣王对毛公之厚望，体例与《尚书》相仿。此铭文不仅记录了西周行政典章，更翔实地展现了宣王中兴及毛公之历史。

肉形石

清代 | 玉石器

台北故宫博物院

台北故宫三宝之一的肉形石为碧石，纹理堆叠，匠人通过巧妙加工，先在表面钻以细密小点，既仿毛孔的肌理，又使质地更为疏松，便于染色。碧石上层染成褐红，好似酱油浸肉。如此坚硬冰冷的石头，却似鲜嫩多汁的“东坡肉”，展现了自然与人工的天作之合。

仿古宫殿

琉璃盝顶

前卫时尚

池馆水榭

散氏盘

西周 | 青铜器

台北故宫博物院　　高 20.6 厘米，口径 54.6 厘米，底径 41.4 厘米

散氏盘因盘中有“散氏”二字而得名，又称“矢人盘”。散氏盘与大盂鼎、虢季子白盘、毛公鼎并称书法史上的“四大国宝”。由铭文中的人物大致可推断此盘的铸造年代约为周厉王时期，原为清宫旧藏，于1949年运抵台湾，后藏于台北故宫博物院直至今日。

盘身有丰富的纹样，盘内刻有大量铭文，字体潇洒，朴拙大气，将矢、散两国战后谈判的细节与约定内容进行了详细地记录，是研究西周时期历史与土地制度的重要实物史料。散氏盘形浅而圆，双附耳，高圈足，盘身饰有夔龙纹、兽面纹，线条简约而不失动感。整体造型庄重，纹饰细致。无论从书法研究、审美价值还是历史价值来看都是国宝级的精美文物。

国宝小知识 铜盘的应用

在商周时期的青铜器中，铜盘可并非像我们现在生活中的盘子一样都是用来盛放饭菜的，而更多用作祭祀、记录之用。除了上图的散氏盘用作记录矢国与散国战后交接土地的见证，还有例如大克鼎，不仅仅是炊具，亦是用作祭祀的传国重器。

纹饰之美 狞厉的动物纹饰

在盘中的外沿和底托都装饰有夔纹与兽面纹。盘上的纹饰以浅浮雕形式流畅而清晰地分布于盘身之上，色彩丰富，富于节奏感。

夔纹

在盘子腹部上饰有一圈夔纹。夔纹是商周时期青铜器上的常见动物纹饰，夔是神话中形似龙的兽名。多为一角、一足、口张开、尾上卷。

兽面纹

在盘子圈足刻有一圈兽面纹。兽面纹又称饕餮纹，是集合了各种猛兽特征的一种纹样，是青铜器上常出现的主要纹饰，造型夸张，装饰性极强。

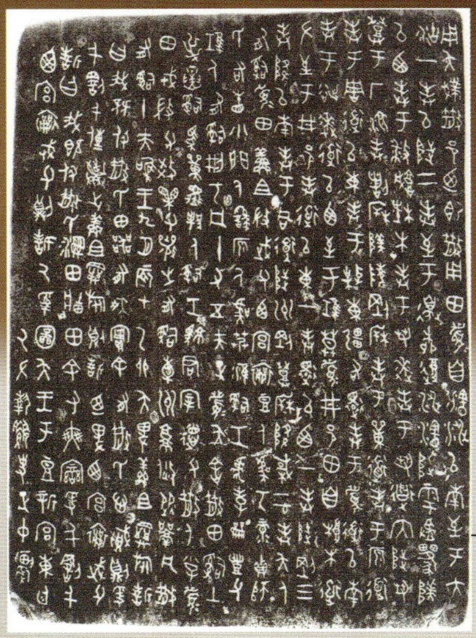

铭文之美 谈判的见证

盘身上有19行铭文共350字，着实是一个有“故事”的盘子。盘上记录了矢国与散国战后谈判，双方官员会聚在一起交接田地，并起誓守约的故事，对于研究西周时期的历史与土地制度有重要研究价值。盘中铭文为字体扁平的金文，浑然天成而不呆板，是学习草篆的范本。

毛公鼎

西周 | 青铜器

台北故宫博物院　　通高 53.8 厘米，口径 47 厘米，腹深 27.2 厘米

毛公鼎出土于清代道光末年，由陕西省岐山县董家村的村民在种地时无意发现，被誉为“青铜三宝”之一，也是书法史上的“四大国宝”之一。毛公鼎辗转古董商苏亿年、金石学者陈介祺、大收藏家叶恭绰等人之手，直至 1948 年被运送至台湾，在1965年台北故宫博物院建成后作为镇馆之宝之一留存至今。毛公鼎重达34.7千克，从它憨厚的外形就可见一斑，器身内近500字的铭文构成了一篇宏大的青铜史诗。因此即使毛公鼎从外形上没有过多华丽之处，仍是一件重要的国宝。

双立耳

蹄状足

庄重敦厚

毛公鼎器身整体浑圆典雅，三个蹄状足与器身两侧的双立耳也使得整个青铜器浑厚庄重。

简洁大方的环带纹饰

毛公鼎的腹部饰有一圈重环纹饰，该鼎身上的纹样并不十分繁复，但厚重的纹样雕刻和敦厚的器身相得益彰，更显出了毛公鼎的浑厚。

歌功颂德的古老文字

毛公鼎上的铭文分五段，每段以“王若曰”“王曰”为开头，分为五个主题，分别讲述了周文王、周武王的政绩，周宣王命毛公治理邦国事务，给予毛公治国理政特权，鼓励毛公以善从政，赐予毛公大量封赏五个故事。而此鼎正是为感激周宣王而铸，用以歌颂宣王的美德。鼎中的铭文也具有极高的书法价值。毛公鼎内的书法笔法圆润，结体方正，较散氏盘规整，是非常成熟的西周金文的代表。

国宝小知识 青铜鼎的传承

青铜鼎是由青铜制成的炊具，是古人用于烹煮和盛储肉类的器具。在古代，鼎是权力、地位和财富的象征，也是祭祀仪式中的重要物品。例如下图的人面纹方鼎，器身刻有人面浮雕，周围饰有云雷纹，造型奇特。这类刻有半人半兽图样的青铜器往往出于祖先崇拜，用作祭祀。

湖南省博物馆 商 人面纹方鼎

宗周钟

西周 | 青铜器

台北故宫博物院　　高65.6厘米，两铣间距离32.5厘米

宗周钟作为甬钟的代表，其外形设计独特且精美。钟身两面共装饰有36枚高突的长形乳丁纹，极尽华丽醒目 。宗周钟的鼓上饰有首纹，篆间则饰有两头兽纹；舞上饰有窃曲纹，甬上则饰有夔纹，这些纹饰都体现了西周时期高超的青铜铸造工艺和审美水平。

宗周钟的铭文全篇约111字。铭文中记录了周厉王时期的重要历史事件，包括他亲征南国、平定南方少数民族入侵的功绩，以及南方及东方26个邦国代表随同朝见的盛况。这些铭文不仅为我们提供了宝贵的历史资料，也让我们得以窥见西周时期的政治、军事和文化状况。

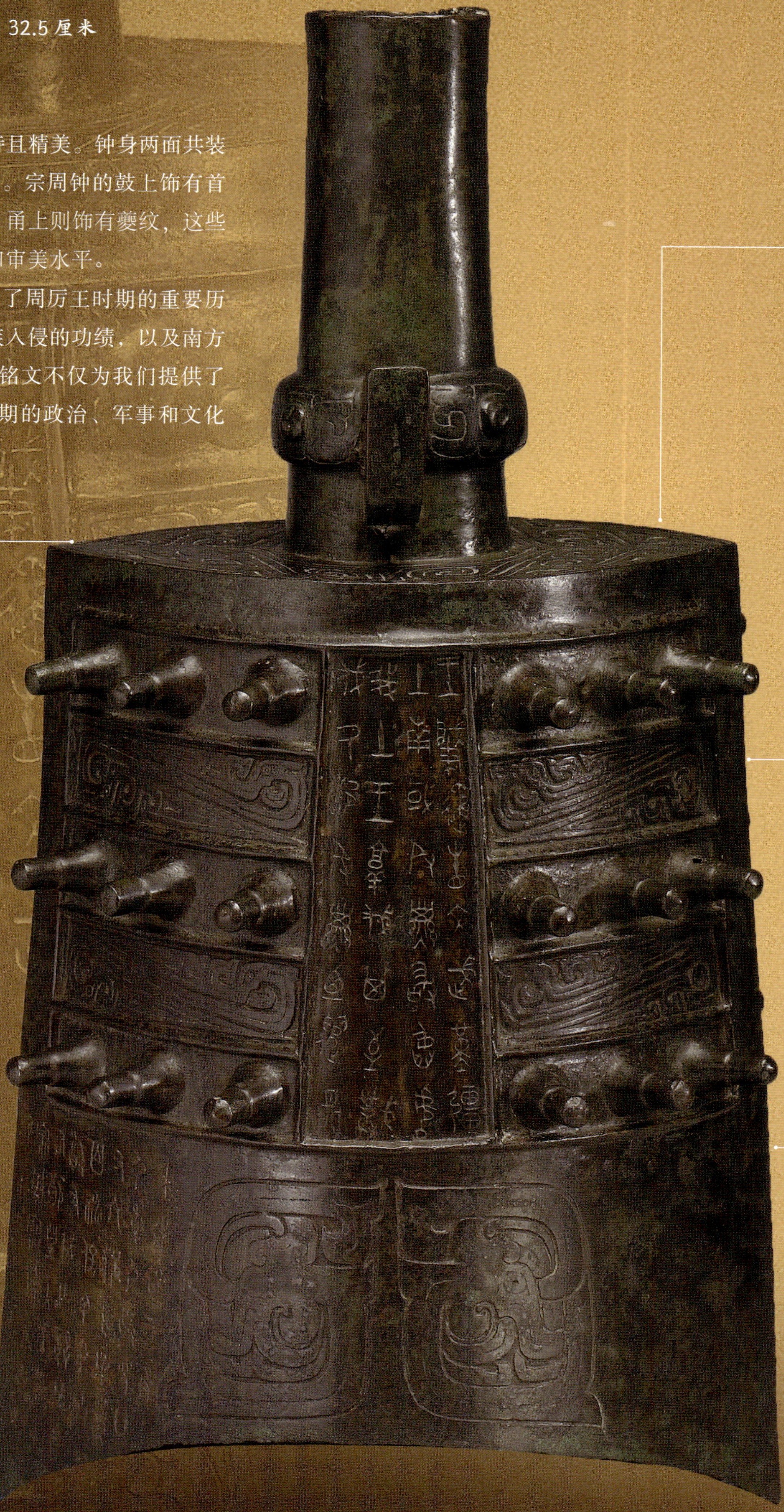

铭文之美　文治武功的记录

宗周钟上的铭文大意为：周厉王在位时期南方的濮国侵犯周国的领土，于是厉王便效法祖先文王和武王的文治武功，奋力抗击敌国，直逼濮国都城。濮国只得派使臣前来表示臣服，南方及东方26个邦国代表也一同朝见。周厉王做此宗周钟感激上天及神仙保佑，同时祈求先王保佑子孙与百姓，保佑天下太平。

纹饰之美 严肃又动感的纹饰

宗周钟的纹饰布局讲究对称与和谐，整体设计既严肃又灵动。钟顶面的云纹简洁流畅。在古人心目中，龙是沟通天地神人的瑞兽，既能兴风布雨，又能预示吉凶祸福。钟身不同形态的龙纹不仅丰富了器表的装饰性，又表现了商周先民对于龙这一古老图腾的原始崇拜。

云纹

钟的平面部分叫作“舞”，该部分和上部柄上的“旋”都饰有卷云纹。像云纹这类表现自然的几何纹饰往往有辅助装饰的作用。

双头龙纹

钟上乳丁叫作“枚”，枚与枚间的宽带叫作“篆”，篆上饰有双头龙纹。中心的线代表龙身，两头的卷曲纹样表现龙头。

龙纹

鼓部正中饰左右对称的龙纹，一般器物醒目部位装饰的龙纹有对称、刻画精细的特点，这也表现了先人们的原始崇拜。

国宝小知识 古乐器的传承

古时根据乐器材质的不同，可将乐器分为“八音”，即金、石、丝、竹、匏、土、革、木八种。金指青铜，而青铜钟又是青铜乐器中极具代表性的类型，右图中的子犯和钟整组共八件，在当时挂在钟架上作为敲击乐，不同的钟音调不同。

台北故宫博物院　春秋　子犯和钟（其一）

铜鎏金山纹兽足樽

汉代 | 铜器

台北故宫博物院　　高 19.6 厘米，重 2.89 千克

这件铜鎏金山纹兽足樽又称为“鎏金博山樽”，是汉代时期的盛酒器。铜尊体形敦厚，樽身、樽盖上雕刻有山形纹饰，飞禽走兽排布山峦之间，樽下方三只猛兽托起樽身，成为下方的樽足，给人结实沉稳之感。相传博山是蓬莱的海上仙山，山上丛林密布，人兽和谐共处，正如这件铜樽所展现的，瑞兽托起一方极乐世界，赏用之余，寄托了人们对仙界的美好向往。

这件铜樽最初被误认为是放置梳妆用具的妆奁，后期经过对同时期的画像砖、壁画的考察才确定为与温酒樽类似的酒器，但因其低矮的器足又被误认为是用于加热的酒器，在经过考证后才确认“温”实为“酝”，就是盛放冷酒的容器。铜樽通体鎏金，虽历经千年仍然可见当时的精美。

羽人

樽身上的羽人具有典型的汉代特征，与同时期的神兽纹玉樽上的羽人形象颇为类似。

铜樽正面

装饰之美 博山纹饰

樽盖塑为尖顶，盖顶及樽身满饰山纹，在每座山峰间都刻画有神鸟、走兽、羽人等汉代神话中常出现的形象。樽下呈托举状的猛兽似虎又似熊。铜樽造型与博山炉有异曲同工之妙。汉代修仙思想盛行，汉代人将仙人、神兽以及海上仙山装饰于器物之上，寄托了对长寿、升天等向往。

铜樽侧面

青铜鎏金观音菩萨立像

北魏 | 铜器

台北故宫博物院　　高25厘米

这件青铜鎏金观音菩萨立像为北魏太和二十二年（498年）所制，根据器身铭刻可知是供养人吴道与为祭奠亡父母所塑造像。造像由菩萨像、背光、底座构成，在莲花宝座与底座间可见接痕，应为分铸而成。菩萨头梳高髻，两侧的帽带向上扬起，与后方背光相连。菩萨表情慈祥，面容饱满，刻画虽未十分精细但具有典型的微笑面容。菩萨肩披天衣，小臂翻转，显得飘逸灵动，上身垂挂璎珞，在腹前交叉，下身着裙，一手持莲包，一手拽衣角。铜像通体鎏金，历经千年仍闪烁着迷人的光辉。

北魏时期佛教空前发展，除却废黜佛教的太武帝外其余都信奉佛教，因此此时期也开凿了大量石窟，制作了大量佛像。北魏佛像大抵分为迁都洛阳前后的两种风格，迁都前的菩萨造像大多高髻戴冠，袒露上身，身着披帛与裙装，而迁都后的造像则装饰上更为丰富，也呈现出瘦骨清像的特点。这件造像为迁都前期兼具前后两种风格特征的作品，对于研究前后期风格转变具有重要的史料意义。

佛像之美

太和造像

北魏时期的佛教造像具有瘦骨清像的特点，佛像面容平静，衣纹紧贴，相比于迁都洛阳前的菩萨造像多了璎珞等装饰，其后的倒“C”形火焰纹背光也具有典型的太和时期风格。

刻画之美

背图图画

在菩萨像背光背部以浅浮雕刻画了一棵弯曲的菩提树，树下思惟菩萨呈半跏坐状，上方飞鸟掠过，菩萨下方刻画六位供养人男女成组排布，对菩萨表现出尊敬。

太和年间佛造像典型
的倒“C”形火焰纹
紧贴身形的衣纹具有
褒衣博带的特点
佛像之赤足立于莲花
底座上

错金银双羊尊

明末清初 | 铜器

台北故宫博物院　　高 16 厘米，宽 13.5 厘米

这件错金银双羊尊为明末清初时期所仿制，在英国大英博物馆、日本根津美术馆藏有两件商代双羊尊，这件双羊尊就是仿照此样式所创制。宋明时期，盛行铜器仿古之风，工匠仿照古时器型再融合时代审美制成了一批精美的错金银青铜器，清代乾隆皇帝热衷于仿古与创新，更是将仿古器型移植到瓷器、象牙器等多种材质之上。

这件错金银双羊尊造型复古，双羊背向而立，身体相连，下部合为四足，羊身装饰鳞纹、身侧饰错金卷云纹饰，尊身饰兽面纹、云纹等纹饰。羊尊仿照商代器型，但纹饰具有典型的汉代特征，是明清时期的仿古创新之作。

纹饰之美　**复古的兽面纹饰**

在双羊尊的尊筒上以细线错金银装饰有兽面纹，兽面眼部错金，周围错银，并以纤细的云纹装点。以商代纹样器型结合汉代错金银工艺，复古中带着创新。

乾隆御玩

在双羊尊下面有一木制底托，底部以金色描刻汉牺尊，且书写编号“三”并写“乾隆御玩”字样，可见其为清宫中乾隆帝的珍爱收藏。

精巧羊头

羊头羊角下翻，眼部外凸、龇牙，羊鼻较方，周围以细线刻画纹饰并以错金装饰羊角、羊眼等部分，复古中带着一丝憨厚。

羊身的鳞纹内部装饰仿古的青铜绿锈

子孙万代金葫芦（一对）

清代｜金器

台北故宫博物院　　高 22 厘米

这对子孙万代金葫芦为清代所制，是室内用作香薰的陈设器。香薰制成仿真的葫芦形，器身又镂雕枝叶蔓延的葫芦与瓜藤。两件金葫芦器型饱满，每只葫芦由上下两部分以子母口嵌套而成，在繁密的枝叶和葫芦纹上还刻有团寿纹、钱币，等字符，象征着长寿与万福的美好愿景。同时，《诗经》也有云“绵绵瓜瓞”，因葫芦的藤蔓在夏季能够不断地开花结果，因此有着绵延不息、子孙万代的寓意，其名亦由此而来。

这组子孙万代金葫芦采用了锤揲、錾刻、镂雕等多种工艺，在明代金器制作基础上进一步发展，在细节刻画上更为精致，同时吉祥福寿也成为此类金银器所表达的重要主题之一。两件金属器还配有以紫檀木雕刻瓜藤纹饰的木制底托，沉稳的木料更加凸显出金葫芦的华贵，表现出清代金银器制作的高超技法。

葫芦与“福禄”

葫芦与“福禄”同音，代表着福寿绵长。两只金葫芦造型逼真，瓜形饱满，镂空雕刻的装饰方法更加凸显出富贵之气，葫芦上方的瓜藤缠绕，也寓意着子孙绵延。

细节之美

吉祥纹饰

在镂空葫芦的花心、葫芦纹上刻有“卍”“寿”“吉”等文字及团寿纹，蕴含着福寿吉祥的寓意，与葫芦器型相得益彰，也表现了清代金器制作的精巧。

金镂空葵瓣龙纹盒

清代 | 金器

台北故宫博物院　　高 6.4 厘米，最大径 14.2 厘米

这件金镂空葵瓣龙纹盒为清代皇家制器，通体采用了掐丝、累丝、锤揲、编织、焊接等工艺制作而成。盒上中心部分錾刻两只蟠龙围绕着十字雷纹摩尼珠上下翻腾盘曲，向外一圈为八瓣葵花形，并分别刻有道教的如意暗八仙纹，最外圈的八处开光内则刻有传说中的八种仙草。打开盒盖，底部以较粗的金线掐丝形成八瓣花纹。主体纹饰造型华丽，而以累丝工艺镂空焊接的底纹则如蝉翼般轻薄，整个金盒盘丝细腻，造型华丽，显示出清代宫廷极高的金银器制作工艺。

这件金镂空葵瓣龙纹盒推测可能是用于存放“冷香丸”的香盒，将昂贵的各式香料搁置于金盒之中，香气透过镂空金盒飘散，沁人心脾，犹如一场无声的盛宴在空气中铺展，呼吸之间，仿佛连心境也随之变得清新而安宁。

工艺之美

千丝万缕

清代金器制作在明代的基础上更为精致，制作此类镂空金盒往往先搭建骨架，再在其上以纤细的金丝搭建薄如蝉翼的镂空金胎并焊接粘连。镂空设计让这件金器显得更加灵动，光线穿透其中，投射出斑斓的光影，仿佛在金器上跳跃着点点星光。

盒盖内部

纹饰之美

双龙戏珠

在盒盖的外部錾刻两条金龙，金龙身体盘曲，龙须飘扬，双头相对，盒盖中心有一火球，呈双龙戏珠状。从盒盖内部可以看出双龙以非常薄的金片刻画为突出的浮雕状，利用了金子的延展性使得纹样更为精细。

纹饰之美 交错的缠枝花纹

在金盘的底部以掐丝工艺用较粗的金丝编成了四方连续的八瓣花，在花朵周围延伸出翻转的如意云纹，在花纹周围又以更为细密的金丝缠枝纹打底，整体如蝉翼般纤薄精细，足可见清代金器制作工艺的登峰造极。

纹饰之美

如意暗八仙

在龙纹外圈分布八处开光，开光内分别用錾刻工艺刻画葫芦、扇子、莲花等八仙纹饰，八仙纹本是道教八仙的法器，后来经过简化成为代表着吉祥、长寿等不同寓意的装饰性纹饰。

缠枝花纹

在金盖盖顶的最外圈的葵花瓣中又各开八处开光，内部装饰缠枝花卉纹，刻画细致而华丽。

台北故宫博物院　　均高约17厘米

这组八仙为清代所制，所塑造的是道教传说中的八位神仙人物。八仙在明代之前人物并不固定，历朝历代所列仙人多有出入，多见于民间传说以及史料文献当中。出于不同朝代的信仰与教化对人物的塑造各有侧重，直到明代吴元泰所著《东游记》面世，才将八仙中的人物与顺序确定了下来。八仙因各有神通而受到民间大众的崇拜，这组清代所制的金八仙为明代以后固定的仙人形象，人物姿态各异，手中各持标志性法器，面容和蔼，比例协调。金像雕刻细致，身体中空，底部中心镂空雕刻钱币纹，其形象也代表了吉祥、富贵、长寿等

李铁拐

李铁拐相传为八仙之首，原本相貌堂堂，因元神出游真身被虎所食而投身于一跛足乞丐身躯上。其形象为一手拄拐，一手拿葫芦，葫芦中装灵药，解救百姓于危难。

钟离权

钟离权被尊为“正阳祖师”。钟离权出生即具仙像，曾奉命出征吐蕃，战败后隐于终南山，在仙人指引下得道成仙。其形象常塑为手拿蒲扇的逍遥散仙。

张果老

张果老为八仙之中最早见于史料的真实人物，其原型为唐代张果，因年事最高被称为“张果老”。其形象常塑为手拿道情筒，倒骑毛驴的仙人形象，常宣扬道法，度化众人。

吕洞宾

吕洞宾被道教奉为“纯阳祖师”。吕洞宾是八仙中故事最多，也最富于人情味的一位。原本是一读书人，由钟离权点化成仙。形象常被塑造为背后背宝剑，一手持拂尘，斩妖除魔、为民除害的形象。

美好的寓意。八仙像各自依照自身的故事与特色而塑造，形象生动，不仅展示了古代高超的金属工艺，也承载着丰富的民俗文化和信仰内涵。

何仙姑

何仙姑是八仙之中唯一的女性，为武则天时期生人。自小智慧过人，一说何仙姑受吕洞宾点化，吕送其一仙桃，何仙姑食后不饥不饿并可预知祸福。何仙姑常以手持莲蓬的女性形象出现。

蓝采和

蓝采和是八仙之中最为潇洒不羁的仙人，原为赤脚大仙降生。常常手持拍板花篮行于闹市之间，似狂非狂，行为怪癖，在钟离权与何仙姑的点化下得道成仙。

韩湘子

韩湘子在八仙之中最为潇洒英俊，相传为唐代诗人韩愈的侄子。原名韩湘，前世为一白鹤，在钟离权与吕洞宾点化下修仙得道，韩湘子善音律，因此他的形象也常手持笛子。

曹国舅

曹国舅在八仙之中常塑造为头戴乌纱、身着官袍、手持阴阳板的形象，与其他仙人略有不同。相传他是宋仁宗与曹皇后的长弟，性情高洁，为人正直，在钟离权与吕洞宾的点化下得道成仙。

故事之美

八仙过海，各显神通

所谓“八仙过海，各显神通”，讲的便是道教八仙的故事。相传八仙齐聚蓬莱，在参加完王母的寿筵返回的路上，吕洞宾提议众仙不要乘舟，凭借各自法力渡过东海。于是八位神仙各显神通，有的乘葫芦，有的乘花篮，有的借助蒲扇清风，利用各自法器轻松渡海。这句成语不仅记录了八仙的神力，后来也常常用于表达团队中众人各有所长。

国宝小知识　凝练的道教八仙纹

八仙故事在明清时期十分普及，人物手中的各法器逐渐被提取出来装饰于各类器物之上，成为寓意吉祥的道教八宝纹饰，也称为“暗八仙”。

台北故宫博物院　清　青花五彩暗八仙纹盘

塑造之美　生动吉祥

金仙的塑造十分生动，张果老作为老者的白须驼背、何仙姑女性面容的温婉、李铁拐化身乞丐相貌的粗陋都各有不同。但相同的是，八仙皆面带微笑，这也因为是明清时期八仙形象多与吉祥如意有关。

装饰之美

丰富的纹样组合

此圆盒虽小，却嵌满了丰富的纹样装饰。圆盒外壁一圈，由上至下，平均分布有三圈纹饰，中段，环绕深蓝色青金石雕成的团寿纹样，寓意着长寿与吉祥；上绕一圈小巧的绿松石蝙蝠，寓意着福运连绵；上下两段，绿松石的卍字纹首尾相接。各圈中间缀以一排小金珠，外壁上下边缘，小青金石珠环绕，每一处都透露出精致与匠心，令人赞叹不已。

金镶松石青金石盒

清代 | 金银器

台北故宫博物院　　高 5.8 厘米，口径 11.3 厘米

这款金镶松石青金石盒原为清宫旧藏，呈圆形，底部平整稳固。盒身盒盖皆以青金石及绿松石装饰蝙蝠及八宝纹饰，盒子的边缘巧妙地使用金累丝和金珠装饰，金光闪耀，充满创意，展现出无尽的奢华与高贵。盒盖独具匠心，绿松石与青金石的巧妙镶嵌，形成一幅幅精美的图案。八吉祥、蝙蝠、团寿以及卍字纹等吉祥图案栩栩如生，寓意着吉祥如意，同时展现了工匠们精湛的技艺和独特的匠心。

盒子通体鎏金，尤其是器底的正面呈现金光闪烁的视觉效果，以錾刻及敲轧工艺装饰浅浮雕十字杵纹及祥云纹饰，押圈如同细碎宝石般闪烁，每一处细节都精致细腻。不同于外壁和盒盖的丰富珠宝装饰，底部尽显低调奢华，表现出清代金银器制作的高超技艺。

装饰之美

布满宝石的盒面

在铜盒盒面上，围绕青金石镶嵌的团寿纹一周以绿松石镶嵌有八宝纹饰，逆时针分别为宝盖、金鱼、宝瓶、莲花、右旋螺、吉祥结、宝伞和法轮。青金石经打磨制成形状各异的小片并镶嵌于铜盒事先预留的底托之上，象征着吉祥美满。盒盖一圈绕以绿松石蝙蝠，色彩从深蓝到浅绿过渡自然，衬于金底之上，与金色背景交相辉映，尽显典雅高贵之韵。

盒背金光闪闪，錾刻十字杵纹及祥云纹饰。十字杵是佛教法器之一，不仅具有威慑之意，作为器物纹样同样具有极强的装饰性。

掐丝珐琅凫式炉

明代 | 珐琅器

台北故宫博物院　　长25厘米，高24厘米

这件掐丝珐琅凫式炉约为16世纪制器。凫式炉整体塑造为一只野鸭立于台座上。炉身铜质，口喙及鸭掌鎏金。凫式炉本为一件香炉，凫身上下可开合，内部中空，在炉身内放置香料点燃，内部烟气通过脖颈缓缓由口喙中冒出，香烟袅袅飘出。香炉雅致，满屋生香，宫廷内高雅与奢华的生活仿佛重现在我们眼前。

明代中后期，掐丝珐琅器无论题材还是样式都有了进一步的发展，同时仿生造型的珐琅器也逐渐增多，如狮子形香炉、梅花式缸等，造型新颖，工艺精湛。如这件凫式炉虽然身上珐琅料已大片腐蚀，但从其生动的造型和流畅的器身还是可以看出工匠高超的技术与老练的造型能力。这件清宫旧藏颇受乾隆皇帝的喜爱，还在底座底部刻有“甲”字来表示对此文物的评价。

纹饰之美

长短不一的羽毛

这件掐丝珐琅凫式炉口喙部分及鸭掌部分镀金，其余部分均以掐丝工艺编成羽毛状纹样。凫即野鸭的意思，工匠概括地模仿了野鸭背部的长羽和腹部的短毛，可见对自然观察的仔细。

色彩之美

古朴的配色

凫式炉炉身上的掐丝纹样内填黄褐色、墨绿色、宝蓝色色料，具有较为典型的明代风格。釉料填涂厚重，虽然器身大部分已腐蚀，但仍能感受到色彩的雅致与古朴，与后期清代细腻鲜亮、纹样华丽的色彩风格有所区别。

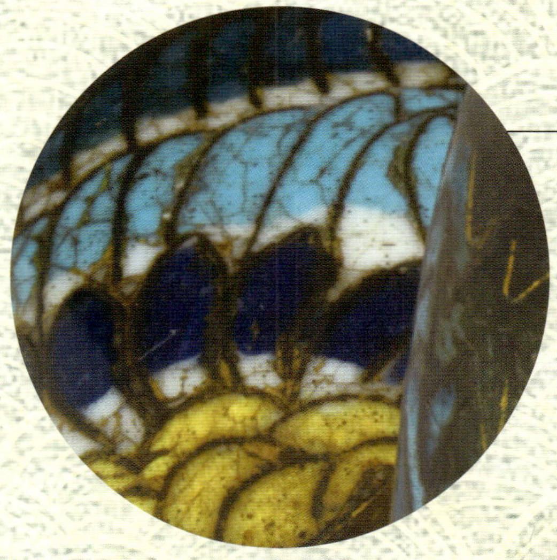

香炉身上羽毛内填蓝、黄及松绿色色料，细看可发现釉面的开裂。

雅致的团花纹底座

野鸭的下半身与一铜质的底座相连，底托的底面上部装饰有蓝地缠枝菊花纹，下方的镀金圈足阴刻忍冬纹及缠枝西番莲纹，曲线流畅，纹饰精美，更加凸显了宫廷陈设用器的高贵典雅。

野鸭的鸭掌鎏金，刻画得十分粗壮结实，不仅真实地表现了野鸭的健硕，也可让沉重的鸭身有更为有力的支撑。

引颈野凫

这件仿照野鸭的香炉属于典型的明代中后期仿生珐琅器，野鸭引颈而立，造型逼真，同时盖口较大，器身内部空间宽敞，不仅方便燃放香料、清理香灰，也利于点燃的香料与空气较好地接触与散发。

野鸭的嘴部微张，嘴中还有以铜片塑造的鸭舌，鸭喙上的鼻孔也被细致地塑造出来。

野鸭尾部上翘，尾巴下端施以白色色料，表现野鸭尾部长羽下的白色短毛。鸭身敦实厚重，形象概括的同时还带有一分俏皮。

铜胎画珐琅方盘

清代 | 珐琅器

台北故宫博物院　　高2.2厘米，宽18.8厘米

珐琅器早在元代时期即传入中国，彼时的铜胎珐琅多以掐丝珐琅为主，尤其明代的景泰蓝最为出名，而铜胎画珐琅技法则是康熙一朝所创制，画珐琅器最晚在康熙三十年（1691年）烧制成功，康熙晚期趋于成熟，同时大多器型较小。它们不同于雍正、乾隆时期器物上的复杂图画，多以装饰性的清新花卉图案为主，这件珐琅器的纹样便具有珐琅器趋于成熟时期的典型特点。

这件铜胎画珐琅方盘平底浅口，器型塑为波浪形，口沿及圈足镀金，盘口以白色料为地描绘红色缠枝花纹，盘内、盘底则以曲线分为交错的棱格。盘心在明黄色底上描绘25种不同花卉，色彩清新，呈现百花齐放之景。盘底创新地以波浪线勾勒成足底相对的瓷瓶，曲线构成的视错觉给人凹凸起伏之感，艺术造诣极高，是清代宫廷艺术的典型代表。

内部

兰花

荷花

繁花似锦

盘中纵横交错的波浪线将底面分割为25个银锭式格子，以明黄色地绘制荷花、兰花、菊花、玉兰等多种花卉，不同花卉分别代表着富贵、吉祥等不同寓意，同时寓意着康熙盛世正如这繁花盛开一般。

交错构图的瓷瓶

在珐琅盘的背面以横向、竖向各四条曲线纵横排布，巧妙地绘制成了瓷瓶上下交错的纹样，其中上下、左右及对角的瓷瓶相同，有青色冰裂纹瓶、青花卷草纹瓶，还有蕉叶纹瓶等，利用曲线巧妙地构成了瓶身的弧度，这种巧妙的构图方式显然受到西洋传教士的影响。

底部

铜胎画珐琅莲花盖碗

清代 | 珐琅器

台北故宫博物院　　通高 9.5 厘米，盖径 11.4 厘米

这只铜胎画珐琅莲花盖碗为康熙时期所制，分为碗与盖两部分。整个碗身塑造为浅浮雕式的三重莲花，碗身粉绿相间，叶片层层包裹，尖部色彩浓艳，根部色彩嫩绿。正如一朵娇艳欲滴、花开正盛的莲花。碗盖同样绘制成层层包裹的荷花，外圈莲叶翻转，花心色泽艳丽，还有莲子分布其间。而中心浑圆的鎏金盖纽则凸显了盖碗高贵的“皇家身份”。

这件盖碗器型不大，上绘纹样较为连贯，具有康熙时期画珐琅器的典型特征。莲花刻画形象，色彩过渡自然，清新雅致，成功地将西方的珐琅技法与独特的中式审美相结合，形成了具有中国韵味又不失西方风情的独特风格，为雍正、乾隆时期的珐琅器打下基础，也为后世提供了丰富的灵感。

写实之美

逼真的莲叶

莲瓣碗器身以浅浮雕的形式錾刻层层莲叶，莲叶尖端色彩粉红，在靠近根部的位置色彩逐渐减淡至微白并向黄绿色渐变，底部的高圈足巧妙地绘制成了莲梗，上面还以深色星星点点表现梗上的细节。

艳丽的花心

莲花盖碗的碗盖同样塑为花团锦簇的花心，花叶层层叠叠，青红交接，在花心部涂黄色珐琅料表现花心，花心间还绘有零散的绿色圆圈表现莲子。盖沿处以深浅不一的绿色绘制包围花朵的莲叶，造型概括，清新自然。

脉络清晰

仔细观察莲花叶片，会发现每片莲叶上都以深红色描绘花叶上的细密脉络，线条以直线与曲线相间分布，正如真实荷花叶片上的脉络，丝线繁密却不凌乱，足可见匠人对生活的细心观察与绘画技法的老练。

“乾隆年制”款识

掐丝珐琅奔巴壶

清代 | 珐琅器

台北故宫博物院　　宽 13.1 厘米，高 24.8 厘米，尺径 8 厘米

清代，皇室制作了大量精美的蒙古、藏地区生活用品以及法器用以笼络蒙古、藏地区统治者，而这件掐丝珐琅奔巴壶就是沟通西北地区感情、维护稳定的见证之物。奔巴壶又称“甘露瓶”“藏草壶”，是藏传佛教当中用于灌顶仪式的净水瓶，亦是汉藏文化交融的产物。

这件奔巴壶共分为四层，最上层呈宝塔式；再向下端为一圆形扁盒；再下方为球形壶腹，壶腹一侧延伸出一扁圆形带盖漏斗，亦作为奔巴壶的注水之处；再向下延伸出三层圈足，以镀金圈纹为分界，底部镀金錾刻“乾隆年制”款识。壶身整体采用掐丝珐琅工艺，掐丝制成缠枝莲纹纹样并装填朱红、明黄、藏蓝等珐琅色料，色彩典雅明快。乾隆一朝的珐琅器工艺成熟，因此更加追求造型新颖，将佛教传统器具以掐丝珐琅装饰，既显出皇帝对于藏、蒙古地区的重视，又凸显出此时期珐琅器本身的精致华丽。

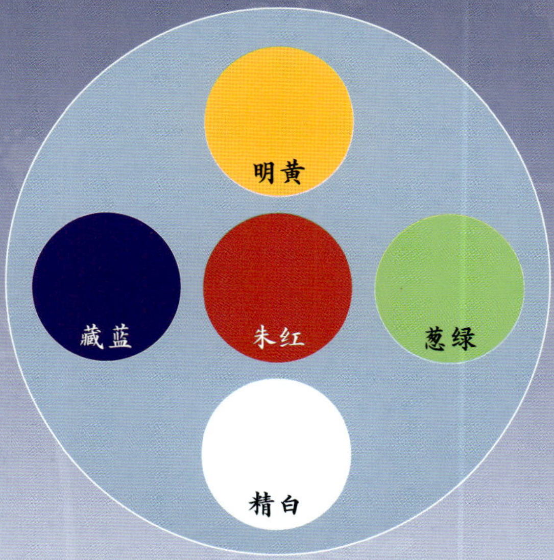

色彩之美

经典的景泰蓝配色

这件掐丝珐琅奔巴壶采用了经典的景泰蓝配色。蓝色的底色上红白相间的花朵占据视觉中心，并以藏蓝、葱绿、明黄点缀周围的缠枝，更加凸显了花纹的艳丽吉祥。

严丝合缝的木制外盒

随同奔巴壶还有一依形而作的木制外盒，外盒装合页，可以将壶身严丝合缝地放入盒内。盒上刻有“利益新造掐丝珐琅奔巴壶”字样。华丽的铜壶搭配如此精工细作的外盒足以看出清代皇家珐琅器的精美。

缠枝花纹

壶身以铜丝掐丝装饰缠枝花纹，在清新的底色上更加凸显出纹饰的复杂与华丽。缠枝花纹又称“万寿藤”，是掐丝珐琅器上常常出现的纹样，以藤蔓卷草纹样为基础提炼演化而成，常与牡丹、莲花组合。缠枝莲纹是珐琅器上的代表纹饰，有着生生不息的美好寓意。

铜胎画珐琅山水瓶

清代 | 珐琅器

台北故宫博物院　　高6.57厘米，口径1.32厘米，足径2.66厘米

这件铜胎画珐琅山水瓶为乾隆时期所制，珐琅瓶器型塑为葫芦状，瓶颈修长，器型饱满，整体以淡绿色为底色，口沿、中腰及圈足镀金，将器身分为上下两部分。瓶颈绘有如意云纹及蕉叶纹，葫芦瓶上部绘有牵牛花、牡丹、菊花等各色花卉，取繁花似锦、富贵吉祥之意。而下方则以浅绿色云纹打底，正面、背面饰两处开光，内绘西洋风景，开光间饰蓝色团云纹。整体色彩清新，纹样繁复。

“纹必有意，意必吉祥。”珐琅器器型较小，但器身的纹样之精细丝毫不马虎。17、18世纪，有大批欧洲传教士来到中国，这场“西画东渐”之风对于清代的宫廷绘画以及器物制作产生了深远影响，正如这件画珐琅山水瓶在西洋绘画风格的影响下呈现出不同以往的明暗关系，还显示出皇室贵族们对于西方世界的好奇。透过这件珐琅瓶，可以看出清代中期东西文化交融的盛况。

壶身正面

壶身侧面

工艺之美 铜胎画珐琅技术的精进

这件山水瓶上方描绘的花卉色彩艳丽，下方山水画则表现西洋风景。清代乾隆时期的铜胎画珐琅器物不仅在颜色上更为艳丽繁华，同时西洋技法与元素也出现得更加频繁，这与18世纪西方洛可可风格的传入不无关系。在中西文化的交融下，铜胎画珐琅器经康、雍两朝之后在色彩与纹样上更为精致，具有繁复艳丽、纹饰华美的时代特点。

"乾隆年制"款识

纹饰之美 西洋风景画

两处开光以类似素描的技法描绘西洋山间教堂风景。清代时期产出众多描绘有西洋风景、人物的器物，这类纹饰的出现并非由于清廷对西方宗教的接受，更多的是出于猎奇心理。

蕉叶纹

百花纹

西洋风景画与两侧的团云纹结合，富于中西合璧的美感。

开光内的单色山水画呈现了一处郊野风光，而一旁房子上的十字架点明了这是一处西方景致。

掐丝珐琅蕉叶花觚

清代 | 珐琅器

台北故宫博物院　　高 20.1 厘米，口径 10.9 厘米，足径 8.3 厘米

这件掐丝珐琅蕉叶花觚为清代乾隆时期所制，清代仿古之风盛行，尤其以乾隆时期最盛，众多经典的商周青铜器型都成为此时期仿照的经典。在国力强盛的背景之下，无论瓷器还是象牙、木雕、珐琅器都留存有众多仿古器，但这些器物并非对古物一成不变地照搬，更多的是结合时代的新工艺及审美结合古典的器型才形成的“创新古器”。

正如这件掐丝珐琅蕉叶花觚仿照的是商周时期的出戟觚，原本为盛酒器，常与尊、爵等一同出现。而这件清代的掐丝珐琅觚则已脱离了酒器与礼器的传统功用，更多地为造型古朴、纹样新颖的赏玩陈设器。觚身以掐丝珐琅工艺烧制几何蕉叶纹、缠枝莲纹、兽面纹等纹样，由上向下四条扉棱平均分布，上方飞出口沿。口沿、扉棱及圈足镀金，整个铜觚器型厚重，纹样华丽，为乾隆时期掐丝珐琅器中较为典型且工艺精湛的作品之一。

创新与仿古的结合

珐琅觚口沿内部以蓝色为地装饰缠枝莲纹，掐丝流畅，色泽鲜艳，而铜觚器腹以黄褐色底结合缠枝纹形成以扉棱为界的变形兽面纹，似古非古，在古朴的器型背后实则是时代的创新。

几何化的蕉叶纹

器颈处的蕉叶纹以扉棱为界对称地以明黄、朱红、藏蓝等多彩的条状层层分布，下方以转折的平直线条相接，充满了抽象化的几何装饰感。空隙以蓝地嵌缠枝五瓣花纹，与蕉叶纹粗直的线条形成柔与方的对比。

“乾隆年制”款识

铜胎画珐琅团花提梁壶

清代 | 珐琅器

台北故宫博物院　　高 17.3 厘米 口径长 5.2 厘米，宽 4.9 厘米；底径长 5.6 厘米，宽 5.2 厘米

这件铜胎画珐琅团花提梁壶为清代乾隆时期所烧制，壶口、壶底塑为六瓣式，壶颈短直，壶腹鼓起并向下收口，壶身连接弯形流口及高提梁，盖上连接镀金铜纽。珐琅壶底胎为精白色，并在白底上描绘各色团花。珐琅壶瓶口、壶嘴、提梁以及底部皆描绘有缠枝西番莲纹。相比同时期所生产的纹样繁密、装饰华丽的珐琅壶显得清新脱俗。壶身的团花每一朵形状、大小、色彩皆不相同，活泼热闹，雅致和谐。

提梁壶集实用性与观赏性于一体，设计精美，色彩绚丽，具有典型的清代宫廷风格，不仅体现了乾隆时期工艺品制作的高超水平，也展现出同时期较少见的装饰样式，不禁让人眼前一亮。

A 面

纹样之美　花团锦簇

珐琅壶正面、背面分别描绘两朵彩色皮球团花，团花呈几何状对称分布，花瓣与花心间颜色过渡自然，周围分布有各色小花。壶身花卉每一朵都各不相同，给人目不暇接、花团锦簇之感。壶颈与壶底则绘一圈缠枝莲纹，造型清雅。

B 面

盖口、底部为葵花瓣形

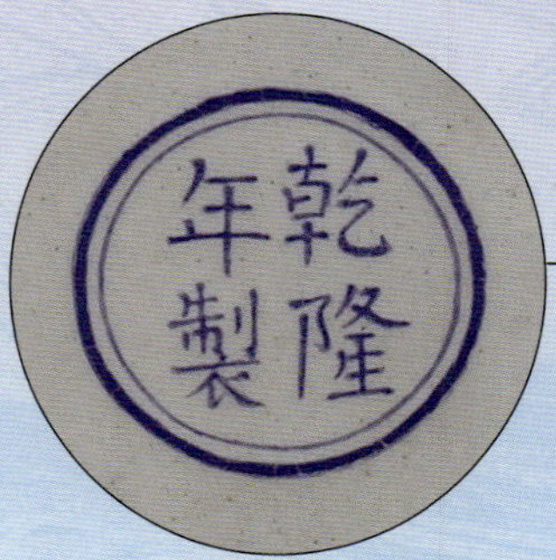

底部圆形双圈“乾隆年制”款识

工艺之美　烦琐的画珐琅技法

这件珐琅壶采用铜胎画珐琅技法，白色的底胎晶莹柔和，底胎烧好，再以不同颜色的色料描绘大小不一、颜色不同的团花。由于不同色料烧制的温度不同，因此需要进行多次绘制、烧制才能表现繁花似锦的纹样，足可见工艺的烦琐。

掐丝兼画珐琅酥油茶罐

清代 | 珐琅器

台北故宫博物院　　高 66 厘米，口径 42 厘米

这件掐丝兼画珐琅酥油茶罐为清代乾隆年间所制，是蒙古、西藏地区用来盛装酥油茶的茶罐。清代时期，清政权与蒙古、藏地区联系紧密，因此西北地区的各类精致器物、器型也常在宫廷内出现。藏民们常常将制作好的酥油茶倒入茶壶当中，随喝随取。这件造型华丽的酥油茶罐重达十多千克，因此更多地为摆设用的装饰器。

这件掐丝兼画珐琅酥油茶罐盖纽塑为一座造型夸张高耸的镀金佛塔，上方装饰卷草花纹，顶端镶嵌一颗红珊瑚，底座镶嵌绿松石、红珊瑚等，盖面、器腹满饰掐丝珐琅缠枝花纹，上方大小开光内则以画珐琅技法描绘不同仕女、山水画等小景，边沿则镀金錾刻细密的纹饰。整个珐琅罐胎体厚重，纹样繁密，装饰华丽，不仅可以看出清政府与藏地密切的联系，也展现出乾隆时期珐琅器的奢华精美。

细节之美

镀金提环

在酥油茶罐的侧面有两个镀金提环，提环塑为镀金如意云头形。酥油茶壶体形硕大，提环的设计方便移动的同时增加了装饰性。提环上方镶嵌的珐琅画只有主图的十分之一大小，但画中妇人在门户前哄逗孩童的形象，人物姿态生动，色彩不一，细节丝毫不马虎。

多种技术结合的珐琅器

这件掐丝兼画珐琅酥油茶罐采用了掐丝珐琅与画珐琅相结合的装饰技法，珐琅罐盖子及器腹以掐丝珐琅技法烧制蓝地缠枝花纹，其上开光内镶嵌以画珐琅技法描绘场景各异的仕女图、山水画。画珐琅技法不仅需要在釉面上细致地将图画绘制出来，还须经低温烧制固定，从而形成如玻璃般坚硬剔透的画面效果。

乾隆一朝的精致宝罐

这件珐琅壶采用铜胎画珐琅技法，白色的底胎晶莹柔和，底胎烧好，再以不同颜色的色料描绘大小不一，颜色不同的团花，由于不同色料烧制的温度不同，因此需要进行多次绘制、烧制才能表现繁花似锦的纹样，足可见工艺的烦琐。

多种装饰风格的融合

盖纽的佛塔镶嵌宝石，华丽之余充满藏式风格，鎏金的装饰凸显了皇室用器的华丽。另外，珐琅镶嵌画又借鉴西式风格，可谓融合多种风格于一器的精美之作。

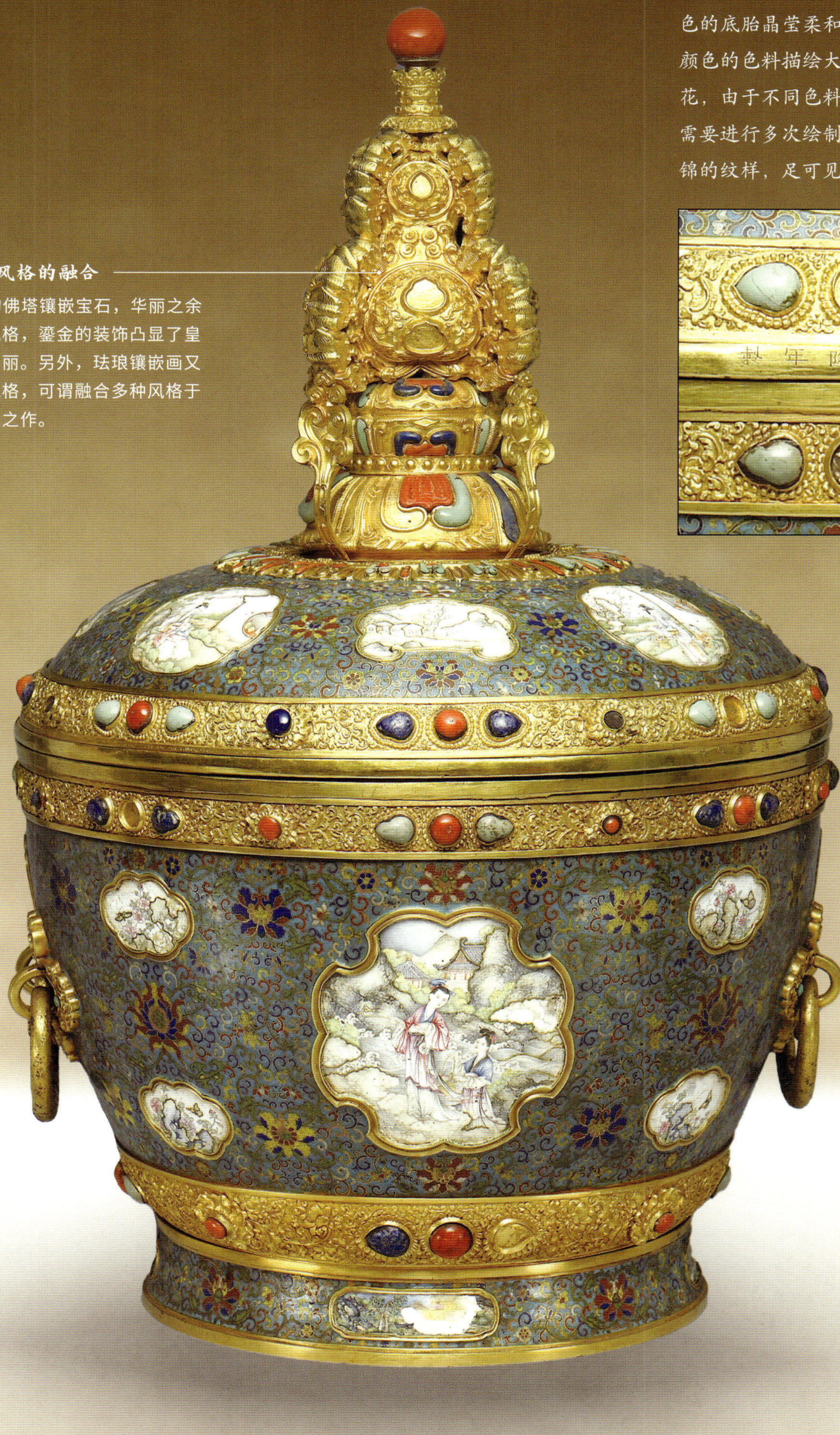

流光溢彩镀金佛塔

酥油茶罐上的佛塔形盖纽刻画金碧辉煌的佛塔，为铜胎镀金，上方留有凹槽并将打磨好的宝石镶嵌其中，可以看出相比明代随形镶嵌宝石，清代的金属镶嵌宝石的方式更显细腻精致。

明代嵌宝石金器

塔式盖纽上方镶嵌的青金石、红珊瑚、绿松石繁复而华丽。

精细的珐琅嵌画

酥油茶壶上的嵌珐琅画为西洋器物常用的装饰手法，绘画的表现手法同样受西方绘画光影技法影响。画中先以掐丝技法勾勒山石房屋轮廓，再以各色珐琅色料填彩描绘中式场景人物，将中西融合之美表现得淋漓尽致。

器腹正面的开光内描绘山林间的两位仕女，前景仕女罗裙翩然，相对而立；中景描绘汹涌翻腾的水浪；远景则描绘山石掩映下的楼阁屋宇。

壶背面描绘提着花篮手持灵芝的两位仕女，背后蓝天绿树，山石高耸。罐上的几处开光内皆描绘中式场景，但在画面表现上如衣褶、山石的阴影等显然受到西方绘画影响，这也与此时期郎世宁等西方画师的指点有关。

铜胎画珐琅桃式茶盘（一对）

清代 | 珐琅器

台北故宫博物院　　长 18.8 厘米，宽 15.4 厘米，高 1.6 厘米，深 1.2 厘米

这对铜胎画珐琅桃式茶盘为乾隆时期制作，盘形浅而平，塑为桃形，底部还连接有露胎的桃枝，桃形盘盘心与内壁为绛紫向柳黄渐变的底色，过渡均匀，色泽逼真。桃子在中国文化中一直被视为仙果，具有驱邪避凶、增福延寿的意义。茶盘的整体造型优美，线条流畅，给人以一种自然和谐的美感。盘心内绘桃花、兰花、蜻蜓、蝙蝠以及石榴，这些图案组合在一起，形成了一幅和谐美丽的画卷，不仅展现了工艺之美，还传递了吉祥如意的祝福。

在珐琅盘底部书写有“大清乾隆年制”款识，两只茶盘共同装于写有“乾隆年制铜胎珐琅式茶盘”的木匣之中。这对茶盘作为宫廷御用茶具，既实用又具观赏价值。它的制作和使用，展示了乾隆一朝制作画珐琅器的高超技艺，也体现了宫廷贵族对美好生活的追求和对艺术的热爱。

铜胎画珐琅桃式茶盘 其一

纹饰之美 花果交织，草虫飞舞

两件桃式茶盘内部纹样并无太大区别，描绘了桃花、兰花、蜻蜓、蝙蝠、石榴相间分布的画面。各自代表着吉祥、高雅、多子多福等美好寓意。

铜胎画珐琅桃式茶盘 其二

桃式盘从背后看造型十分简约，除了渐变的色彩外，桃式的器型线条亦十分流畅，可见匠人的造型功力十分到位。

两件桃盘下端塑有粗粝的桃枝，枝干上蘸取少量釉料扫出褐色，将枝节上的纹路及嫩枝青褐相接的色彩生动地刻画了出来。

底面

国宝小知识 雅致的画珐琅花卉盘

清代中后期珐琅盘多以色彩艳丽、纹样繁杂图案为常见样式，多表现富贵吉祥之气。这件花鸟纹珐琅盘以梅、兰、竹等国画元素进行绘制，并在画面上留有大量余白，用国画留白的形式装饰盘子，在刻画精巧之余增添了一份文人之气。

美国大都会艺术博物馆 清 铜胎画珐琅花鸟纹盘

温柔清新的渐变色

陶盘内外以绛紫色和柳黄色渐变涂装，色彩过渡自然，颜色仿佛真实的桃子一样。柳黄是如嫩芽一般黄中带绿的传统色之一，成熟的桃子则青中泛紫，盘子过渡处的颗粒感好像桃子上的绒毛一般，仿佛靠近就能闻到清新的果香。

造型独特的茶盘

乾隆一朝，无论瓷器、珐琅器抑或是其他器物，都讲求形制的创新。这组茶盘应为宫廷之中，宫女太监为皇帝后妃们奉茶之用，造型精致，保存良好，将茶盏放于其上承托，不仅更为平稳，也令饮茶这一雅事平添了一份乐趣。

这对精美的桃式盘盛装于木匣之中，上刻“乾隆年制铜胎珐琅桃式茶盘一对”，并以墨书为器物编号。

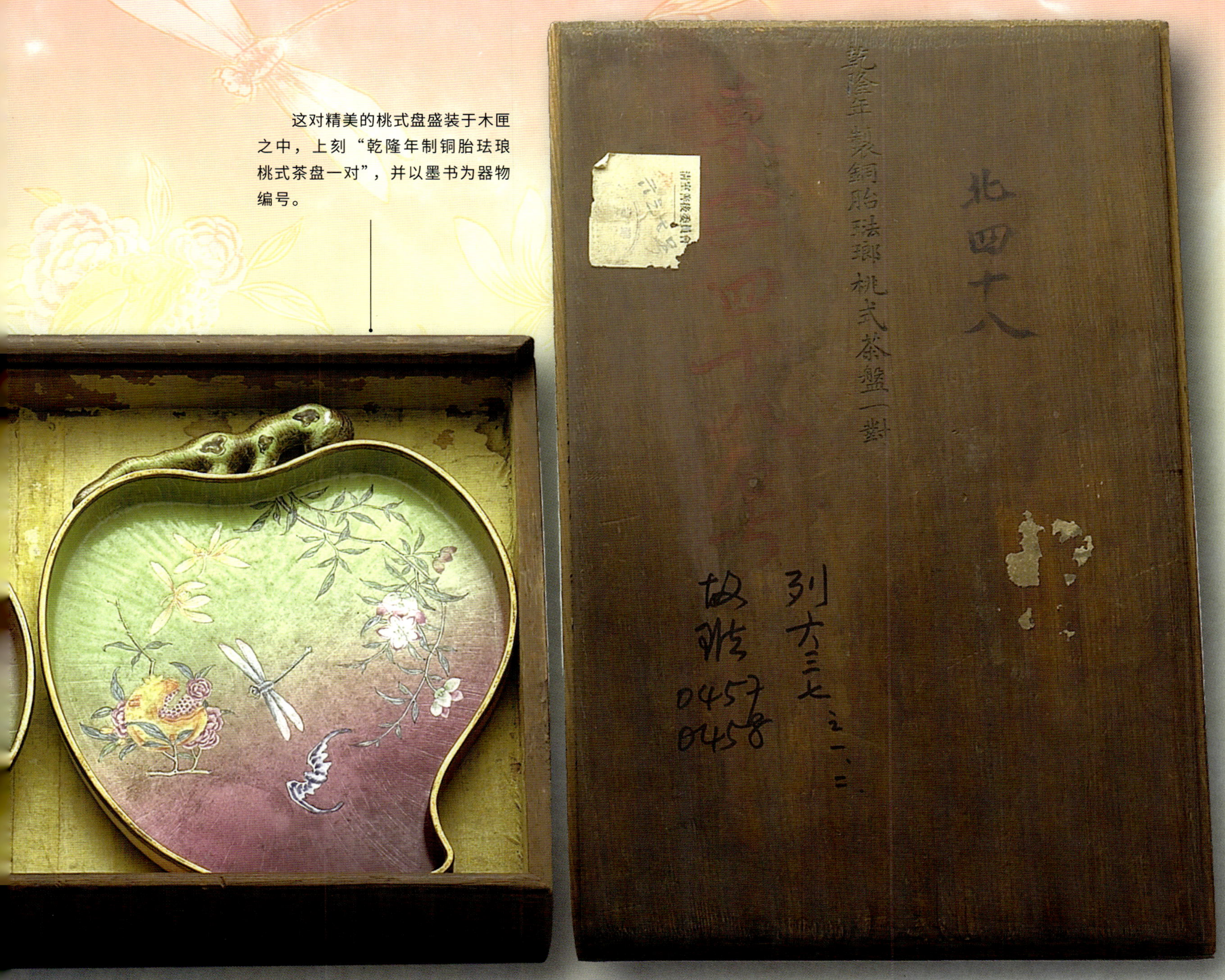

铜胎画珐琅桃干花蓝龙挂香筒

清代 | 珐琅器

台北故宫博物院　　高 61.8 厘米，香筒高 33.8 厘米，座高 16.8 厘米，径 8.7 厘米，底径 14.2 厘米

"琢瓷作鼎碧于水，削银为叶轻如纸。不文不武火力匀，闭阁下帘风不起。"在杨万里的《烧香七言》一诗中详细记录了古人熏香的过程与环境。熏香文化是中国古代贵族生活必不可少的环节，它不仅是一种生活习惯，更是一种艺术品位和精神修养的象征。文人雅集要品香，登朝拜谒要焚香沐浴，女子们梳妆打扮也会用到各式香料，这也衍生出了各类熏香用器，这件铜胎画珐琅桃干花蓝龙挂香筒便是清代宫廷用于室内熏香的多用香筒。不仅作熏香之用，画珐琅制作的香架与挂饰也十分精致。

挂香筒由莲花头香架、镂空香筒以及垂挂的吊篮形香盘三部分组成，并以铜胎画珐琅技法装饰有吊坠与流苏，珐琅香架经过烧制后闪烁着晶莹的光辉，香炉上的每一处细节，无不展示着艺术与实用的完美结合，透露出工匠的匠心独运和对美的无限追求。

造型之美

晶莹的莲花头香架

香架由圆形底托插铜杆支起，顶部塑一莲花形顶托，莲花以画珐琅技术晕染出由深向浅的花瓣色泽，并以细线勾画脉络，经烧制之后呈现玻璃般晶莹剔透的效果。莲花下方连接缠枝花形挂钩，构成了连接香筒与花篮的枢纽。

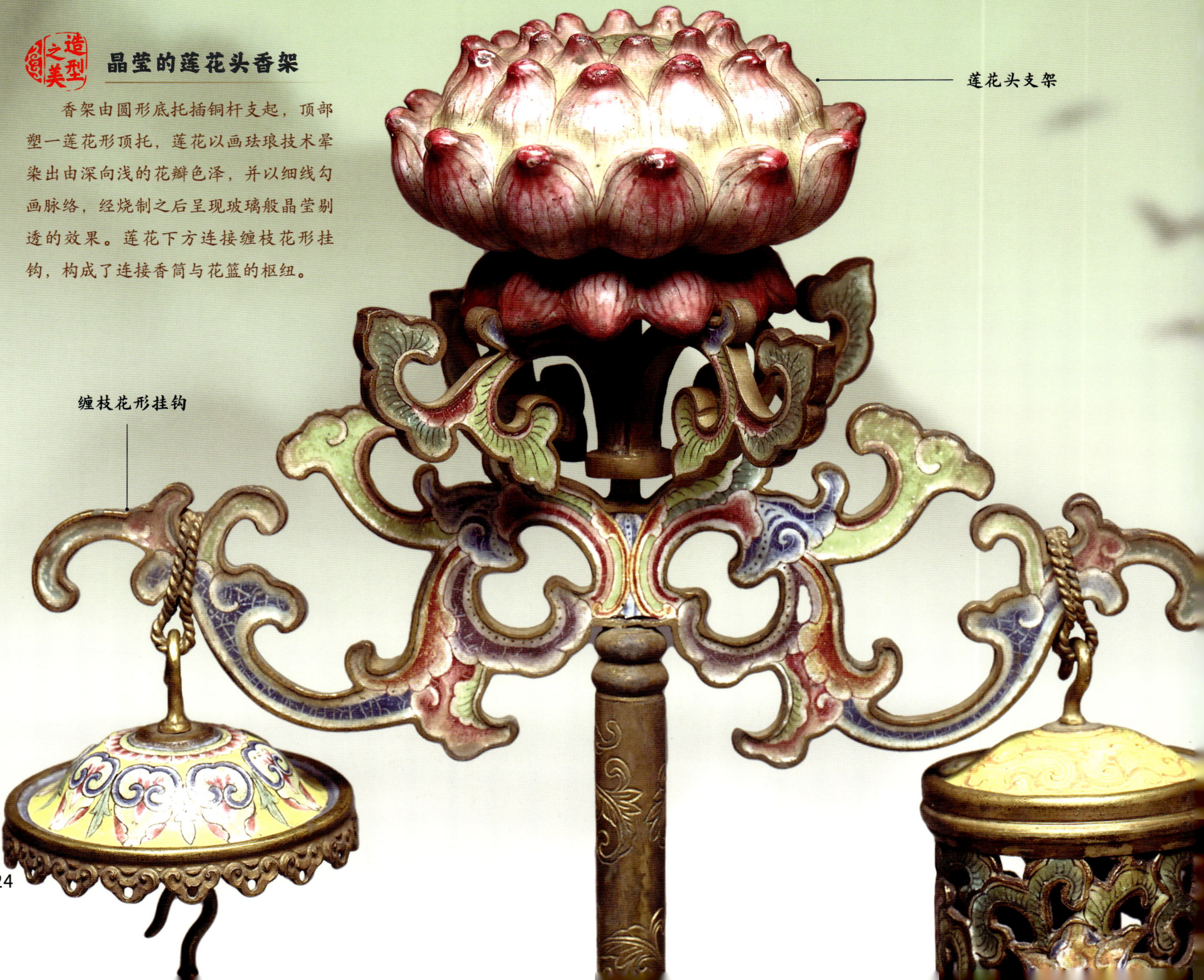

铜胎画珐琅挂饰
香盘型提篮
镂空香筒

纹饰之美

繁花似锦的香盘

香架左侧悬挂的莲花形香盘盘心描绘花团锦簇的画面，花瓣如同精心裁剪的丝绸，层层叠叠，五彩斑斓。香盘内部可盛放佛手、香橼等清供瓜果。

竹节式香筒

香筒是中国传统的家具陈设器，也是常用的祭祀贡具之一。这件竹节式香筒可由底部打开，既可在内部放入鲜花或香料，也可以在底托放入点燃的熏香，香气由香筒弥漫而出，香气扩散，从而达到净化空气、修养身心的作用。

香筒

在香架右侧悬挂牡丹与西番莲纹相间的三节香筒，花朵之间以翻卷的叶片构成镂空的筒壁，从而利于烟气的发散。

铜胎画珐琅海棠式盒

清代 | 珐琅器

台北故宫博物院　高 5.1 厘米，口径长 6.2 厘米，宽 5.4 厘米，足径 3.6 厘米，宽 3.1 厘米

这件铜胎画珐琅海棠式盒为乾隆时期所制，原为清宫旧藏。珐琅盒分为器盒与器盖两部分，以子母口相接，深弧壁。盒内部施天蓝色釉，珐琅盒外部采用画珐琅技法以藕紫色釉为底色，盒盖顶端塑一鎏金盖纽，由盖纽向外延伸一朵绿地正面团花，再向外则为紫红相间的缠枝牡丹纹。盒部纹样与盖子相同，圈足装饰一圈四瓣花纹，在器盒与盒盖边沿装饰有蓝色海水纹，盒两侧铜耳镀金，各装一活动的铜环以方便提携。

海棠式盒上的纹样绘制清晰华丽，色彩丰富且层次分明，充满了自然的生机与灵动，每一笔每一画都体现了工匠的精湛技艺和无限创意。乾隆时期的铜胎画珐琅艺术不仅仅是工艺上的成就，更蕴含着丰富的文化内涵。海棠花在中国文化中象征着美丽与高洁，寓意吉祥如意。这件文物不仅是一件精美的工艺品，更是一件承载着历史与文化的艺术珍品。

工艺之美

多次烧制的画珐琅器

铜胎作为基底，结实耐用，经过多道工序打磨细致，再在其上以珐琅绘制精美图案。这种工艺要求极高，需多次入炉烧制，每一层釉色的叠加都需要精确掌控温度和时间，方能呈现出色彩艳丽、纹理细腻的效果。

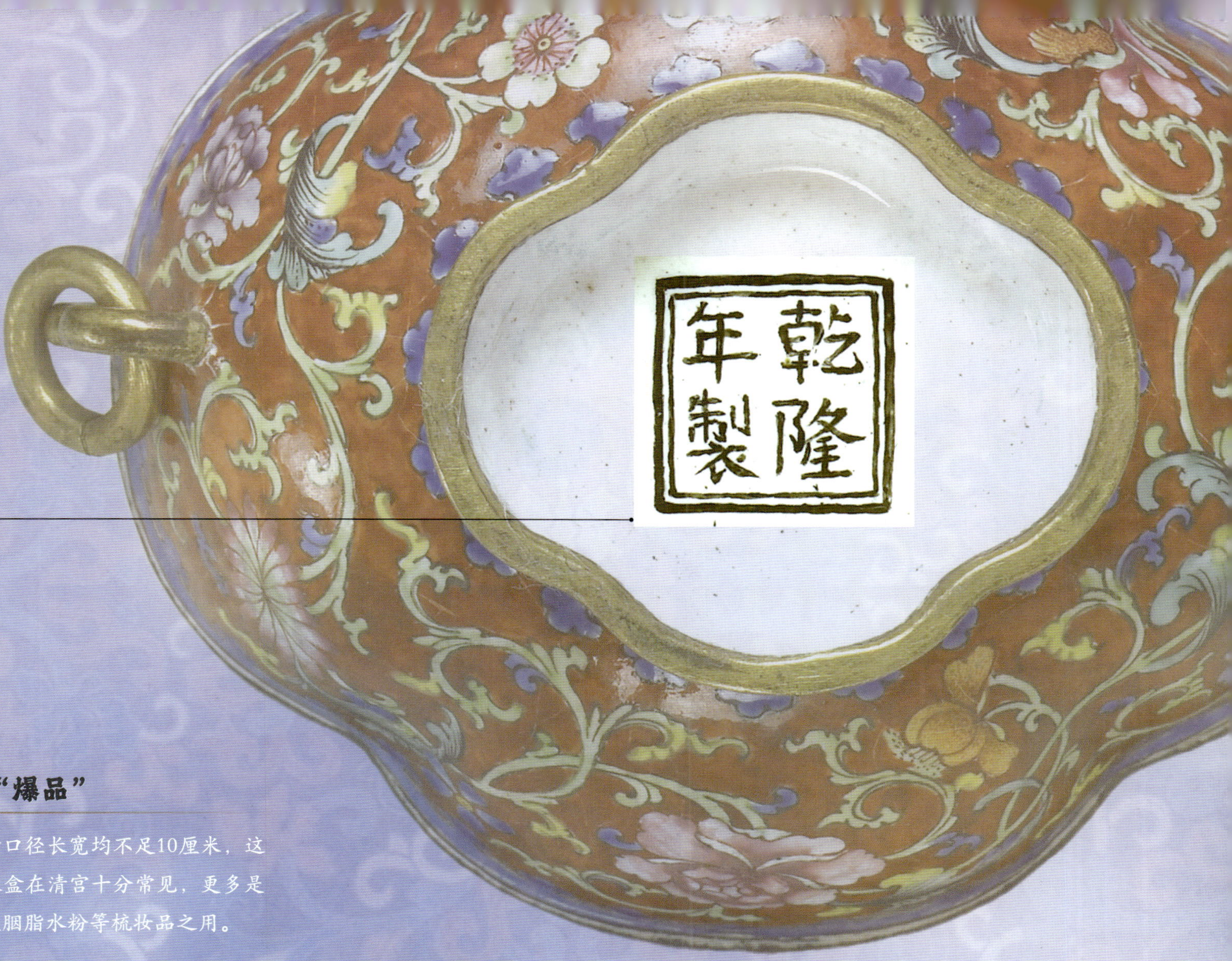

器底部以黑色釉书双圈“乾隆年制”款识

功用之美 清宫“爆品”

这件海棠式盒口径长宽均不足10厘米，这类造型小巧的珐琅盒在清宫十分常见，更多是用于宫廷后妃盛放胭脂水粉等梳妆品之用。

纹饰之美 缠枝花纹

缠枝花纹是珐琅器上的传统纹饰，在紫红色的底色上，牡丹次第开放，满布器身，样式繁密，显示出一派吉祥艳丽之气。清代西方传教士进入宫廷后，在其指导下，纹样的色彩过渡更显自然，整体也更为立体生动。

画珐琅黄地牡丹纹蟠龙瓶

清代 | 珐琅器

台北故宫博物院　　高 21.3 厘米，足径 8.8 厘米

这件画珐琅黄地牡丹纹蟠龙瓶器型仿照的是藏式的藏草瓶，藏草瓶是清代宫廷为藏地喇嘛所制用于插草或盛水供奉的陈设器，故而得名。清代在雍正时期便开始烧制，乾隆时期由于皇帝对佛教的信奉，藏草瓶制作更多且多不书款识。

这件画珐琅黄地牡丹纹蟠龙瓶口沿呈车轮状、平肩、敛腹，瓶身以明黄色为地，描绘缠枝牡丹、花草纹以及寿桃、蝙蝠等吉祥纹饰，具有长寿、富贵的吉祥寓意。最为精彩的是器肩两侧的蟠龙，造型夸张，雕刻生动，凸显了皇家之气。这件画珐琅黄地牡丹纹蟠龙瓶体现了雍正时期对于工艺美术的高度重视和精益求精的态度。通过这件文物，我们也可以感受到清代宫廷生活的奢华和艺术的繁荣。

器型之美

蟠龙纹瓶

在瓶身的器肩部分盘旋着两只龙头相对的蟠龙，龙体矫健有力，龙鳞细密，龙爪锋利，龙头威严，充满了动感和力量。蟠龙的雕绘细致入微，表现出工匠们高超的雕绘技艺，镀金工艺更显华贵。

纹饰之美

花开富贵

瓶身腹部的正背面在黄地上描绘两朵硕大的牡丹，两侧分布各色较小的花朵与花枝。牡丹花纹细腻繁复，花瓣层层叠叠，色彩鲜艳，仿佛能闻到花香。花间点缀着绿叶，生动自然，增加了画面的层次感，同时它作为中国传统文化中的富贵花，也象征着繁荣和幸福。

铜胎画珐琅荷叶笔觇

清代 ｜ 珐琅器

台北故宫博物院　　高 21.3 厘米，足径 8.8 厘米

这件铜胎画珐琅荷叶笔觇是一件集实用性与艺术性于一身的文房珍品。笔觇作为文房四宝之一，是古代文人用于蘸墨和调墨的重要工具。这件荷叶笔觇不仅具有实用性，方便文人雅士在书写和绘画时使用，还体现了文人对自然之美的热爱和追求。荷叶的设计寓意清雅高洁，与文人的精神世界相契合。

笔觇的表面装饰精美，釉色鲜艳，层次分明，叶片上的脉络清晰可见，细致入微。荷叶中心色彩较深，边缘泛黄，还描绘了残破的焦黄印记，生动逼真。荷叶上还点缀有一只青蛙与小螃蟹以及零星浮萍，荷叶盘背面的荷叶纹路同样描绘仔细，上绘一只寄居蟹，使整个画面更加丰富多彩，充满生机。背面书写“乾隆年制”款识，还配有一染牙底座，雕刻细致，更显考究。

器型之美

高雅的荷叶形笔觇

这件笔觇的造型独特，仿荷叶而制，形状优美，曲线流畅。荷叶的形象逼真，叶脉清晰，边缘微微卷曲，呈现出自然的形态。整体造型既有荷叶的自然之美，又充满了艺术的韵味。荷叶的设计不仅在视觉上给人以清新之感，还寓意着高洁和清廉，符合文人雅士的精神追求。

细节之美 藏在背后的寄居蟹

这件荷叶笔觇不仅荷叶的纹路色彩描绘细致，翻过盘面，还会发现一只躲在下面的寄居蟹。在夏日的荷塘边翻开叶片常常可以看到纳凉的寄居蟹，背面的设计足可见匠人对生活观察的细致入微，也为荷叶笔觇增添了一份趣味。

笔觇背面以釉书“乾隆年制”款识

寄居蟹

青蛙

螃蟹

纹样之美 夏日荷塘

荷叶上的小青蛙以黄褐色染背，肚皮青白色，两只眼睛炯炯有神，盯着前方，仿佛不放过每一只昆虫。而一旁的螃蟹体形较小，钳子微红，与小青蛙相对，一警觉、一松弛，充满了夏日野趣。同时也与背面的寄居蟹遥相呼应，将动物与植物和谐共处的画面表现得十分到位。

铜胎画珐琅嵌莳绘漆片花卉鼻烟壶

清代 | 珐琅器

台北故宫博物院　宽 5.4 厘米，高 7.6 厘米

康熙皇帝在位期间，中西文化交流频繁，工艺美术也在这种交流中得到了极大的发展和创新。这件铜胎画珐琅嵌**莳**绘漆片花卉鼻烟壶正是这种文化交融的产物，鼻烟壶为短颈圆形扁壶，壶身侧面边沿以白色釉为底绘制蝴蝶、牡丹、梅花、如意等传统纹饰，而正面开光内则镶嵌黑漆描金**莳**绘漆片，这种漆片绘画风格具有典型的流行于欧洲的日本漆绘风格。它不仅体现了康熙时期工匠们的高超技艺，也展示了中西文化的和谐共融。

康熙时期作为画珐琅艺术发展的初期，多制作此类精巧的小型珐琅器，且具有纹样典雅、色彩清新的特点。鼻烟壶在清代作为一种时尚的随身物品，不仅能盛装烟药，还承载着丰富的文化内涵。它的制作和使用也反映了康熙一朝的社会风尚和人们对美的追求。

纹样之美

中式审美的花卉纹样

在鼻烟壶的侧面器颈上绘制一只头部向下的蝴蝶，下方对称地描绘有蓝绿色的如意云纹，再向下的白梅轮廓纤细，花心点点微红，清新典雅。

漆绘梅花

鼻烟壶的独特之处在于其表面的嵌莳绘漆片装饰。莳绘是传统的漆艺技法，通过在漆器表面撒金银粉末或镶嵌金属薄片，形成华丽的图案。这件鼻烟壶将莳绘技法巧妙地与中国传统的珐琅工艺结合，花朵饱满，花丝刻画细密，创造出独特的视觉效果。

在鼻烟壶的颈部绘两条黄色弦纹，弦纹内部添画红黄蓝三色团花纹，为器物增添了装饰之美。

鼻烟壶的盖纽塑为浮雕鎏金团花纹的半圆形纽，黏结一个纤细的象牙雕牙匙，显示出宫廷珍玩的精美贵重。

鼻烟壶底部圈足边沿镀金，底部白胎以墨色书“康熙御制”款识。

《快雪时晴帖》

唐代 | 纸本

台北故宫博物院　　纵 23 厘米，横 14.8 厘米

《快雪时晴帖》是晋代大书法家王羲之的墨宝，为行书纸本墨迹。原作已丢失，一般认为现存帖为唐人摹本。全文共4行，28字，内容介绍了作者在大雪初晴之时对友人的问候。帖前有乾隆题字“神乎技矣”，前后有董邦达绘《快雪时晴图》和乾隆的仿倪瓒山水。此帖笔法圆劲，书风典雅，既有严谨的法度，又有秀美与率真，无一笔掉以轻心。帖后有历代名人的题跋与印鉴。

作品中用笔灵活多变，轻重缓急处理得当，笔断意连，线条饱满而有张力。每个字之间的连带关系巧妙，结构紧凑而不失优雅，展示了王羲之在行书领域的卓越才华。《快雪时晴帖》对后世书法家产生了深远的影响，成为历代书法家临摹学习的重要范本。许多书法大家如颜真卿、柳公权等都从中汲取了大量的养分，对中国书法的发展起到了重要的推动作用。《快雪时晴帖》也被称为“天下法书第一”。

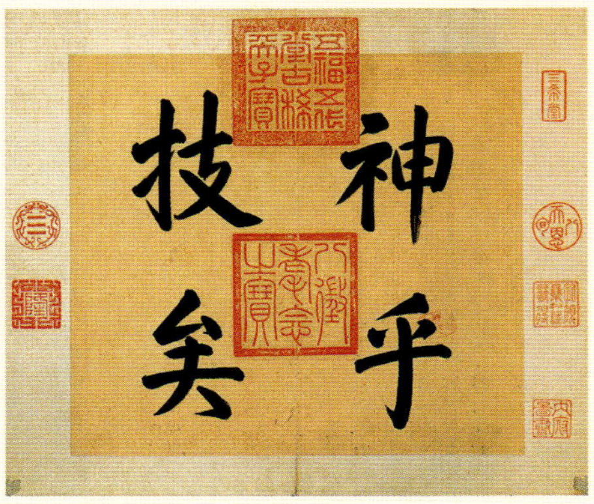

题字之美　乾隆的肯定

乾隆帝对王羲之的作品喜爱有加，还将此帖与王珣的《伯远帖》、王献之的《中秋帖》收藏于养心殿西暖阁，并将此处命名为“三希堂”。在左图中的8枚印章皆为乾隆所盖，其余位置据统计共有172枚之多，真可谓名副其实的“盖章狂魔”。除了这幅作品，乾隆在其他收藏过的名作中都有大量盖印。

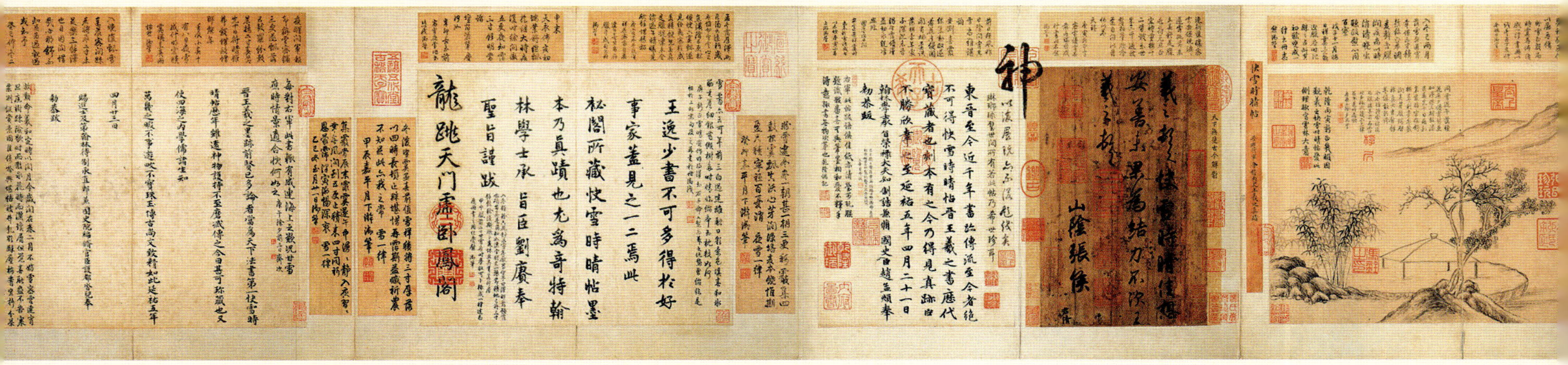

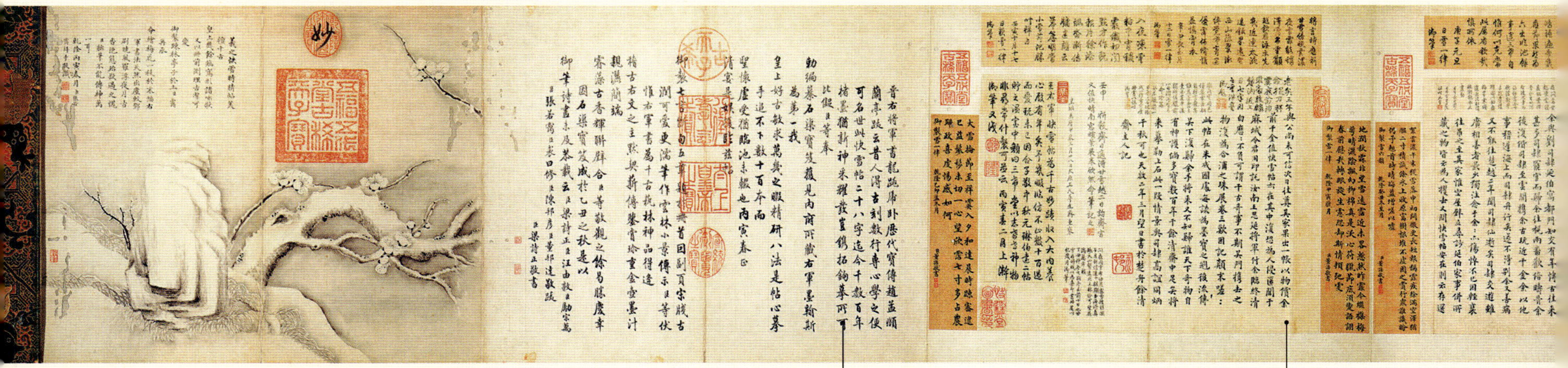

此处为赵孟頫题跋《快雪时晴帖》，表述了见到该帖的欣喜之情。

乾隆丙寅年（1746 年），乾隆皇帝看完此帖心情大好，便仿照元四家之一倪瓒的笔法绘制了一幅山水画并在上面题字盖印。

细节之美　富于变化的笔法

王羲之《快雪时晴帖》中运用了丰富的笔法，如提按、顿挫、转折等，使每个字都充满了生动的线条变化。这些细节不仅展示了他对笔墨的娴熟掌控，使人感受到文字的美感，还能体会到书法家当时的心境变化。

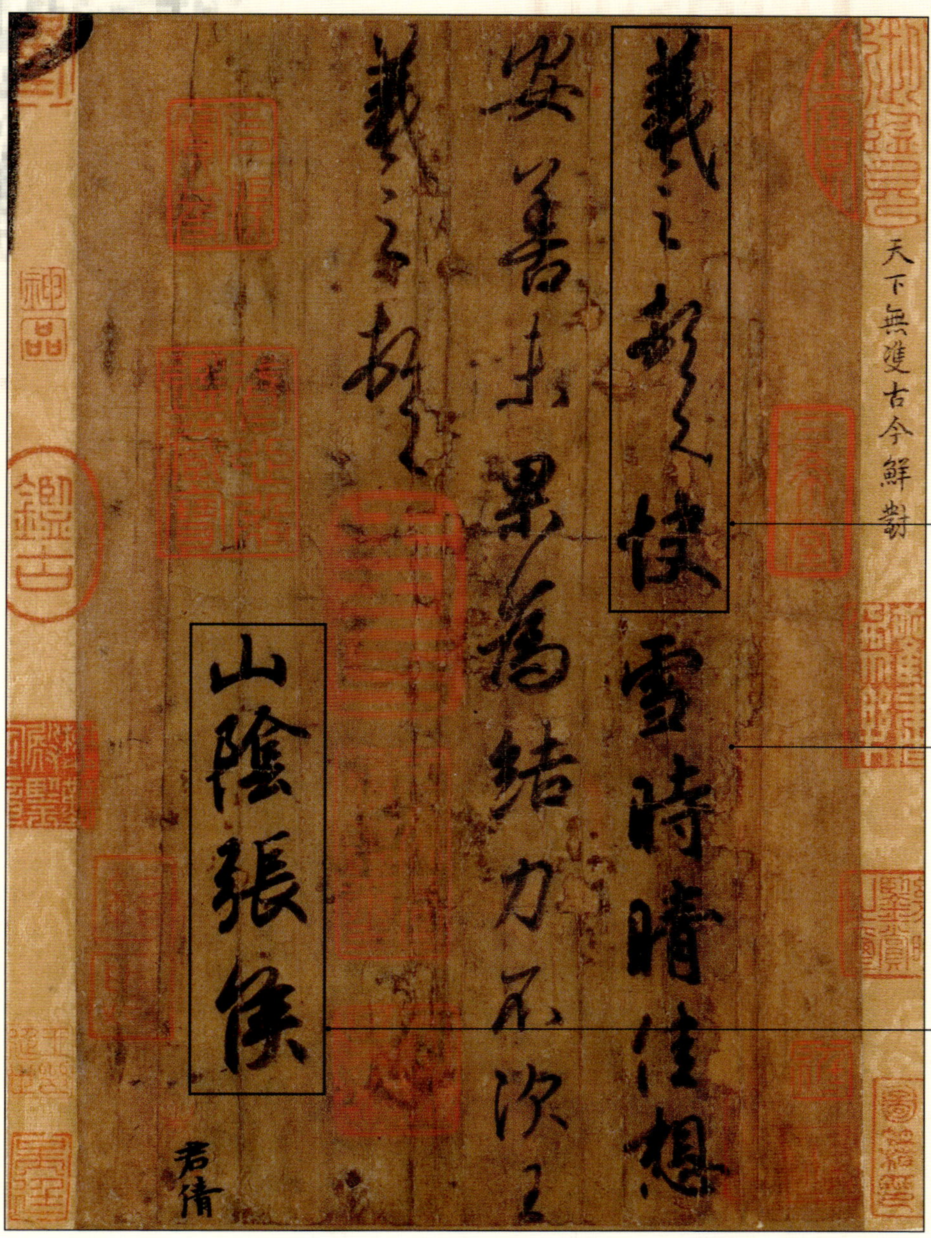

此帖起笔处的“羲之顿首”为行草开头，富于轻快的节奏感，亦行亦草，有连有断，笔势贯通。

“快雪时晴佳”介于行楷间，字字独立且笔墨圆润，活而不滞，笔势发力像是要穿透纸张。中部“果为”连笔，其他字较为疏松，第三行自然作结。短短三行，变化万千。

结尾处的“山阴张侯”则以楷书结尾，字体富于变化。

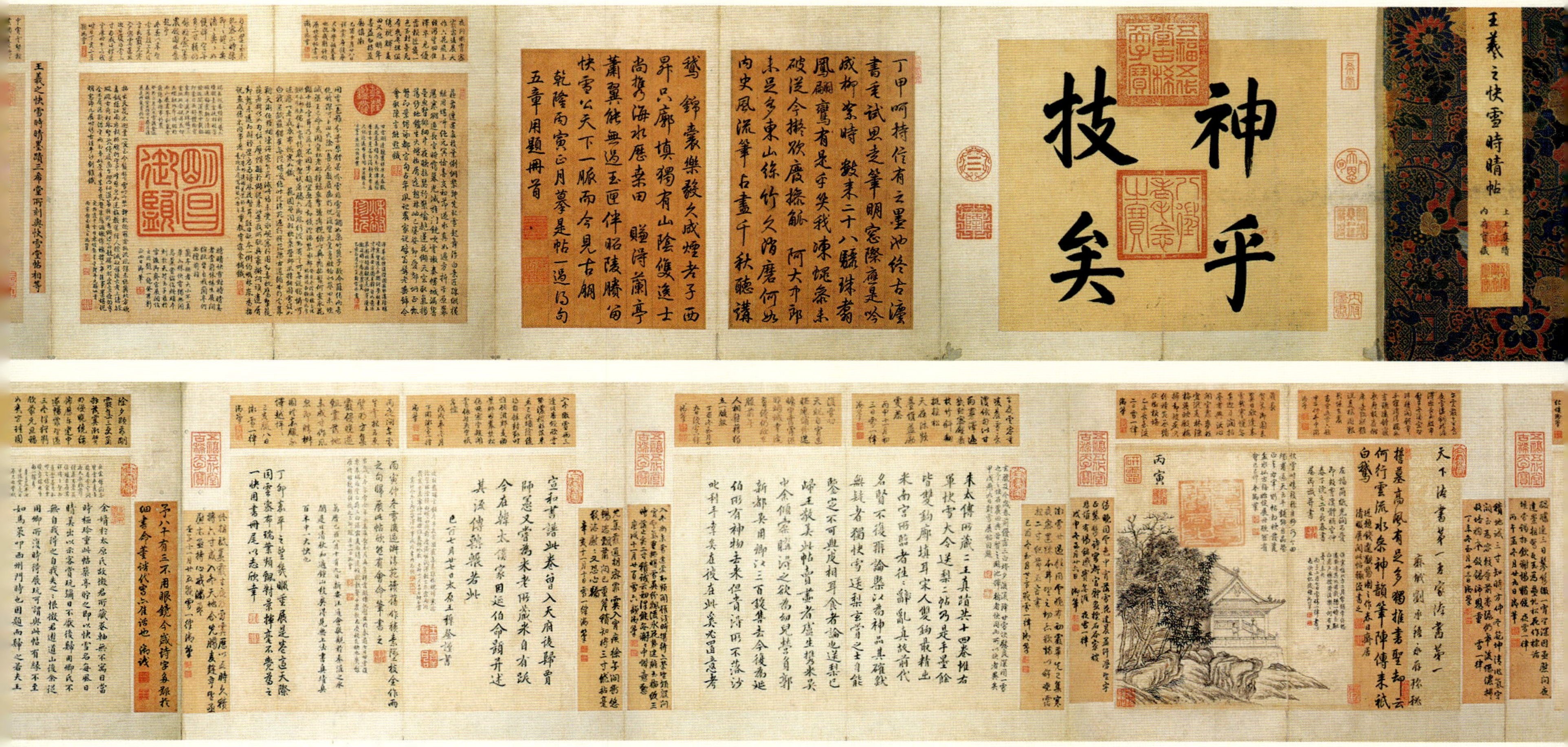

《快雪时晴帖》全卷
从上到下、从右至左展卷

《祭侄文稿》

唐代 | 纸本

台北故宫博物院　　纵 29.2 厘米，横 59.6 厘米

《祭侄文稿》是唐代书法家颜真卿的行书作品，创作于唐乾元元年（758年），被誉为“天下行书第二”。它追祭的是颜真卿的侄子颜季明，文稿中讲述了颜真卿与侄子的深厚情谊以及颜季明生前的种种往事。

文稿共23行，凡234字，该作品被视为书法史上的里程碑之作，与东晋王羲之的《兰亭序》、北宋苏轼的《黄州寒食诗帖》并称为“天下三大行书”。

融入情感的文字

颜真卿的书法打破了初唐书法的妍美之风，风格气势磅礴，在《祭侄文稿》中，情之所至，开篇平稳，后面圈圈改改，到了“呜呼哀哉”已经悲愤得无法下笔。通篇文字随情绪所动，富于流动之感，即使修修改改仍无法掩盖其视觉感染力。

上图：《祭侄文稿》画心部分

下图：《祭侄文稿》全卷

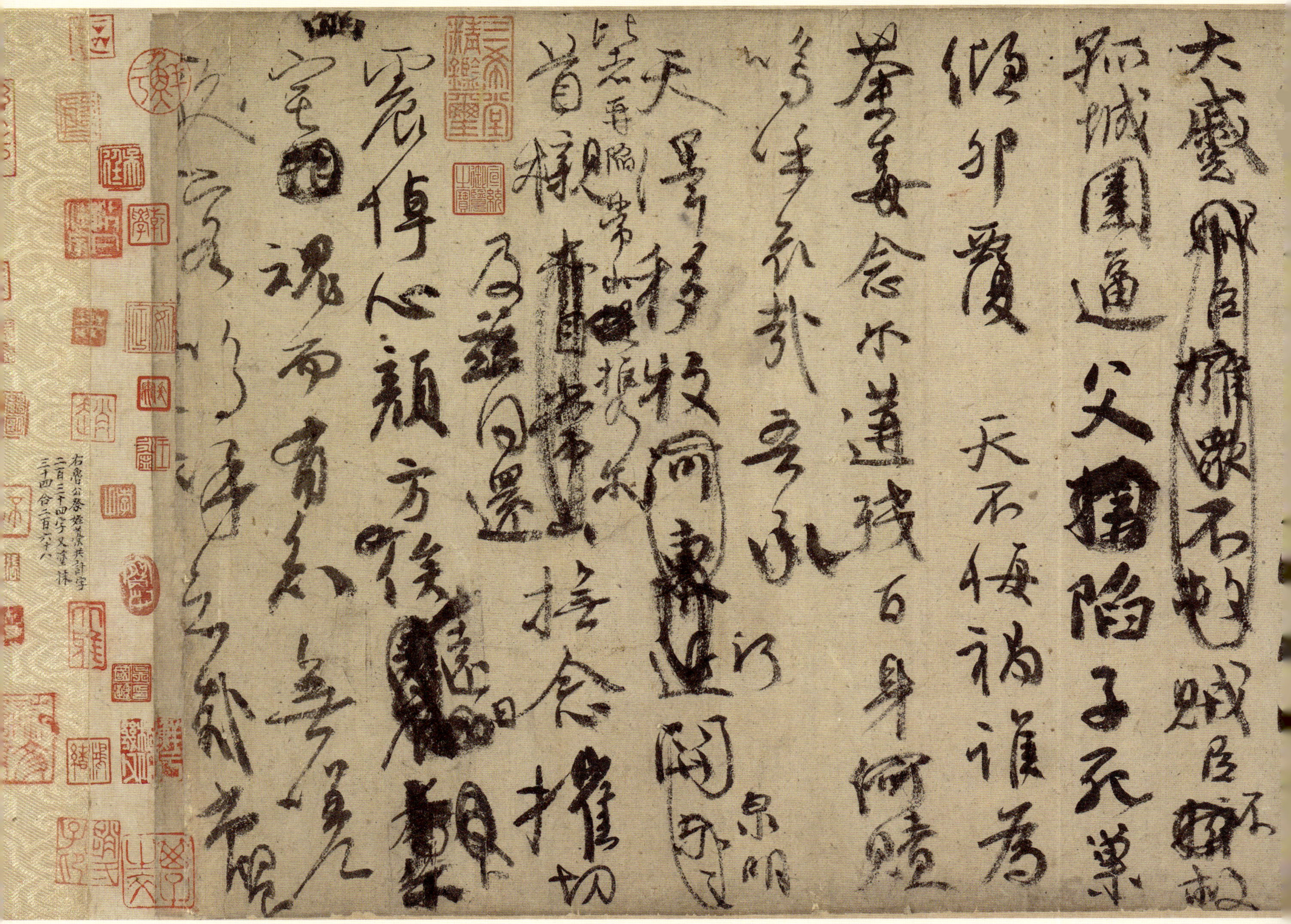

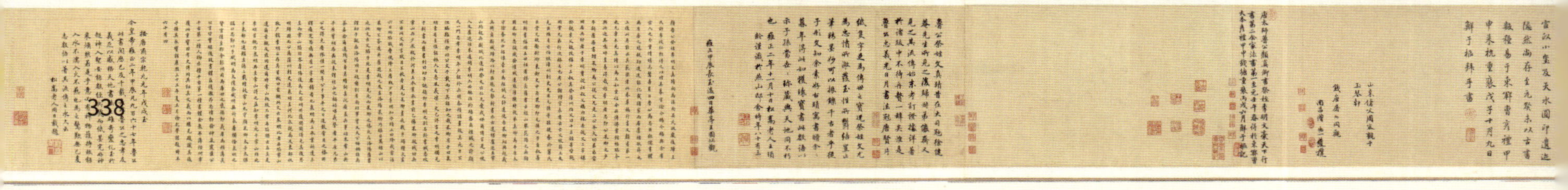

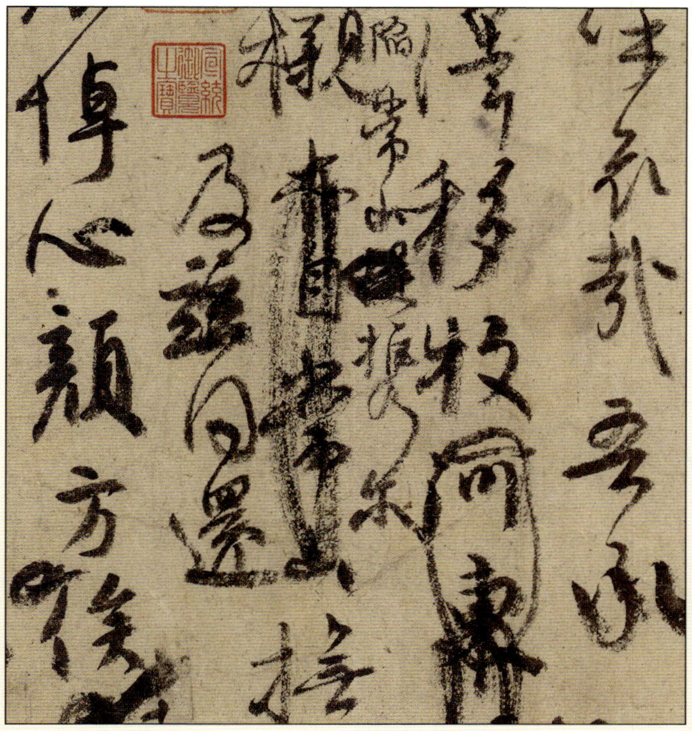

从图中可以看出文稿中有很多涂改的地方，这篇文稿是颜真卿在安史之乱后得知其兄颜杲卿、侄子颜季明遇难之后一时悲愤交加挥笔写成的。顾不得笔墨的工整，但通篇都可感受到文字随情绪起伏，如苏轼所说“书初无意于佳乃佳尔”。

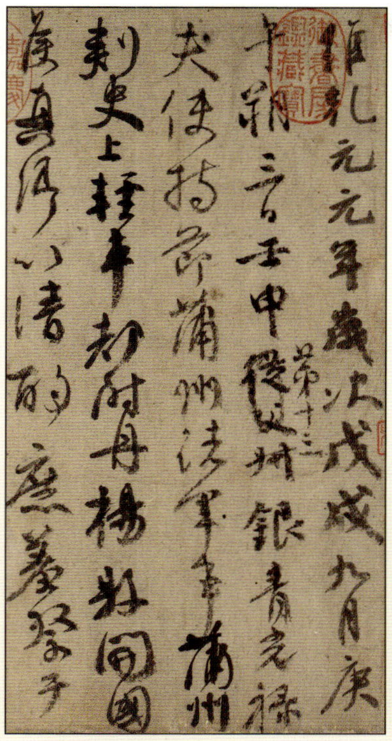

在开篇讲述个人情况与侄子生平之事，笔墨清淡，字体也较为平静克制，节奏平缓，而进入祭文正题之时，字体开始变大，笔画变粗，用墨也变得浓烈了。

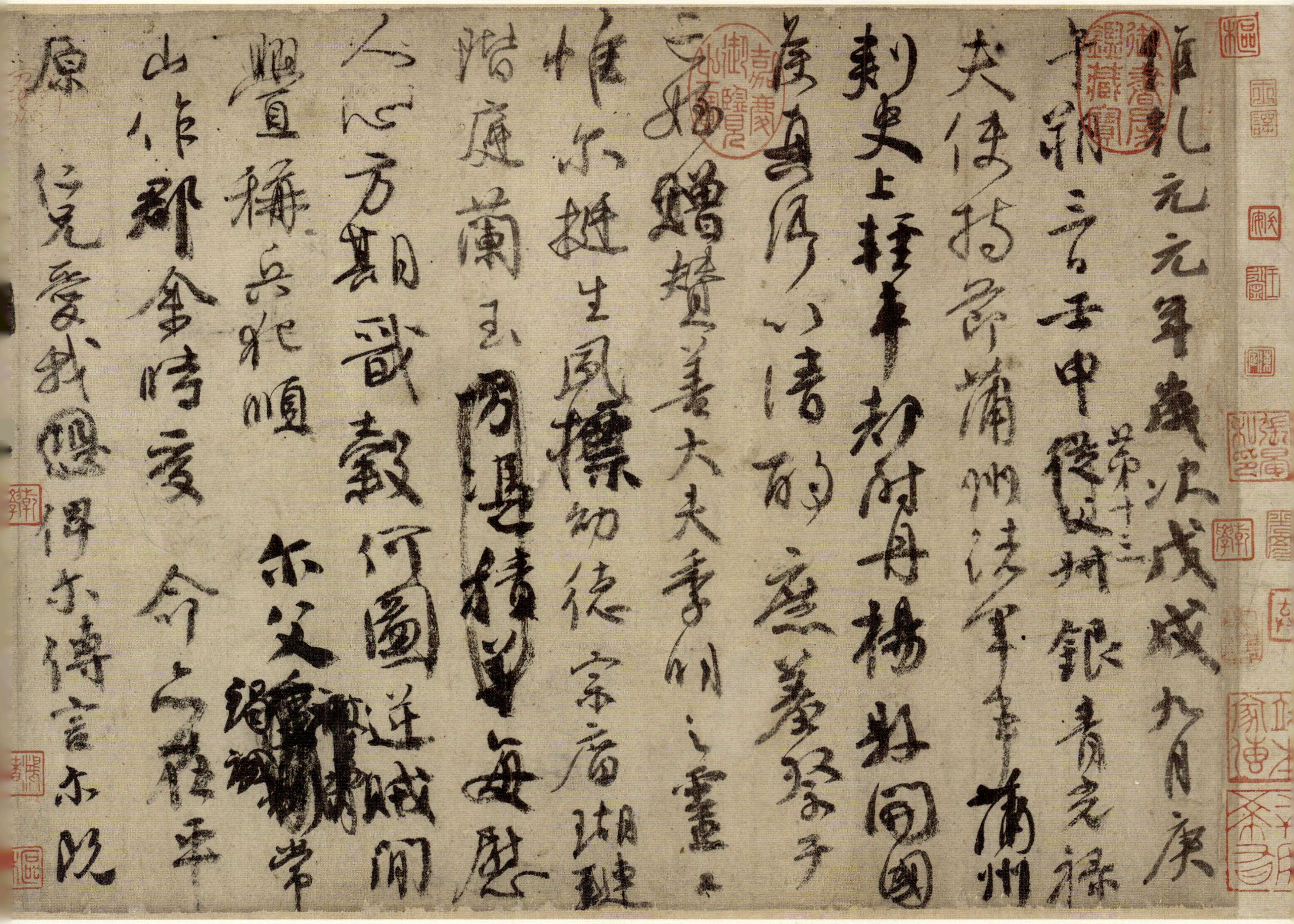

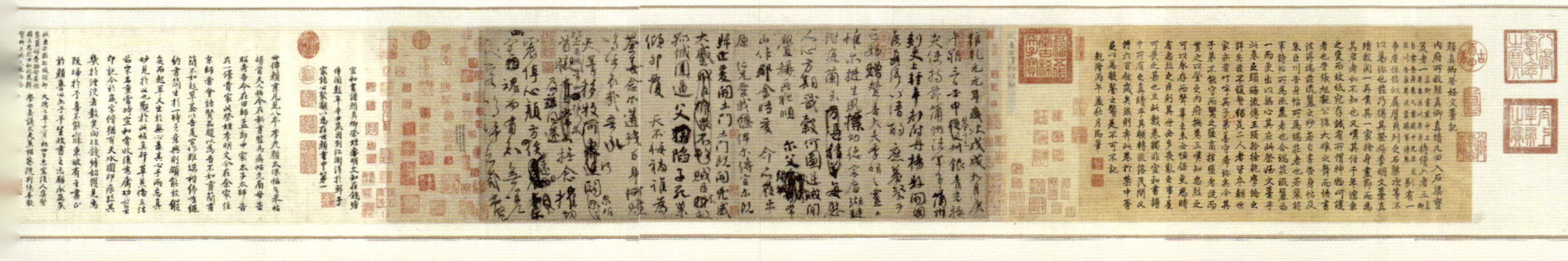

《唐人宫乐图》

唐代 | 绢本

台北故宫博物院　纵 48.7 厘米、横 69.5 厘米

《唐人宫乐图》作者不详，该图描绘了后宫中的十位妃嫔围坐在一张方桌前，有的品茗，有的饮酒，还有的在演奏乐器，旁边还有拍打牙板打节拍的侍女，众人一片陶醉，而桌下的小狗也显得十分惬意。

在图中每位宫人姿态各异，画工细致，贵妇们华美的服装与头上精巧的首饰也表现了宫廷生活的富足。宫人手中的乐器刻画细致，桌上的茶器、酒器也十分精美。

乐器之美

各显神通的宫人

画中展现了多种乐器，如琵琶、箜篌、笛子等，这些乐器在唐代非常流行，是宫廷音乐的重要组成部分。该画不仅刻画细致，同时也是研究唐代乐器的造型及演奏方式的重要史料。观看画面，仿佛古乐已在耳边奏响。

筚篥

筚篥也称管子，是中国传统双簧管乐器，多为木制，开八孔，由古代龟兹人发明。图中女子手持的筚篥显然比其他人轻巧得多，在一派和谐中吹奏着乐曲。

琵琶

琵琶是中国传统乐器之一，距今已有2000余年的历史，为拨弦类乐器，音箱呈半梨形。图中女子横抱琵琶持拨子弹奏，横握也是唐代常见的持琴方式。

古筝

古筝又称秦筝，是中国传统拨弦乐器，为八音中的“丝”，距今有2500年以上的历史，余音悠远。图中女子神情恬淡，在角落中轻轻弹筝。

笙

笙是中国传统簧管乐器，属于八音中的“匏”类。是中国乐器中唯一可吹、吸发声的乐器，亦可吹奏和声。图中女子陶醉地伴着宫人们的演奏吹着笙，后方还有宫女拿拍板打着节奏。

《江行初雪图》

五代 | 绢本

台北故宫博物院　　纵 25.9 厘米、横 376.5 厘米

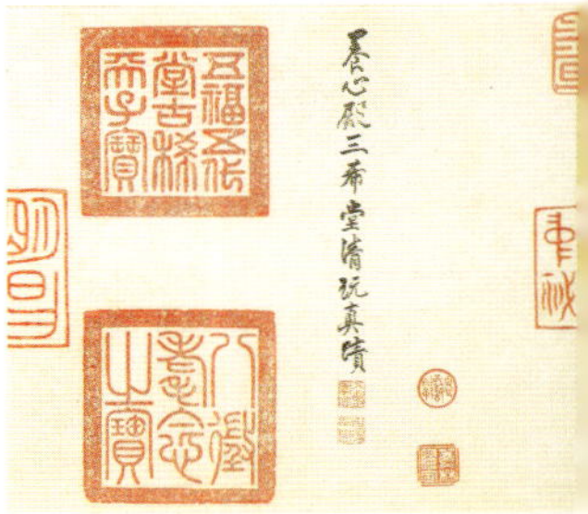

《江行初雪图》是五代南唐时期画家赵幹唯一传世的作品。这幅作品描绘的是初冬的江南水景，画卷中寒风萧瑟，天色清冷，空中有白粉洒落饰作雪花。画中草木笔法遒劲，人物形态各异。作品画面平静，意境高雅。为台北故宫博物院“镇馆之宝”之一。

画中生动地描绘了长江沿岸的渔村在初雪中的景色，人物形象栩栩如生，塑造细致入微。特别值得注意的是水纹的表现，以尖锐而流畅的线条勾勒，形成如同鱼鳞般的精细纹理，表现得一丝不苟。整幅画呈现出清新、刚毅、流畅的情感，极富艺术魅力。

赶路的商旅行人

动态之美　蹒跚前行

图中姿态各异的渔人皆来自生活中的细致观察，图中渔人在初雪的江水中仍拖行着渔网蹒跚向前，顾不得寒冷只为多捕些鱼维持生计。

人物之美　姿态各异的赶路人

两个骑驴的旅人在前，后方两个挑着行李的小厮紧跟在后，仔细看两头驴竟然还有表情，想必在寒风中被冻得不轻。

上图：《江行初雪图》全卷（从上到下、从右至左展卷）

下图：《江行初雪图》画心部分

渔人打鱼

图中既有在船上热火朝天捕鱼的劳作者，也有拖网在水中蹒跚的渔人。图中渔人用的渔网上装满了倒插的竹片，鱼游进去就很难跑出去。而竹竿上的悬挂物推测是盛装螃蟹鱼虾用的。

《黄州寒食诗帖》

北宋 | 纸本

台北故宫博物院　　纵 34.2 厘米，横 199.5 厘米

《黄州寒食诗帖》是北宋文学家、画家、书法家苏轼的代表作品。其中包含五言诗两首、行书12行，共计127字。是作者在元丰三年（1080年）因“乌台诗案”被贬黄州后所作。

该帖是苏轼的行书代表作，又被称为“天下第三行书”。用笔奔放，章法上左右疏密相间，时紧时放，短长肥瘦，变化多端。同时诗词苍凉多情，表现了苏轼当时的苦闷之情。

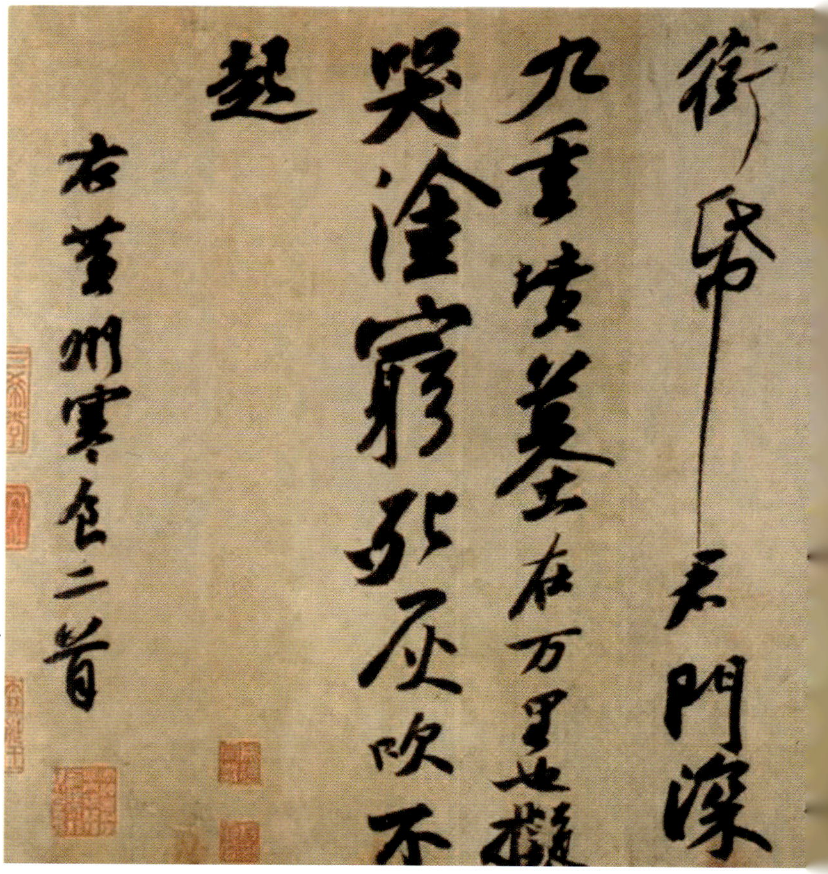

布局之美　恣肆奇崛，变化万千

苏轼在书写此帖时，字随情动，可以看出诗帖的空间排布有疏有密，这也使得整幅字帖的结构安排十分灵动，富于情感变化。

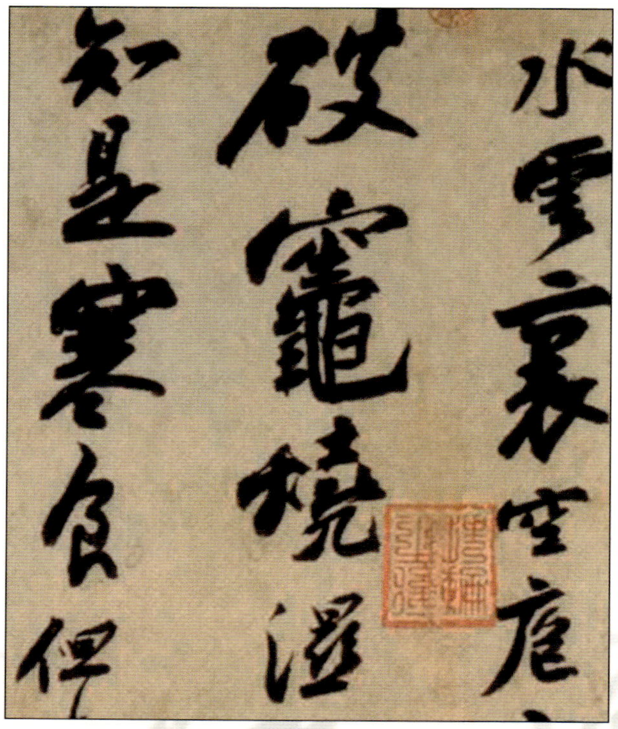

《黄州寒食诗帖》里的字体笔画都较为粗重，富有丰腴之美。其中横笔用笔较轻，而竖笔则用笔较重，这与对他影响较深的颜真卿有很大关系。因为颜真卿的书法就有着横细竖粗的特点。而从章法来看，行距较为稀松，使得墨色浓淡排布错落，整体展现出一种舒张的韵律感。

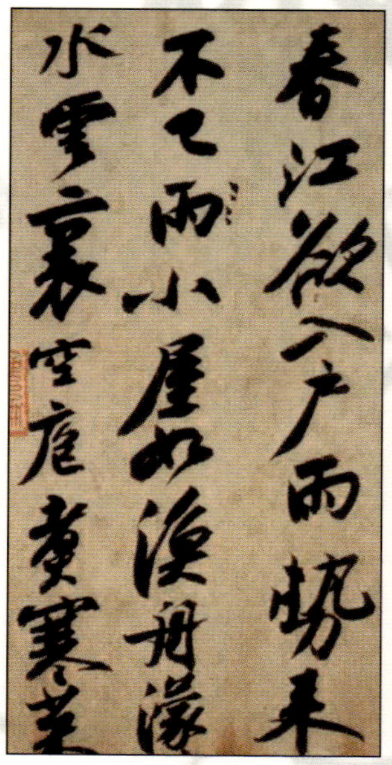

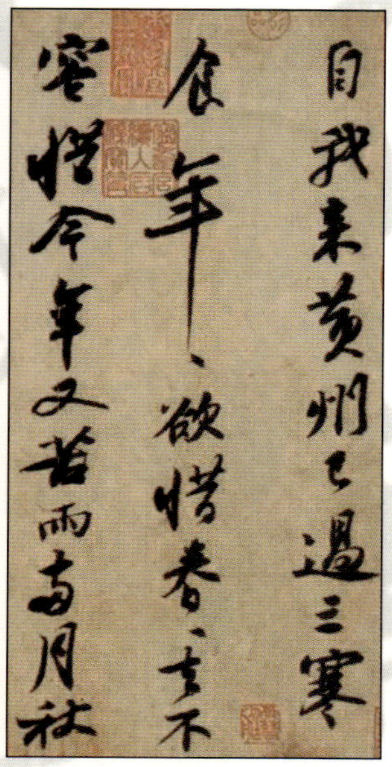

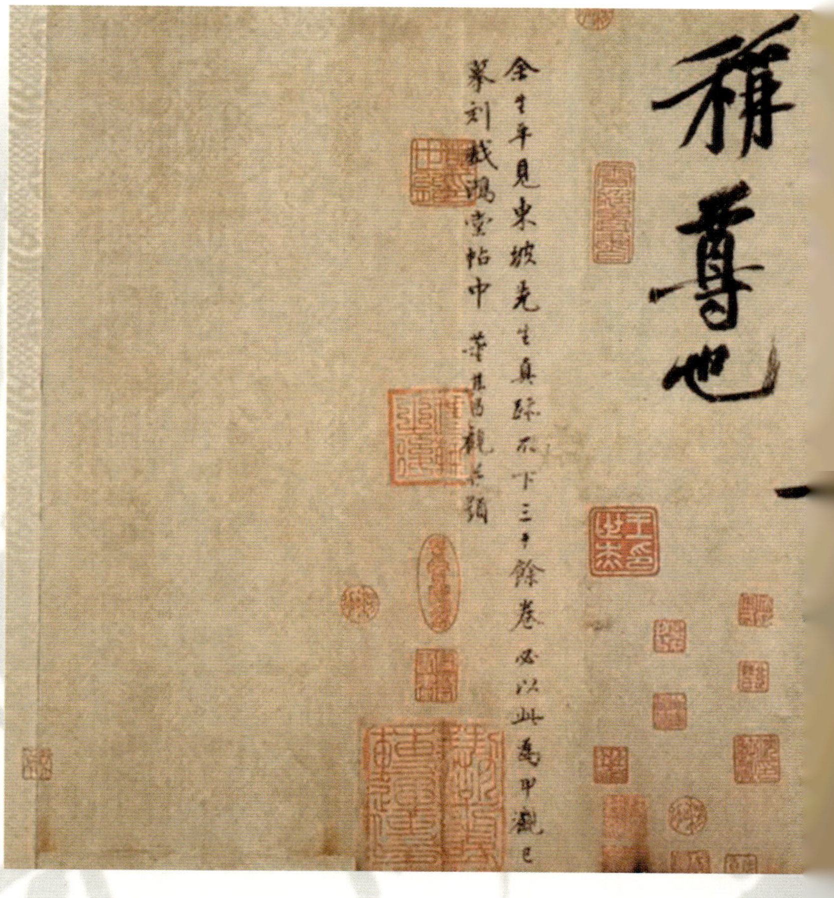

《黄州寒食诗帖》前半首起笔平缓，字的结构和大小都显得克制凝重。而自“春江欲入户”开始，字形开始变大，自“破灶烧诗苇”笔势更加厚重，感情也随之爆发。

灵动的布局

以局部字体来看，“夜”字与“病”字比较，字体的疏密不同，“夜”字与周围的“半”“子”相比，大小不同。通篇下来，则变化万千。

国宝小知识 千古大才苏轼

苏轼是北宋著名的大诗人，也是宋四家之一（宋四家包括苏轼、黄庭坚、米芾、蔡襄）。他的书法造诣堪称时代翘楚，同时文词诗赋造诣极高。他的诗题材十分广泛，善用夸张比喻，风格豪放脱俗，是豪放派的代表诗人，他与辛弃疾并称为“苏辛”。

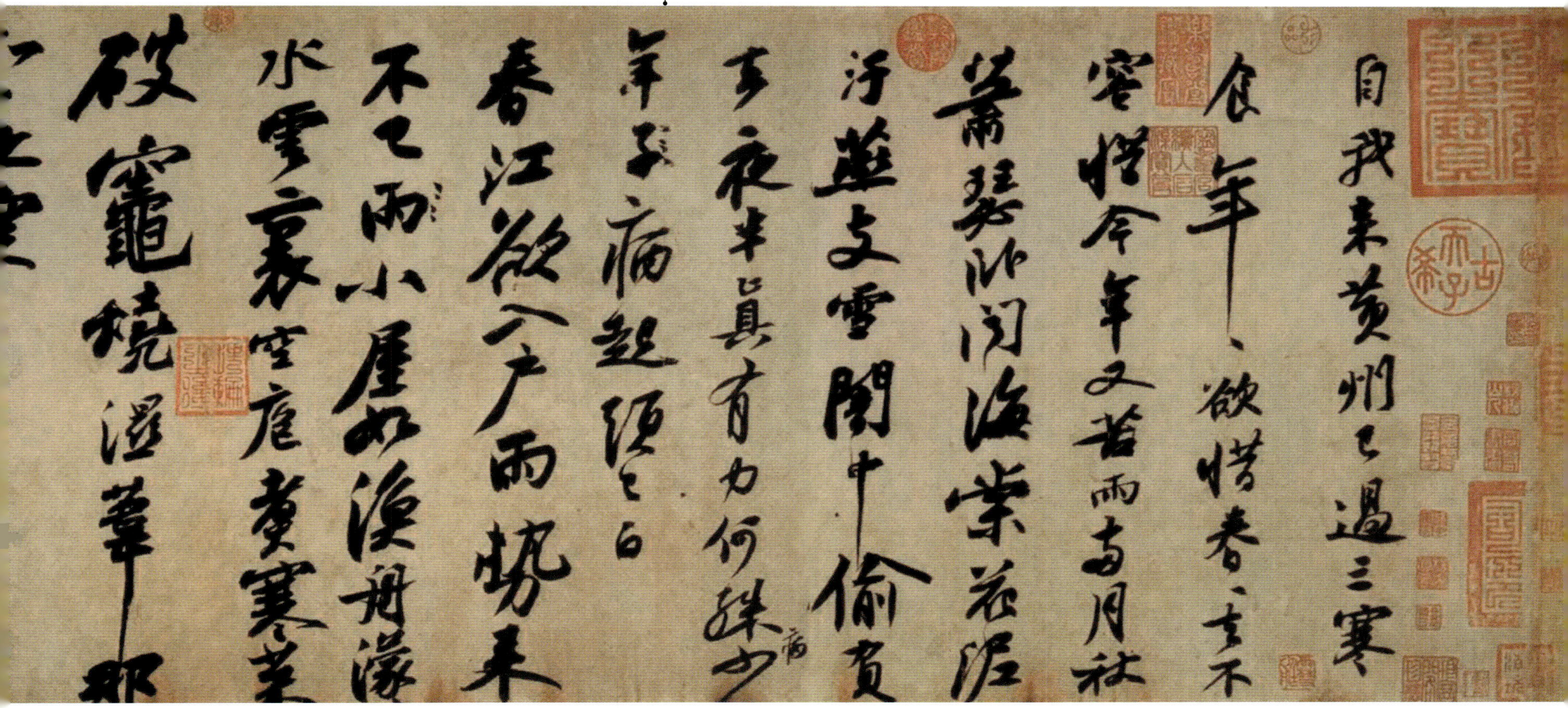

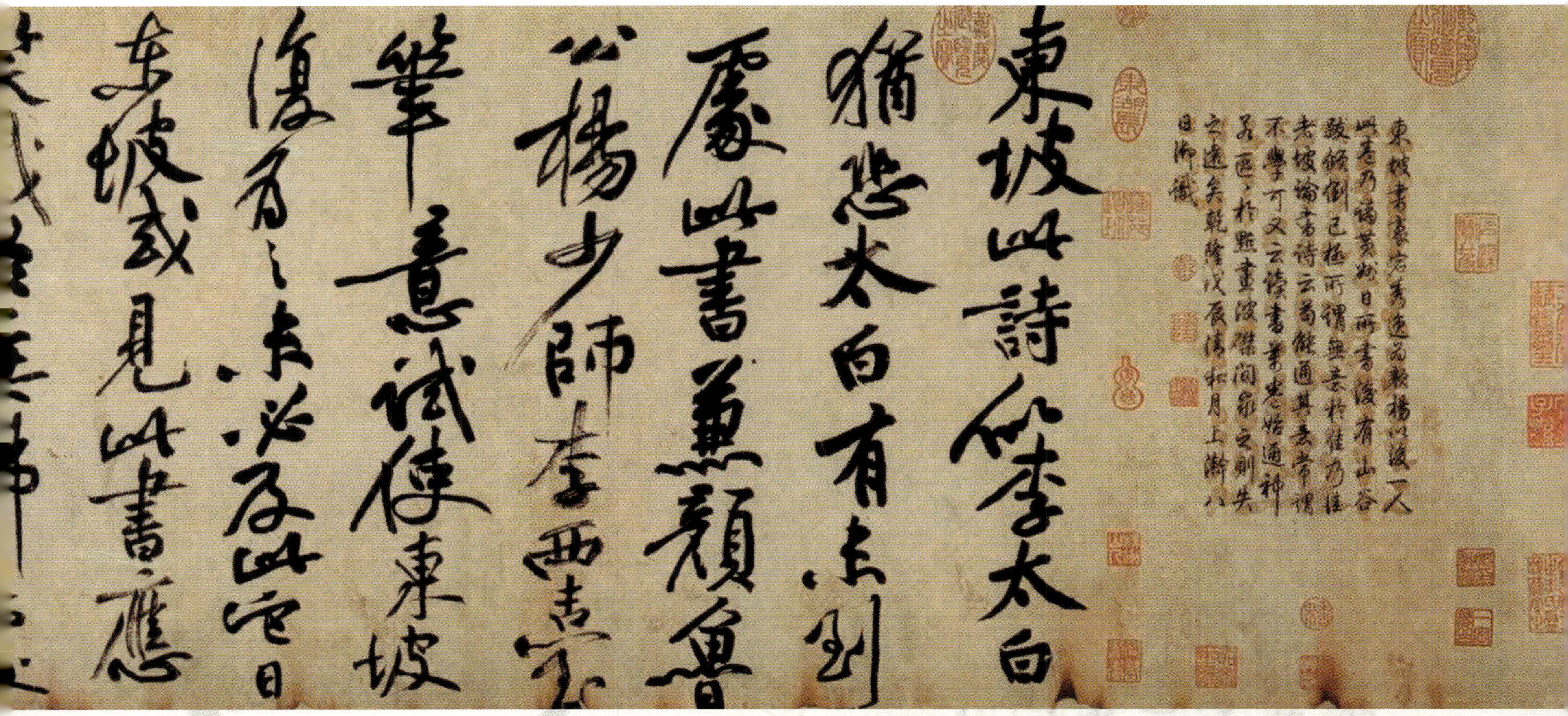

上图：《黄州寒食诗帖》画心部分

下图：黄庭坚题跋

《溪山行旅图》

北宋 | 绢本

台北故宫博物院　　纵 206.3 厘米，横 103.3 厘米

《溪山行旅图》是中国北宋时期画家范宽的一幅著名作品。《溪山行旅图》展现了范宽独特的山水画风格，画面布局疏密有致。画面上下分为两个部分，上半部是山川景色，顺着瀑布向下则是溪水奔流，商旅在山间道路前行的画面。

范宽的《溪山行旅图》的构图中前景、中景、远景采用了1:3:9的比例，使得中轴线上的主体山峰十分雄伟巨大，给人以强烈的视觉冲击力。

国宝小知识　雨点皴

雨点皴顾名思义笔法像雨点一般，笔法细密，下落方向一致，笔墨质朴厚实，用笔与“小斧劈皴”类似，但更浑厚，由王维所创，范宽则将该笔法运用得更为成功。

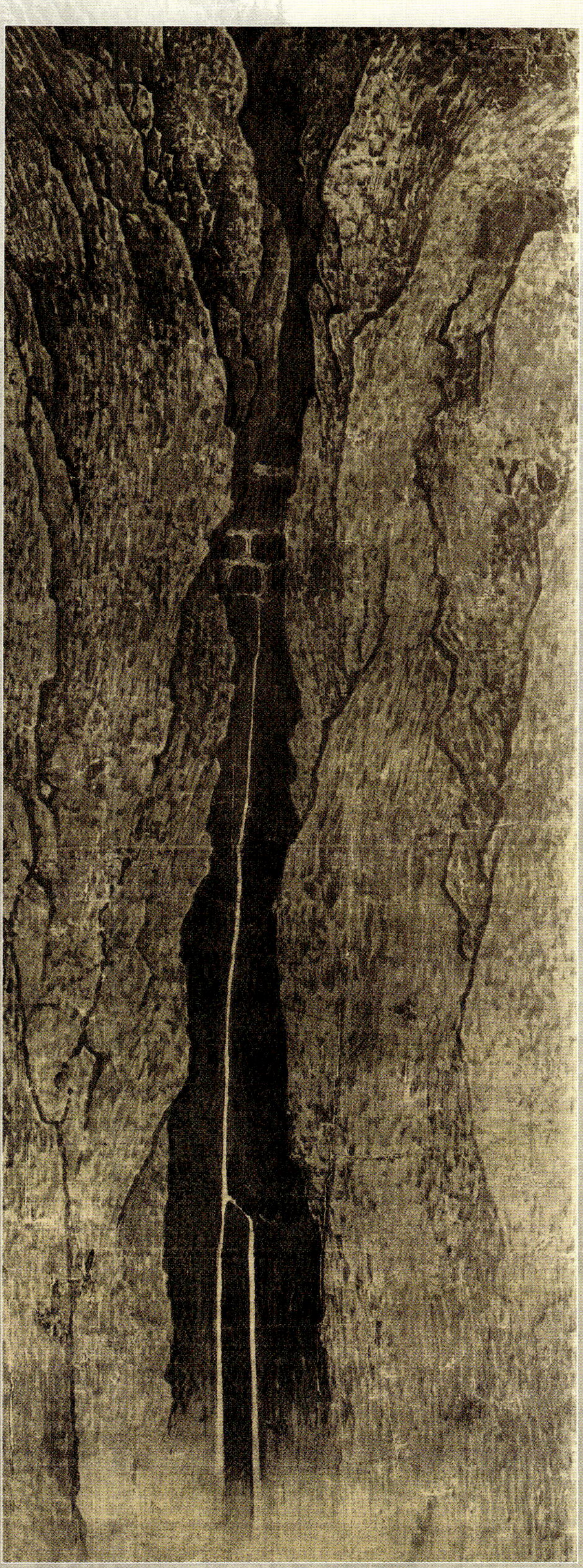

层次之美　层峦叠嶂的高山

画中高山高耸入云，画面层次分明，用笔竖定有力，雨点皴法细密。同时远处的高山占据整图的三分之二，使得整幅画面富于稳定、巍峨的包容感。

细节之美　飞流直下

画中的瀑布由高耸的山峦飞流直下，沟通了画面中的远山与近处的道路，观看作品仿佛耳边已响起瀑布的飞流之声。

动态之美　鲜活的旅人

画面前景画有两个赤膊的旅人牵着四头驴子在山间小道蹒跚前行，驴子驮着重物，仿佛道路永远走不到头。人物的添加给画面增加了几分世俗感。

《早春图》

北宋 | 绢本

台北故宫博物院　纵 158.3 厘米，横 108.1 厘米

《早春图》代表了北宋时期山水画的高峰之一，反映了郭熙对自然的敏锐感知和独特的艺术见解。该图为高远、平远、深远全景式构图，为观看者表现了“可行”“可望”“可游”“可居”的境界。这幅作品在中国绘画史上占有重要地位，被认为是中国艺术的瑰宝之一。

画面整体构图呈“十”字形，左右两侧的峰峦相互交融，构成壮观的山脉画面。山峦高低起伏，左右相倚。山体多石质，典型地展现了北方大山的特征。

动态之美　幸福的旅人

左侧描绘一位妇女携带婴儿，手牵着一位儿童，回首间目光交汇于背后挑担者。儿童则似乎受一只欢快黑狗的引领，前行步履轻盈。

用笔之美　多变的皴法

主山位于中轴上方，中锋、侧锋并用，同时暗部以湿笔淡墨反复皴擦渲染，这种笔法称为“卷云皴”“乱云皴”“鬼面皴”。主峰气势雄伟，也体现了国画中的“高远”。

结构之美　平衡的构图

图中的山石树木章法严谨，使视觉中心的树与远景的山峰、近景的河岸形成了稳定、平衡的结构。

国宝小知识　高远、深远、平远

国画中的高远、深远、平远，指的是通过画面的安排和绘画技法来表达空间深度和距离感，以使观者感受到画面的广袤、开阔和远大。高远一般表现远处的高山，深远往往表现深处的山川水流等，平远则常表现近处平坦的景象。

樹綠發葉溪
開凍樓閣仙
居最上層不
藉柳桃間點
綴春山早見
氣如蒸
己卯春月
御題

《万壑松风图》

南宋 | 绢本

台北故宫博物院　　长 188.7 厘米，宽 139.8 厘米

《万壑松风图》是南宋画家李唐的代表作，为简括画的表现开了先河，其与郭熙的《早春图》、范宽的《溪山行旅图》，并称为“宋画之三大精品”。构图大胆简括，画面雄浑大气，层次分明，立体感强，表现了“万壑松风”的意境。

图中主峰高峙，山石坚实刚硬，山间云雾缭绕，山下有奔流的溪水，山中密布苍劲的松树。整幅画使人感到明快爽朗，充满力量。

用笔之美　以画寓情

李唐是一位热血的爱国主义诗人，因此在他的画中，充满了刚硬的线条与顿挫的笔法。山石多用大斧劈皴，石质坚硬，富于立体感，松林茂密，以留白表现云气缭绕。整幅画面施以重墨，显得苍劲古朴，气势雄浑。雄劲的画面也与他强烈的复国情怀不谋而合。

细节之美　山峰上的落款

主峰旁的远山上较雄伟的主体部分墨色更加淡薄，在主峰左侧的细长高耸的远山上题有“皇宋宣和甲辰春河阳李唐笔”。

自然之美　瀑布奔流

下部描绘古松满谷、溪水奔流的场景，画面左下部分顺着奔流的瀑布直下汇聚成潭，涧水穿石而过，水流湍急，展现了一派大自然的壮阔之景。

皇宋宣和甲辰春河阳李唐笔

《富春山居图》无用师卷

元代 | 纸本

台北故宫博物院　　纵 33 厘米，横 639.9 厘米

长披麻皴

黄公望描绘山峰运用了长披麻皴，笔墨沿山体向下披刷，线条浓淡有致，干湿结合，表现了江南山水的清丽。

《富春山居图》为黄公望创作于1347—1350年之间的杰作，描绘了浙江富春江的秀美景色。这幅作品被誉为黄公望的代表作，被后世称为“画中之兰亭”“山水画第一神品”，并列为中国十大传世名画之一。原作被火烧为两段：卷首小图称为“剩山图”，现藏于浙江省博物馆，横51.4厘米，高31.8厘米，占原画1/14，后段画幅较长，称为“无用师卷”，占原画12/14。

黄公望在创作中耗时多年，从至正七年持续画到至正十年，因此约700厘米的长卷并非一蹴而就。他常常会带着自己的墨宝，兴致所至就添上几笔，使得整幅《富春山居图》前段和后段呈现出不尽相同的艺术风貌。画中山峦起伏，山水疏密得当，墨色或浓或淡，生动地表现了富春江畔不同季节的美景。

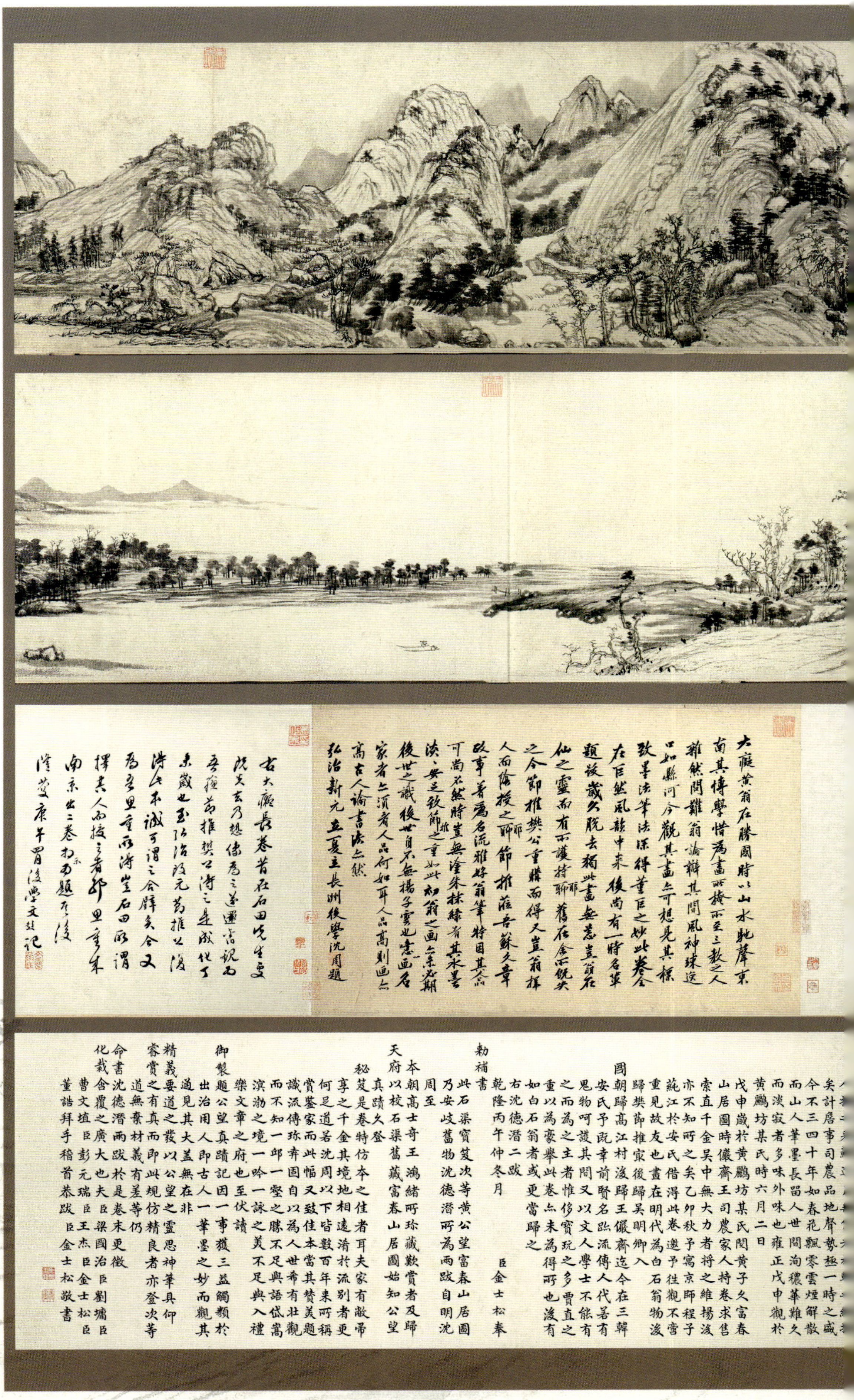

细节之美　诗意的留白

在大片留白的江岸上，两叶小舟悠然划过，舟上戴着斗笠身披蓑衣的两人仿佛已融入了美景中。作者仅用简单的笔墨勾勒，使得人类在广袤的大自然的衬托下显得十分渺小。

点苔画法

山脚下的树石用浓墨点苔画法，笔法或横或竖，笔墨或湿或干，下部分的山体则运用了较短促的皴法，将前面坚硬料峭的山体与后面巍峨的高山区别开来。

披麻皴

河岸的描绘采用横披麻皴，这是《富春山居图》中描绘河岸用得最多的皴法，横向寥寥几笔，加之岸上或浓厚或稀疏的树丛，皴擦点染间河岸景致跃然纸上。

从上到下、从右至左展卷

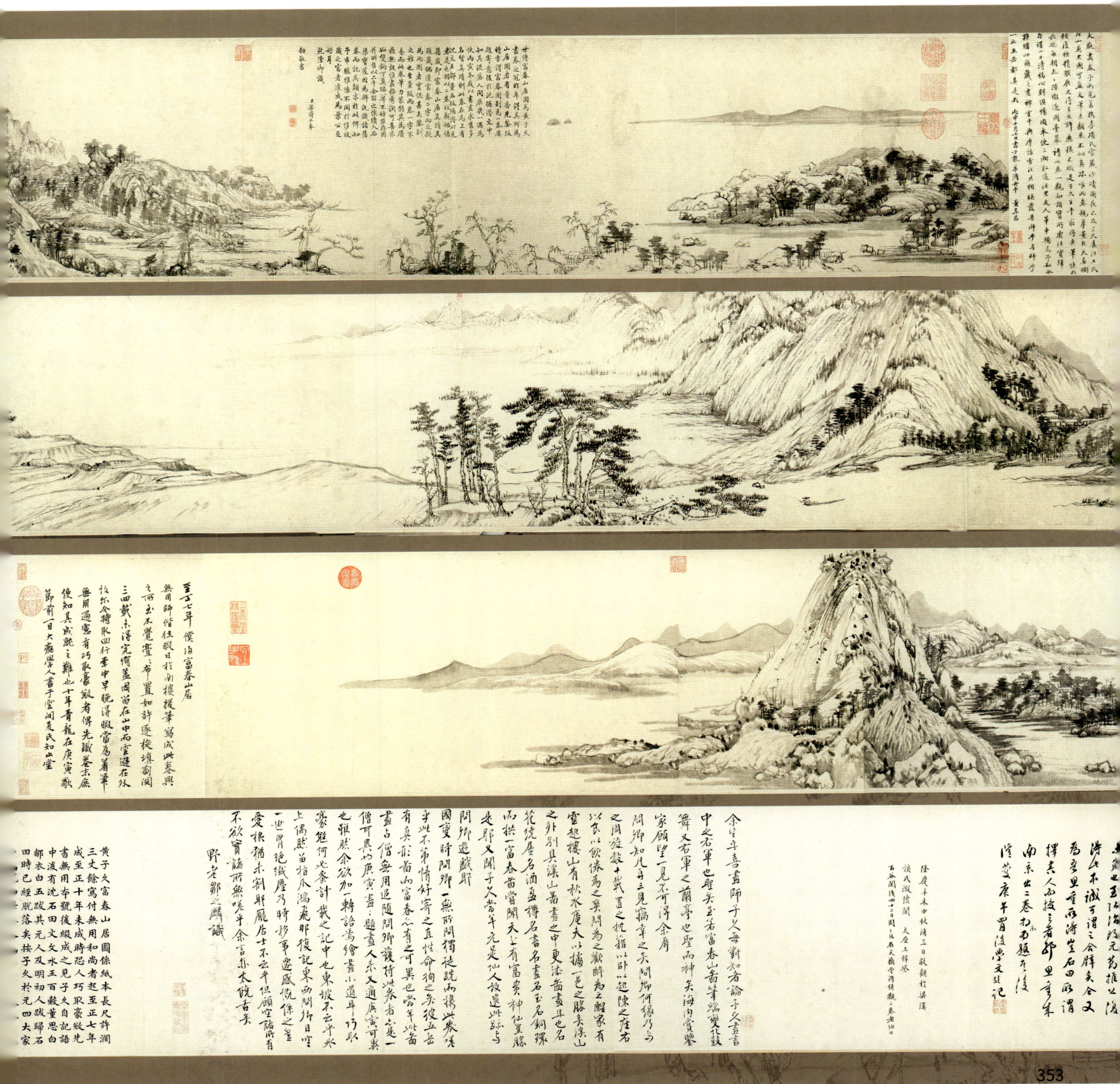

《鹊华秋色图》

元代 | 纸本

台北故宫博物院　　纵 28.4 厘米，横 90.2 厘米

《鹊华秋色图》是由赵孟頫所绘的济南鹊山和华不注山的秀美景色，图中左边圆山为鹊山，右边尖山为华不注山。清代该画收于清廷，由乾隆题字“鹊华秋色”而正式得名。赵孟頫曾说过：“作画贵有古意，若无古意，虽工无益。”他作为宋代宗室后人，对于南宋工细的画风十分排斥，认为这样的作品只有刻画没有内涵，是工匠之风，因此他上承五代北宋的古朴之气，笔法更为朴拙，同时创新性地以书法的笔法入画，既古朴又创新，独具一格。

作品采用了平远的构图手法，笔法细致，由多种色彩层层渲染绘制，画面富于节奏感。这幅作品是由赵孟頫在回到浙江时感慨好友周密对祖籍济南的思乡之情所作。除了两座主要的山峰外，前景绿树成荫，水波荡漾，农舍旁的村民醉心劳作，都有细致的描绘。

上图：《鹊华秋色图》画心部分
下图：《鹊华秋色图》全卷

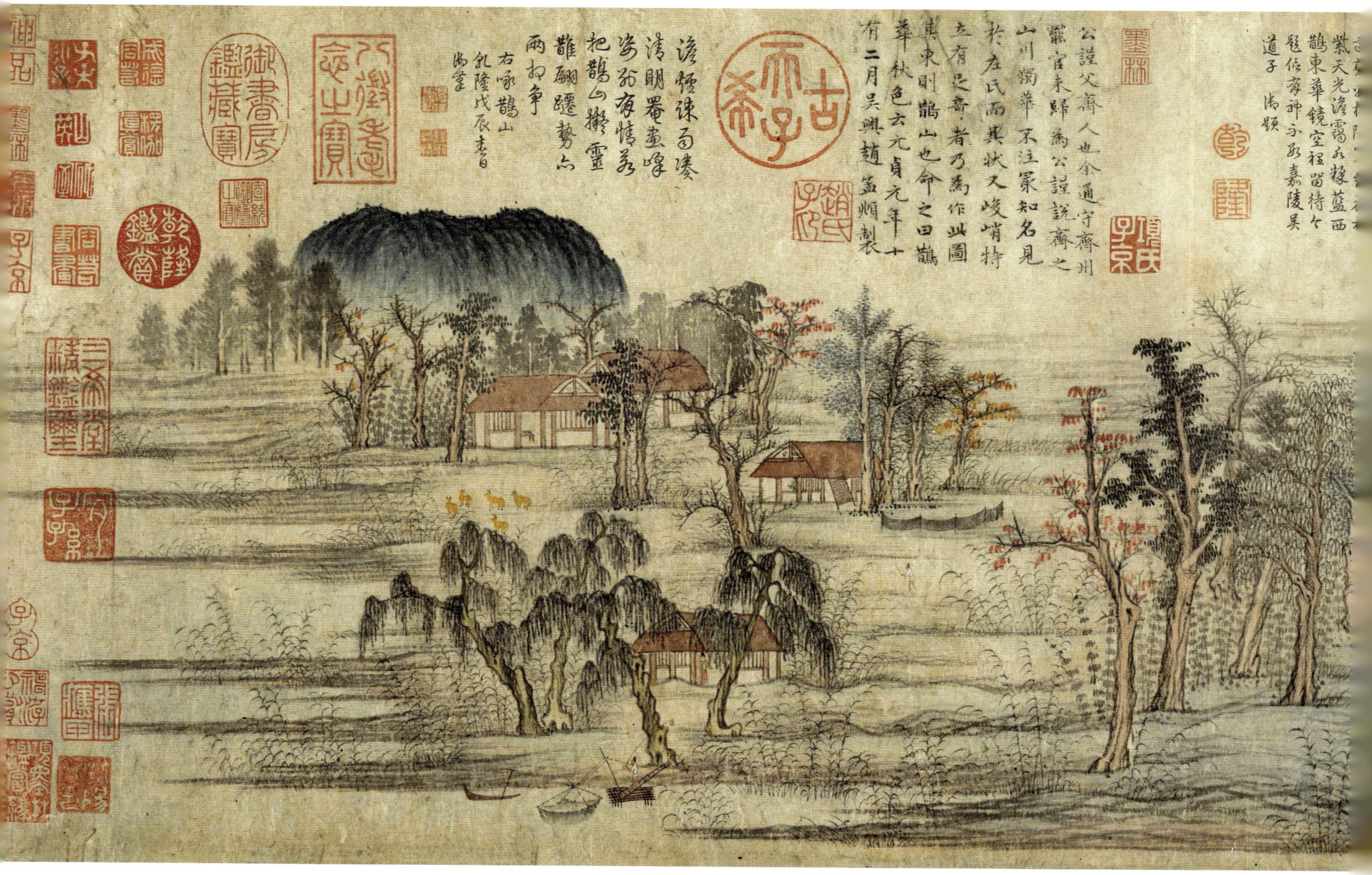

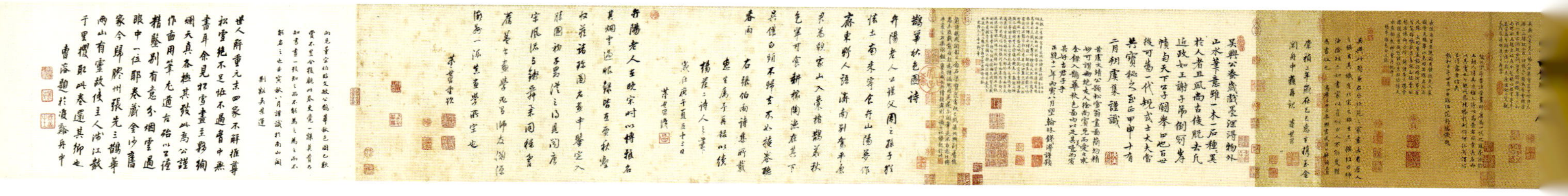

山峦之美

柔和的鹊山

左侧的鹊山，位于黄河左岸，面包状的外形，细密的披麻皴法以及淡淡的花青设色独特又引人注目，与黄河对面高耸的华不注山形成了鲜明的对比。

笔法之美

交错的荷叶皴

华不注山正面运用了荷叶皴，线条直直下落并向下方交叉，交叉处略有留白，侧面运用解锁皴，且笔墨较淡，表现了山的体积感。山体用淡青色染色，双峰隔黄河对望，成为画面视觉的重心。

《汉宫春晓图》

明代 | 绢本

台北故宫博物院　　纵 30.6 厘米，横 574.1 厘米

《汉宫春晓图》是明代画家仇英的杰作，是一幅绢本重彩仕女画。画卷采用人物长卷形式，栩栩如生地描绘了汉代宫女的生活场景。画中除了娇美的宫人，还有奢华的亭台楼阁、林木奇石。《汉宫春晓图》被认为是仇英平生得意之作，是中国十大传世名画之一，同时享有“重彩仕女第一长卷”的美誉。

仇英作画时正处于明代富庶的江南，资本主义萌芽产生，受经济环境影响，艺术也有了宽松的发展条件。在此背景下，画面全无哀怨之景，显得活泼热闹。图中采用散点透视法，既描绘了歌舞、弹唱、下棋、观画等宫廷闲适生活，也有对精美的建筑、奇石等的描绘，不仅富有情节性，也极具观赏性。

《汉宫春晓图》画心部分，从上到下，从右至左展卷

细节之美

形形色色的人物

画中众多的人物姿态动作各不相同，有的起舞，有的听琴，有的作画，处处展现了闲适活泼的轻快氛围，同时也展现出作者对生活的细致观察与高超的绘画功力。

图中男女的头饰衣着其实并非汉代服饰，图中的器物也集各朝代所长，因此“汉宫”只是一种象征与向往。

这部分描绘的是一位画师正在给一位地位尊贵的女性画像，传说这位女性象征王昭君，在她周围围绕着众多宫女。

薄雾笼罩的宫外

长卷虽然描绘的是宫内繁华热闹的景象，然而前端却用大段的笔墨描绘宫城，一方面云雾缭绕的宫城之外的景象交代了画面主题与环境，另一方面也与后端热闹的宫中生活形成了静与动的对比。

卷首描绘的是宫门外的情景，抽芽的柳树描绘得或浓或淡，晨雾弥漫，点出了“春晓”的主题。宫门砖瓦辉煌，墙外的太湖石隔开了内外的风景。

开篇绘有随风飘动的黄旗子，金色的屋顶在晨雾中若隐若现，这不仅表现了早春的气候，也符合宫廷的定位。

这部分的宫人有的跳舞，有的奏乐，莺歌燕舞好不快活。从画中烤火的宫人也可看出此时初春的户外还是些许寒凉。

《百骏图》

清代 | 绢本

台北故宫博物院　　纵 94.5 厘米，横 776.2 厘米

《百骏图》是意大利传教士郎世宁所绘。郎世宁在清廷生活了五十余年，他的作品融会了西方油画的写实技法与中国绘画中的古意。相比中国传统绘画更具光影、虚实关系，同时又保留了中国画的构图方式以及树石的画法。画中的骏马姿态各异，或坐或卧，刻画生动，姿态万千。

这幅作品中一共出现了100匹骏马，首尾各有数名牧马人控制着马群，马匹或坐或卧，或静或动，散布于山水树石之间，一派人与动物、自然和谐共生的画面。以中国画的散点透视和西方绘画的光影体积描绘相结合，是中西合璧的代表作。

刻画之美

立体的树干

画中对于树的画法结合了中国画表现树石的皴法，同时又融入了西方绘画中光影、体积的表现手法，但明暗对比更加明显，枝干树叶也刻画得更加细腻。树后的母马扭头回望着吃奶的小马，神情动态都十分精彩。

无一雷同的百马图卷

画面描绘了百匹形态各异的骏马。郎世宁细致入微地描绘了马匹的肌肉线条、毛发质感和神态表情，展现了他对马匹解剖结构的深刻理解和高超的绘画技巧。每匹马的姿态都非常自然，仿佛在真实的环境中活动。画面背景则是广袤的草原和山川，营造出一幅和谐自然的景象。

人马和谐

此处的牧马人骑着马匹，并用绳子牵引着后方的马匹涉过河水，相近的几匹马毛色花纹各不相同，后方的棕马由于牵引受力，脖子上的肌肉纹理清晰可见，同时由于融汇了西画技巧，马匹健硕的身材在光影衬托下更为生动。

嬉戏玩耍

此部分是画面的中心部分，也是马匹较为集中的部分。这部分后方的马匹或立或卧，一黑一白两匹马正在玩耍摔跤，黑白颜色的对比也让动态的对比更加强烈。远山采用近实远虚的画法加强了空间感。

或坐或立

这部分也是马匹较为集中的部分，倒仰在地的马匹翻滚玩耍，憨态可掬，左侧会聚的几匹马姿态、朝向、花色也各不相同，画面远处还可见一牧马人骑马驰骋，正在用套马杆套向身旁的白马，动静结合，画面十分热闹生动。

玉剑首

西汉 | 玉石器

台北故宫博物院　径 6.4 厘米，高 3.8 厘米

这件西汉时期的玉剑首是剑柄的一部分，雕刻为圆形，用于装饰剑柄末端。剑首为白玉材质，质地温润细腻，色泽晶莹剔透，因受沁部位不同，部分呈现黄褐色。剑首上有一圆形纽，上方以细线阴刻云气纹，周围圆雕三条螭龙，头形略方，身躯长而圆润。整个剑首虽小，但线条动感，镂空雕刻不仅增加了玉器的装饰性和美观度，还增强了整体的轻盈感，使玉剑首更加灵动和富有立体感。

在西汉时期，玉器被视为身份和权力的象征，玉质剑首更是皇室和贵族身份的象征。带玉剑首的剑常用于重要的仪式和场合，彰显其持有者的高贵地位。这件玉剑首是中国古代玉器艺术中的珍品之一，它不仅体现了西汉时期玉器制作的高超技艺，更展示了神兽崇拜的文化内涵和西汉玉雕灵动神秘的雕刻风格。

造型之美

动感的螭龙

在剑首上端圆纽上雕刻三条头部向后翻转的螭龙。螭龙龙身兽首，尾部上卷，但身上没有龙虎的斑纹。《说文·虫部》释："螭，若龙而黄。"螭龙纹在战国之后成为玉器上热衷表现的题材，常被视为护佑平安、驱邪避凶的象征。

工艺之美

立体生动的兽纽

玉剑首的制作尤其考验工匠的技艺，因为其体积较小，且立体的神兽以镂空技法雕刻而成，不仅需要工匠在玉料上精心设计图案，然后小心翼翼地将多余的部分剔除，以形成通透的镂空效果，还需要反复打磨和抛光，确保玉器表面光滑细腻，光泽柔和。

龙凤纹玉角形杯

西汉 | 玉石器

台北故宫博物院　宽 10.1 厘米，高 18.3 厘米

这件龙凤纹玉角形杯为西汉早期所制。玉杯的造型独特，呈倒立的角形，这种形状在汉代玉器中并不常见，很可能是在汉代丝绸之路通畅的背景下，受到欧亚草原文明影响而来的产物。龙凤纹玉角形杯为青白玉质，杯上少许黄褐色沁色。杯身采用了高浮雕、圆雕、线刻等多种雕刻技法。高浮雕和圆雕的龙纹精细生动，线条流畅，充满立体感，表现出龙的威严与神秘。杯背面的凤纹则采用阴刻技法，凤冠穿越龙身直上，形成了龙凤交融的图案。

龙凤纹在中国传统文化中有着重要的象征意义。龙在早期象征着上天入海的通天之力，凤象征美好和吉祥。龙凤纹的结合，寓意着阴阳和谐、天人合一，反映了汉代人对美好生活的向往和对宇宙秩序的理解。这件龙凤纹玉角形杯不仅是艺术品，更是汉代文化的代表。通过这件精美的文物，我们不仅可以感受到汉代高超的制玉工艺，也能够进一步认识到汉代人的审美观念和精神世界。

纹饰之美

低调的凤纹

在角形杯的背面以线刻技法阴刻一只身形挺立的凤鸟，凤鸟身躯蜿蜒，尾部上卷，盘踞在高浮雕的龙尾下方。凤鸟头部顶着高高的凤冠，受杯身纹样限制穿过龙尾直顶杯口，造型夸张动感。

穿越龙尾延伸而上的凤冠

杯身侧面阴刻一个较小的符号，可能为代表玉杯主人或家族的图腾符号。

多重工艺制成的神龙

杯身正面的神龙采用了多种雕刻技法，龙头采用高浮雕与圆雕结合的技法，龙角透雕与杯身衔接，龙头突出于杯体，龙身向下蜿蜒，以高浮雕与线刻相结合的手法贴于杯身，后方的龙尾盘绕在杯身，与前方龙爪相接。龙就是杯，杯就是龙，通过匠人的巧手将纹饰与玉杯合二为一，创意十足。

玉辟邪

东汉 | 玉石器

台北故宫博物院　　高 9.3 厘米，长 13.6 厘米

中国古代器物上的动物形象大抵可分为两类，一类是真实的动物形象，另一类则是融合多种动物的特征，造型夸张，具有神力及吉祥寓意的奇珍瑞兽，这件玉辟邪便属于后者。辟邪又叫貔貅，长相似虎又似狮，头上长两角，相传可以避祸消灾而常常出现在墓室门前。东汉时期的玉辟邪在西汉的基础上趋于定性，正如这件玉辟邪体形健硕，兽头高扬做嘶吼状，相对于西汉时期辟邪塑为奔走形态，该件更显闲庭信步，充满自信的威严。

辟邪长须垂于胸前，尾部拖地，气宇轩昂，双翼贴于身侧，给人肃然起敬之感。玉石的温润质感和精美雕刻，使人们在视觉和触觉上都能获得极大的满足。在欣赏这件玉辟邪时，人们不仅能感受到古代工匠的智慧和技艺，还能体会到汉代时期人们对辟邪避祸的美好愿望。

造型之美　如虎添翼

这件玉辟邪虎身雕刻延伸至后腿的双翼，古人常以“如虎添翼”来形容本就强力的人获得帮助而变得更强。正如这件带有双翼的虎形辟邪一般，有着威猛通天的神力，匠人对神兽的刻画十分细致到位，外部线条概括，身下则以细线表现腹部绒毛，生动凝练。兽头经多年盘玩风化已现包浆，可见这件玉辟邪深受人们的喜爱。

染色之美

复古沁色

玉辟邪流传至清代颇受乾隆皇帝喜爱，并在辟邪胸前铭刻御题，打造木制底座。辟邪原本为青白玉，清代仿古之风盛行，因此乾隆皇帝命人将这件辟邪的头部、胸前及背部染成褐色沁色，器身黄褐相间，为文物更添一份古朴之气。

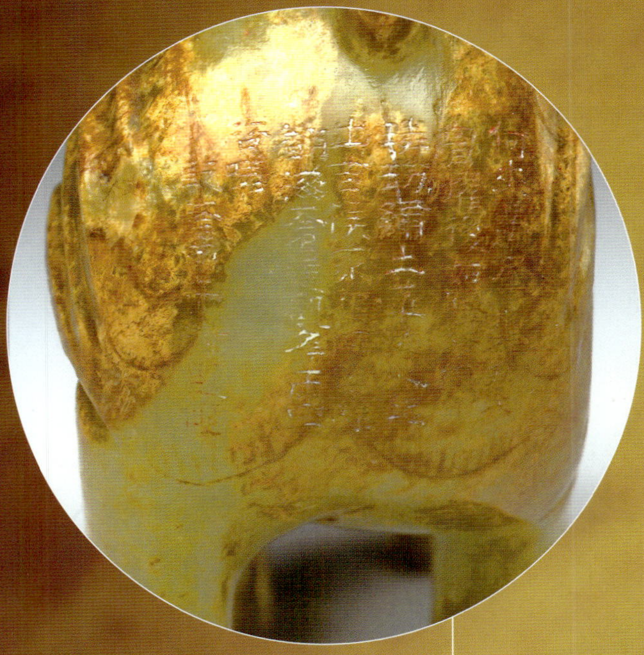

辟邪腹部所铭刻乾隆御题，在木质底座上刻有相同内容，字体精细，以银丝嵌入，足见乾隆帝对这件汉代精品的热爱。

松荫图玉雕

宋元时期 | 玉石器

台北故宫博物院　　宽 8.6 厘米，高 21.2 厘米

这件松荫图玉雕由一块偏灰带紫、上有黄斑的长形青玉雕琢而成，匠人依形镂空雕刻一株老松，松树下一老者衣着长袍，手持长杖，老者身旁伫立一低眉顺目的侍女，玉雕背面下方石台上立着一只憨态可掬的小鹿，周围还有翻转飘散的云气。此玉雕雕工较为朴拙浑厚，山石松树的内壁与镂空大多是由管钻去料，内壁打磨略粗糙，但是对于人物和动物的雕琢却精练到位，有取有舍，别具一格，体现了一种自然纯朴的美感。这种朴拙之美不仅体现在雕刻技法上，更反映了宋元时期文人雅士对质朴自然之美的追求。

老松的苍劲、侍女的优雅、云气的缥缈和仙鹤的高洁，构成了一幅清新淡雅、意境深远的画卷，让人感受到一种宁静悠远的气息。这件松荫图玉山，依形造景，雕刻整肃大气又有对局部的细节刻画，这文人图景既包含着对自然美景的赞美，也有对文人精神世界的映射。

镂空雕刻的树下文人

在苍翠的松树之下立着一位身穿长袍的老者，老者佝背长须，一旁的侍女同样低眉顺目，二人背向而立，无论从正面还是侧面皆构成了松树与人相伴的图景。

管钻去料的痕迹

寓意吉祥的松荫图景

玉雕以镂空技法雕刻了文人、侍女、松树以及灵鹿，这也是松荫图常见的元素。松树在中国文化中象征长寿、坚韧和高洁，因此松荫图常寓意吉祥和美好愿景。人物形象则多为文人雅士静立树荫之下，表现了悠远的意境与文人的精神世界。

在玉雕背面雕刻有一只前蹄微抬、昂首引颈的小鹿，小鹿面容憨态可掬，鹿腿纤细，身形灵动，在松林间显出和谐的自然景象。

台北故宫博物院　　宽10.9厘米，高4.5厘米

这件玛瑙山茶洗是明代的一件笔洗，用于作画写字时洗笔。这件笔洗由一块白里透粉、一侧带有深红色的斑纹的玛瑙料雕刻而成。匠人巧妙地采用俏色雕刻之法，利用表面的色斑依形刻画，将白里透红的部分雕刻为盛放的山茶花，深红色斑塑为枝干，枝叶蔓延而出，在主体花朵侧面还雕一朵较小的山茶花。山茶洗立于一紫檀雕根结的底座之上，古朴清雅，显示出独到的文人趣味。

在中国传统文化中山茶花象征着高洁和优雅，是文人墨客心目中理想的花卉之一。像这样的山茶洗，在明代文人书房中，不仅起到装饰作用，更反映了主人对自然美的追求和对生活品质的重视。整件作品的雕刻不仅考验工匠的技艺，也体现了他们对自然之美的理解力和表现力。

材质之美　白里透红的玛瑙

这件笔洗采用红白相间的玛瑙雕刻而成，花朵的部分白里透红，充分表现了花朵盛放时的质感。匠人精心构思，巧妙地去除了玛瑙杂质，保留了色沉部位并塑为枝干，没有过于烦琐的细节，意境高洁，将俏色玛瑙的“象”与“意”展现得淋漓尽致。

纹饰之美　莹白的山茶花

笔洗的主体部分雕刻为一朵盛开的山茶花，花朵中空，内部可用于盛水洗笔，花瓣层层叠叠，细腻而逼真。每一片花瓣的边缘都经过精细打磨，呈现出自然的曲线和纹理。在笔洗背面还雕刻一朵花枝蜿蜒的较小的山茶花贴于一旁，玛瑙深红色的部分恰好随形塑为花枝的根部。

“秋山”仕女焚香玉饰

金至元 | 玉石器

台北故宫博物院　　长 8.5 厘米，宽 2.7 厘米，高 9.7 厘米

这件“秋山”仕女焚香玉饰附带一木制雕花插屏，为供观赏把玩的陈设器。玉饰镂空雕刻山林老松下焚香展卷阅读的仕女与斜上方童子相向而立，画面一旁还雕刻了岩间生长的灵芝、乌龟、仙鹤等寓意吉祥的纹饰。一旁的秋山景色同样精致，山石、树木、花草等元素被巧妙地融入作品中。背部雕刻山林间野猴、山鹿或玩耍或伫立，营造出一种宁静和谐的自然景象。

“秋山”仕女焚香玉饰不仅展现了仕女焚香的优雅场景，还蕴含了丰富的文化内涵。仕女在中国传统文化中常被视为美好和纯洁的象征，而焚香则代表了对高雅情趣的追求。这件玉饰通过仕女焚香的形象，传达了明代文人雅士对宁静生活和高尚情操的向往。

造型之美　秋林野鹿

玉饰上宽下窄，应为依形雕刻。画面为秋山林间之景，茂盛的丛林之间，一大一小两只小鹿抬头仰望嬉戏的场景。在玉饰左上方的树荫之下还有两只憨态可掬的猴子相拥打闹。匠人巧妙利用玉料表皮的沁色展现秋日山林枯黄的叶片，生动形象。

人物树石雕刻细致，背景镂空处圆形孔洞可见管雕痕迹。

造型之美　焚香仕女

焚香是中国古代文人雅士净化环境、安神养心的一种重要活动，象征着高雅和闲适。玉饰正面，一身着长衫的仕女在香炉边展卷读书，后方苍松翠柏郁郁葱葱，一旁的灵芝、乌龟象征着吉祥长寿，仙鹤则是文人图景中常见的瑞兽，上方的云气之间还立一童子，共同构成了充满诗意与文人趣味的秋林图景。

翠玉白菜

清代 | 玉石器

台北故宫博物院　长 18.7 厘米，宽 9.1 厘米，厚 5.07 厘米

目前可知翠玉白菜文物共有六件，而以台北故宫博物院的最为有名，是镇馆的“明星文物”之一，曾经存放在北京故宫中的永和宫，传说是瑾妃的嫁妆。白菜谐音“百财”，而白菜本身的色泽又象征着清清白白，层层叠叠的菜叶与菜叶上的昆虫象征着开枝散叶、多子多孙，因此寓意吉祥的翠玉白菜深受皇亲国戚与老百姓的喜爱。

这件翠玉白菜由一块半灰半绿的天然翡翠雕刻而成，玉石绿色的部分和白色部分巧妙地雕成菜叶和菜梗，造型与真实的白菜相似度近乎百分之百，白菜上的昆虫更是活灵活现，整件作品既有美好的愿望，又有巧妙的设计。

材质之美　莹透的翡翠

在19世纪由于清廷皇室的喜爱，翡翠数量大增，台北故宫博物院藏翡翠玉器也多为这个时期的作品。这件翠玉白菜就是由一块半灰半绿的翡翠制成。它莹润透亮，翠色欲滴，是一块难得的玉料。

灰绿渐变

生动之美　形象的昆虫

螽斯和蝗虫就是我们俗称的“蝈蝈儿”与“蚱蜢”，在白菜顶端的菜叶上趴着的螽斯与蝗虫雕刻细致生动，每一根触角都清晰可见，昆虫腿上的纹路都细致地表现了出来。

国宝小知识　翠玉白菜

翠玉与白菜的组合在清代中晚期十分流行，而白菜与昆虫的组合早在元末明初的花鸟画当中就常常出现，是皇家与民间都喜爱的吉祥题材。白菜因其清清白白的寓意也常常被文人用来暗喻清白之身处于恶劣的政治环境中。

制作这件翠玉白菜的玉料来自缅甸，在翡翠鉴赏中讲究“种”，透明度高、颜色纯、杂质少的被称为“老坑玻璃种”，且玉石雕刻讲究顺应石料自身形制。因此这件翠玉白菜无论从材质还是后期琢磨来看，都属于难得的瑰宝。

刻画逼真的叶脉
雕刻如意云纹的底座
精致的掐丝珐琅底盆

肉形石

清代 | 玉石器

台北故宫博物院　　长 7.9 厘米，通高 6.6 厘米

这件肉形石来自内蒙古阿拉善左旗，曾经是清代的宫廷旧藏，它与翠玉白菜、毛公鼎并称为台北故宫博物院的镇院三宝，也称为四大奇石之一。这件雅俗共赏的奇石虽被专家们定位为三等品（即没有特定历史价值的观赏品），但无论官方定论如何，还是挡不住每年源源不断来台北故宫博物院赏石的游客们。

制作肉形石的玛瑙石料经过漫长岁月的沉积，以及受到杂质的影响，形成了层层叠叠的质感，再经过工匠的细心打磨、染色，使得冰冷的石头拥有了肥瘦相间的质感。观看这块逼真的奇石，仿佛隔着照片就闻到了红烧肉的香气。

细节之美　诱人的“皮肉”

肉形石的肥膘部分颜色较浅，仿佛可以感受到肉被炖煮后晶莹肥腻的油润感，而薄薄的一层瘦肉层则是石头经过漫长的岁月沉积所形成的杂质层。肉形石正是由于天然排布的杂质层与人工制作的东坡肉巧妙吻合而显得巧夺天工。

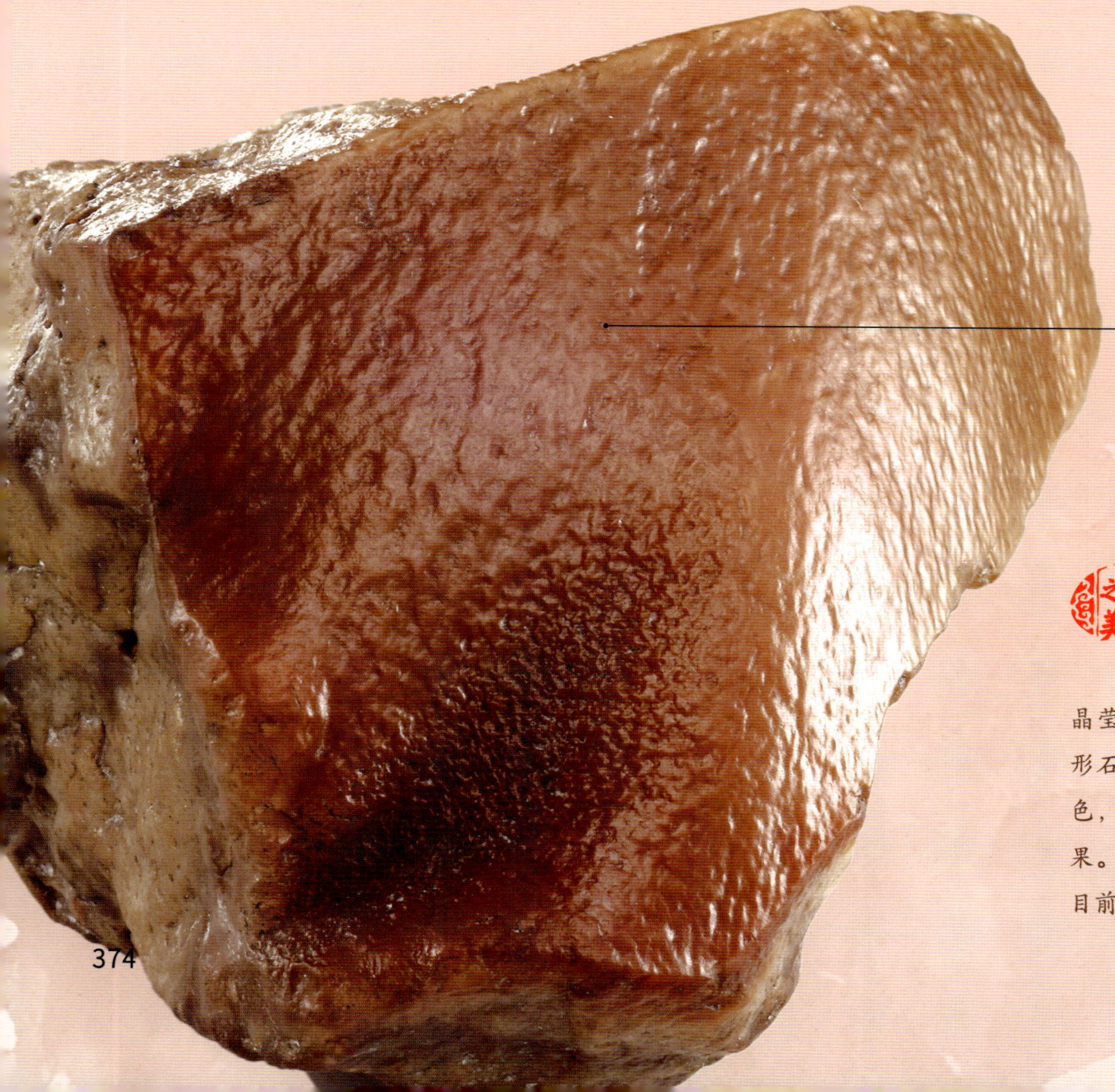

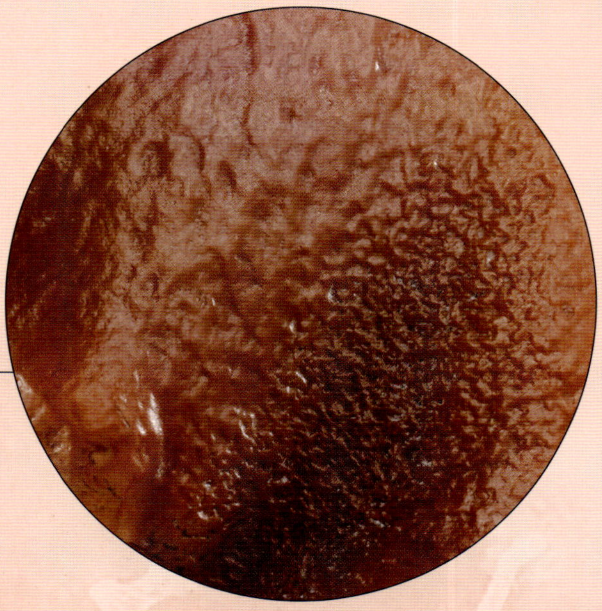

细节之美　逼真的“毛孔”

肉形石的“肉皮”不仅模仿了五花肉烧制过后晶莹肥厚的质感，连肉皮上的毛孔都栩栩如生。肉形石表皮由工匠精细雕琢出细密的毛孔，并打磨上色，从而表现出东坡肉晶莹剔透胶质满满的视觉效果。当然也有学者认为其颜色与气孔为天然形成，目前尚无定论。

玉瑞兽尊

清代 | 玉石器

台北故宫博物院　　长 15.6 厘米，高 26.6 厘米

这件玉瑞兽尊为清代乾隆时期的仿古器，为仿古方尊与神兽相结合的创新器型。玉尊扁而高，威武的有翼神兽上驮觚形方尊，尊身两侧各一衔环象首形耳。方尊上方以细线阴刻蕉叶纹，口沿处以单行隶书刻“大清乾隆仿古”款识。

明清时期仿古之风盛行，看似回溯旧时的古朴，实则是对于旧有器型的二次创新，尤其以乾隆时期最为风行。商周时期的兽形尊并不少见，但往往是将器身整体塑造为鸟兽形，而并未有兽驮尊的器型，这种兽驮宝尊的组合形象很有可能是在象驮宝瓶等形象上发展演变而来。身插双翼的神兽仿佛拥有着通天的神力，玉的温润、神兽的威武、方尊的古朴共同构成了新颖和谐的器型。

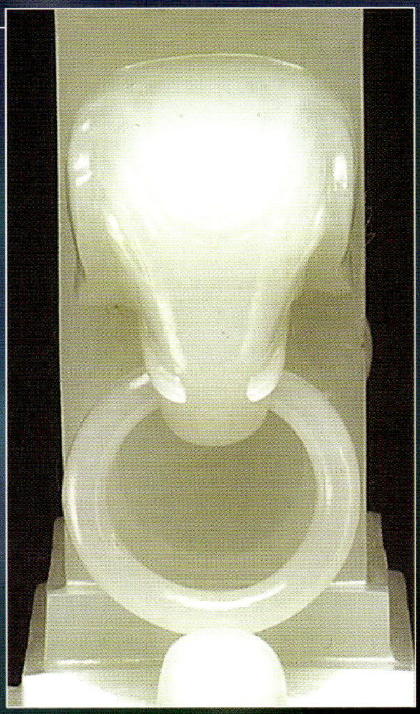

方尊两侧的衔环兽首为整体雕刻，技艺精湛。

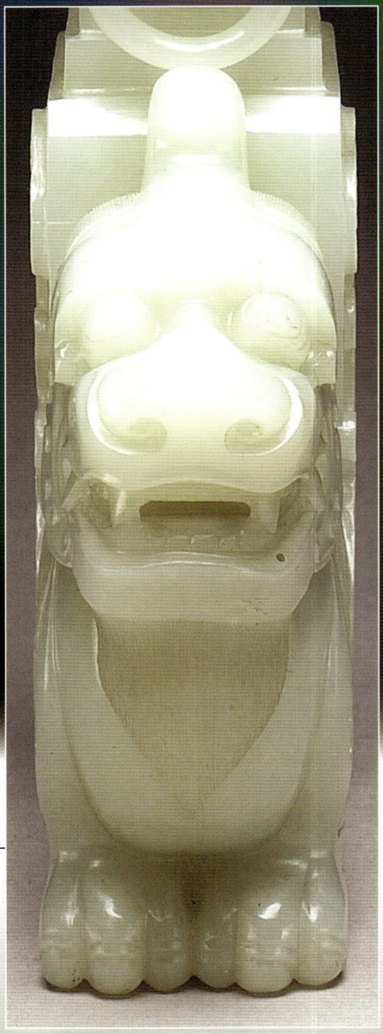

形象之美

飞天瑞兽

这件玉尊下方的瑞兽选用上等青白玉，质地细腻，光泽莹润。瑞兽头顶长角，怒目圆睁，张口，自前腿两侧延伸出一对蕉叶形双翼。翅膀象征着自由和力量，增加了瑞兽的神秘感和威严感，兽腿刻卷云纹，尾部高扬，并以细线刻画兽尾纹路。整体雕工细腻，线条流畅。

低调的几何纹饰

在玉瑞兽尊的上方以细线阴刻蕉叶纹和横竖相间的几何纹，古朴的方尊结合风格新颖的几何纹更加显示出新旧结合的美感。在光线照射下纹样若隐若现，不抢夺兽身主体的纹样雕刻，主次分明，充满了装饰性美感。

金叶玉卉水仙盆景

清代 | 玉石器

台北故宫博物院　　宽 19.2 厘米，通高 23.5 厘米

这件金叶玉卉水仙盆景是一件清代宫廷陈设摆件。明清时期，水仙作为“岁朝清供”中的元素之一常出现在画家的作品当中。而北方的宫廷中，皇帝希望寒冬中也能见到草木茂盛之景，于是催生了此种像生盆景。金叶玉卉水仙盆景以玉塑海棠花瓣形花盆，上以纤薄的金片塑水仙花的叶片，以打磨温润的白玉做成或含苞待放、或花开正盛的花朵，更有青玉雕刻的三两竹叶点缀其间，给人以高贵、美好、纯洁的视觉享受。

金叶玉卉水仙盆景是一件集艺术、审美和文物价值于一体的清代宫廷珍品。它以精湛的工艺、优美的造型和丰富的文化内涵，展示了清代宫廷工艺的辉煌成就和高雅审美。

寓意之美　金枝玉叶

金、玉在中国传统文化中常常被赋予吉祥美好的含义，在“金枝玉叶”“金玉良缘”等词汇的衍生下，众多金玉饰品得以产生。玉质的花朵永不凋零，金子做的枝叶熠熠生辉，枝叶又有开枝散叶、安居乐业等寓意，都是中国传统器物中常出现的元素。而以金、玉这类贵重材料造景，也彰显了皇室贵族的奢华生活。

细节之美 姿态各异，灵活生动

这件金叶玉卉水仙盆景每朵花的形态皆不相同，既有面向不同方向盛开的花朵，也有含苞待放的花骨朵。花梗青翠，花瓣莹白，金叶或疏或密。将中国画中的“经营位置”概念进行盆景塑造，更显花卉的姿态各异与鲜活。

玉花卉纹香薰

清代 | 玉石器

台北故宫博物院　　高 12.9 厘米，口径 12.5 厘米

香薰作为清代贵族和文人雅士日常生活中的重要物件，不仅用于熏香驱蚊，更是审美和品位的体现。随着朝代更迭，香薰的材质、外形、工艺都有了空前的发展，正如该香薰运用了高超的镂雕技艺结合圆雕工艺。炉身部分镂空雕刻牡丹花及缠枝花草纹，花瓣层层叠叠，枝叶错落有致，极富立体感和层次感。双耳的浮雕花卉部分栩栩如生，展现了清代玉雕工匠的娴熟技艺和对自然的细腻观察。

玉花卉纹香薰分为炉盖与炉身两部分，内部可盛装香丸或鲜花、佛手等气味清新的雅物，镂空的器壁不仅工艺精巧，造型美观，还利于香气的发散。这件香薰不仅展现出清代高超的玉器雕刻技法，也展现出清代宫廷贵族在生活上的文人雅趣及审美需求。

工艺之美

实用美观的花枝提耳

不同于器身镂空雕刻的牡丹纹样，在器身两侧以圆雕技法雕琢几朵盛放的牡丹，配合高浮雕、深雕等技法，使花瓣的每一个细节都栩栩如生。花瓣的纹理、边缘的细微起伏以及花蕊都经过了精细刻画，而下方的花枝与叶片的弧度正好构成了便于提携的提耳，既实用又美观。

牡丹花开，富贵吉祥

牡丹作为纹饰的主体，象征富贵和繁荣，是中国传统文化中吉祥如意的象征。花卉纹的细腻雕刻不仅增强了艺术美感，也表达了对美好生活的向往与祝愿。玉质青中带白，将花瓣透光的效果表现得栩栩如生，在其中放入香料，香气弥漫，仿佛冰冷的玉石幻化为真实的花朵，赏心悦目的同时兼具实用性。

牡丹纹

盖顶

香炉的盖顶雕刻为一圆形平顶盖纽，上方镂空雕刻三朵簇拥的高浮雕牡丹花，上方的镂空开口相较器壁更大，可以使得香气更好地发散。

回形纹

在镂空香炉的盖沿处以线雕装饰一圈回形纹。回形纹是以方形螺旋顺序排布的装饰性纹样，这类纹饰形式简单但富于装饰性，在明清时期的瓷器、玉器上常有出现。

白玉花鸟瓶

民国 | 玉石器

台北故宫博物院　　高 31.9 厘米

这件白玉花鸟瓶为民国时期所制。玉瓶分为镂空雕刻花鸟纹的瓶身及瓶盖两部分，以子母口相合。玉瓶主体为扁圆形，斜肩收颈，腹部下敛，器肩雕刻斜窗格纹，器身花鸟是中国传统艺术中常见的主题，象征着自然的和谐美好。花卉代表繁荣与美丽，鸟儿象征自由与吉祥。这件玉雕花鸟瓶将这些元素结合在一起，营造出生动的自然景象。

民国时期时代动荡，玉料运输途径减少，精美玉器的数量骤减，加之封建帝制已然瓦解，玉器风格也逐渐趋于世俗化，风格“雄壮”的大型玉雕减少，更多表现为花鸟、人物等小景。正如这件白玉花鸟瓶，雕刻精细，花枝娇媚，鸟雀“清秀”，是一件符合时代审美的精品玉雕。

跃然而出的花鸟画

玉瓶瓶身为一整块白玉镂空雕琢而成，先在玉石上凿刻出玉瓶的形状并预留花鸟纹样的轮廓，再以管钻等钻具将镂空部分去除，以刻刀与磨具将器身打磨精细，最后将花鸟画中的景象立体地呈现出来，技法高超，富于雅趣。

纹样之美 花中鸟雀

玉瓶正面的花丛之间，两只长尾的鸟雀一只抬头，一只回首。鸟雀们的姿态自然且和谐。鸟身雕刻圆润，栩栩如生，仿佛在互相交流欣赏着这片美丽的花丛。鸟雀与花丛相映成趣，构成了一幅和谐的自然画卷，让人仿佛能听到鸟鸣并感受到微风的轻拂。

汝窑天青无纹水仙盆

宋代 | 瓷器

台北故宫博物院　　高 6.9 厘米，横 23 厘米，纵 16.4 厘米

这件文物出自宋代五大名窑之首的汝窑，以天青色釉为特色。天青釉是汝窑瓷器的一大特色，因其釉色如同晴天的青蓝色而得名。天青釉的烧制难度极高，需要精确控制窑内温度和气氛，因此成品率很低，存世数量稀少。传世汝窑瓷器不足百件，台北故宫博物院藏有 21 件，其中水仙盆有3件。而此件水仙盆也是唯一一件没有开片纹路的，更显得珍贵稀有。

汝窑天青无纹水仙盆表面光滑，除后世在底部刻诗以外，无任何刻纹或装饰。这种简洁的设计使其釉色的美丽得以充分展示，体现了宋代“以简胜繁”的美学理念。瓷器为椭圆形，侈口，椭圆圈足，下有四个如意形足，器身无纹路。没有开片纹路的汝窑瓷器极为稀有，鉴赏家曹昭在《格古要论》中就曾说过汝窑“有蟹爪纹者真，无纹者尤好”。

雨过天晴

宋代的汝瓷色调优雅，因宋人崇尚质朴、自然与质感，对精致生活有着执意追求，因此如“雨过天青云破处”的淡雅青瓷深受文人喜爱，十分符合宋人高雅的审美品位。

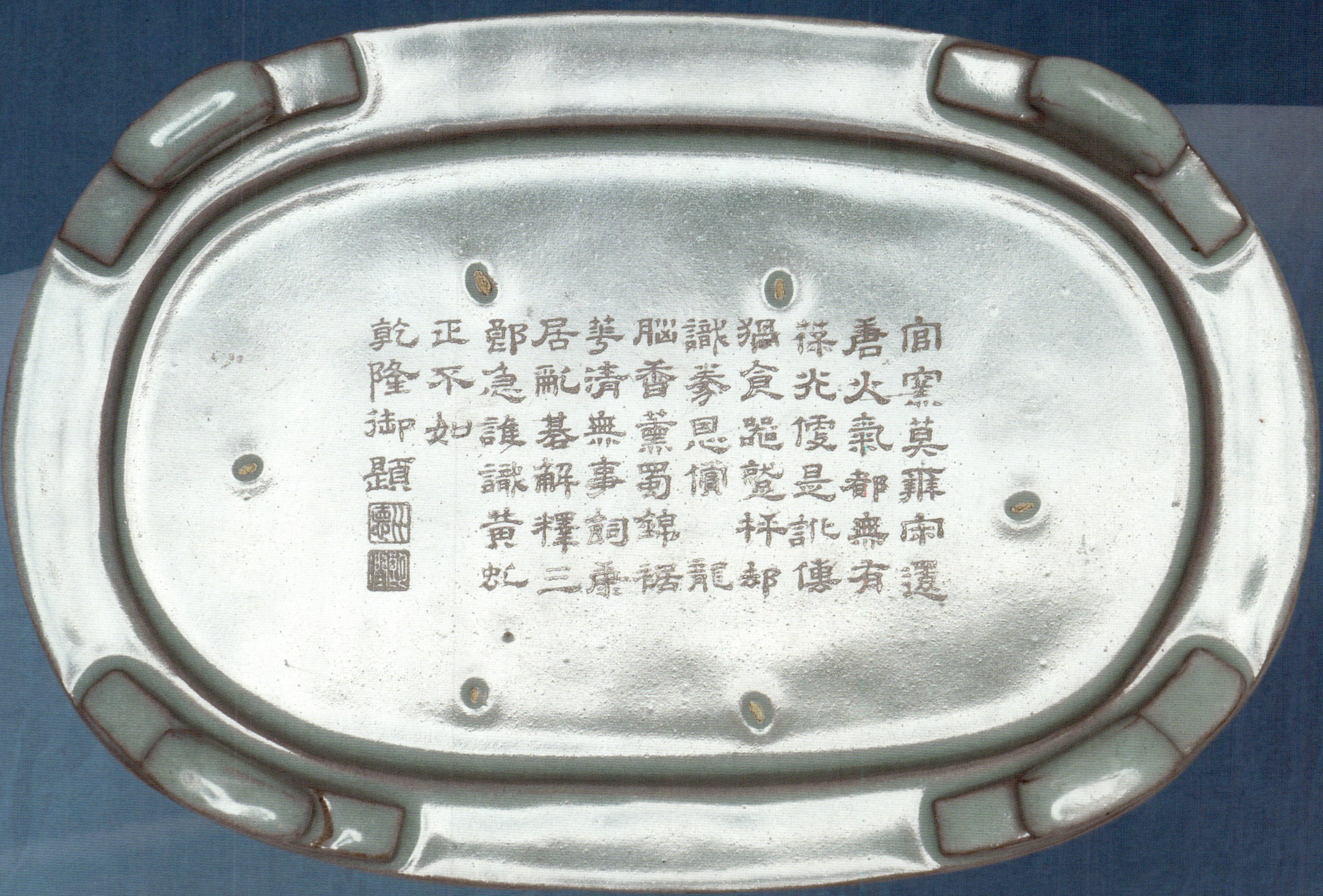

诗文之美 皇帝御题

乾隆皇帝对于这件宝物甚是喜爱，于是命工匠刻诗：官窑莫辨宋还唐，火气都无有葆光。便是讹传猧食器，蹴枰却识豢恩偿。龙脑香薰蜀锦裾，华清无事饲康居。乱棋解释三郎急，谁识黄虬正不如。乾隆御题款识和“比德”“朗润”刻印两枚。在其他器物的几首诗文中也有提及“猧食器”一说，即该器物可能用作猫食盆。

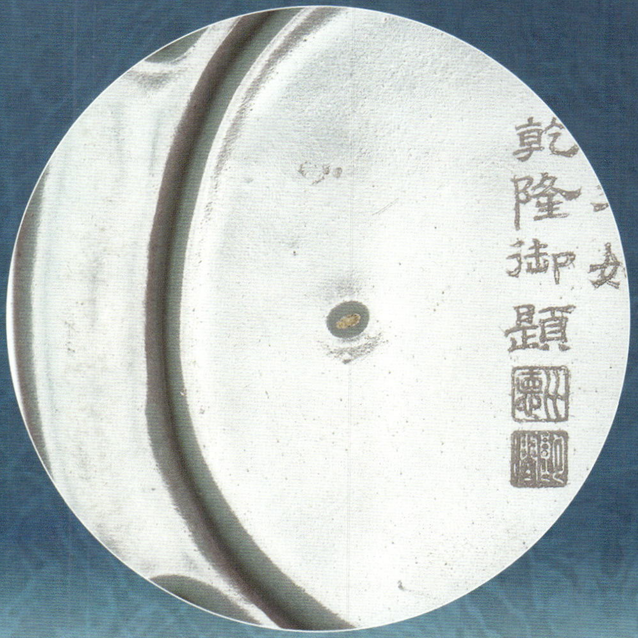

细节之美 支烧痕迹

水仙盆底部有六枚细小如芝麻的支烧痕，这是因为汝窑往往采用外裹足满釉支烧法，用各种各样的匣钵承装瓷器烧制且只能一钵一器，在器物底部用细小的支钉支起，烧成后就会留下细小的钉痕，也有用垫饼支起的，则器物底部无釉。

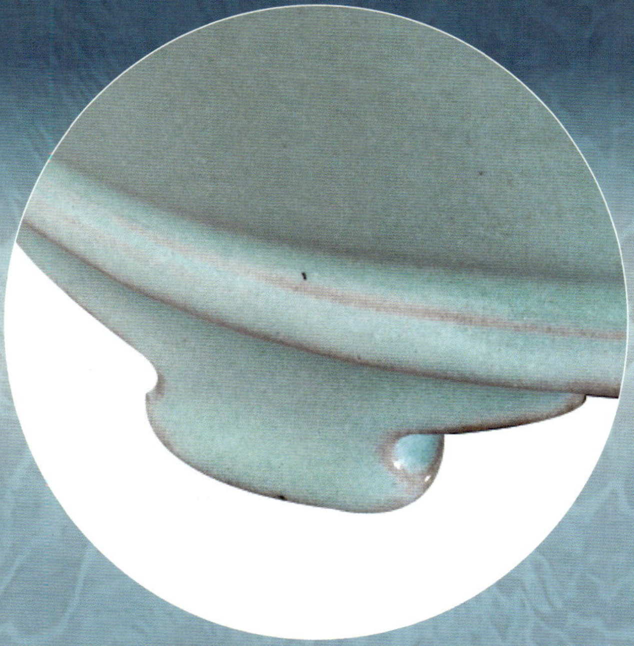

细节之美 足下祥云

水仙盆盆底由四个如意形足支撑，又称“云头形足”，主要取吉祥如意的含义。现存的汝窑水仙盆往往都以如意足托底。汝窑瓷器的器型往往简洁大气，少有装饰，仅以简单的塑造来概括元素，而更突出文人气。

汝窑青瓷莲花式温碗

宋代 | 瓷器

台北故宫博物院　高 10.4 厘米，口径 16.2 厘米，底径 8 厘米

这件温碗出自宋代五大名窑之首的汝窑。汝窑存世时间短，留存文物也较少，这件温碗是台北故宫博物院馆藏21件汝窑瓷器之一。这种花瓣形温碗常常与酒壶配套使用，将酒壶放入倒满热水的温碗当中以保证壶内酒水不至于冰冷。

这件青瓷莲花式温碗通体施青色满釉，釉色清润，碗身布满细密的蟹爪纹，底部圈足微微敞口，碗底有五枚支烧钉痕。整体造型温润雅致，符合宋代文人审美。

造型之美　充满节奏感的莲瓣

碗边共10片莲花瓣，碗身随着花瓣的起伏呈现波浪状。胎体轻薄，以玛瑙入釉，通体施以青釉，青中泛蓝，色泽温润，局部还表现出微弱的粉色光泽。莲花“出淤泥而不染，濯清涟而不妖”，是宋代美学中常见的元素。

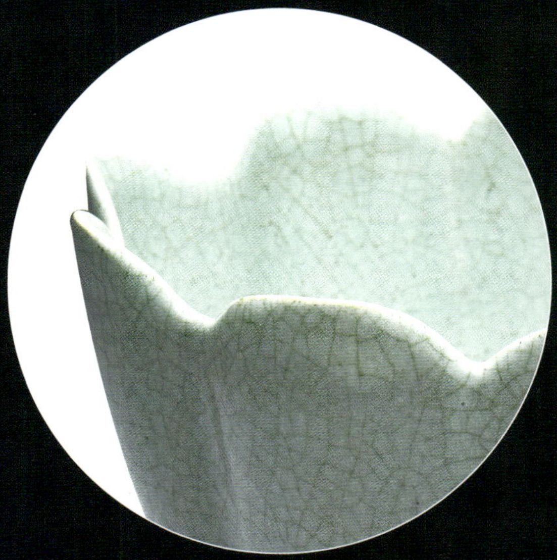

藏拙之美　底部的支烧痕

碗底圈足略高，碗底有五枚支烧钉痕，钉痕处可见暴露的胎土，因此可知这只温碗为满釉支烧而成。

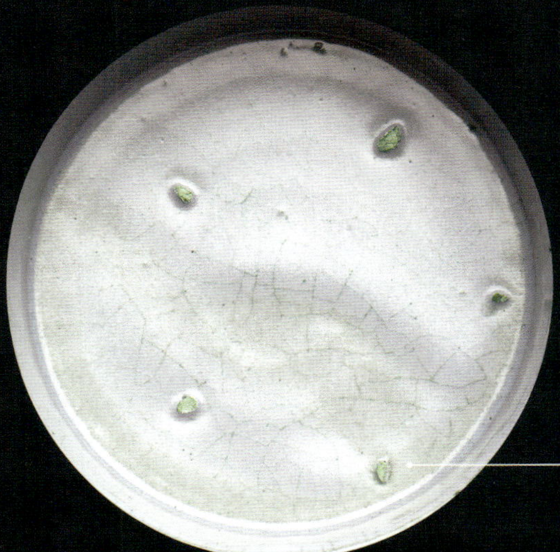

国宝小知识　开裂的瓷器

我们常常见到精美的瓷器上有仿佛裂开的细小碎片般的纹样，这种工艺称为“开片”。在宋代五大名窑中汝窑、哥窑、官窑都产有精美的开片瓷。开片是由于烧制过程中胎、釉温度不均衡导致膨胀，经过冷却之后爆裂产生的纹路。这种开裂本身是一种瑕疵，但这种缺陷之美却深受宋代文人的喜爱。如下图这件修内司官窑长颈瓶宽大的开片反而使得瓶身纹饰更为丰富。

大英博物馆　南宋　修内司官窑长颈瓶

未知之美

迷人的开片瓷

釉面上布满了浅棕色细密的片状纹路，这种纹路是汝窑特有的蟹爪纹。正是这些细小的纹路，使青瓷在阳光下，不同时间会折射出不同的青绿色泽。蟹爪纹也成为鉴定汝窑瓷器的关键点之一。

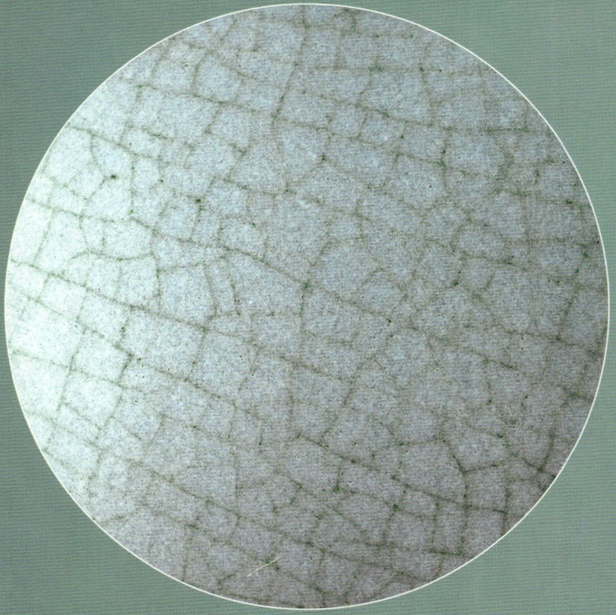

定窑白瓷婴儿枕

宋代 | 瓷器

台北故宫博物院　　底径 31×13.2 厘米，高 18.8 厘米

这件白瓷婴儿枕产自定窑，以白瓷制成，釉色牙白温润。因为定窑常以煤炭烧制瓷器，所以瓷器上带有淡淡的黄。目前已知白瓷婴儿枕共有三件，其中两件藏于台北故宫博物院，一件藏于故宫博物院。属这件刻画最为精美。

该瓷枕头部与身体分模铸成并接合，男婴卧于榻上，双腿微翘，表情俏皮，有着多子多福的含义。婴儿衣服及榻上的褶皱逼真，花纹精细，大多采用刻、划、剔、印、雕塑等技法。

纹之美

刻画不一的马甲

此件婴儿枕的马甲纹样刻画十分精致，马甲背面刻画有缠枝牡丹纹，马甲前襟及长袍下部刻有球纹锦和朵花锦。

缠枝牡丹纹

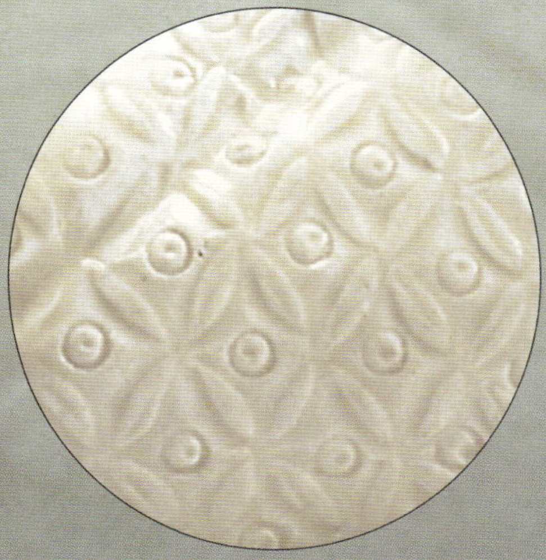

球纹锦和朵花锦

细节之美

刻画精细的绣球

婴儿手中拿着的丝带璎珞绣球，上面的绳结、花纹刻画得十分精细。丝带的刻画将绸带的垂坠感表现得十分到位。绣球的质感则饱满敦实，上面的花纹也十分细致。

螭纹

云纹

纹饰之美

寓意吉祥的螭纹

瓷枕的底座，即婴儿所卧座榻布满云纹与螭纹。螭纹是龙纹的一种，早期出于神兽崇拜，到了宋代更多作为一种寓意吉祥与地位的装饰纹样。

青花人物纹如意耳扁壶

明代 | 瓷器

台北故宫博物院　　高 29.7 厘米，口径 3.6 厘米，足长 12 厘米，足宽 8 厘米

青花瓷制作在元代开始发展壮大，这种以青色为主的釉彩瓷器最初是出口到西亚、中东地区的，主要是为了满足国外审美。而明代海上丝绸之路兴盛，也促进了中国与西亚以及欧洲文化的相互交流，例如这件扁壶的形制又称为“抱月瓶”，借鉴中东地区盛水壶器型，多为行军时挂于骆驼、马匹身上稳定方便的扁壶。

这件青花人物纹如意耳扁壶瓶颈细长，壶身扁圆，颈肩处连接两个如意形耳，壶身正反两面均描绘中式山水，然而上方奏乐舞蹈的却是异域人士，足可见明代东西方文化交流的密切。相比于元代青花瓷器繁密的纹样，明代青花瓷瓶身大量留白，不仅使人物山水更为突出，同时也更加凸显画面意境。明代青花瓷素有“永乐人少”之称，即瓷器上鲜少出现人物。以人物为主题的如意耳扁壶目前仅存两件，另一件藏于土耳其伊斯坦布尔的托普卡帕宫博物馆，足可见其珍贵。

纹饰之美　异域的舞蹈

扁壶正面绘有三位跳舞的人物，左边人物头上包头巾，身着长衫，正沉醉地吹着笛子；右边的人物则击鼓附和；正中的人物高鼻凹眼，正伴随着欢快的音乐起舞。后方群山连绵，前方草木茂盛，以中式山水画的绘画风格及伊斯兰地区的珍贵釉料描绘伊斯兰地区的风土人情，展现了中西文化交融的珍贵画面，而图画人物也与14世纪伊斯兰地区祈求干涸的山泉再度流动的画面十分吻合。

中式山水画构图

在扁壶背面，画面以前景、中景、远景拉开了画面的远近关系。前方的矮坡上草木稀疏，中景绘一株枯树，两人在树旁吹奏音乐，随歌起舞，画面轻松欢快，远景处有几座山峰点缀，充满异域风情。

瓶口装饰一圈蕉叶纹，两侧各一如意形耳

肩部装饰覆莲纹

瓷器烧制过程中呈现的黑色斑块

材质之美

雅致的明代青花瓷

青花瓷是明代瓷器的代表工艺之一，郑和七下西洋，从伊斯兰地区带回了进口的"苏麻离青"釉料。细看这件扁壶，纹样上青中泛黑，色泽浓郁。因釉料含铁量高，还呈现出点点黑斑，具有明永乐时期青花瓷器的典型特征。

成化斗彩鸡缸杯

明代 | 瓷器

台北故宫博物院　　高 3.7 厘米，口径 8.2 厘米，足径 4.1 厘米

明成化时期的斗彩鸡缸杯十分珍贵，到了万历年间，已经有一对鸡缸杯价值十万的说法。这件鸡缸杯侈口，矮杯，平底，浅圈足。采用釉下青花与釉上彩相结合的工艺烧制。成化斗彩瓷器大多收藏在故宫博物院和台北故宫博物院当中，斗彩鸡缸杯更是其中精品。

这只斗彩鸡缸杯由一簇月季与一丛兰花将杯身上的两幅画面分隔开来，两面皆绘一公一母两只鸡带领小鸡追逐嬉戏的场景，以青花、水绿、鹅黄等色彩绘制，笔触细腻流畅，画面生趣盎然，表现了高超的绘画技巧。

寓意之美　温馨的“小鸡一家”

鸡缸杯相传为明宪宗朱见深为取悦万贵妃下令烧制。杯上的装饰图案以釉上彩绘技法完成，主要图案为母鸡、公鸡和雏鸡，配以花草和昆虫。画面色彩鲜艳，生动活泼，场景温馨，其乐融融，充满生活气息。同时，鸡谐音“吉”，有着美好的寓意。

引颈长鸣

鸡缸杯背面为一引颈长鸣的公鸡和一啄食虫子的母鸡，母鸡周围围绕着三只叽叽喳喳的小鸡，画面与另一幅类似但每只鸡的动态都不相同。

湖石花卉

对于月季和湖石的塑造，先以青花勾勒湖石轮廓，再平染湖石，用鲜红色覆花朵，水绿色覆叶片。使得整个杯身犹如工笔画一般细致，同时颜色艳丽。

国宝小知识 工艺繁多的斗彩瓷器

成化斗彩是在宣德五彩的基础上发展而成的，属于青花加彩类瓷。一般先用青花在素胎上勾轮廓罩透明釉烧制，再在釉上依轮廓填色。属于釉下彩和釉上彩的结合。除填彩外，还有点彩、覆彩、染彩等方式。如右图的斗彩高足杯就采用了青花勾线，并二次在釉上上色的工艺。

故宫博物院　明　斗彩团莲纹高足杯

回首而望

杯上绘有一公鸡昂首回望，后跟随一母鸡正在啄食蜈蚣与蚯蚓，三只小鸡围绕在两只鸡旁，或振翅奔走，或四处探看，憨态可掬。此处采用釉下青花勾线，并运用点彩、覆彩、填彩等技法在釉上赋色。

台北故宫博物院　高34.6厘米，口径20厘米，底径16.3厘米

这件五彩百鹿图尊为明代万历年间烧制，明代瓷器烧制数量激增，又以万历一朝最甚。此时期御窑五彩瓷器造型、纹样繁多，花纹布局更趋繁密，用笔更显豪放不羁、朴实稚拙，呈现华丽浓艳之风。内容也多为吉祥纹饰、仙道纹样等。这件五彩百鹿图尊颈部短直，肩部略鼓，下方收口，颈部绘一圈描绘缠枝花纹及桃实纹样。下方肩部绘一圈青花云纹，下垂绿褐相间的垂带纹样。瓷尊腹部的树石山林之间百鹿姿态各异，色彩不同，显示出丰富又热闹的装饰风格。这件五彩百鹿图尊色彩艳丽，鹿纹生动，不仅有着较高的艺术价值，同时也反映出社会稳定的背景下瓷器烧制工艺的空前发展。

绘画之美　林间群鹿

瓶身主纹描绘了一幅生动的自然景象：岩石、草丛、林木之间，群鹿自由地穿梭。群鹿姿态各异，有的低头觅食，有的悠然踱步，有的昂首远眺，充满了生命的活力和自然的和谐美。

枣皮红　青花蓝　松绿色　芽黄色　蜜合色

工艺繁复的五彩瓷

瓷尊采用釉下青花做局部勾勒，再分别按照顺序施黄、红、绿釉等，施釉顺序严谨，严格控制每种色釉对应的烧制温度，最终才能让呈现的色彩浓郁厚重。而所谓五彩瓷也并非仅仅五种颜色，而是多彩的意思。

均釉兽耳弦纹壶

清代 | 瓷器

台北故宫博物院　　高 20.7 厘米，口径 8 厘米，底径 8.2 厘米

均釉可谓“火的艺术”，瓷器先烧制素坯再挂釉，经高温烧制釉色发生特殊变化，釉色或浓或淡，色斑或聚或散，给人变幻莫测的美感。这件均釉兽耳弦纹壶器型仿照铜壶造型，短颈鼓腹，颈部饰弦纹一道，两侧各装饰一衔环兽首，兽首蓝中泛褐色。器面施天蓝色釉，经烧制窑变为紫红色，釉色自然下淌变幻，充满了神秘莫测的美感。

该均釉兽耳弦纹壶在雍正一朝有许多类似款式，雍正一朝，在皇帝授意下，仿照宋代钧窑烧制众多炉均釉瓷器。均釉在烧制过程中多次施釉，不同金属元素在高温下自由结合，形成不同色彩的斑纹，具有泼釉成斑、变晕成彩的美。这只均釉兽耳弦纹壶代表了雍乾时期仿均釉瓷器的巅峰水准。

装饰之美　衔环兽首

在瓷瓶侧面装饰的两个衔环兽首形象较为抽象，圆环贴于器表，上方现褐色斑纹，造型简约，为素雅的瓶身增添了一份动感与朴拙。

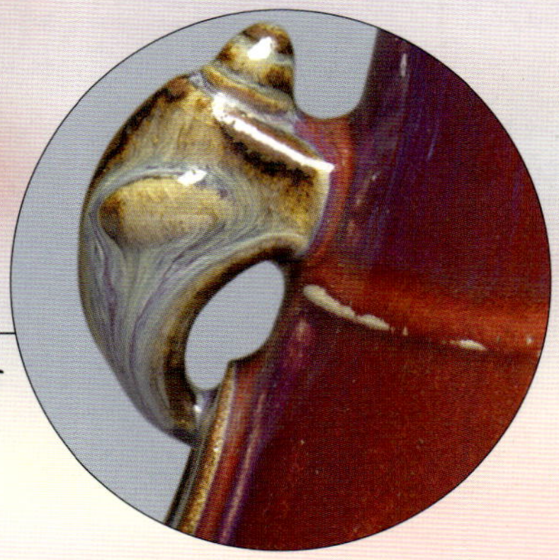

衔环兽首

瓶身底部涂米黄色釉，并印有“大清乾隆年制”篆书款识。

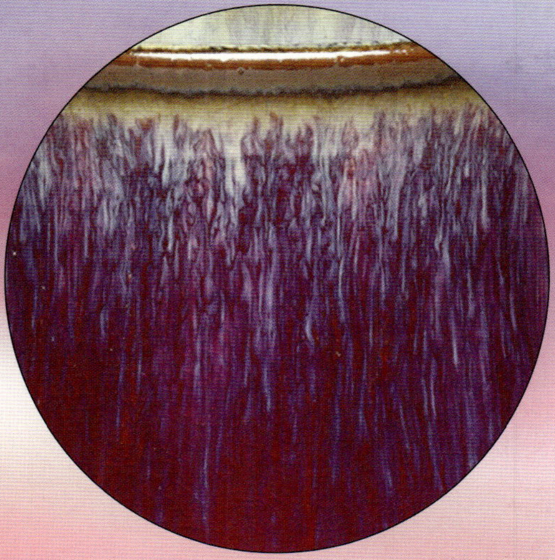

道法自然的窑变之美

传统钧瓷窑变釉可大致分为窑变单色釉、窑变彩斑釉以及窑变花釉。这件均釉兽耳弦纹壶器面施天蓝色釉，窑变紫红色，瓶颈处有蓝紫相间的窑变斑纹，色彩过渡自然，充满了变幻莫测的美感。

珐琅彩黄地锦上添花纹碗

清代 | 瓷器

台北故宫博物院　　高 5.1 厘米，口径 10.2 厘米

这件珐琅彩黄地锦上添花纹碗为乾隆时期烧制，碗口沿下方微微内收，形成撇口，碗腹下方鼓起，轮廓流畅，造型端正。碗外壁满绘纹饰，不留空白，这是乾隆朝瓷器的一大特点。这种以线条纹饰铺满色釉地，然后再在上面画花卉等纹饰的装饰方法，被称为“锦上添花”。碗身采用瓷胎画珐琅技术，在素胎上施黄色釉料再刻画出锦地纹饰，再以珐琅色料描绘寿字纹及四宝纹饰，整体都采用低温釉的烧制技巧，重点在于温度的控制，以保证黄地团花的釉色发色良好。

珐琅彩黄地锦上添花纹碗可谓时代精品，无论碗身繁密的纹饰绘画还是精细的瓷胎画珐琅工艺都十分出色，瓷碗色彩富贵，花纹娇艳，寓意吉祥，从侧面反映出乾隆一朝国力昌盛。

纹饰之美　**吉祥如意**

在团寿纹间依次排布法螺纹、法轮纹、宝伞纹、盘长结纹。它们是从八吉祥纹中选取的四种吉祥纹饰。纹饰下方都以莲花为托，卷草蔓延为衬，具有驱除魔障、福寿绵延等吉祥寓意。

山水之美　意境悠远

在碗身内部以红彩绘制一江两岸式山水画，画面仿照元代画家倪瓒笔法，近处的水岸生长一株老树，中间江水开阔，远处以浓淡不一的笔墨描绘层峦叠嶂的远山。画面周围留白，意境开阔，与碗壁外热闹的纹饰形成一简一繁的对比。

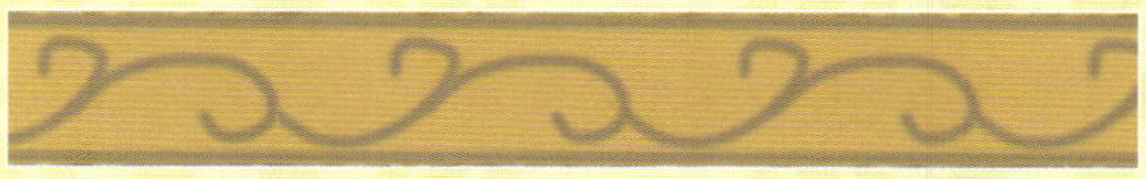

碗底、碗沿绘制单线卷草纹，线条流畅清晰，通过简易的表现方式，对相对繁重的碗身纹饰起到平衡作用。

碗壁绘黄地锦纹，用重复的线条勾勒几何图形，通过四方连续的方式组合，模拟绸缎的样式。

纹饰之美　万寿团花纹

碗身外部以珐琅色料均匀绘制四处团寿纹，寿字纹外部装饰缠枝花卉，花朵艳丽，枝叶繁密，形成花团锦簇的视觉效果，不仅具有活泼艳丽的装饰效果，同时也含有福寿绵长的美好祝愿。

瓷胎掐丝兼画珐琅西洋人物图高足杯（一对）

清代 | 瓷器

台北故宫博物院　　长 13.3 厘米，宽 11.1 厘米，通高 24.7 厘米

这组瓷胎掐丝兼画珐琅西洋人物图高足杯为十分典型的清代中西文化交流的产物。高足杯短颈鼓腹，半圆形杯盖上接莲花形纽，杯颈两侧接卷草纹耳，造型华丽夸张。器盖与器足为铜胎，上以掐丝珐琅工艺烧制五彩卷草花纹，杯腹则为瓷质，上方以瓷胎画珐琅技法绘制西洋风景人物画，色调清新淡雅，与器盖、器足繁密的掐丝珐琅纹饰相得益彰。

清代东西方交流密切，西洋画师入驻宫廷影响了日常用器的纹饰以及风格。尤其是乾隆时期的瓷胎画珐琅器，多显示出中西合璧的装饰风格。这对高足杯无论从器型还是图像皆完全按照西洋风格打造并绘制，很可能是传教士进献的器物，或是皇帝出于对西方好奇而打造的。

淡雅的西洋水彩风景

两只高足杯器腹背面仿照水彩画风描绘有西洋风景，树木上叶片零零散散，河岸以淡绿色渲染，远山被青色的雾气所笼罩，画面宁静，意境悠远。伴随着浪漫主义以及洛可可风格的发展，此时期的风景画往往淡雅清新，充满诗意，显然受到18世纪英国水彩风景画的影响。

底座

两只高足杯的底座皆以铜胎打造，上方的掐丝珐琅工艺烧制的几何纹、花叶纹少见地以暗红色为底色，辅以鲜艳跳跃的精白、明黄，亦显示出不同于中国传统的装饰风格。

纹饰之美

细腻的西洋人物画

两只高足杯皆以瓷胎画珐琅技术描绘杯身画面，一只绘乡间树旁一对年轻情侣攀谈打趣的画面，另一只则描绘两位优雅的西洋少女在乡间休息的画面。画面以珐琅色料仿照西洋水彩效果，且完全为西洋图景，具有典型的18世纪欧洲风景画风格，人物刻画生动立体，色彩晕染清新自然。

太平有象瓷尊

清代 | 瓷器

台北故宫博物院　（大）长 25.5 厘米，高 27.5 厘米，瓶长 6.5 厘米　（小）高 13.8 厘米，瓶口径 4 厘米

这组太平有象瓷尊分为大小两件，两只象尊器型相同，皆为象驮宝瓶形象。太平有象瓷瓶为清代乾隆年间极具代表性的陈设瓷器。象与祥同音，同时象身的宝瓶又与太平谐音，寓意吉祥太平。象驮宝瓶形象不仅受到宫廷贵族的喜爱，在民间也是十分受欢迎的图式之一，可谓是雅俗共赏的吉祥瓷器形象。

这组太平有象瓷尊通体以粉彩满绘纹饰，大小象皆目光温驯，身披元宝形鞍，鞍上驮一仿出戟尊型的宝瓶，象身披挂的锦披采用轧道工艺，即用针形工具在器身划出各种纹样，再在刻画纹样上描绘填彩，下方还垂挂有多色宝珠瓔珞，造型华丽。大象形象逼真，表情生动，尊身纹样华丽繁复，不仅具有美好的寓意，同时也代表了乾隆时期粉彩瓷烧制的高超水准。

形象之美

目光温驯的大象

象头微微后扭，大象目光低垂，象鼻上卷，象牙施以灰白色釉，眉间及鼻子上的纹路线条流畅，神态自若，生动表现出了大象温顺的性格特点。粉彩色釉的施用使得象尊身体同一色系色阶更加丰富，过渡柔和，纹路更为真实。

象身

象身整体施灰棕釉，并以深棕色釉细致地描绘出了象身的毛，并且象身的短毛与象尾的长毛有所区分，刻画极其逼真写实。

国宝小知识 驮宝瓶的吉祥瑞兽

在这幅元人《太平有象图》轴中，山野之间，众童子簇拥一头驮宝瓶的大象前行，画面热闹喜庆。《白虎通义·礼乐》中说：“武王曰《象》者，象太平而作乐，示已太平也。”早在汉代象便有了吉祥的寓意。随着佛教的传入它也与佛教中的白象形象有所融合，而至宋元之后，其形象不断世俗化，成为结合宗教及本土文化的吉祥象征。

台北故宫博物院　元《太平有象图》（局部）

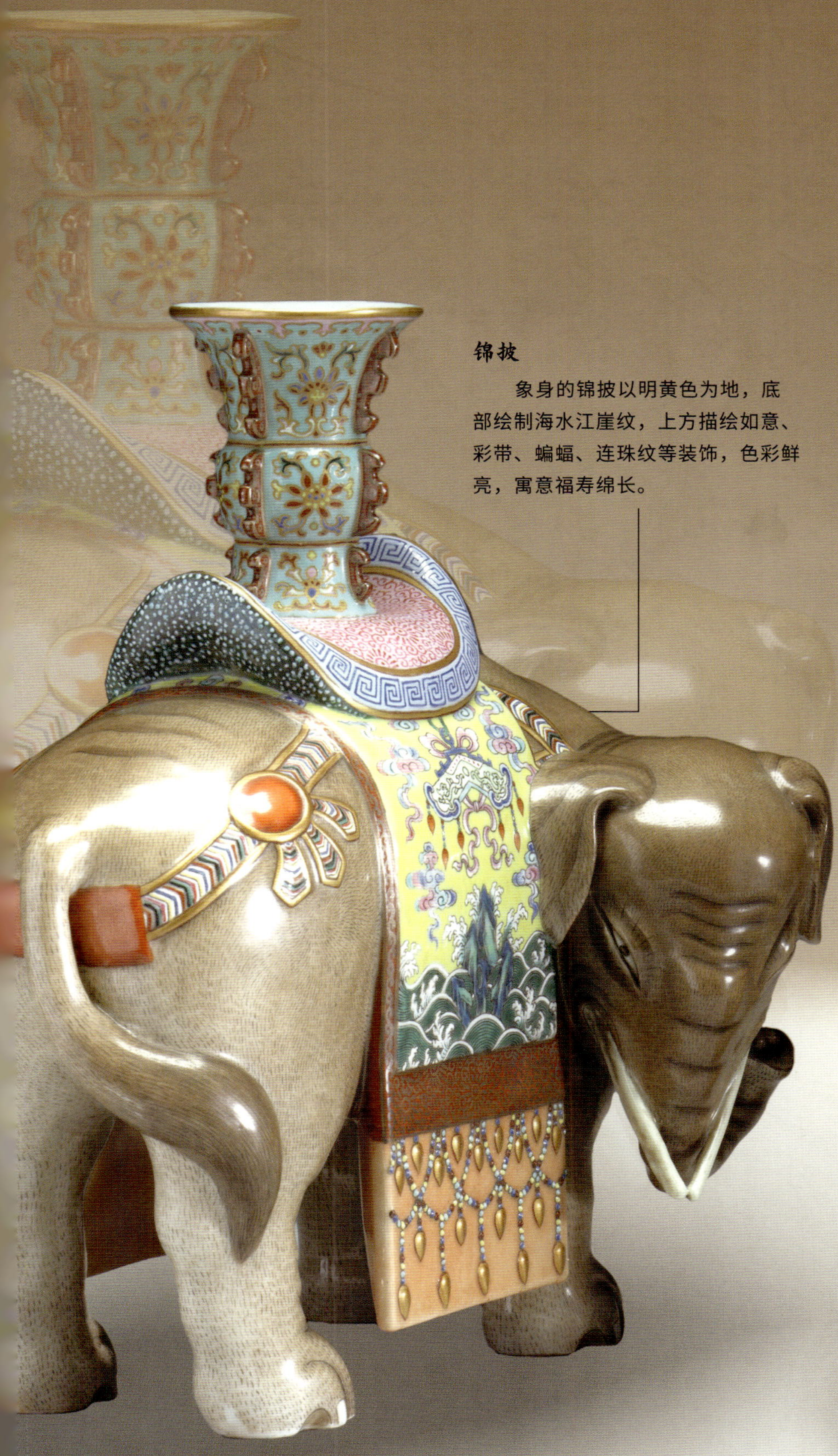

锦披

象身的锦披以明黄色为地，底部绘制海水江崖纹，上方描绘如意、彩带、蝙蝠、连珠纹等装饰，色彩鲜亮，寓意福寿绵长。

宝瓶

象身的宝瓶通体湖绿色，四条扉棱涂金，瓶身上描绘有西番莲纹。小象身上的宝瓶没有扉棱，器腹瓶肩及圈足描绘蕉叶纹，精致可爱。

珐琅彩锦地开光青山水把壶

清代 | 瓷器

台北故宫博物院　　高 9.2 厘米，口径 7.5 厘米，足径 7.3 厘米

这只壶为雍正年间皇家督造制成，为珐琅彩瓷器，盖子及开光间隙绘花草纹。器身图画以唐代李峤的《侍宴长宁公主东庄应制》中的诗句“树接南山近，烟含北渚遥”而作，表现了皇家园林的绝佳风光。

这只壶壶身圆而敦厚，上盖平顶宝珠形盖，曲把，管形流。壶身两面开光，分别用蓝料描绘了两幅山水画并用红料钤印。通体由珐琅彩料绘制并烧制而成，色彩艳丽。壶底绘有“雍正年制”款识。

A 面

花卉之美

花开富贵

盖子上满绘表现牡丹、菊花、牵牛等四季花卉的锦地花纹饰，叶片的描绘也青黄相间，生动地表现出叶子的荣枯，色彩艳丽，繁复华丽，与壶身的青色山水画形成鲜明对比。

纹饰之美

悠远的山水

壶身正反面均用蓝色料绘制山水画，一面题“树接南山近”并用红料盖印“山高”，另一面题有“烟含北渚遥”，并钤印“水长”。因采用天然矿物制成的珐琅彩料绘制，画面带有细微的起伏感和光泽感。

霁青描金游鱼转心瓶

清代 | 瓷器

台北故宫博物院 | 高 23.5 厘米，口径 5.4 厘米，底径 8.4 厘米

该瓷瓶为双层镂空转心瓶，清乾隆年间制成。手握瓷瓶口部轻轻旋转，内瓶描绘的水草与游鱼便在外层开口处窥见，做工精巧，绘制华丽细腻。该瓶由乾隆初期督窑官唐英设计。瓷瓶可分为外瓶口径、肩部、腹部、内瓶四部分烧制，再经二次烧制拼合在一起。

外瓶为霁青色底釉描金，口径、瓶身皆绘繁复纹样，内瓶施浅青湖绿色底釉，并以粉彩绘游鱼、水草、花卉。转心瓶是一种独特的瓷器结构，内外瓶可以分别转动，内瓶的图案通过外瓶上的镂空部分展示出来。转动时内瓶的游鱼图案若隐若现，增加了观赏趣味。瓶身的霁青釉色深邃而不失亮丽，描金装饰华美高贵。整体设计既有传统的优雅，又不乏宫廷的奢华，展现了乾隆时期瓷器的美学追求。

纹饰之美　华丽的金色纹样

瓶身采用描金工艺，金色纹饰在深蓝色的霁青釉背景下显得格外华丽。描金工艺需要在瓷器烧制完成后，使用金粉进行绘制，再次入窑低温烧制固定金粉，使金色图案牢固附着于釉面上。

璎珞纹

口颈：转心瓶口沿是一圈六边形纹，间绘描花。颈部饰双弦纹，内填卷草宝相花，外缀璎珞。

缠枝莲纹

肩腹：颈部一圈如意勾连纹，腹部满布花叶纹，以金色填满花朵和叶片，在霁青色底的衬托下显得富丽堂皇。

莲瓣纹

足部：圈足饰一圈变形莲瓣纹。莲花早在新石器时代就曾出现，不仅有清白高洁之意，也寓意吉祥。

国宝小知识　精巧的转心瓶结构

转心瓶的内腔分为霁青色的口颈肩部分和浅青湖绿色底的游鱼图部分。其中最为精彩的腹腔部分的游鱼图，内瓶身四周皆绘有不同样式的游鱼、水草，花卉，透过外瓶的四个开口可窥见内瓶绘画。转动内瓶，金鱼仿佛在里面嬉戏游动，十分精致。

粉彩开光花鸟纹双连瓶

清代 | 瓷器

台北故宫博物院　　高 20 厘米，宽 8.2 厘米，口径 4.2 厘米

粉彩开光花鸟纹双连瓶为清代乾隆年间的产物。一对红蓝扁圆形瓶前后交错出现，瓶体腹部相连。洗口、直颈、溜肩、圆形扁瓶、长方形矮足。其创作形式是由康熙五彩发展而来的粉彩，结合了西方的瓷器绘画方式与中国传统的花鸟纹饰，颜色鲜艳，饱和度高，色彩丰富，对比鲜明，别具一格。

双连瓶又称“合欢瓶”，具有“合欢吉祥”的美好寓意，是中国文化中喜欢好事成双的体现，清代乾隆时期尤为流行。双连瓶连接两个瓶体的方式多种多样，有的通体“拥抱”，有的前后腹部相接，还有“一大抱一小”的组合，创意十足。这件乾隆时期的粉彩开光花鸟纹双连瓶，不似康熙时期的古朴，不似雍正时期的典雅，而是具有此时期典型的奇、巧、繁的装饰特点。

绚丽的偶合色粉彩

瓶身赋色为粉彩型偶合色，即瓶身极少使用纯色，色彩丰富，绚烂瑰丽。蓝紫色交替出现在瓶身，瓶身满饰锦地图案。瓶口以金边勾勒，使得双连瓶更具熠熠生辉之感。粉彩工艺使得整体色彩鲜艳又不失柔和。底釉为奶白色釉面，光滑洁净，富有玉质感，与多彩的图案搭配得相得益彰。

靛青色

绛紫色

花鸟纹

双连瓶整体以缠枝纹为底纹，开光部分饰有鸟类元素，分别描绘了一对喜鹊和一对鸳鸯，是中国古代表现“喜事临门”的典型形象。在绘画技艺上融进中国画的工笔画法，使得所绘花卉与鸟类更为细致入微，灵动细腻。无论料峭的梅花还是回首的鸟雀，都充满了文人雅趣。

开光闻鸟鸣

瓶身上开光部分描绘精美的花鸟纹。一对黑羽白肚皮的喜鹊在梅花枝上相望，围绕中心呈现对称构图。树上的灵芝也是成对生长，呼应双连瓶“好事成双”的中国传统祝福，表达吉祥长寿的美好寓意。

缠枝花卉纹

瓶身花卉种类繁杂，属于复合型花卉纹。颜色多使用暖色调，清新淡雅，与明丽的蓝、紫背景色对比强烈，艺术趣味浓厚。藤蔓线条灵动，富有层次性地缠绕在瓶体。蜿蜒的线条使双连瓶的纹饰更具流动性，一派生机盎然。

器底与瓶内均使用湖绿色釉料，并用青花书写篆款——“大清乾隆年制”。湖绿色与青花款是乾隆年间款识的经典搭配。

粉彩蟠桃天球瓶

清代 | 瓷器

台北故宫博物院　　高50.5厘米，口径11厘米，底径18厘米

粉彩蟠桃天球瓶为清代雍正、乾隆时期常见的宫廷陈设瓷器。天球瓶器型硕大，高达半米，其上绘制一株茁壮葱郁的桃树，上面结有九枚硕桃，并与一枝多瓣白桃相缠。桃花、桃叶、桃实本不同时，但为了表现其郁郁葱葱、枝繁叶茂的生机感，画师巧妙地将它们结合了起来。

“九桃图”是清代较为常见的器物装饰图式。桃子在传统神话故事中是可以延年益寿的仙桃，而且在中国传统文化中数字九寓意着长久与永恒，瓶上绘制九桃图也寓意着福寿无量之意。整体采用工笔设色的绘制技巧，用釉较厚，从而形成饱满、厚重的色彩层次感。这件粉彩蟠桃天球瓶色调清新柔和，纹样布局和谐，给人以赏心悦目的视觉体验，同时也传递着吉祥长寿的美好祝愿。

丰收之美

饱满的桃实

桃子不仅包含了黄、绿、红三种色彩，渐变均匀自然，还绘制了斑点、色晕等诸多细节。施釉很厚，所以表面有颗粒感，恰似新鲜的桃子上细密的绒毛一般，更显逼真。

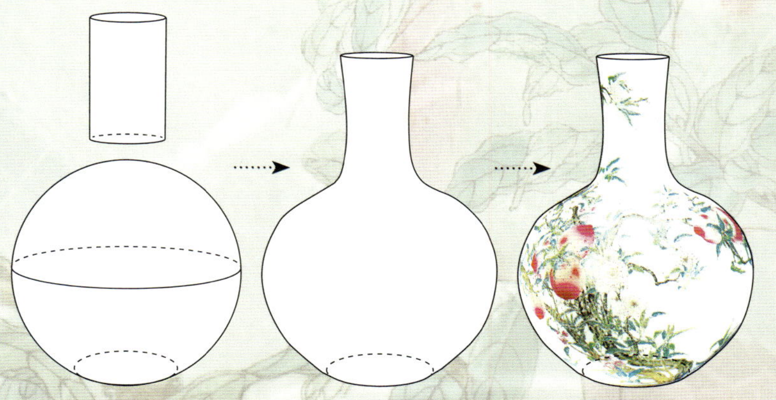

饱满的天球瓶

天球瓶可看作上圆柱体和下球体的结合，可分为长颈、短颈、细颈等器型。这件短颈天球瓶器型敦厚，显得沉稳大气。素坯施白釉入窑高温烧制后，再刷玻璃白，玻璃白甚至较其他粉彩厚一倍。再在其上作画，施色釉同样要厚，入窑800摄氏度低温烧制，成品具有粉脂感。

瓶上白桃花是后天培育的桃花种类，花瓣粉白，层层叠叠，但一般不结果实。

桃花颜色粉嫩，花分五瓣，一般为先开花后结果，这里为了显示花果繁密的情景将桃子与花朵共同排布。

剔红婴戏图高足杯（一对）

明代 | 漆器

台北故宫博物院　　高 10.1 厘米，径 12.2 厘米

这件剔红婴戏图高足杯为明代宣德年间所制。杯身敞口，深腹高足，杯身内髹金漆，外壁及高足皆髹厚重红漆并刻画婴戏图景。两只杯身上的人物头型圆润，身形敦厚，面容塑造较为成熟，呈现不同的游戏场景。器足则描绘盘曲向上的螭龙纹，人物及螭龙纹下方皆以锦地纹打底，造型生动，色彩纯正。杯身的红漆漆质坚硬，纹样刻画亦十分工致，婴戏的主题更是增添了杯身的趣味性。

明代由于漆艺作坊果园厂的设立，剔红工艺变得规范而成熟，从永乐年间到宣德年间，国力日趋强盛，在此时期的剔红漆器也逐渐摆脱早期朴实简约的造型，无论器物的趣味性还是纹样的精细度上都有了进一步的发展。正如这对宣德年间的剔红婴戏图高足杯，无论杯身故事性还是造型上都是极具代表性的精品之作。

剔红婴戏图高足杯（其一）

题材之美 生动活泼的婴戏图

两件高足杯皆雕刻有童子玩耍嬉戏的场景。婴戏图是明代常见的装饰题材，描绘了孩童嬉戏玩耍的场景。图中童子们追逐嬉戏，神态生动，动作灵活，充满童趣和生活气息。自宣德年间开始，婴戏图开始由庭院向户外转变，且具有“矮胖头大”的造型特征，这些特点都在高足杯上有所体现。

画面背景以“万”字锦地纹打底，上方婴戏人物部分的器体厚重，线条较为圆润流畅，具有明代早期宫廷漆器雕工圆滑的风格特点。

高足杯底部髹黑漆，并以楷书写款填金，是宣德时期开始的典型的“填金款”漆器。

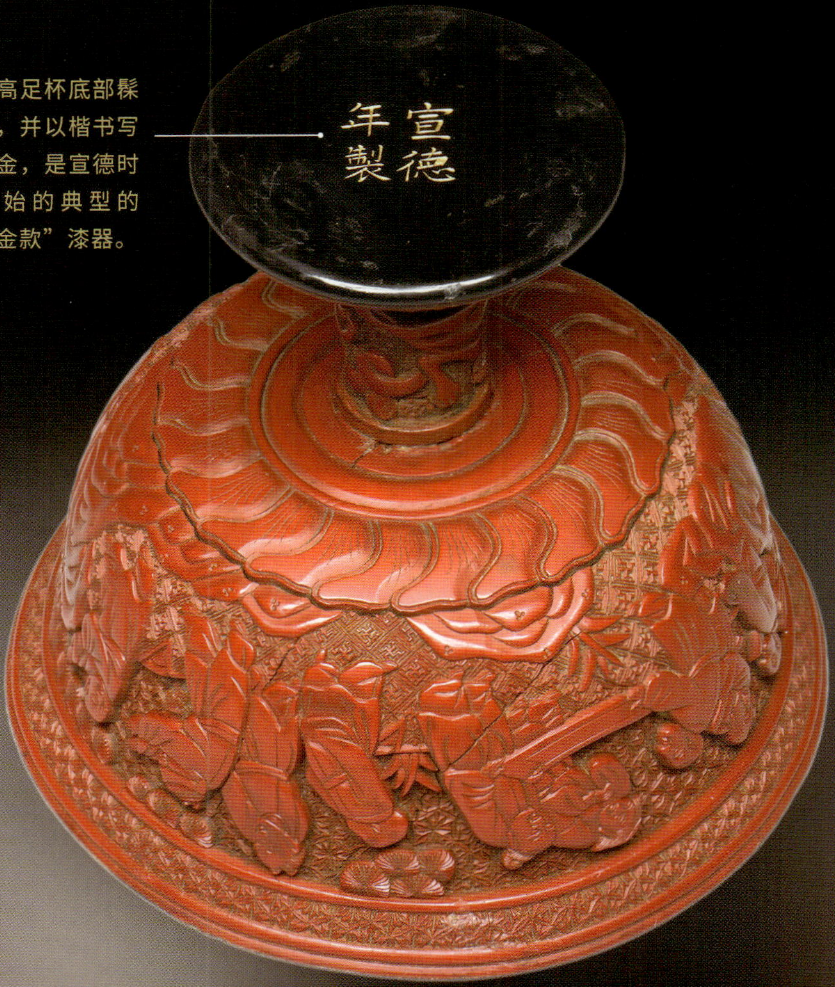

剔红婴戏图高足杯（其二）

捉迷藏

观画

提偶戏

舞狮

骑马

赏画与追逐

在第一只高足杯杯身上刻画了两个在院落假山之间捉迷藏的童子，一旁另两个扭身的童子连接了另一处画面。扭转杯身，另几位童子正在展卷欣赏画作，有的抻展画卷，有的探身细细端详，还有的相互攀谈，姿态各不相同。再次扭转，两个童子身骑竹马嬉戏打闹，童趣盎然。

剔红婴戏图高足杯（其一）

骑人马嬉戏

舞狮与提偶戏

另一只高足杯杯身同样刻画三组人物，首先看到的是几个孩童在方桌前拿着提线人偶表演钟馗捉鬼的戏码，引得前方小孩驻足观看；杯身旋转，则是三位孩童和着周围的鼓点舞狮的画面，中间的小孩戴着狮子头套，旁边两人则戴着面具；再向右看，两个长者背着孩童在前，后方还有一人佯装追逐，逗得前方几人喜笑颜开，仿佛定格了这轻快开心的画面。

剔红婴戏图高足杯（其二）

紫砂雕漆杂宝纹壶

清代 | 陶瓷器

台北故宫博物院　　宽 16.5 厘米，高 12.4 厘米，深 8.8 厘米，口径 6.7 厘米，足径 8.1 厘米

紫砂雕漆杂宝纹壶是一件乾隆朝时期的紫砂胎饰漆作品。这件茶壶不仅展示了紫砂泥的古朴，还饰有精美的雕漆。明代中期，宜兴紫砂壶逐渐发展起来，因材质可以使茶汤更为醇香成为贵族喜爱的独特茶具。清代，紫砂壶被列为皇家御用器物，乾隆皇帝更是对紫砂壶情有独钟，多次下令制作精美的紫砂壶作为宫廷用具和赏赐之物。而这件紫砂壶则充分显示出乾隆一朝的创新之风，将紫砂与雕漆工艺相结合，除了内壁与底部露出紫砂胎体外，壶身外壁皆髹厚重红漆并剔出杂八宝纹饰。壶身敦厚，纹饰精美。紫砂壶本因“透气”的特性而出名，然而从此壶来看，厚重的红漆已然封住了泥胎的气孔，而壶内也鲜有使用痕迹，因此与其说是一件饮茶器，不如说是工艺精湛、外形精美的赏玩器。明清以来的雕漆紫砂壶留存十分稀少，这件乾隆时期紫砂雕漆杂宝纹壶无论从工艺上还是纹饰上看，都弥足珍贵。

在壶盖残缺部分可见紫砂胎体

壶盖上方髹漆并雕刻有厚重的如意云纹。厚重的漆体将盖上的气孔封死，显然将装饰性放在了第一位。

壶身口沿雕刻有一圈回形纹，肩部则装饰一圈卷草纹，作为装饰性纹样辅助壶身八宝纹饰。

工艺之美

进一步发展的清代剔红工艺

这件漆壶上髹漆厚重，壶身纹样具有立体的厚浮雕感。清代的剔红工艺在明代官廷漆艺之上进一步发展。此时期的雕漆器一般髹漆较厚，以刀代笔，纹饰转折细致，线条灵动，工艺水平在乾隆时期达到新的高峰。

纹饰之美

丰富的杂宝纹饰

壶壁上的杂宝纹可谓整壶的亮点，环绕壶壁一周在锦地花纹上雕刻有宝剑、扇子、棋盘、葫芦、宝钟等浮雕纹样。杂宝纹由八宝纹发展而来，随着时代发展，乐器、方胜、棋盘等各类宝物加入其中，形成杂宝，随喜好选取并装饰在器物上，表达着不同的吉祥寓意。

剔红八宝方胜式套盒

清代 | 漆器

台北故宫博物院　　长 22.7 厘米，宽 16.1 厘米，高 13.6 厘米

这件剔红八宝方胜式套盒分为外部镂空剔红外盒与内部套盒两部分。外部套盒盖壁镂空，器形如座式，口壁垂直，矮壁平底，底座有六只象鼻形高足。外盒疑为木胎，上髹红漆并满刻纹饰，盒盖雕刻八宝纹，中心簇拥一朵缠枝莲花，花心以篆书刻团寿纹。盒盖侧面满刻锦纹，并在每面开光。内部套盒同样呈方胜形状，分为两层，均为口壁垂直，矮壁，下层平底，有三个圆孔，上层底部凹进，依形嵌入三个玉磬形盒。漆绘为绿、黄、红、棕、黑五色，是结合剔红工艺与漆绘的实用套盒，工艺精湛，造型雅致。

清代乾隆时期，在国力强盛、社会稳定的背景下诞生了众多精致奇巧的工艺品，加之皇帝的热爱，剔红漆器无论从雕工还是造型都展现出皇家用器的高超水准。

造型之美　方胜形盒

这件剔红八宝方胜式套盒外部漆盒与内部套盒都采用了方胜形，即两个菱形重叠的形式。方取其形，胜则有优胜美好之意，二者相合，便又有了同心相合的吉祥美好寓意，因此深受国人喜爱。

纹样之美　锦地花纹

在内部套盒盒面上以漆底绘锦地纹样，盖面以蓝色底画红色卍字纹，周围以金漆描绘万字形纹，并以四方连续排布在漆盖。漆盒侧面则均匀分布锦地花纹。外部套盒雕漆盖面纹样精细，内部套盒锦纹繁密华丽，有整有散，构成了和谐的视觉效果。

内部两层套盒金漆满绘纹饰，底座以剔红工艺满刻锦纹。

外部盒盖盖顶剔红雕刻的团寿纹及八宝纹雕工细致，展现出清代典型的精细锋利的雕漆风格。

法螺纹

法螺以高浮雕形式雕成，造型饱满，原本代表着佛法悠扬，世俗化后也代表着清净与美好。

双鱼纹

双鱼相对而立，身形肥硕，鱼鳞雕刻生动细致。其形象也是智慧的象征。

宝盖纹

宝盖层层叠叠，造型精美，寓意着免受贫穷疾病之苦，幸福快乐。

莲花纹

盖面的莲花纹花型饱满，花瓣纹路雕刻细致，作为八宝纹之一，寓意着高洁美好。

法轮纹

法轮周围围绕着层层火焰，造型夸张，寓意着辗转不停，也代表着福运连绵。

宝瓶纹

宝瓶象征着佛的脖颈，而宝瓶是盛佛法与智慧的容器，寓意着毫无疏漏，福祉圆满。

宝伞纹

宝伞以丝带缠系，匠人的巧手用红漆生动地表现出伞布的质感，寓意抵挡污秽。

细节之美 藏于底部的福寿纹

在套盒底部支架的架面同样以细线依形雕刻纹饰，中心部分为平面的菊花纹，中心刻篆文团寿字样，与盖顶呼应。花纹两侧雕两只蝙蝠，簇拥着花朵，与“福寿”谐音，寓意双蝠捧寿。周围依方胜形雕刻蕉叶纹。虽为盒底，但雕刻依然一丝不苟，足可见其匠心独具。

盘长结纹

盘长结常被国人称为“中国结”，绳结首尾相连，代表着无始无终，永恒不灭的最高境界。

嵌套之美 层层叠叠“攒盒”

在盒盖内部套盒两层，盒内髹黑漆，外部装饰锦地花纹，在其中一层盒内又依形装有三个顶盖绘漆的“攒盒”。中国传统工艺造型中的“攒盒”，顾名思义就是将相同的盒拼凑叠加在一起的意思。这种器型早在西汉时期就有使用，发展至明清时期，不仅装饰更为精美，且节省空间，方便收纳，是使用频率较高的实用器。

剔红云鹤捧盒

清代 | 漆器

台北故宫博物院　　高 19.7 厘米，径 45.7 厘米，足径 36.4 厘米

这件剔红云鹤捧盒为八瓣式圆盒，器壁弧形，矮圈足，为明清时期较为常见的漆盒形制。漆盒外壁的剔红纹样与盒内的黑底描金对比强烈，盖子中心的蟠桃寓意福寿绵长，周围的云气与仙鹤则展现了古人对神仙世界的美好向往。云气纹的动感和仙鹤的静谧形成了动静结合的美感，雕刻精湛，设计巧妙。

盒内的黑底描金纹样则更于低调中透露着华丽之感，细腻灵动的金线将蟠桃花果的饱满、兰花的清雅、菊花的娇柔、蝙蝠的灵动表现得栩栩如生。整个漆盒不仅体现出古代工匠对色彩和纹样的精妙把控，更展现了清代漆器繁复华丽的造型风格，可谓具有代表性的时代精品。

雕漆之美

闲云野鹤

漆盒盖顶开光内雕刻锦地蟠桃纹样，开光外延伸出八道云形带纹，其间满饰西番莲纹。云气纹以柔和的曲线为主，线条自然流畅，仙鹤飞舞其间，口衔八宝，姿态从容，宛如仙境图景。

工艺之美

华丽的黑底描金漆器

盒内的黑底描金尤为精彩，描金又称“泥金画漆”，在黑底的漆面上描绘花纹并涂抹金胶，待金胶未完全干透时粘贴金粉或金箔，从而形成华丽的纹饰。如这件漆盒盒底的黑色漆面上以描金涂装蟠桃、花卉、蝙蝠等吉祥纹样。黑色漆底沉稳大气，描金纹饰富贵华丽，彰显了皇家制器的高贵从容。

螺钿佛手瓣式盒

清代 | 漆器

台北故宫博物院　　长 7.3 厘米，宽 5.8 厘米，高 3.1 厘米

这件螺钿佛手瓣式盒以木作为胎体，采用漆器描金工艺与镶嵌工艺制作而成。漆盒表面髹红棕色漆，盒盖上以黄绿色雕刻平面的佛手及叶片。“流尘开坐上，清供满斋中。”佛手是文人清供常备之物，因其清雅的香气不仅可以治愈尘俗，亦可修养身心，因此佛手元素常出现在贵族、文人家中的器物之上，成为文雅与清净的象征。盒子塑为六瓣花形，侧壁绘描金花纹，盒子内部则以红漆为底绘玉色如意，表达万事如意的含义，这也符合清代“纹必有意，意必吉祥”的装饰手法。

漆盒是明清时期常见的收纳器皿，常用剔红、描金、镶嵌等工艺装饰。清代的描金漆盒大多以黑漆为底，红漆较为少见，盒子虽小巧，但无论从装饰还是寓意看都不失为精美的工艺品。

结构之美　精致的收纳盒

盒子分为盒盖、盒子以及内部隔板三部分。盒子红褐色的盒身漆色厚重而均匀，给人以醇厚稳重之感。盒盖装饰华丽，盒内的木制夹层空间扁平，可收纳两枚铜钱。掀开夹层，盒子底部还绘制有一只如意，带有吉祥如意的美好寓意。

盒子外盖

盒内木制夹层

盒底绘有一只玉色如意

纹饰之美　文雅的佛手造型

佛手以黄色及绿色的玉石组合而成，淡黄色的玉石被切割为佛手形状的玉片，上刻细密的颗粒模仿佛手表皮，周围则以翠绿色的玉石来雕琢叶片，整体呈浮雕状贴合于盒面，颇为文雅。

象牙雕镂空人物图笔筒

清代 | 骨牙器

台北故宫博物院　　高 16.6 厘米，座高 3.3 厘米，口径 10.2 厘米，底径 11.4 厘米

这件象牙雕镂空人物图笔筒由象牙雕刻而成。笔筒为筒形，底部圈足。整件笔筒附带着精美的底座，更加突显了其尊贵和珍稀。缓慢转动笔筒，在器壁的深浮雕中，一幅栩栩如生的庭院楼阁场景慢慢呈现：树木葱茏，楼阁精致小巧，人物生动。一面有几名童子倚栏坐卧，惬意活泼；三位妇人立于园中交谈，氛围和谐；桌前围坐三位妇人，十分专注；山林间有两位樵夫挑柴行走，生动有趣。

整件象牙雕画面层次分明，栩栩如生，图案的装饰也别具匠心。笔筒上方装饰着一圈精致的花瓣纹，下方是浅浮雕的菱格锦地，饰有花果等纹样，细致而华丽。器壁采用精细的镂雕工艺，勾勒出古钱纹锦地纹样。圈足处镂雕缠枝西番莲纹，展现出对细节的精益求精。这件象牙雕笔筒不仅是一件实用的文房雅器，更是一件展现工匠精湛技艺和中国传统文化魅力的艺术珍品。

桌前专注的妇人

桌旁的三位妇人，她们优雅端坐。其中一人怀抱着儿童，教导他阅读，另一人轻声细语地与孩子交谈，最后一位妇人专注地握着笔，书写着文字。整个场景充满了安详温馨的氛围。

林间的挑柴樵夫

两个樵夫在山林间挑着柴，两个童子位于二人中间，他们交谈着，场景生动有趣。上方的楼阁栏边还有一个童子在观望，增添了画面的层次感。

倚栏而坐的孩童

楼阁前几名童子斜倚栏杆，眼神流连于不同的方向，或在静静思考，又或是沉浸在无忧的想象中，这生动的场景令人感到十分惬意。

象牙雕镂空人物套球

清代 | 骨牙器

台北故宫博物院　　鳌鱼钩长8.4厘米，宽4.4厘米，厚0.4厘米；二仕女捧花长8.6厘米，宽5.4厘米，厚3.2厘米；套球球径10.1厘米；和合二仙坠长5.2厘米，宽3.8厘米，厚3.1厘米；通高54.8厘米。

这件象牙雕镂空人物套球曾是乾隆皇帝最爱的玩具之一，从上至下由四部分构成：鳌鱼钩、立雕二仕女、镂空套球、和合二仙坠。其中鳌鱼钩与下方的仕女层通过一条完整的环链相连，仕女层与套球则通过雕刻精细的象牙螺丝连接，套球下方，两环相扣，紧连和合二仙坠。垂下的中国结系在和合二仙坠上，寓意吉祥。

依其雕制的技艺与风格判断，这件雕象牙透花套球可能是清代中期以后广东牙匠的作品。清代南派的牙雕工艺精致复杂，小巧玲珑，有连链、活纹、牙丝编缀与复层象牙球等不同种类，其在北京内廷享有“仙工”之美誉。该件藏品为十八层透花活动象牙球，这件器物原本存放在慈宁宫，是清宫保留下来的象牙球，其工艺之繁复、保存之完整，乃是不可多得的皇家珍宝。

象征吉祥的鳌鱼

整件文物的上部是鳌鱼钩。鳌鱼为龙头鱼身，有四只脚，是汉族神话中的一种动物，象征吉祥。该器中的鳌鱼图案雕刻细腻，鱼鳞清晰可见，嘴部紧紧钩住环环相扣的象牙链，与下方的立雕二仕女层相连。

立雕二仕女与套球通过雕刻精细的象牙螺丝连接

惟妙惟肖的仕女

立雕二仕女层中的两位仕女各具风姿，一坐一立。端坐的仕女膝上置一盘盛开的花朵，花瓣绽放，生动形象；而站立的仕女则手举着莲叶、莲花和莲蓬，似在遮阳。顶端的莲花微垂，轻轻坠在端坐仕女的肩头，两人面带微笑，宁静祥和。整幅画面雕琢细致，栩栩如生。花朵叶片的纹路、服饰的褶皱皆清晰可见，而两位仕女的神情姿态更是通过精湛的技艺表现得惟妙惟肖。

工艺之美 灵活转动的层层套球

玲珑剔透的镂空套球，作为雕象牙透花人物套球的核心部分，其转动自如、层层相套的特点令人叹为观止。套球所用的象牙愈大，套球的层数愈多。该套球取材于天然巨骨，总计达18层之多。看似单一的球体实则内含乾坤，层层相套，且每层球体均以同一圆心为基准，各自转动自如。外层的浮雕高且细腻，山水、楼阁、树木、人物栩栩如生；内层的镂空纹样小巧精致。整件套球图案精美，人物形象各异，尽显匠心独运之精巧。

从内到外共计18层的套球

国宝小知识 鬼斧神工的雕刻技术

“尝有象牙圆毬儿一箇，中直通一窍，内车数重，皆可转动，谓之鬼工毬……”在《格古要论》中提及的象牙圆球，俗称“同心球”或“鬼工球”，是精致的象牙雕艺术品。鬼工球得名于其烦琐复杂的制作过程，象征着匠心独运。首先，转动象牙，将其削切成圆球，然后从圆球表面向中心开凿多个锥形孔，再用直角钩刀层层雕出可任意转动的套球，并进行精细的花纹雕刻。其制作工艺复杂精湛，令人叹为观止。

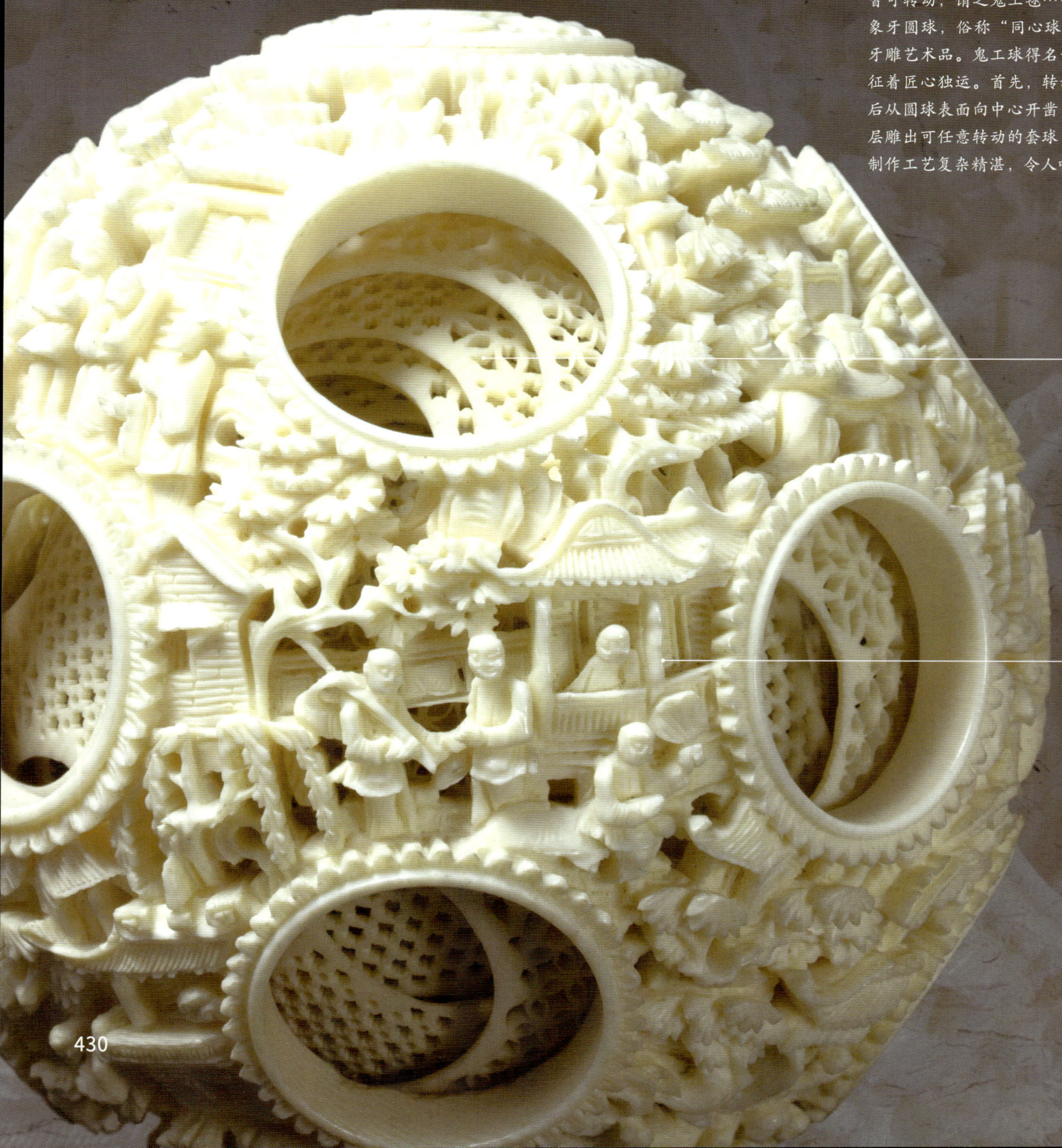

内侧纹样小巧精致

外层山水、楼阁、树木、人物之景刻画细腻

细节之美

满面笑容的和合二仙

套球之下，和合二仙坐于荷叶上。两位和蔼可亲的仙人笑容满面，一位手持荷叶荷花，取其谐音“和”，一位手捧宝盒，寓意“合”，吉兽亦卧于二者身旁，共同传达和谐幸福的美好愿景。与上层精致的仕女相比，和合二仙的神情、姿态、大小皆有差别，但都雕刻技术娴熟，栩栩如生。

象牙镂雕梅子盒

清代 | 骨牙器

台北故宫博物院　　长6厘米，宽6.2厘米，高5厘米

“青梅如豆柳如眉”“青梅雨中熟”“和羞走，倚门回首，却把青梅嗅。”……自古以来青梅就是江南夏日的美好盛景。这件象牙镂雕梅子盒宛如微缩的梅花园，生动地描绘了初夏青梅正成熟的诱人景象。

梅子盒将浮雕和镂雕相结合，盒上梅枝坚韧结实，枝间花叶缠绕，浮于盒壁上，盒上梅花朵朵，挂满枝头，花苞垂下，等待绽放。嫩叶与老叶颜色深浅不一，过渡自然，雕饰生机勃勃。蝙蝠飞翔其中，寓意着福寿绵延。正反两侧的四只梅子色泽和大小各异，望之令人口舌生津。盒壁极薄，轻盈透亮，镂雕双钱锦地纹，雕工细腻。盒子的整体配色清新且典雅。整件作品精巧考究，纹饰流畅，彩绘的点缀更增添魅力。这件藏品不仅是一件实用的器物，更是一件具有收藏价值和观赏价值的艺术品。

果实之美

酸涩的青梅

盒上的梅树枝头上的梅花和刚成形的小青梅相映成趣，引人怜爱。嵌于花叶间的梅子半青半黄，将熟未熟，口感酸涩。两只红色蝙蝠飞舞其间，好似等待果实的成熟。在这方寸之间，初夏梅花的芬芳与青梅的美味交织，尽显大自然的韵味与美好。

象牙雕水族蚌式盘

清代 | 骨牙器

台北故宫博物院　　长 18.7 厘米，最宽 13 厘米，高 1.6 厘米

这件象牙雕水族蚌式盘，采用实心象牙巧妙雕刻而成。工匠将巨大的弧线形象牙娴熟地削切成厚片，再精雕细琢成波浪形的蚌壳盘子。盘子的边缘别致地雕刻了一只小巧的海螺，增添了一丝趣味。贝壳盘子仅在其根部进行简单上色，余下部分保留原色，并在内外雕刻了贝壳独特的纹路，十分细腻。

盘内的浮雕栩栩如生地描绘了水底之景。盘中精细地刻画了金鱼、水蝎、鲍鱼、螃蟹、螺蛳、蛤蜊、牡蛎等海洋生物，并且缠绕以漂浮的水草，十分生动。同时传统的茜色技术也将缤纷的色彩层层染于盘中，湿润的色彩鲜艳丰富，光感绚丽。这件作品展现了清代匠师们的精湛技艺与想象力，每一个细节都充满了艺术的灵动和生机。

湿润生动的水中天地

水中的世界丰富多样，栩栩如生。小螃蟹的红橙蟹钳与透明浅灰色的蟹脚相映成趣；鲍鱼壳的凹凸起伏与细腻纹理清晰可见；金鱼身上红透的鳞片和半透明的鱼尾灵动非凡；水蝎背上的银斑与尖锐的蝎足，尽显生机。每一处细节都色彩鲜明，光泽闪烁，仿佛浸入水中，湿润生动，十分形象。这些日常的海洋生物在匠人的巧思灵手下，尽显神韵，细腻逼真。

盘子底面，贝壳纹路清晰，加一个小巧精致、光泽秀丽的螺蛳作为点缀，恰到好处。

竹雕八仙

清代 | 杂器

台北故宫博物院　　均长 8.3 厘米，均宽 6.4 厘米，均高 21.3 厘米

何仙姑

何仙姑头顶发髻，喜笑颜开。身披轻柔的云肩，腰系飘带，尽显仙姿。她右手握一长柄笊篱，左手持一葫芦，莲叶荷花自口而生，一朵盛开，一朵待放。何仙姑原名何琼，后拜吕洞宾为师，仙缘深厚。

李铁拐

李铁拐身体微躬，仰头大笑，憨态可掬。身穿宽衣，飘带兽皮束于腰间，服饰纹理自然细腻，尽显风采。右手持棍，左手捧桃。李铁拐为八仙之首，相传为隋朝人，修行于真岩洞，其形象寓意深远，令人敬仰。

蓝采和

蓝采和形象生动逼真。他头顶双髻，笑靥如花，身体微微前倾，腰后系有宝葫芦，右手提一竹篮，篮内装满灵芝仙草，左手捧一桃子，尽显其悠然自得的风采。

钟离权

钟离权头顶的双髻对称，天庭饱满，侧身而立，目光如炬。长髯飘飘，身披松散的袍子，圆润的肚皮下系一腰带。他左手轻摇芭蕉扇，右手提一宝葫芦，形态十分潇洒。钟离权，号正阳子，被人们尊称为“正阳帝君”，备受尊崇。

八仙是道教中广为人知的八位神仙，源于民间传说。他们脱胎于人间，象征着男、女、老、少、贫、富、贵、贱，八种身份各异的人群。每个神仙在凡间的故事都独特有趣。与传统神仙庄严神圣的形象不同，八仙形象亲近民众，象征吉祥长寿，深受人们喜爱。

这组竹雕八仙，巧妙地运用了竹子的自然形态，精细雕琢出八位神仙。他们身形自然，泰然自若，生动形象，手中持有各自独特的法宝，皮肤细节、服饰纹理皆清晰可见。这八件竹雕展现出工匠精湛的竹雕技艺，令人赞叹不已。

张果老

张果老头戴平顶长脚帽，胡须飘逸，头向右看，面带微笑。宽大的衣服随意披在身上，腰间前系飘带，后系葫芦。他一手拿渔鼓，一手抱宝瓶，灵芝插于瓶中。张果老原为唐朝道士，法术高强，有百岁高龄，他倒骑白驴的形象令人印象深刻。

吕洞宾

站立的吕洞宾缁冠长须，笑颜间流露出仙风道骨。腰前系带，腰后绑一葫芦，身背宝剑。其右手持盛开的折枝花，左手虽断，却无损其飘逸之姿。吕洞宾传说为唐朝文人，号纯阳子。遇钟离权得长生之术，后修仙得道，世人尊称其为“吕祖”。

曹国舅

曹国舅头戴纱帽，微微俯身，微笑凝视。长须散在胸前，身着官服，分别于胸前、腰间系带，脚穿长靴。他左手端一如意，右手握住阴阳板。曹国舅相传为曹太后的长弟，为人善良，淡泊名利，后修道成仙。

韩湘子

韩湘子头戴文士巾，微眯双眼，面露微笑，身姿自然，潇洒不羁。宽大的袍衫和腰间细带好似随风轻摆。他一手握箫，一手垂下拿着葫芦，葫芦旁的灵芝悄悄生长，一株仙桃树从葫芦内长出，靠在他身上。传说韩湘子狂放不羁，与吕洞宾云游四海，最终攀树而死，化为仙灵。

雕橄榄核舟（底刻《后赤壁赋》全文）

清代 | 杂器

台北故宫博物院　　长 3.4 厘米，宽 1.4 厘米，高 1.6 厘米

“明有奇巧人曰王叔远，能以径寸之木，为宫室、器皿、人物，以至鸟兽、木石，罔不因势象形，各具情态。尝贻余核舟一，盖大苏泛赤壁云。”名作《核舟记》所描之景，恰为核雕之精髓。

这件雕橄榄核舟为清代著名牙雕工匠陈祖章在乾隆二年（1737年）雕刻的工艺品。陈祖章秉承古人技艺之精髓，催发创新之光芒，题材取自苏轼夜游赤壁，将一颗橄榄核雕刻成一艘精致的巧舟。小船为竹编顶篷，船舱两侧活动的推窗可开合。舟内人物除苏轼外，还有船客、书童、船夫等七人，他们形态各异，生动逼真。船底镌刻苏轼《后赤壁赋》全文，行书细密，纹理清晰。此作品精致细腻，意境深远，以微观之景尽显大千世界的魅力。

细节之美 方寸之间，创造天地

船上不到1厘米高的人物被精心雕琢，处处细节见生机。他们姿态各异，或坐或立，有的相互交谈，有的远眺窗外，神情安逸自然，超凡脱俗。船底诗词了然清晰，字迹流畅，将苏轼的《后赤壁赋》完美呈现。整件作品将文学与工艺完美融合，让人仿佛身临其境，与苏轼一同领略“月夜泛舟游赤壁”的绝妙意境。

行书三百余字的《后赤壁赋》

赋文之美 船底的《后赤壁赋》

此件核舟最令人叹为观止之处是船底细刻苏轼的《后赤壁赋》全文。三百余字的《后赤壁赋》，皆刻于橄榄核上，密密麻麻却排列整齐，并刻款“乾隆丁巳五月臣陈祖章恭制”。核舟保存至今，字迹依旧清晰如初，展现了匠人超凡的技艺。

竹丝缠枝花卉纹多宝格图盒（附珍玩27件）

清代 | 杂器

台北故宫博物院　　直径18.5厘米，高24.5厘米

这款竹丝缠枝花卉纹多宝格图盒，胎体为木，其精巧设计令人叹为观止。它小巧多变，内含27件珍宝，曾存于养心殿，是清代雍正皇帝的珍爱之物。此盒运用机轴原理，在圆筒、屏风和立方柱体之间巧妙变换形态。其内部设计更是别出心裁，盒内四个扇形交错成精致小格，玉器皆配有相应木座。木雕装饰与竹黄屉柜相得益彰，尽显匠心。圆形转盘与圆弧形画作结合，让玉器在旋转中慢慢呈现。

拉开盒内抽屉，可见画卷和册页，其皆出自内廷画家之手。扇形最下层抽屉原藏手卷，现仅存三件：花卉卷由杨大章、李秉德所绘，山水卷为方琮所作，仅7厘米长。其中一扇形的抽屉藏有金廷标绘制的人物小册页，其长宽均为3厘米，堪称台北故宫博物院藏品中的袖珍之作，极具收藏价值。

纹样之美 缠枝西番莲纹竹黄片

此盒上下各装饰有一组八宝图案。器身外壁采用精湛的拼贴工艺，围合了细密的竹丝，其上又贴饰了精美的缠枝西番莲纹竹黄片，独具匠心。竹黄工艺在乾隆六次南巡后被引入内廷，并以“文竹”之美名传世。

机关之美 暗藏玄机的宝盒

小盒虽容量有限，却被巧妙地最大化利用。盒子采用机轴原理，分成四个扇形，180度展开即为一字排开的小屏风，360度向外翻转后，亦可变成方形柱体。每柜内又分多层，包含多个“转盘格子”，通过圆形转盘与西洋楼阁的圆弧玻璃画，摆放的玉器能360度旋转展示。转动小格，即可欣赏玉器与西洋风景小画片。盒内还设灵活的抽屉和固定的夹层隔板，创造出错落有致的空间，尽显工匠巧思。

珊瑚魁星点斗盆景

清代 | 玉石器

台北故宫博物院　　通高 35.5 厘米，花盆 13.4×18.3×9.8 厘米

这件珊瑚魁星点斗盆景的主体不是花，而是象征考运亨通的魁星，此设计是清朝十分盛行的一种盆景摆设。盆景中，翠玉鳌鱼畅游在惊涛骇浪之中，魁星单足踏于鳌鱼头之上，寓意独占鳌头。魁星四周的装饰更是缤纷多彩，寓意丰富。底部花盆上的蝙蝠抱寿寓意“福寿双全，五福临门”；盆中象征吉祥长寿的灵芝附于太湖石上；魁星手紧握的梅枝，更是寓意梅花先春。

此盆景采用珍贵的珊瑚、玉石等材质制作，经过精心雕刻和金银镶嵌工艺，呈现出华丽庄重的皇家风格。它不仅是清代宫廷中的一件精美陈设，更承载着五福临门、芝生祥瑞、独占鳌头的美好祝愿。据传，慈禧太后对这件盆景情有独钟，足见其非凡的魅力和珍贵价值。

刻画之美

寓意丰富的方盆

底部白色方形花盆的四面，翠玉、珊瑚的寿字纹样周围环以一圈颜色各异的碧玺蝙蝠，共同组成“五蝠（福）抱寿”图案。花盆边缘一圈点翠蝴蝶饰以红色宝石。花盆内，点翠波浪层层袭来，惊涛汹涌。累丝工艺制成的太湖石位于角落，其上嵌有光艳的红宝石，点翠灵芝缀于其间，象征芝生祥瑞。珍贵材质与精细工艺，共同展现了美好的愿景。

国宝小知识 金榜题名的魁星

传说中，魁星乃才华横溢的读书人。因貌丑而科举屡败，最终愤而投水。幸得水中的鳌鱼相救，最终化身为星辰，成为北斗七星之首，掌管着文化与考试的运势。民间为求科举高中、仕途顺利，多建楼阁，供奉魁星，寄托美好愿景。

刻画之美 高中魁首

魁星全身朱红，龇牙咧嘴，神态威严，头长双角，飘带缠绕腰间，北斗七星和梅枝紧握于手中，单足立于龙头鱼身的鳌鱼头上，寓意独占鳌头。另一脚后踢，正对北斗七星的主星，呈现魁星踢斗之姿，象征金榜题名，高中魁首。

台北故宫博物院　　长5.8厘米，通高4.6厘米

这件珊瑚水盛选用了色泽红润鲜艳、带有自然白斑的珊瑚石，精雕细琢而成，尽显天然之美。盛水容器的造型是一朵盛开的玉兰花，优雅而生动。搭配的鸟首形勺精致入微，与玉兰花朵相得益彰。底部配有染色骨座，与整体设计和谐统一。

深绿色的染色骨座造型设计别致，形似一片小巧的荷叶，荷叶之上放置了一螺一蚌，巧妙地藏匿于玉兰花蒂下，仿佛荷塘景致尽收眼底。荷叶边缘还刻有一只休憩停留的蝙蝠，寓意着吉祥与福气。荷叶底部则雕刻出精细的叶茎和莲蓬，增添了生动和雅致。整件作品工艺精湛，设计巧妙，完美呈现了珊瑚石的自然韵味，是一件难得的佳作。

嫩枝缱绻缠绕，自然地贴在玉兰花瓣上。

国宝小知识 小巧的水盛

水盛，亦名水盂或水丞，是一种常见的文房用品，乃文人墨客之良伴，主要用于存放清水。其造型多样，玲珑可爱，通常十分小巧，便于携带。使用时，精致的小勺常伴左右。置于书案之上，不仅为文人墨客提供了便利，更增添了一抹雅致与宁静。古代水盛，不仅是一件实用的文房用具，其造型往往融入了工匠们的巧思和创意，彰显了主人的品位，体现了文人墨客的高雅情趣与深厚底蕴。

刻画之美 生动的玉兰花

玉兰花瓣宛如展开的绸缎，自然舒展，当清澈的水注入花内，那盛满水的玉兰花更显娇艳欲滴，仿佛焕发着生命的光彩。精心雕琢的花蒂下面，藏匿了两个小巧的螺蚌，它们轻轻托起花蒂，生动自然。在花的另一端，嫩枝轻盈地缠绕，巧妙地与玉兰花相连，构成了一幅自然和谐的画面。勺子放置于花壁内侧，勺柄的鸟头俏皮地探出，好奇地观望，让鸟首形勺不仅具有实用功能，更为整件作品增添了灵动的气息和独特的韵味。

被螺蚌轻轻托起的花蒂

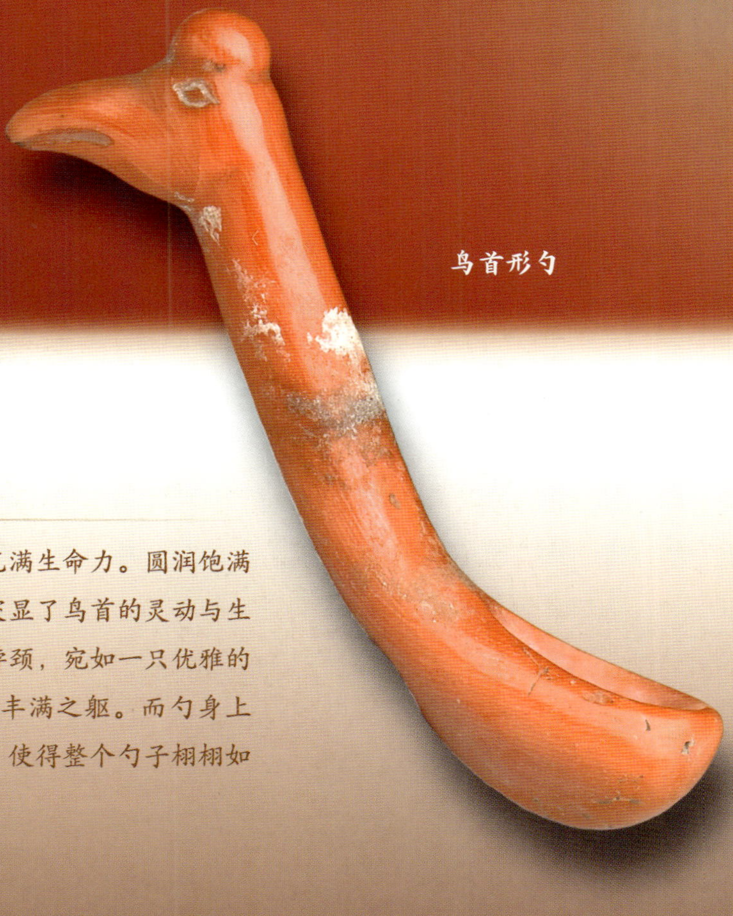

鸟首形勺

染色的荷叶形胃座

趴在荷叶边缘的蝙蝠

枝叶与莲蓬相互缠绕

造型之美 鸟首形勺

水盛之上的鸟首形勺，其造型精致且充满生命力。圆润饱满的勺身，不仅展现了匠人的精湛技艺，更突显了鸟首的灵动与生机。勺柄的曲线流畅自然，勾勒出鸟首的脖颈，宛如一只优雅的鸟雀低头饮水。底端勺子圆鼓鼓的，宛如丰满之躯。而勺身上点缀的白色斑点，则宛如鸟雀的天然羽毛，使得整个勺子栩栩如生，仿佛一只真正的鸟雀跃然眼前。

嵌珠凤冠

清代 | 杂器

台北故宫博物院　尺寸不详

这件嵌珠凤冠，堪称汉族传统首饰的精品。凤冠整体采用精细复杂的花丝工艺制作，丝丝金线经过匠人巧手的千锤百炼，使得整个凤冠呈现出一种无与伦比的精致感。凤口处，流苏轻轻摇曳，为这件尊贵首饰注入了灵动之美，使其更加生动。

在凤冠上，点翠青羽与各种色彩缤纷、光泽亮丽的宝石、珊瑚、珍珠交相辉映，精心镶嵌在薄如轻纱的金丝之中，形成了一幅美丽的画面。这些珠宝的镶嵌位置都经过精心设计，既保证了凤冠的美观，又展现了工匠们的精湛技艺。

值得一提的是，这款凤冠与明代的凤冠、翟冠有着明显的不同。此冠仅保留了前半部分，是清代凤冠特有的半冠风格，展现出了清代皇家服饰的华丽与典雅，尽显清代皇家女子的高贵气质。

工艺之美 **薄如轻纱的金丝**

此凤冠上的金丝细腻密集却不厚重，半透轻盈。时而平面叠加，层次丰富，时而中空嵌套，编织立体。金丝编织而成的纹样丰富多姿，与珠宝衔接严密，精巧至极，堪称瑰宝。

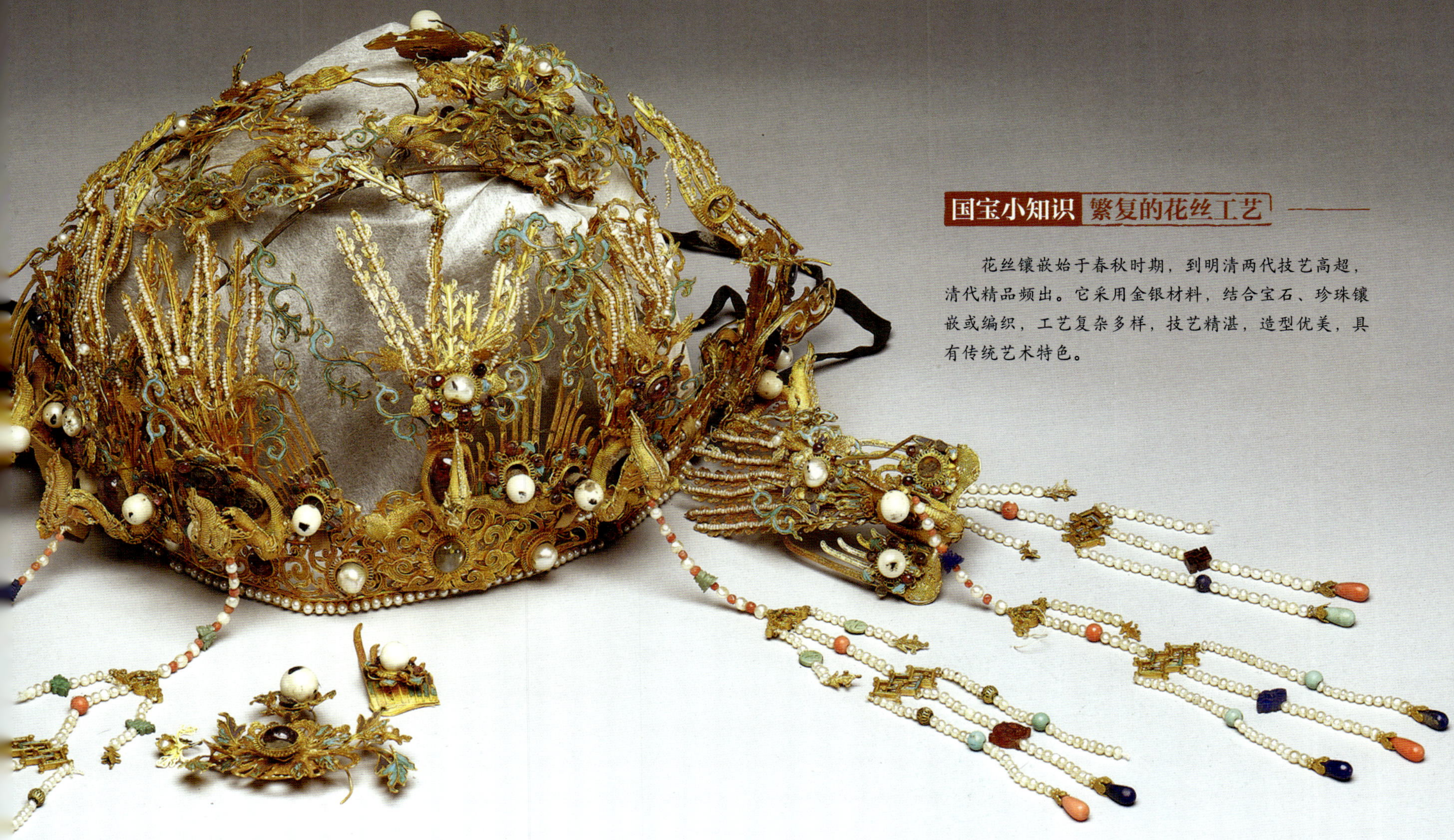

国宝小知识 繁复的花丝工艺

花丝镶嵌始于春秋时期，到明清两代技艺高超，清代精品频出。它采用金银材料，结合宝石、珍珠镶嵌或编织，工艺复杂多样，技艺精湛，造型优美，具有传统艺术特色。

珠翠钿子

清代 | 杂器

台北故宫博物院　　长29厘米，宽21厘米，高22厘米

此件珠翠钿子制作于晚清。其金属的帽胎以黑缎为底，覆盖镂空古钱纹样的红绒面，帽檐环绕点翠双喜字，再缀满珍珠、珊瑚、宝石的钿花，整体设计精巧、颜色相宜，尽显温婉典雅。此珠翠钿子为结婚新妇之冠，清朝皇后大婚时的清单中亦有相似之作。

钿花更是匠心独运，以点翠工艺精细勾勒出的嫩枝绿叶，时而缀以数个米珠聚合的花瓣，时而巧妙搭配晶莹剔透的碧玺花瓣，使得钿花宛如自然中的鲜花盛开。花卉周围，蝴蝶翩翩起舞，蜻蜓轻盈盘旋，让人仿佛置身于春日花海，一片生机勃勃、热闹非凡的景象跃然眼前。这不仅仅是一件饰品，还象征着皇室的尊贵地位，更是一件艺术瑰宝，让人赞叹不已。

层层叠加的叶片与花瓣衬托着中心的花蕊，层次丰富，精细华丽。

国宝小知识　华丽精美的钿子

钿子，作为中国古代妇女的一种独特首饰，分为实用钿和装饰钿两大类。实用钿以固定发髻为主要功能，并无珠宝，十分简洁；而装饰钿则更显华丽，其上镶嵌着金花、点翠、宝石等多种装饰，每一朵钿花皆璀璨夺目。这些珠宝不仅彰显着主人的尊贵与品位，更成为地位高低的象征。

五彩斑斓的珠宝

钿子的材质多样，璀璨夺目。冠帽顶檐采用点翠工艺，饰以一圈醒目的双喜字，其上叠放方形蝙蝠纹花卉钿花七朵；前额面的钿花则以圆形、矩形的花卉蝴蝶为主；而顶面则如盛放的大花篮，满是缤纷花卉。额首和两侧垂挂数条流苏，珍珠、珊瑚双喜字与翠玉、碧玺坠角皆串于其上，垂荡摇曳。错落有致、大小不一、色彩丰富的宝石、珊瑚、珍珠、翡翠装点其上，组成缤纷盛开的花朵，尽显皇家服饰的华丽与尊贵。

台北故宫博物院　　长34厘米，底径最宽4.8厘米，通高3.5厘米

这件19世纪初的精美饰件——包金嵌珠石帽花，散发着浓郁的伊斯兰文化韵味。帽花以一根华丽的金属棒作为中心柱，金枝自下而上，从主干向外自然延伸，末端以细叶状嵌珠装饰，仿佛繁茂的枝叶在风中轻轻摇曳，又使人联想起奥斯曼帝国君王头巾上装饰的一簇簇华丽的羽毛装饰，极具异域风情。

整件藏品的主干上，数个红绿宝石嵌于其中，交织成菱格状，与杯状柱底上的色彩各异的宝石珠饰相互辉映，璀璨夺目。整体设计不仅色彩丰富，光泽艳丽，工艺手法也极其精湛，与伊斯兰艺术风格相得益彰。帽花顶部的粉红碧玺更是独树一帜，色泽透亮，如叶丛中绽放的孤傲之花。更令人惊叹的是，其切割面上刻有流畅的阿拉伯文字，意为“永浴爱河”，仿佛在诉说着一段永恒的爱情故事。

细节之美　华丽的珠宝镶嵌

整件藏品的主干上，镶嵌着红绿宝石，交织成华丽的菱格状，其间点缀的金珠闪耀夺目。底部杯状柱上，精致复杂的纹样与色泽丰富的宝石交相辉映，再缀以一圈温润的珠饰，尽显尊贵与华丽。帽花的每一处细节都展现了精湛的镶嵌工艺，整体美感与伊斯兰艺术风格完美契合。

文字之美

异域风情的刻字

这件帽花上镌刻着的阿拉伯语寓意深远。直译为“在”“热情”“他俩停留”，即“永浴爱河”。象征着两人之间的爱情永驻，如同沐浴在无尽的温暖与爱意之中，永恒不变。

玳瑁嵌珠宝花卉指甲套

清代 | 骨牙器

台北故宫博物院　　长 10 厘米，口径 1.5 厘米

这对玳瑁嵌珠宝花卉指甲套，造型独特，呈优雅的弓形。玳瑁挖空后，精心雕刻，展现出其细腻温润的质感，黄黑斑驳，纹理柔美，犹如天然的画卷。镀金边上饰有翠玉叶与点翠缠枝，粉红碧玺葵花嵌于其间。指甲套的背面，镂雕精美的古钱纹样。本藏品一式两件成对。

这对指甲套为慈禧太后珍藏，出土于慈禧的墓葬。整体造型精致小巧，套壁厚度适中，纹理细腻透光，宝石熠熠生辉，是富有清代宫廷气息的艺术珍品。

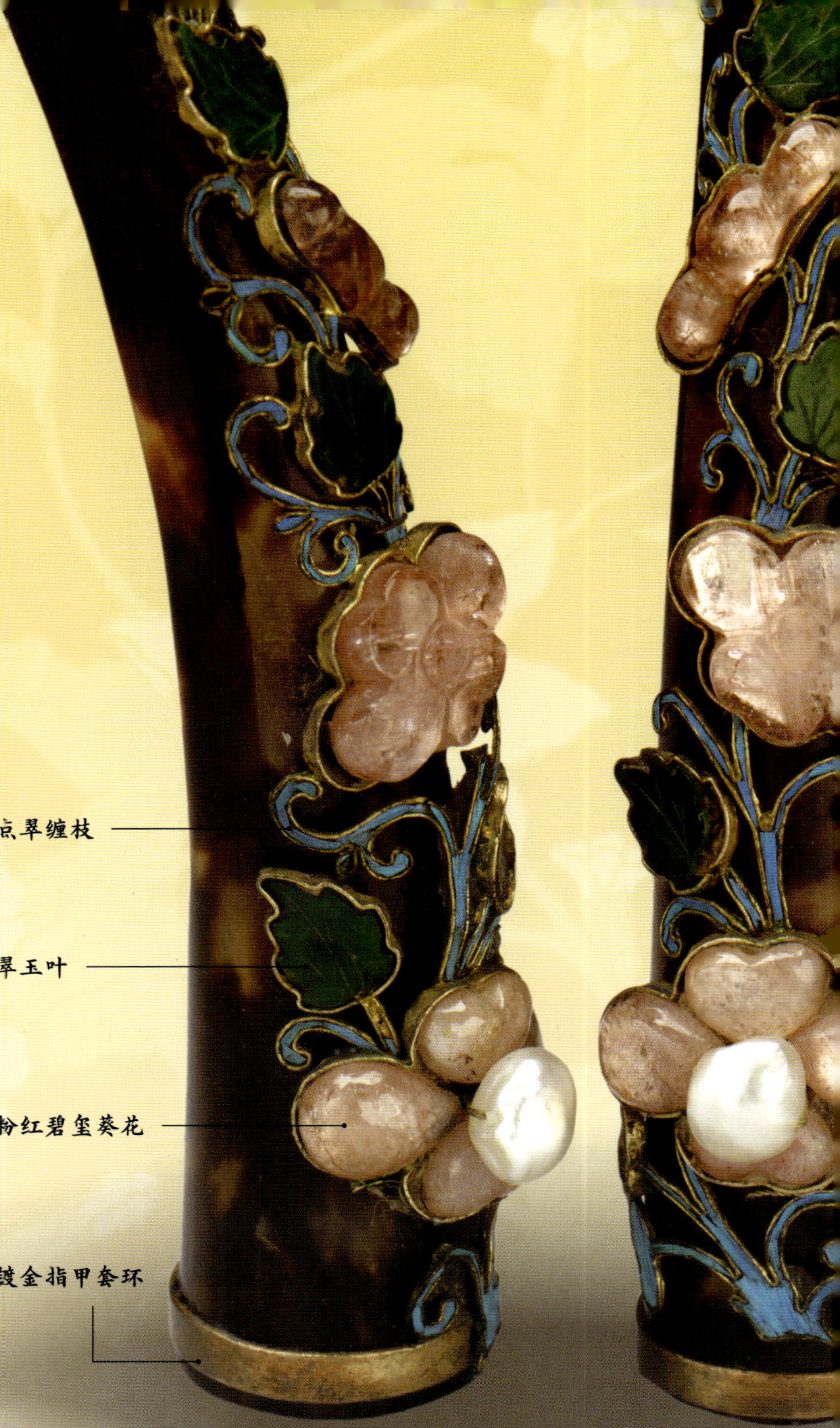

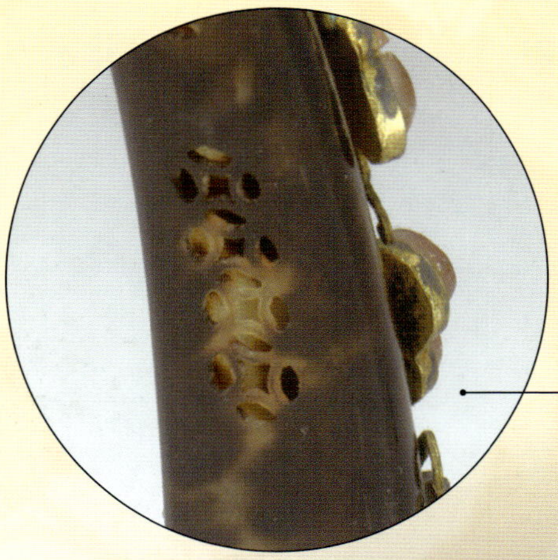

镂空点翠镶珠冰梅纹指甲套

清代 | 金属器

台北故宫博物院　　长 13.1 厘米，口径 1.4 厘米

此镂空点翠镶珠冰梅纹指甲套一式两件成对。整体为弓形，自底部至指尖逐渐纤细，流转着婉约之美。通体为镂空雕刻，在佩戴时更加轻盈、舒适、透气。

其上镂雕的冰裂梅花纹，如寒梅傲雪，晶莹剔透。其间以点翠工艺饰有冰纹，更添几分清冷与雅致。每朵梅花缀以五粒白色米珍珠于花瓣之上，花蕊则嵌一颗鲜亮的红珠，色彩对比鲜明，尽显高贵与典雅。基背巧妙设计，可伸缩自如，背面设计简洁，采用分格式构造，更显轻盈。

国宝小知识　精致小巧的指甲套

指甲套，又称“护指”“金驱”，是清代皇家女性展现玉指之美的装饰品。清代后宫妃嫔多蓄长甲，并以金银、珐琅制成的精致套管装饰指尖。其款式多样，或镂空或镶嵌，并饰以珍珠宝石，尽显华丽与典雅。

皇贵妃冬朝冠

清代 | 杂器

台北故宫博物院　宽 29 厘米，高 30.8 厘米

此件为清代皇贵妃冬朝冠，根据《皇朝礼器图式》的记载，此件乃是皇贵妃在正式场合时佩戴的尊贵冠冕。其冠檐勾勒一圈黑色貂皮，冠帽顶面覆满纵向编织的红线，周围一圈缀有七只金凤与一只金翟。其中，金凤身姿优雅华丽，身嵌数颗珍珠。金翟小巧精致，嵌有青金石，羽毛舒展，十分独特。

此冠冠顶高耸挺立，三只金凤依次叠放，东珠点缀其间作为分隔，成为整顶冠帽的焦点。冠后的护领则垂挂着两条明黄绦带，中间串以珊瑚结。这件冬朝冠采用的黑绒冠檐与红色纵线饰面、黄金与珍珠在材质与色彩上对比鲜明，不仅展现了皇贵妃的尊贵与荣耀，更彰显了其独特的皇家风范。

装饰之美　金凤金翟

冠周的金凤、金翟精致华丽。金凤的凤首向帽檐自由伸展，凤尾的数根羽毛如花束般微微翘起展开，金凤的头顶、两翼、尾羽、后背、胸前皆镶嵌色泽光润、大小不一的珍珠，华美异常。一只金翟则后背嵌有一颗圆润饱满的青金石，尾羽自然铺展，数颗小巧的珍珠串于其间，独特精致。

金凤东珠冠顶

此冠冠顶依次叠放着三只精巧的金凤。金凤上下夹有底托，底托中间嵌有东珠作为分隔，三只金凤的胸前和两翼上方各镶嵌一颗东珠。凤尾自然舒展下垂，其上串有数颗小珍珠，冠顶最上方顶一颗巨大宝珠，色泽亮丽，光彩照人。

画珐琅黄地牡丹纹蟠龙瓶

金镂空葵瓣龙纹盒

金镶松石青金石盒

错金银双羊尊

掐丝珐琅凫式炉

铜胎画珐琅方盘

掐丝珐琅奔巴壶

掐丝兼画珐琅酥油茶罐

粉彩开光花鸟纹双连瓶

第三章

香港故宫文化博物馆

香港故宫文化博物馆位于香港特别行政区油尖旺区西九文化区西端，是一座以展示中国故宫及世界重要机构珍藏为主的博物馆。该博物馆旨在通过展示故宫博物院的珍贵藏品，推广中国传统文化与艺术，促进中外文化交流。博物馆建筑设计，融合了传统与创新的元素，为观众提供了一个欣赏和学习中国文化的独特空间。馆内设九个展厅，展示了紫禁城的历史、生活、文物以及多地捐赠的珍宝。同时，博物馆积极与世界各地的文化机构合作，举办国际展览和交流活动，为观众提供多元文化体验。通过这些丰富的展览和活动，香港故宫文化博物馆成为香港一个重要的文化地标，吸引大量本地居民和国际游客前来参观。

翻开故宫新篇章

香港故宫文化博物馆，即“香港故宫”。它坐落于繁华的香港特别行政区油尖旺区西九文化区，维多利亚港湾旁，如一颗璀璨的明珠镶嵌在都市的心脏。在这里，故宫博物院珍宝异地绽放。香港故宫是一座展示中华文化艺术的专题博物馆。

初识香港故宫

香港故宫占地约13000平方米，总建筑面积约30000平米，共有6层，设9个展厅，其中展厅的总面积约8000平方米。虽然展馆采用现代化材料建造，但一砖一瓦都承载着厚重的历史与文化底蕴。这座由故宫博物院与西九文化区管理局共同孕育的艺术殿堂，于2022年6月22日揭开神秘面纱，7月3日向世人敞开怀抱。

建筑营造缘由

香港故宫文化博物馆的兴建，源于两地对开展深厚的文化合作与交流的热切期盼，以及香港对中华文化传承与展示的渴求。在香港西九文化区，这座博物馆与现有的现代博物馆交相辉映，共同展现多元文化的魅力。自2012年香港特区与故宫博物院签订双方每年合办一项大型专题展览的协议以来，多次成功的展览见证了香港、北京两地文化交流的硕果。香港故宫文化博物馆2015年提议建设，2016年项目启动，2018年破土动工，2022年开放至今，它不仅展示了故宫博物院的藏品，更汇聚了世界珍宝，成为连接世界的文化桥梁。

交流之桥与传承之光的营建意义

香港故宫文化博物馆，基于其独特的地理位置，营建意义重大。它不仅是连接古今中外的文化桥梁，更是传承中华文化的璀璨灯塔。

古今中外的文化桥梁

香港故宫的营建，宛如古今文化交织的璀璨盛宴。它完美融合了中华文化与现代香港特色，成为中华艺术走向世界的重要舞台。它不仅是文物珍宝的殿堂，更是内地与香港、东方与西方文化交流的桥梁。在此，古老的中华文化与现代艺术交相辉映，传统与创新和谐共生。它汇聚了国内外顶尖智慧，为公众提供丰富多彩的文化体验与学习机会。

中华文化的璀璨灯塔

香港故宫的营建意义正如其所处的地理位置。它坐落于维港之滨，远眺南海，不仅背靠祖国深厚的文化底蕴，更根植于香港这座繁华的国际化都市。它承载着中华五千年的文明瑰宝，为香港市民呈现丰富多彩的文化面貌。香港故宫不仅是市民珍视的文化瑰宝，更是增强国家认同感的桥梁，是传承中华文化的圣地。

这座博物馆连接着香港与内地，让市民在与世界的对话中坚定文化自信，向世界展示中华文化的独特魅力，使香港的文化内涵更加丰富多元。

入口中庭

古今融合的设计理念

香港故宫文化博物馆由许李严建筑师事务所设计。其外观深植于传统美学，灵感汲取自中国传统建筑、中国艺术以及香港独特的城市风貌三大核心要素。建筑色调与建筑形式承袭了紫禁城的皇家宫殿。外形上借鉴了中国古代传统器物的特点，内部空间则将香港竖直延伸的城市景观融入其中。这座博物馆将传统美学的创新解读彰显得淋漓尽致。

外部——
上宽下聚，顶虚底实

香港故宫建筑形式的设计理念来源于中国古代的传统器物——方鼎，其特点为“上宽下聚，顶虚底实”。博物馆的建筑主体采用了倒转梯形的设计，内部则插入中空天井作为虚量体，使得整体造型犹如一座巍峨壮观的方形大鼎，虚实结合，彰显出中国传统文化的深厚底蕴。

商代后母戊鼎，中国传统器物，现藏于中国国家博物馆。方鼎整体为倒转的梯形，上宽下窄。

色彩之美

红墙黄瓦的另类诠释

外立面的色彩选择则是对故宫博物院的致敬，以紫禁城皇家宫殿的色彩——黄色为主调，再点缀深红与冷灰，使得整个建筑既显得庄重典雅，又富有现代气息，成为香港文化地标之一。

内部——中轴布局，向上发展

博物馆致力于以现代视角传承和弘扬中华传统文化，运用现代建筑语言重新诠释传统空间概念。其内部设计采用北京故宫中轴线的布局形式，同时巧妙地融合香港都市特有的竖直向上的建筑特点。

馆内垂直排列的三个中庭紧密连接各层展厅，构建出流动而富有层次的空间。三个中庭相互叠加，形成连贯的楼体结构，引导观众轻松穿梭其间，深入领略传统文化的独特魅力和深厚底蕴。

顶层中庭

空间之美

开阔明亮的中庭

二层中庭，宽敞明亮，阳光倾泻而下，光影交织，营造出别具一格的空间氛围，尽显开阔空间的独特魅力。

建筑空间的中轴排列

香港故宫文化博物馆的内部设计，深受中国传统宫殿式建筑的影响，尤其是北京故宫的中轴水平递进布局，但又巧妙地进行了创新。这座博物馆将中轴线竖向延伸，构建出独特的垂直递进设计。

地面、二层及四层的三个中庭空间，宛如层层叠加的宝石，形成了一条引人入胜的时光隧道。这些中庭空间不仅巧妙地将不同展厅串联在一起，更使观众在探索中华传统文化的深厚底蕴时，感受到现代建筑带来的惊喜与震撼。行走的每一步，都是一次穿越时空的旅行，让人沉醉其中。

二层中庭

竖向发展的都市景观

香港故宫文化博物馆中垂直递进的中庭设计，不仅体现了故宫的中轴线布局，也巧妙回应了香港建筑高度密集的城市特色。三个中庭空间垂直排列，让地面层得以保留开阔的绿地和景观，为繁忙的都市带来一丝宁静。

参观者站在中庭的落地大玻璃窗前，可以一览博物馆入口广场的开阔，感受建筑与自然的和谐共生，领略传统与现代的完美融合。

景观之美

各具特色的观景中庭

博物馆的三个中庭各具特色，朝向不同方位，为访客呈现截然不同的城市与自然景观。东向的入口中庭，可远眺戏曲中心，感受文化的深厚底蕴；南向的观景台则让人饱览海景和香港繁华的天际线，领略都市的活力与魅力；而西向的顶层中庭，更是让人远眺大屿山与南海的壮丽景色，让人心旷神怡。

这些中庭不仅是艺术交流的核心空间，更让访客在欣赏文物的同时，感受到自然景观与都市景观的和谐交融，领略香港的美景与无限未来。

站在香港故宫文化博物馆的二层中庭前，维多利亚港湾的海景尽收眼底。

古韵重塑的建筑特色

香港故宫文化博物馆将现代化建筑手法与新兴建筑材料相融合，共同诠释中国古代传统建筑特色的典范。从入口广场的玻璃金水河，到中庭天花板上的金属琉璃瓦，无不彰显出古今融合的建筑特色。

入口广场——玻璃金水河

博物馆的入口处，一座宽敞的平台广场映入眼帘。这里不仅是展示大型装置艺术的舞台，更是表演传统节目与舞蹈的完美场地。广场的设计灵感源自故宫的古老城墙，将历史的厚重与现代审美巧妙地融合，彰显着古典的韵味。外侧的回廊环抱，如同历史的长廊，引导着参观者走向博物馆的深处。

在广场正前方，数十块透光玻璃板巧妙地排列，它们宛如一条蜿蜒的河流，模拟了故宫内流经太和门前的金水河。象征着流动的历史与文化的交汇，为参观者带来一场视觉与心灵的双重盛宴。

入口广场的玻璃金水河，由数十块玻璃板构成。

景观之美

波光粼粼的金水河

夜幕降临时，玻璃金水河的玻璃板透出柔和的光芒，好似河面波光粼粼，为香港故宫增添了一份神秘而迷人的氛围。

迎宾门——朱红为底，玻璃点缀

香港故宫文化博物馆正门入口的设计灵感源自故宫博物院的城门。踏入其中，仿佛穿越时空，置身于紫禁城宏伟的大门前。

故宫城门以朱红色为底，门上嵌有9行9列共81颗门钉。

故宫博物院城门

朱红色的迎宾门共有10扇，每一扇都镶嵌着用现代材料制作的门钉。这些门钉巧妙地融入了现代视觉元素，由玻璃材料精心打造，既展现了中国传统建筑的典雅与庄重，又透露出现代设计的时尚与灵动。

更值得一提的是，每扇门上9行9列共81颗的门钉数量，代表着尊贵与至高无上，巧妙地呼应了古代帝王的风范，也为香港故宫文化博物馆增添了浓厚的文化底蕴和历史韵味。

细节之美

光影变化的玻璃门钉

香港故宫文化博物馆的朱红色迎宾门上，玻璃门钉整齐排列，巧妙地将中国古典元素融入到现代设计中，无论颜色还是门钉装饰皆呼应了故宫城门。随着照射光线的流转、欣赏视角的变换，玻璃门钉呈现出的视觉效果变幻莫测，尽显独特韵味。

中庭天花板——再现紫禁城“琉璃瓦”

中庭的天花板设计无疑是用现代化建筑手法对紫禁城传统建筑艺术的致敬。设计师巧妙地将瓦片状的铝板整齐地铺设成灵动的波浪形，再现了故宫金色屋顶上琉璃瓦的铺设方式，使其在现代的建筑空间中焕发出新的生机。

独特的中庭天花板极具方向性。其从下至上包裹着整个空间，强化了中庭的连贯感，不仅使得整个空间更加和谐统一，更在视觉上形成了一道亮丽的风景线。同时，自然光从玻璃天窗透过中庭天花板，不仅点亮了博物馆的室内空间，也带来了别样的光影之美。

铝板的金属质感和光泽与主要以石材和混凝土构筑的建筑结构形成了鲜明的对比，为博物馆细腻质朴的建筑风格注入了新的灵魂，使人置身其中流连忘返。

灵动流畅的波浪天花板

金色"琉璃瓦"整齐交织在一起，构筑灵动又轻盈的中庭天花板，阳光下如流水般流畅。远观似竹帘轻舞，又若轻纱飘逸，尽显雅致之美。

未加修饰的清水混凝土的建筑材料为馆内增添了细腻古朴的建筑风格

立面外墙——独特精致的建筑造型

新兴的建筑材料和现代化的建筑手法，将香港故宫文化博物馆的外观造型呈现得淋漓尽致。高倾角的建筑结构及丰富多样的立面预制构件共同组成了这座香港首例高倾角、大面积倾斜清水混凝土外墙建筑。

现代化的材料与手法

新兴的建筑材料和现代化的建筑手法，将香港故宫文化博物馆的外观造型呈现得淋漓尽致。建筑外墙运用了高倾角的清水混凝土结构和四层大悬臂的悬挑设计，从而实现了“上宽下聚”的独特造型，也使香港故宫成为香港首例高倾角、大面积倾斜清水混凝土外墙建筑。

为表现紫禁城的红墙金瓦，外墙还融入了现代化材料——饰面铝板、玻璃幕墙和渐变铁饰面板三种预制构件。与中庭天花板的设计不同的是，在外墙混凝土结构的表面，覆盖了黄色饰面铝板，赋予了外墙流光溢彩的视觉效果。

上宽下窄的建筑造型饰以黄色饰面铝板

精细严谨的建造过程

实现这一设计美感的过程充满挑战。外墙共使用了3999块曲面穿孔铝板，每块铝板的曲面都基于不同圆柱体的横切面精心打造。为精益求精，每片铝板支架的尺寸都被施工团队进行了微调。团队采用的BIM技术能高效生成图纸，大幅提升效率，减少了施工带来的误差和返工，确保了博物馆的最终呈现效果。

细节之美

弧度不一的饰面铝板

近4000件曲面穿孔铝板的弧度皆有细微差别，连接处丝丝入扣，故宫建筑严谨的工匠精神完美体现在香港故宫这座现代建筑上。

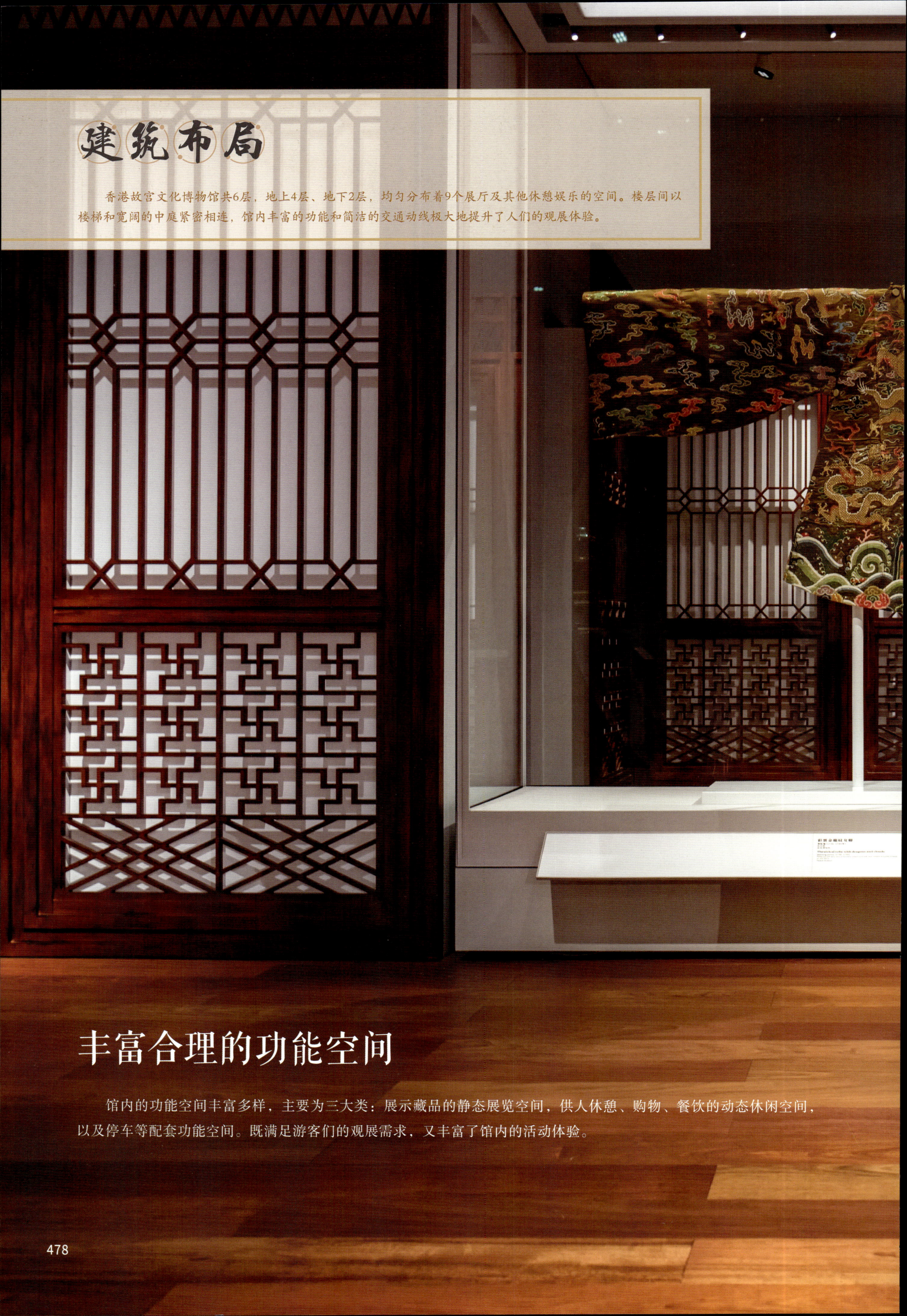

建筑布局

香港故宫文化博物馆共6层，地上4层、地下2层，均匀分布着9个展厅及其他休憩娱乐的空间。楼层间以楼梯和宽阔的中庭紧密相连，馆内丰富的功能和简洁的交通动线极大地提升了人们的观展体验。

丰富合理的功能空间

馆内的功能空间丰富多样，主要为三大类：展示藏品的静态展览空间，供人休憩、购物、餐饮的动态休闲空间，以及停车等配套功能空间。既满足游客们的观展需求，又丰富了馆内的活动体验。

馆内一层的展厅2“紫禁一日——清代宫廷生活”展览，展出藏品为清乾隆绿色彩云金龙纹妆花缎女蟒。庄重华丽的蟒袍中间是华丽精致的黄色祥龙。

展览空间

馆内设置了展厅9个，其中展厅1至展厅7是专题展览，展厅8至展厅9是特别展览。每个展厅都围绕不同的文化主题，展现了从紫禁城的历史传承到清代宫廷生活，再到古代陶瓷、帝后肖像、传统工艺以及香港故宫收藏史的丰富内容。

在展厅1中，观众可以领略到紫禁城的建筑艺术与典藏的博大精深；展厅2则生动地呈现了清代宫廷的日常生活点滴；展厅3的陶瓷展品代表了中国陶瓷史的辉煌；而展厅4则展示了清代帝后肖像的庄重与华贵；展厅5通过古代工艺与现代设计的对话，揭示了传统工艺的艺术价值；展厅6则回顾了香港一个多世纪的中国艺术收藏史，致敬了为文化传承做出贡献的各界人士。特别值得一提的是，展厅7邀请了香港艺术家从当代视角重新诠释故宫文化，展现了古今交融的创意空间。

其他功能空间

香港故宫文化博物馆设有1600平方米的故宫学堂，含香港赛马会演讲厅、弘文馆、崇文馆、学习资源中心等，用来举办丰富的教育活动，包括电影放映、公众讲座、表演艺术活动、学生作品展、亲子工作坊、教师活动，以及有关中国艺术、历史和文化的课程。建筑主入口处，外有广场，内设票务处。馆内还有休憩空间、中庭、纪念品店及餐厅，为游客提供了丰富多样的活动空间。

清晰流畅的观展路线

在香港故宫内，静态展览空间多置于地上，动态休闲空间则藏于地下，动静分隔，布局清晰，为游客打造了一条简洁明了的观展线路。地下一层的入口中庭，与二层南中庭、四层西中庭共同构成中轴递进的设计精髓。9个展厅自地下一层至地上四层均匀有序地分布，游客可通过电梯或中庭扶梯轻松穿梭于各层之间。

游客进入博物馆，参观完入口层的展厅1，便可拾级而上，继续探索。其间可在南中庭欣赏窗外的香港天际线和大屿山风光，享受片刻的休憩与宁静。最后来到顶层，感受西中庭外的自然景观之美。在离开前，游客还可到地下二层品尝美食，或在故宫学堂参与精彩活动，亦可挑选一件心仪的纪念品，留下难忘的回忆。

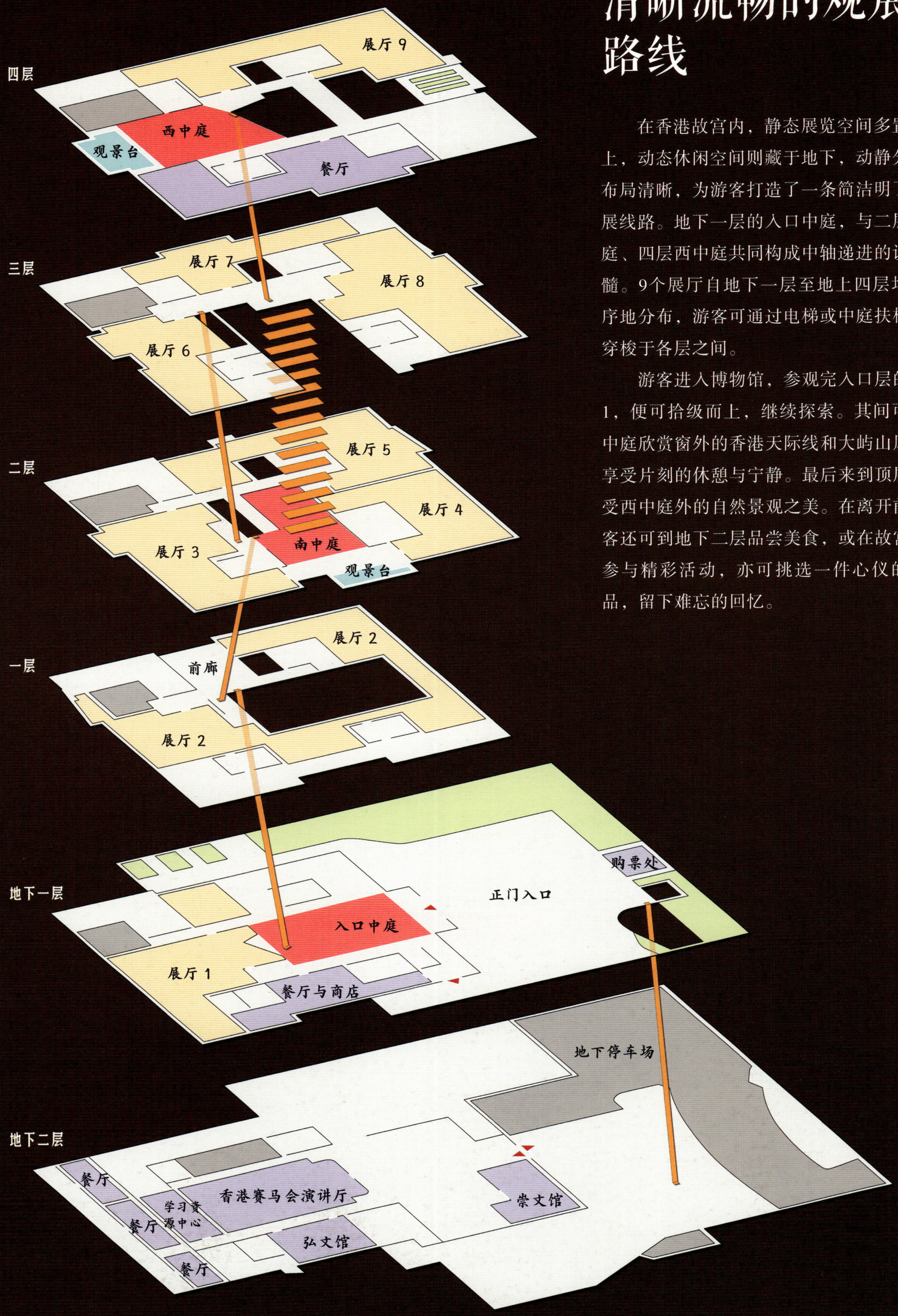

香港故宫文化博物馆各层平面图

注：此图为作者根据香港故宫文化博物馆的平面图绘制

位于三层的展厅7所展出的《桥中洞景》，通过多媒体的方式，让游客们沉浸式游历于数码山水之间。

中西合璧的精彩展览

香港故宫不仅聚焦于中国传统文化的瑰宝，更致力于展现古今交融、中西合璧的艺术魅力。馆内，中国古代艺术与现代创意交相辉映，西方艺术文化亦在此绽放独特光彩。在这里，历史与现代交织，东方与西方共鸣，共同构筑了一个璀璨缤纷的世界文化艺术展示舞台，让每一位参观者都能领略到多元文化的独特魅力。

中国传统文化展览

香港故宫文化博物馆内，故宫博物院的900多件瑰宝珍藏于此，这些文物不仅代表着中华文化的精髓，更承载着历史的记忆和时代的变迁。其中不少文物都是首次在香港公开展出，更有一些是世所罕见的珍品，从未对公众开放过。

在这里，观众可以欣赏到书画的飘逸与深邃，陶瓷的细腻与典雅，青铜器的庄重与古朴，以及玉器的温润与光泽。每一件藏品都仿佛诉说着一个古老的故事，让人陶醉其中。

除了展出这些故宫瑰宝，博物馆还经常举办与中国传统文化艺术有关的特别展览，如“圆明园——清代皇家园居文化”“凝视三星堆——四川考古新发现”等展览，让观众更加深入地了解中国文化的丰富内涵。同时，通过多媒体等现代科技手段，让传统文化艺术焕发出新的光彩，为观众带来沉浸式的文化体验。

在位于一层的展厅2，名为“紫禁一日——清代宫廷生活”的展览中，引人注目的一对藏品是来自北京故宫钦安殿的“太平有象”，它们生动地展现了中国清代宫廷生活的独特韵味和文化内涵。

西方经典艺术展览

香港故宫文化博物馆不仅承载着东方文明的深厚底蕴，更是东西方艺术文化交流的璀璨舞台。在这里，观众可以领略到东西方艺术的交融与碰撞，感受不同文化背景下的艺术魅力。

特别展览中，西方古典艺术的瑰宝熠熠生辉。“从波提切利到梵高：英国国家美术馆珍藏展”展览中，波提切利笔下细腻而神秘的画作，梵高热烈奔放的色彩世界，莫奈光影交织的印象派佳作，这些艺术珍品无不令人叹为观止。而“艺苑寻珍——列支敦士登王室收藏名品”等展览，更是将观众带入了另一个跨越时空的艺术殿堂。在这里，欧洲皇室的珍贵藏品也得以璀璨绽放，为观众带来了一场视觉与心灵的双重盛宴。

由香港故宫与英国国家美术馆联合主办的“从波提切利到梵高：英国国家美术馆珍藏展”曾于展厅9举办。该展品为波提切利的《圣泽诺比乌斯的三个奇迹》。

在画面左侧，主教正在治疗因殴打母亲而被诅咒的年轻人；中心，主教使一位母亲膝上的孩子死而复生；右侧，主教则治愈了盲乞丐的失明。这幅作品以细腻的笔触和丰富的色彩，展现了波提切利对宗教主题的深刻理解和艺术表现力。

气势磅礴
艺术气息

现代简约

中西合璧

雍正款画珐琅桃式水丞

清代 | 珐琅器

香港故宫文化博物馆　　高 7.5 厘米，最大口径 6.2 厘米

这件雍正款画珐琅桃式水丞为清代宫廷的书房用器。水丞亦被称为“文房第五宝”，因其小巧雅致，材质众多且表现形式多样而受到文人雅士的喜爱。这件水丞以铜胎为底，塑为大小寿桃相互贴合的形式，桃子尖端泛粉红，色泽过渡自然，两颗桃子以铜胎涂褐色的枝干相互连接，上方还绘有鲜嫩的绿叶与两只粉嫩的蝙蝠。桃子本有长寿之寓意，而蝙蝠又代表着福气，二者结合，象征着“福寿双全”的美好寓意。

雍正时期的画珐琅器制作在康熙一朝的钻研下趋于稳定，在风格上亦呈现出色彩清新淡雅的视觉效果，深受后世追捧。这件桃式水丞不仅有实用功能，更多展现出吉祥新颖的器型以及精致的纹样，是制作精良、造型精美的文房陈设器。

功用之美 何为水丞

除了文房四宝以外，水丞也是文人书房中的常备之物，研磨洗笔，哪一步都离不开水，水丞便是放置桌面的储水器。随着朝代更迭，水丞不仅作为实用之物，更被制作为多种形制兼具赏玩功用。

装饰之美 福寿双全

水丞外壁以细腻的手法描绘枝叶上飞舞的蝙蝠，枝叶或深或浅，仿佛在微风中飘摇翻飞，上方粉红的蝙蝠与桃子红绿渐变的色彩形成呼应，清新淡雅中透着些许俏皮。

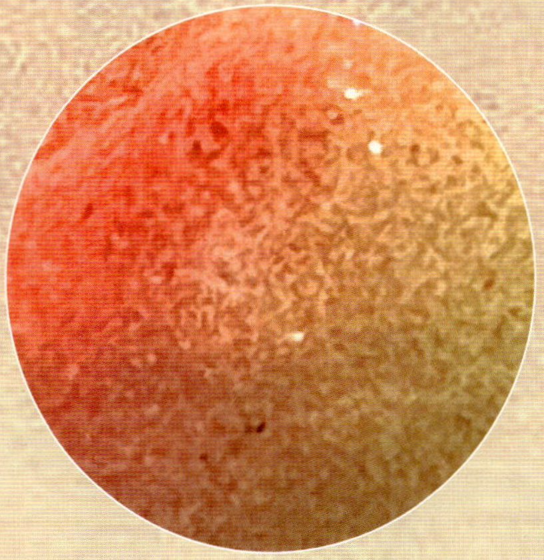

掐丝珐琅夔龙花卉纹瓜式盖罐

清代 | 珐琅器

香港故宫文化博物馆（特展）　　高27.5厘米，口径4厘米，足径9.3厘米

这件掐丝珐琅夔龙花卉纹瓜式盖罐为清宫旧藏，是清代末期所制珐琅罐。珐琅罐通体塑造为瓜形，上有四道竖向的浅棱，上方塑一铜鎏金瓜蒂形盖，器底塑花叶形足，罐身通体为朱红色底，上方以掐丝珐琅技法满饰各类花卉。花团锦簇之中，三只金、蓝、绿色的夔龙从百花丛中穿行而出，造型新颖，纹饰繁密，是清代末期的精品。

仿生器型的珐琅器在清代十分受宫廷贵族们的欢迎，尤其是在乾隆时期，由于皇帝对于珐琅器的喜爱以及工艺的进步，产生了众多精品仿生珐琅器、仿古珐琅器，这也为清末时期珐琅器型、工艺的发展打下了基础。清代末期珐琅器的发展虽不似中期鼎盛，但质量依然优良，同时，由于掐丝珐琅器在此时期是利润颇高的出口外销品，这也促进了如“老天利”“志远堂”等宫廷之外的珐琅器作坊的产生与发展。

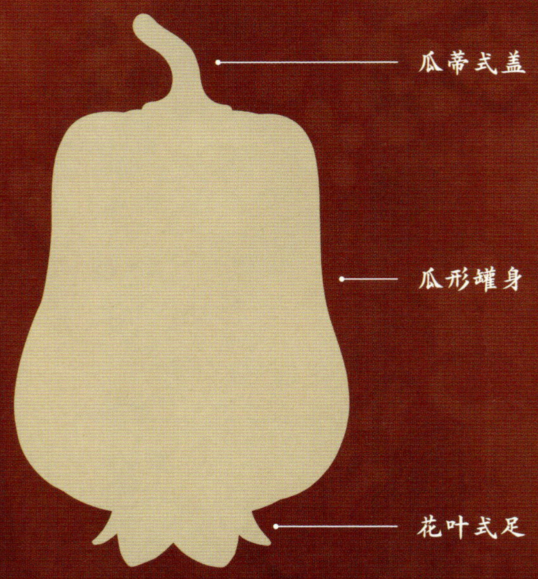

纹饰之美　百花丛中的神龙

在这件瓜式盖罐上繁多的花卉当中，三只神龙穿梭其间，黄龙身躯蜿蜒，在花丛中翻越，口中还吐出团团云气。不同于清中期威武细致的龙形，罐上的龙较为简化，且云气以黑白相间渲染，似乎是突出其立体感，手法新颖。

器型之美　敦厚的瓜形

清代珐琅器工艺突飞猛进，珐琅器也出现了众多新颖的器型，尤其是乾隆时期的众多仿生器型、仿古器型的珐琅器可谓时代精品。而自嘉庆朝之后，虽然珐琅器总体数量锐减，但质量却值得肯定。正如这件瓜式盖罐敦厚的器型即使以现今的目光来看，依旧新颖吸睛。

花团锦簇

围绕着神龙的花朵各式各样，蓝色的菊花、盛放的牡丹、娇嫩的梅花等分布于龙身周围。花卉纹与夔龙纹相互交织，形成了丰富的装饰图案，增加了整体的美观性和艺术性。

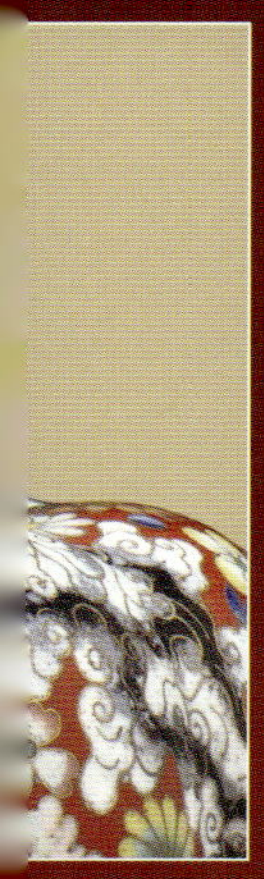

金嵌珍珠宝石塔

清代 | 金银器

香港故宫文化博物馆（特展）　　通高 129 厘米，底边长 62 厘米

这件金嵌珍珠宝石塔原供奉在清宫崇敬殿佛堂中，由乾隆皇帝亲自监督，乾隆十一年（1746年）由造办处制作。乾隆帝笃信藏传佛教，不仅日日礼佛，还不惜重金打造了众多华丽珍贵的佛教重器。这件佛塔用金85千克，珍珠293颗，以及珊瑚、青金石、绿松石等宝石500余颗，成就了这件体形硕大、装饰华丽的藏式佛塔。

佛塔采用錾刻、锤揲、镶嵌等多种工艺塑造而成。塔座为木制涂金，装饰繁密的莲瓣纹、宝相花纹等纹饰；高高的塔基之上，雄狮守护着宝塔；圆形塔座上珠宝满布，圆润的塔身上饰璎珞，顶端以珊瑚、白玉以及猫眼石塑成闪烁的日月摩尼宝。佛塔造型华丽夸张，不仅表现了乾隆帝对于藏传佛教的虔诚与重视，同时也是国力昌盛、皇家气派的侧面体现。

国宝小知识 身边的佛塔

藏传佛教又称"喇嘛教"，自元代传入中国内地，并建有大量藏式佛塔。"塔"意为佛的埋骨之地。佛塔这种建筑最早源于印度，传入中国后也发展出不同的样式。这尊宝石塔就与北京妙应寺白塔形制相似。

北京妙应寺白塔

装饰之美 镶满宝石的纹样

佛塔塔座上方的纹样装饰华丽繁密，束腰间的狮子突出于器身，身形威严，姿态灵动，似在守护着佛塔的安宁。而精细的铃杵纹闪耀着金色的光芒，中间的珍珠熠熠生辉，更加显示出华丽威严的震撼之感。

顶部以珊瑚及猫眼等
宝石装饰的日月摩尼宝，
象征功德圆满。
满刻梵文的十三层塔刹
塔身錾刻一圈口含璎
珞的兽首，璎珞垂坠，镶
嵌华美的宝石，一侧还饰
有镶嵌珍珠的佛龛。
在圆形的塔基上錾刻繁
密的梵文，塔座平面则镶嵌
珊瑚、绿松石、青金石等各
色宝石，装饰华丽夸张。

金嵌宝石大吉葫芦式挂屏

清代 | 金属器

香港故宫文化博物馆　　尺寸不详

中国的屏风发展历史源远流长。屏具大致可分为座屏、围屏、插屏、挂屏四大类。到清代，屏风不仅仅作为房间隔断具有实用功能，更有桌面摆放的插屏、墙上的挂屏等更多有装饰性功能的屏风出现。这件挂屏金光闪闪，宝石琳琅，是典型的寓意美好、装饰华丽的观赏性装饰挂屏。

这件器物是用八成黄金制作的，装饰为平面的葫芦形，整个挂屏器身以累丝工艺制作的细密的古钱纹样为底饰。圆形开光的中央镶嵌青金石的楷书“大吉”二字，葫芦因其谐音与“福禄”相近，象征着富贵长寿、吉祥如意和平安康泰。在“大吉”二字周围则装饰了翡翠、松石、珊瑚和蜜蜡等宝石，共同组成了多彩的暗八仙纹和八宝纹饰。大吉葫芦式挂屏展现了高超的金工技艺和精美的宝石镶嵌技巧，不仅是一件精美的艺术品，还承载着人们对美好生活的向往和祝福。

纹饰之美　宝石环绕的暗八仙纹

在挂屏的上部，围绕在“大”字周围的是以各色宝石等装饰的葫芦、笛子、花篮等代表八仙法器的暗八仙纹，在清代，这些纹饰则更多地表达了幸福、健康、长寿和繁荣的美好愿望。

纹饰之美　喜庆的八宝纹

在下方围绕“吉”字的则是宝石等拼凑的八宝纹，即宝瓶、宝伞、盘长结、法轮等八种佛教宝物，随着宗教的世俗化，表达了更多吉祥美好的寓意。

金子打造的挂屏华丽闪烁，上方镶嵌的红宝石更显装饰的丰富与精美。
大
青金石与红珊瑚的结合
吉

雍正帝朝服像

清代 | 绢本

香港故宫文化博物馆　　纵 277 厘米，横 143 厘米

《雍正帝朝服像》是一幅清代的工笔重彩设色肖像画。此幅画展现了雍正皇帝参加盛大典礼时的服饰基本形式。雍正皇帝的服饰以明黄色彩云金龙夏朝服为主体，戴夏朝冠，顶贯珠三重，冠前饰金佛。在配饰上，雍正皇帝胸前佩戴东珠朝珠，辅之以绿松石纪念三串，腰间系朝带，脚着石青色朝靴。满族是由马背上得天下的民族，但历代皇帝亦醉心于汉文化，朝服上以"锦缘重绣""续衽钩边"传统装饰风格，搭配满族风格的"披肩领"和"马蹄袖"，既美观威严，又不忘历史。

画作色彩华丽鲜艳，特别是明黄色的朝服和冠帽，以及石青色的朝靴，整体上工整精致、色彩鲜艳、注重细节处理，是一幅由宫廷画家精心绘制而成的帝王肖像画。此画作具有重要的历史价值，不仅体现了清代宫廷画师高超的人像绘画技艺，也为清代帝王服饰研究提供了生动的资料。

肖像之美　国君之相

雍正帝身着皇帝的正式朝服，端坐在画面的中央，姿态庄重而威严。他面容端正，眉目清晰，目光坚定，展现出作为一国之君的威严和稳重。

服饰之美　宝贵的夏朝冠

皇帝头上所佩戴的夏朝冠是搭配夏季朝服所佩戴的冠冕，以织玉草或藤丝竹丝为材质编织，再罩以各色纱料，上面也用朱纬编织伞状璎珞。正前方装饰佛像及东珠15颗的舍林，背面则以金花装饰，镶东珠7颗。

贵重的朝珠

朝珠是清代宫廷帝王后妃在重要场合搭配朝服的配饰之一，108颗朝珠象征着月份、节气以及气候。雍正帝所佩戴东珠朝珠，其上还缀有三串绿松石纪念，彰显了至高无上的地位。

龙椅上的坐垫同样装饰华丽，团点上方不仅绣团龙纹，周围还装饰五彩云纹，彰显皇帝的精致与奢华。

雕刻细致的龙椅

皇帝背后的龙椅雕刻精美华丽，通体髹金漆，上雕13条金光灿灿的神龙，同时在底座两侧还有兽首倚靠，太和殿的龙椅由明代一直传承至清代，可谓名副其实的皇权象征。

在画面底部描绘锦地花纹样式地毯，不仅使得画面华丽，富于装饰性，同时下方施以重色也让画面看上去更加稳定。

国宝小知识 清代皇帝朝服的颜色和使用场景

清代皇帝朝服颜色共有四种，分别为蓝、红、月白、明黄，不同颜色的朝服分别对应不同的礼仪功能和场合。蓝色朝服祭天，红色朝服祭日，月白色朝服祭月，明黄色朝服最为常用，使用场景丰富，一般的典礼和祭祀都穿明黄色朝服，如登基、元旦、万寿、金殿传胪、颁诏受贺一类的大典，祭太庙、先农坛、社稷坛、先师孔子、历代帝王一类的祭祀活动。为了区分典礼和祭祀，在朝服衣袖颜色上进行了区别，石青色衣袖为典礼朝服，明黄色衣袖为祭祀朝服。《雍正帝朝服像》所着为典礼朝服。而如下图乾隆皇帝朝服像则显然是祭祀朝服像。

郎世宁绘《乾隆皇帝朝服像》

《光绪帝大婚典礼全图》

清代 | 绢本

香港故宫文化博物馆（特展）　　纵 65.4 厘米，横 113 厘米（共 8 册）

光绪十四年农历六月十九（1888年7月27日），慈禧发布懿旨命令光绪帝于次年正月（1889年2月）大婚。在慈禧太后的授意下，光绪十四年的十月初五（11月8日），叶赫那拉氏被立为皇后。由于皇后人选并非光绪帝亲自选择，他是被动接受慈禧的指派，婚后帝后的感情并不亲密，可谓是一场隆重却凄惨的婚姻。

大婚典礼非常隆重，经过了纳采、大征、奉迎、合卺、祭神、庙见、朝见、庆贺、颁诏、筵宴等一系列非常复

《光绪帝大婚典礼全图》之《大征礼图》

杂的仪式。《光绪帝大婚典礼全图》正是在这样的背景下诞生的，八册内容分别为：第一册《皇后出宫至邸第图》、第二册《纳采礼筵宴图》、第三册《大征礼图》、第四册和第五册《皇后妆奁图》、第六册《册立奉迎图》、第七册《皇后凤舆入宫图》以及第八册《礼节图》，皆为清代画家庆宽等人绘制。图中不仅场景多变，人物众多，在重要人物身边还标注了官职，同时图内包含了大量对人物活动细节的刻画，以工笔彩绘的绘画形式和写实的笔法精细地再现了婚礼全过程。《光绪帝大婚典礼全图》具有重要的历史意义，不仅反映了晚清宫廷画师的高超绘画技艺，也是后人研究清朝皇家礼仪的珍贵史料。

《光绪帝大婚典礼全图》之《纳采礼筵宴图》

热闹的纳采宴

所谓纳采，就是民间所说的订婚。光绪十四年十一月初二（1888年12月10日）这一日，使臣接受皇帝旨意领取金节，率仪仗前往桂祥家行纳采礼，礼成后即张灯结彩举行纳采宴，前来的官员依次落座庆贺，酒过三巡后还会集体向皇宫方向跪拜以表达对浩荡皇恩的感谢。

《光绪帝大婚典礼全图》之《册立奉迎图》

接受册立

光绪十五年农历正月二十七（1889年2月15日），终于迎来了光绪帝大婚的日子。原本新郎的迎亲礼由使臣代为接亲，即皇帝大婚中的奉迎礼。皇后家门外众臣及仪仗恭迎侍候，而桂祥则在厅前恭候，接受册立女儿为皇后的制文，并接受为皇后颁发纯金打造的“皇后之宝”玺印，册立礼才算完成。

《光绪帝大婚典礼全图》之《皇后凤舆入宫图》

拜谒之美

凤銮入宫

大婚的吉时可谓一刻都不可耽搁，迎亲的队伍子夜出发入宫，浩荡的队伍抬着皇后的凤舆经大清门、天安门、端门、午门、太和门一路来到乾清宫才算入住皇家。皇后在此处下轿，并由内官接过手中的苹果并递上宝瓶进入宫中。

《光绪帝大婚典礼全图》之《礼节图》

宣告之美

昭告天下

经历了一系列烦琐的礼节，婚礼仪式接近尾声，即使是在礼成之后，还需进行一系列如朝见礼、庆贺礼、祈福礼等仪式。在此之后亦需昭告天下举行隆重的颁诏礼。图中所描绘的正是挂着双喜字与彩带的天安门前，众臣集结将诏书由门楼下放，礼部司官在下方跪迎，随机将大婚的喜讯昭告天下。

温润柔和的雕刻

花卉线条流畅自然，采取写实的工笔风格，以勾线的形式绘制了花卉开放时的状态。富有生命力的花卉为静态的器物增加了大自然的生命力，极大地提升了器物的观赏性。诗文及花卉相得益彰，互为呼应，使此碗饱含文人风格，更显制作用心和精美，与白玉材质相互搭配，营造了温润柔和的氛围。

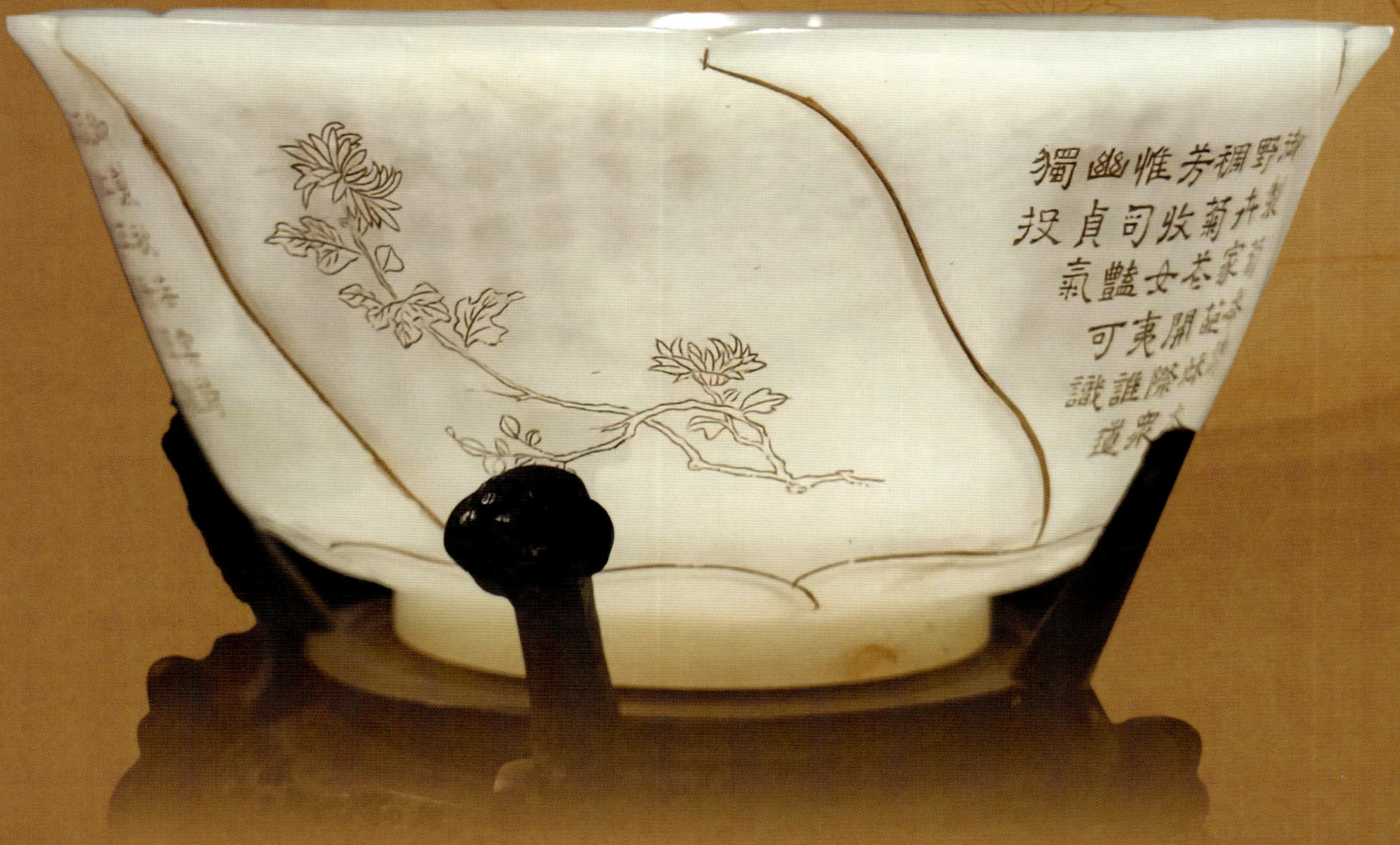

白玉填金花卉诗句葵瓣式碗

清代 | 玉石器

香港故宫文化博物馆（特展）　　口径 15 厘米，底径 6.7 厘米，高 6.7 厘米

这只花卉诗句纹葵瓣式碗为白玉材质，碗身塑为六瓣葵花式，在碗身外壁镌刻有乾隆御诗三首，其间刻有剪秋萝、鸡冠花、万寿菊、牵牛花、玉簪花和蓝菊六种花卉，与诗文相互呼应。在碗内壁同样制作六瓣花式及诗文。这种设计不仅增加了碗的美观性与文学性，还体现了文学之美和杯子主人对自然的崇敬。

乾隆一生酷爱写诗，据统计他一生作诗四万余首，乾隆饱读史书，颇懂文官对于历代帝王的品评，也因此更为努力地留下大量诗文图画。这不仅是因为清代皇帝大多醉心于汉文化，亦有想要树立文武双全的治世明君形象的心理。乾隆的诗文墨宝遍布瓷器、玉器、匾额、画卷等各类介质，正如这件温润的玉碗之上清雅的花卉旁辅以皇帝的诗文，不仅彰显了乾隆皇帝的文学素养，玉碗本身亦是一件精美的工艺品。

对仗工整的七言诗

碗外壁的三首乾隆御制诗对仗工整，为标准的七言诗体例，表现了乾隆对器物所刻花卉的倾心。以其中的两首为例，题目分别为“御制秋海棠诗”和“御制玉簪诗”。《御制秋海棠诗》：“反红正绿浑难画，酸态娇姿正可人。春好轩前风露好，居然八月有三春。”表达了乾隆对秋海棠盛开姿态的喜爱和惊叹。《御制玉簪诗》：“夏芳出塞耐秋馨，绘白为花缬叶青。彳亍鹤仙心不系，也来丛畔肖其形。”赞美了玉簪花绝世独立的不俗气质。器物所刻御制诗诗句优美，用典丰富，如“仙心”就引用了《文心雕龙·明诗》中“及正始明道，诗杂仙心，何晏之徒，率多浮浅”的典故，体现了乾隆皇帝极高的文化修养，为器物增添了文化内涵，富有诗文之美。

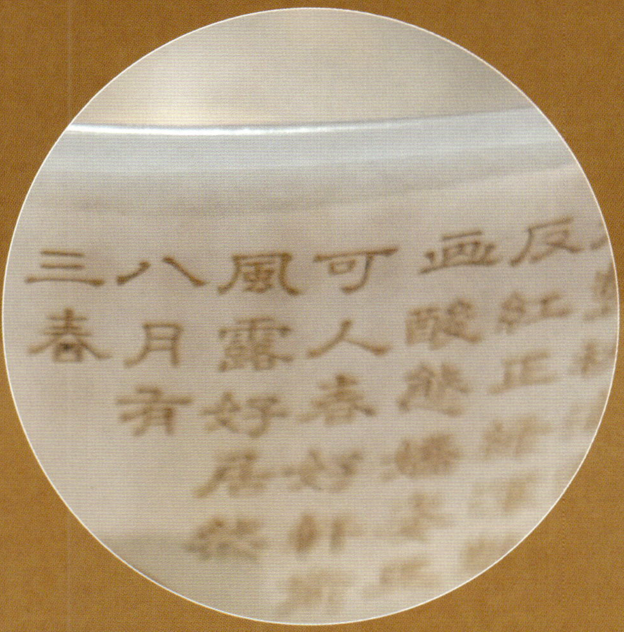

清乾隆景德镇御窑粉彩福禄万代纹葫芦瓶

清代 | 瓷器

香港故宫文化博物馆（特展）　　尺寸不详

这件清乾隆景德镇御窑粉彩福禄万代纹葫芦瓶是一件极具代表性的中国清代乾隆时期陶瓷艺术品，该瓶呈葫芦形，上小下大，比例协调，瓶口较小，便于插花或摆设。葫芦在中国传统文化中象征着吉祥、长寿和多子多福。葫芦形状的瓶子线条流畅，造型优美，具有很强的观赏性。

这件葫芦瓶底色杏黄，上方亦画繁密的小葫芦及瓜藤，穿梭其间的红色蝙蝠口衔卍字纹绶带，皆为常见的吉祥纹饰。不同的是，在葫芦中段贴塑一粉色的立体蝴蝶结，立体蝴蝶结表现为自然飘逸的形态，仿佛在风中轻轻舞动。这种设计不仅增加了瓷器的动感，还体现了工匠的模仿能力。葫芦瓶制作精美、工艺复杂，具有丰富的文化内涵与美好的寓意，也体现了此时期顶尖的制瓷工艺以及创新的制器理念。

贴塑之美

翩然的蝴蝶结

在葫芦中段，还以贴塑工艺装饰了一只蝴蝶结，蝴蝶结在描绘纹样前以贴塑工艺贴于器表再烧制而成，仿照绸缎质感，结扣细致，立体生动，这与乾隆朝时期大量生产的“包袱瓶”为类似的装饰风格，为本就精彩的瓷瓶增添了一份新颖。

纹饰之美

葫芦与蝙蝠

葫芦瓶表面的小葫芦大小不一，以粉彩技法描绘而成，色彩变化细腻丰富，笔法自然老到，藤蔓之间还盛开着朵朵小花，蝙蝠飞舞其间。葫芦与蝙蝠象征着福禄绵延，而瓜藤又有着子孙万代生生不息之意，相互组合，吉祥喜庆。

瓶口内收，并以如意云头纹装饰，突显了乾隆时期求“满”的装饰风格，且有事事如意的寓意。

束口部分的蝴蝶结下垂的“缎带”层层叠叠，上方还描绘了细小的花纹，将绸缎的质感生动地表现了出来。

飞舞在瓜藤之间的蝙蝠象征着福气，是清代瓷器上常出现的纹样，且多以红色来表现。

乾隆款御题三清茶诗如意纹碗

清代 | 瓷器

香港故宫文化博物馆（特展）　　高 5.4 厘米，口径 10.7 厘米，底径 4.8 厘米

乾隆款御题三清茶诗如意纹碗也称“三清茶碗”，其名与茶碗的装饰和功能有关。三清茶是乾隆皇帝独创的饮品，以梅花、松仁、佛手柑煮茶，不仅寓意高雅，味道亦爽口清冽。茶碗外壁以乾隆皇帝赞咏“三清茶”的五言诗为装饰，专用于饮用“三清茶”。其大体可分为青花和红彩两种，款式、图案、大小和规格基本一致。茶碗的形状为圆形体，斜壁弧曲，口沿微侈，圈足，整体造型娇小隽美。

三清茶碗以其制作工艺的精湛和艺术风格的独特，成为清代宫廷茶文化的代表之一，具有重要的历史意义和文物价值。同时，为清代瓷器制作技艺、艺术风格等相关研究提供了重要的实物资料。

具象的“三清”

在三清茶碗内以红彩工笔勾画画面，梅花、松树和佛手，三者共同构成了一幅别具意味的图案。梅花料峭，松树挺拔，松针细密，佛手果实形态奇特，犹如佛陀的手指，象征吉祥和福气。画面不仅将“三清”具象化，丰富了碗身图案，同时也使碗身的装饰更为丰富。

文化之美　热衷茶事的乾隆帝

乾隆皇帝极喜在宫中举行茶宴宴请大臣，以嗜茶闻名，对茶的品鉴有自己的理解，“三清茶”和“三清茶碗”便应运而生。在宴会上，乾隆不仅作《三清茶》诗，还把御制的三清茶碗赏赐给近臣，拉拢人心，显示恩宠。此乾隆三清茶碗承载了丰厚的文化底蕴，体现了乾隆时期宫廷茶文化的流行和发展。

器壁诗文：

梅花色不妖，佛手香且洁。松实味芳腴，三品殊清绝。烹以折脚铛，沃之承筐雪。火候辨鱼蟹，鼎烟迭声灭。越瓯泼仙乳，毡庐适禅悦。五蕴净大半，可悟不可说。馥馥兜罗递，活活云浆澈。偓佺遗可餐，林逋赏时别。懒举赵州案，颇笑玉川谲。寒宵听行漏，古月看悬玦。软饱趁几馀，敲吟兴无竭。

装饰之美　规整优美的诗文

三清茶碗上题乾隆御制诗，诗文笔法坚韧有力，以正楷写成；诗文内容格式标准规范，以五言写成。全诗表达直接简明，畅快地抒发了自己对三清茶的喜爱，以及对三清茶所代表的闲情逸致的文人情调的向往。

剔红海兽图圆盒

清代 | 漆器

香港故宫文化博物馆　　高 6 厘米，口径 15 厘米

这件剔红海兽纹圆盒为清代乾隆时期所制，整体为扁圆形，分上下两部分，两部分雕刻内容完全相同。盒内髹黑漆，内部以填金楷书刀刻“大清乾隆年制”三行六字。盒外髹厚重的红漆，满雕落花流水纹，盒面三只海兽在翻滚的浪花中奔走嬉戏。漆体厚重，雕工精细，展现出宫廷漆器精湛的雕漆工艺。据清宫造办处记载，制作这件剔红海兽纹圆盒耗时达一年半之久，足见这件漆盒工艺的精湛与其工匠的细致。

清代乾隆年间的剔红工艺已然趋于成熟，不仅受到明代晚期嘉靖、万历二朝锋利雕工的影响，刻画更为细致，棱角更为明显。同时在乾隆皇帝的授意之下，由牙雕匠人进行漆器雕刻，从而使得雕牙所表现出的精细之风移植到漆器之上，形成锋芒锐利的时代风格。这件剔红海兽纹圆盒纹饰繁密，雕工精细，展现出清代雕漆工艺的精湛水准。

细节之美 **毫无废笔**

漆盒上部的落花及水浪纹样，粗看边缘圆钝，然而仔细观察，便可发现纹样的每一朵海浪、每一片花瓣上都雕刻有细如发丝的纹路，线条流畅，一刀下刻，毫无费笔。足见工匠功力之深厚，笔法之老练。

纹饰之美 **嬉闹的海兽**

盒子上部的海兽奔腾于海浪之间，海兽的形象早在唐代就常出现在器物之上，形象大多是狮子、狐狸、马等形象的结合体，是想象出的一种灵兽形象。盒上海兽表情威猛，有的奔走，有的转头，姿势灵动，且身上的鬃毛都纤毫毕现。不仅生动美观，也代表了古人对猛兽的原始崇拜。

铜镀金犀牛驮梳妆镜表

清代 | 杂器

香港故宫文化博物馆　　高74厘米，宽38厘米，厚24厘米

这件铜镀金犀牛驮梳妆镜表为18世纪英国所制，并常年摆放于储秀宫之中，可谓清代中西交流的产物。梳妆镜表底部塑四只身披鞍璎珞的长角镀金犀牛，四只犀牛各向一方，其上驮的规矩箱箱体以铜镀金塑骨架，内镶玛瑙。箱子分为上下两端，打开上端柜门，又分三格，中间一格内为三段可旋转彩色石柱，两边的格子内则各自盛放以瓷鸟做塞子的香水瓶，周围格子亦盛放各类理容工具。下方柜子内则装饰风景画及可活动的人物。钟表造型华丽，纹饰动感，具有18世纪欧洲宫廷流行的繁密的洛可可装饰风格。

清代中西交流密切，在传教士踏上中国土地之时就携带有西洋钟表，清代帝王们也对这种装饰华丽且机关奇特的钟表颇为感兴趣，不仅进口有众多欧洲钟表，还令造办处在洋人指导下制作了众多造型独特的钟表以供赏玩，西洋钟也成为清宫中一道独特的风景。

装饰之美　华丽的犀牛

犀牛是整件器物的基座，采用铜镀金工艺制作。犀牛的形态逼真，肌肉线条和皮肤纹理细腻，其身上的鞍披亦装饰华丽，它们驮负着上方的梳妆镜和时钟，象征着力量和稳固。

图画之美　珐琅镶嵌画

在规矩箱箱面上还镶嵌有四幅画珐琅镶嵌画，画中仕女身穿西方宫廷服饰，且绘画皆采用西方油画技法，具有准确的人物造型及强烈的光影，不到巴掌大的画面依然刻画精细。

表周围装饰花瓶及人物，表盘上亦有珐琅嵌画，十分精致。
铜镜周围满饰卷草纹饰，铜镜可上下调整角度，周围还有士兵与神女形象，有西方雕塑效果，生动鲜活。
四只犀牛以铜镀金垂链装饰，链上还塑造有繁密的花朵，其间点缀宝石，丰富华丽。

圆明园万方安和殿烫样

清代 | 杂器

香港故宫文化博物馆（特展）　　长 57 厘米，宽 57 厘米，高 15 厘米

现今社会人们购置房屋往往会先去观摩房子的沙盘，而在没有沙盘的古代，想要预知房子建成后的样子，烫样便应运而生。样式雷是清代建筑世家，故宫、圆明园等著名建筑都出自其手，在建造宫宇前先画好图纸，制好烫样，皇帝过目确认后方可修建。这件圆明园万方安和殿烫样便是建造圆明园四十景之一的万方安和殿时制作的烫样，现今留存为清代同治年间重制品。

万方安和殿是雍正初年营建的圆明园宫殿之一，从上看呈“卍”字形，象征着福运绵延，整个宫殿共33间房屋，建于水上，风景秀丽，造型独特。而烫样的制作则是按1∶100的比例缩小预制。虽然万方安和殿已毁于战火，但我们仍可从这件精致的烫样上窥见其从前的样貌。

国宝小知识　四时宜居的万方安和殿

万方安和殿作为雍正皇帝故宫外最喜欢的居所之一，位于圆明园后湖西侧，东邻杏花春馆，西南侧为“山高水长”。汉白玉质基座静静伫立湖心，上方的卍字形宫殿造型独特，四时皆宜居住。在殿中西路还曾设一室内戏台，演员在西北殿唱奏，皇帝则在正西的殿内隔水观戏，颇具闲情雅趣。

圆明园万方安和殿模拟效果图
（非一比一还原）

细节之美　明确尺度

在烫样屋顶上贴有一张巴掌大小的纸，上以楷书记录了万方安和殿的房间数量、柱头高度、房间尺寸等信息，在后期建造宫殿时则会严格按照尺寸要求和烫样样式进行建造。房间内部的屋门、小件家具都有明确标注，既能满足皇帝的审阅需求，也能使后期工匠一目了然。

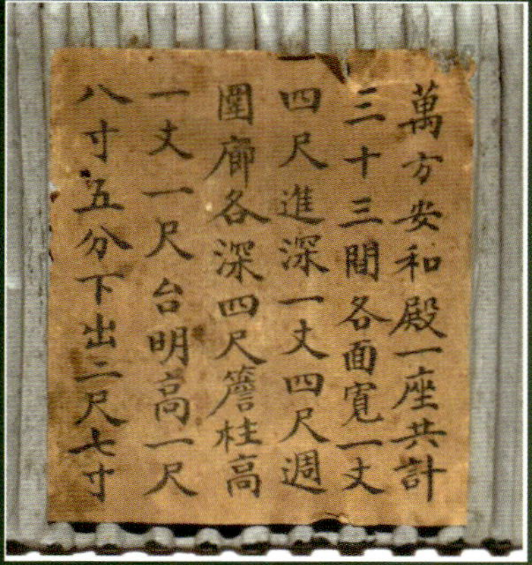
萬方安和殿一座共計三十三間各面寬一丈四尺進深一丈四尺週圍廊各深四尺簷柱高一丈一尺台明高一尺八寸五分下出二尺七寸

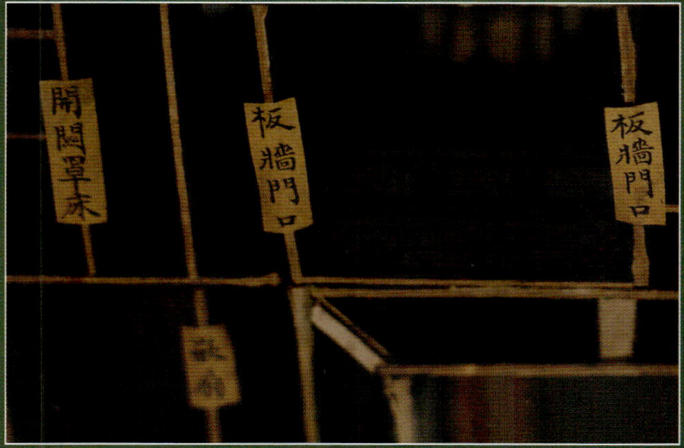

结构之美　灵活的内部构造

烫样的屋顶可以打开，掀开屋顶的烫样可以看到房屋内部结构及可灵活移动的木板、家具小样，灵活的结构也方便了皇帝审阅后修改，体现了古人的匠心与智慧。

装饰之美　逼真的屋顶

烫样的屋顶先用黄泥制胎，再以高丽纸、麻呈文纸、东昌纸加以粘贴，晾干形成坚硬的屋顶结构。而屋顶的瓦楞则以湿水软化的线香一根根粘上去，再以高丽纸粘贴并以小烙铁烫实，“烫样”的说法也是由此而来。

乾隆款御题三清茶诗如意纹碗

金嵌宝石大吉葫芦式挂屏

掐丝珐琅夔龙花卉纹瓜式盖罐

剔红海兽图圆盒

雍正款画珐琅桃式水丞

圆明园万方安和殿烫样

第四章

南京故宫

南京故宫，即南京明故宫，是中国明代初期的皇家宫殿遗址，位于江苏省南京市玄武区中山东路。皇城面积6.53平方千米，宫城面积1.16平方千米，是当时世界上规模最大的宫殿建筑群。宫城始建于明朝初年，由明朝开国皇帝朱元璋下令修建，历时26年。明故宫在朱棣迁都北京后多次遭遇天灾人祸，最终被废弃。然而其作为明朝初期的重要宫殿建筑群，对中国古代建筑史、城市规划史具有重要的研究价值。虽然现今南京故宫的大部分建筑已不复存在，留下的多为地基和部分石刻，但漫步遗址公园，我们仍可从残垣断壁中感受到它往昔的辉煌与厚重的历史。

帝王之宅的风水宝地

南京故宫，即明故宫，旧称紫禁城。曾是明朝京师应天府的皇宫，被誉为“世界第一宫殿”。其皇城面积宽广，为当时规模最大的宫殿建筑群。明故宫的择址顺应自然，背靠紫金山，巍峨壮丽。在明朝初期，南京故宫曾盛极一时，象征着朱元璋的雄心壮志与江山稳固。

初创择址

元朝至正十三年（1353年），朱元璋听从冯国用提议，以金陵（今南京市）的“龙蟠虎踞”之势，选定建都之地，并于三年后攻克集庆（今南京市），改称应天府。至正二十六年（1366年），朱元璋自封吴王，命刘基等善于堪舆术之人在应天（今南京市）择址建新宫并主持设计，最终选定这块风水宝地。

新宫选址于元集庆城东门之外，钟山以南，原燕雀湖处。而后，朱元璋亲祭山川，誓言安定黎民、繁荣国运。他召集工匠、军卒二十余万人，填平燕雀湖，建造新宫，名“吴王新宫”，后称“皇城”。

改筑新城

吴元年（1367年），南京故宫竣工。这座宫殿群内设奉天殿、华盖殿等宫殿，以及奉天门等庄严门阙，四周环绕着高达9.6米的城墙。洪武元年（1368年），明朝的序幕拉开，朱元璋登基称帝，以应天府为南京，开封为北京。然因全国资源集中于凤阳的中都城池与宫殿建设，南京故宫的扩建被迫暂停。随后，仅对已有宫殿进行必要的维护，并将“吴王新宫”更名为“皇城”，奠定了明南京宫城的基础。

洪武六年（1373年），朱元璋又开始扩建南京城与皇城，增设文华堂、武英堂等建筑。洪武八年（1375年），他放弃中都计划，全力打造南京城池与宫殿，追求稳固而非奢华，最终于洪武十年（1377年）完成此次扩建。期间，他还将内城更名为“外禁垣”，与皇城共同构成新的皇城体系。洪武二十五年（1392年），经过再次扩建改建，明朝南京故宫最终达成了其雄伟壮阔的规模。

布局之美 **中轴对称**

从南京明故宫复原模型可看出，奉天殿、华盖殿和谨身殿位于中轴线上。北京故宫便是以南京故宫为参考，基于其建筑形制而建造。

波折沧桑的历史轨迹

明代初期虽大肆兴建南京皇宫，但宫城因靖难之役被焚毁，后虽有修建，但随着朱棣将都城迁至燕京（今北京市），南京宫殿不再使用，因此逐渐走向落寞。明代之后，在历史动乱中，南京故宫更是被拆毁得所剩无几。如今，曾经的明故宫已改建为遗址公园，虽然宫殿建筑已不复存在，仅存的零星遗址也失去了往昔辉煌，但人们仍能感受到其历史的厚重底蕴。

人祸天灾，不断修葺

朱元璋在营建南京皇宫时，虽注重风水，但因选址局限，内廷建于填平的燕雀湖之上，久而久之，出现地基下沉的问题。且其地势前高后低，风水欠佳。在雨天宫殿更易积水，排水困难。除此之外，宫城与城外距离过近，尤其是北侧的紫金山，可俯瞰皇宫，使皇宫战时不易防卫。

建文四年（1402年），靖难之役中，朱棣攻陷应天（今南京市），宫殿起火。登基后，朱棣在奉天殿之西重建奉先殿。永乐年间，他下令拓展皇城西垣，纳入原西安门至杨吴城壕之地，并修缮城墙，重建西安门。虽居南京，朱棣却准备迁都北京，并于永乐十八年（1420年）完成北京宫殿（今故宫博物院）建设，次年迁都。自此，南京宫殿改为留都宫殿，风光不再。

英宗、代宗帝年间虽有修缮，但正统十四年（1449年）的一场雷击火灾，将前三殿及文渊阁焚毁殆尽。成化年间，明廷下令不再重修南京皇宫，任其荒废。万历年间，张瀚在其著作《松窗梦语》中描绘南京宫殿荒芜之景，仅武英、奉先二殿尚存。直至崇祯十七年（1644年），福王朱由崧设立南明政权，于南京即位，虽对内宫进行了一些修复，但南京皇宫的颓势已难以挽回，其辉煌历史终成回忆。

曾经的明故宫部分遗址已改建为南京明故宫遗址公园，此图为千禧年前后新建的公园南大门。

废墟之中，再寻风光

明弘光元年（1645年），清军将领多铎率部渡过长江并占领划分了驻防区域，南京明皇城亦被划入其中。多铎进驻南京后，清朝将南京更名为江宁，并将南京明皇城变为八旗驻防地，即江宁满城。康熙年间，明故宫的残存部分被进一步拆毁，其石料被用于普陀山庙宇的建设。

到了清代后期，明故宫已是一片废墟，皇帝南巡时，只得选择江宁织造署作为行宫。太平天国时期，明故宫被拆走了大量建材，太平天国政府用以另择新址建造宫殿，至此明故宫几乎荡然无存。

国民政府时期，虽有意将南京明故宫地区作为中央行政区，但因种种原因未能完全实现。中山东路的修建将遗址分割，其北部建设了多座重要建筑，南部则成为中国的首座军用机场。

南京明故宫遗址公园于20世纪90年代末竣工，而后又经过重新规划并对外免费开放。如今的遗址由午朝门公园和南京明故宫遗址公园两部分组成。至此，南京明故宫才恢复生机，成为南京城市文化的重要组成部分。

如今的南京明故宫遗址

景观之美

绣球花下的残垣

春日，在午朝门公园的奉天门遗址石刻园内，遗留的奉天门柱础与其余建筑的残垣整齐地安置于此，与盛开的雪白色绣球花交相辉映，共同诉说着古老的历史。

彰显皇权的建筑形制

明代初期全国最高中央行政机构的核心所在地即为明故宫，其由皇城与宫城两部分构成，围绕在外的是皇城，居于中心的为宫城，二者合称“皇宫”。皇城面积6.53平方千米，宫城面积1.16平方千米。曾经，其建筑巍峨壮丽，布局严谨，整体设计彰显皇权之神圣与尊贵。

居于中心的宫城

宫城是皇帝的日常居所与朝政中心，又称大内、内宫、紫禁城。宫城是南京故宫的最内层，四周以御河环绕。其坐北朝南，长约0.88千米，宽约0.85千米，面积1.16平方千米，城墙高11米。

自午门而入，过内五龙桥，即见奉天门，其两侧为角门。宫城内布局严谨，奉天、华盖、谨身三大殿构成前朝主体，仿照此建制的北京故宫太和、中和、保和三殿亦由此而来。乾清门后，为宫城后庭，包括乾清宫、坤宁宫及东西六宫，其间有御花园点缀。此外，宫城内还有大本堂、奉先殿、文渊阁等建筑。整个宫城设计精巧，体现了古代中国的皇家气派与建筑艺术。

然而，岁月流逝，现今仅留部分遗迹，如三大殿的石础、内五龙桥、午门城台、石碑、假山等，见证着历史的辉煌。

内五龙桥——明故宫的金水桥

位于宫城内的内五龙桥，又名金水桥。五座并列的单孔拱券式汉白玉石拱桥横跨在曾经奉天门前广场的内御河上。桥的正中是一座御路桥，专为皇帝一人使用，彰显着皇权的至高无上。御路桥的两侧是让皇家成员和亲王大臣们行走的王公桥。最外侧的两桥，则是供三品以上官员行走的品级桥。虽然如今桥体得以保留，石栏不复存在，但内五龙桥的形制传承至今。

内御河上架设的内五龙桥

午门——巍峨的宫城正门

南京明故宫的宫城正门就是午门，其名源自“位当子午”，即南北方向的轴线。午门曾是明代官员们上朝的必经之路，因此又得名“午朝门”。其城门五孔，中门高大宽敞，专为皇帝銮驾而设，左右侧门则仅供皇族及三品以上文官、四品以上武官通行。其余官员需经两侧阙门出入。午门不仅用于官员大臣的进出，还是朝廷传达诰书、圣旨的地方，更是皇帝严惩大臣的“廷杖”之地。

午门位于宫城之南，级别高于宫城内的其他城门。其东西长89米，南北进深35米，平面呈“凹”字形，其上的城楼阔九间、进深五间，意为“九五之尊”，象征皇权的至高无上。城楼两侧设有重檐崇楼，其与两侧阙台上的崇楼及城楼合称为“五凤楼”。午门的基座高12米，为石质须弥座，其做工精美，上下勒腰，纹饰繁复，中间刻有方胜、卷云等浅浮雕，展现了明初建筑的最高规格。

如今，午门仅保留有城台、须弥座、券门和城台顶的百余座石础。城门的青石须弥座仍散发出古朴典雅的气息，精美的缠枝如意纹代表了明初建筑的辉煌，对后世产生了深远的影响，其风格被北京午门所继承。

位于正中的拱门为帝王銮驾而设

夏日午后，午门城楼的西侧城墙伫立在高大笔直的树木间，呈现一片安详庄严的景象。

左右两侧的拱门为皇族及三品以上文官、四品以上武官的通行而设

环绕在外的皇城

皇城不仅集中了众多中央行政机构、宗庙和祭坛，还是保护宫城的一道重要屏障。它环绕宫城建造，平面呈倒“凸”字形，南北约3千米长，东西约2.2千米宽，总面积6.53平方千米，城墙高11米，设有7座城门。

皇城正南门为洪武门，进门后便是南北向的千步廊，廊屋两侧分布着中央官署和高级军事指挥机构。千步廊尽头为外五龙桥，桥后是承天门，这是进入宫城的正南第一道门。皇城内部，御道东西两侧筑有宫墙，将太庙和社稷坛隔离在外，形成通向宫城的唯一通道。

皇城内的河道上，除了架有内外五龙桥，还设有青龙桥和白虎桥，即堪舆术中的“左青龙，右白虎”，寓意着吉祥与守护。皇城西南角是宦官诸监所在的地方。其他各司、局、库、房、厂等部分安置在宫城内，部分在皇城内，共同构成朝廷服务体系，为封建王朝的稳定运行提供了支持。

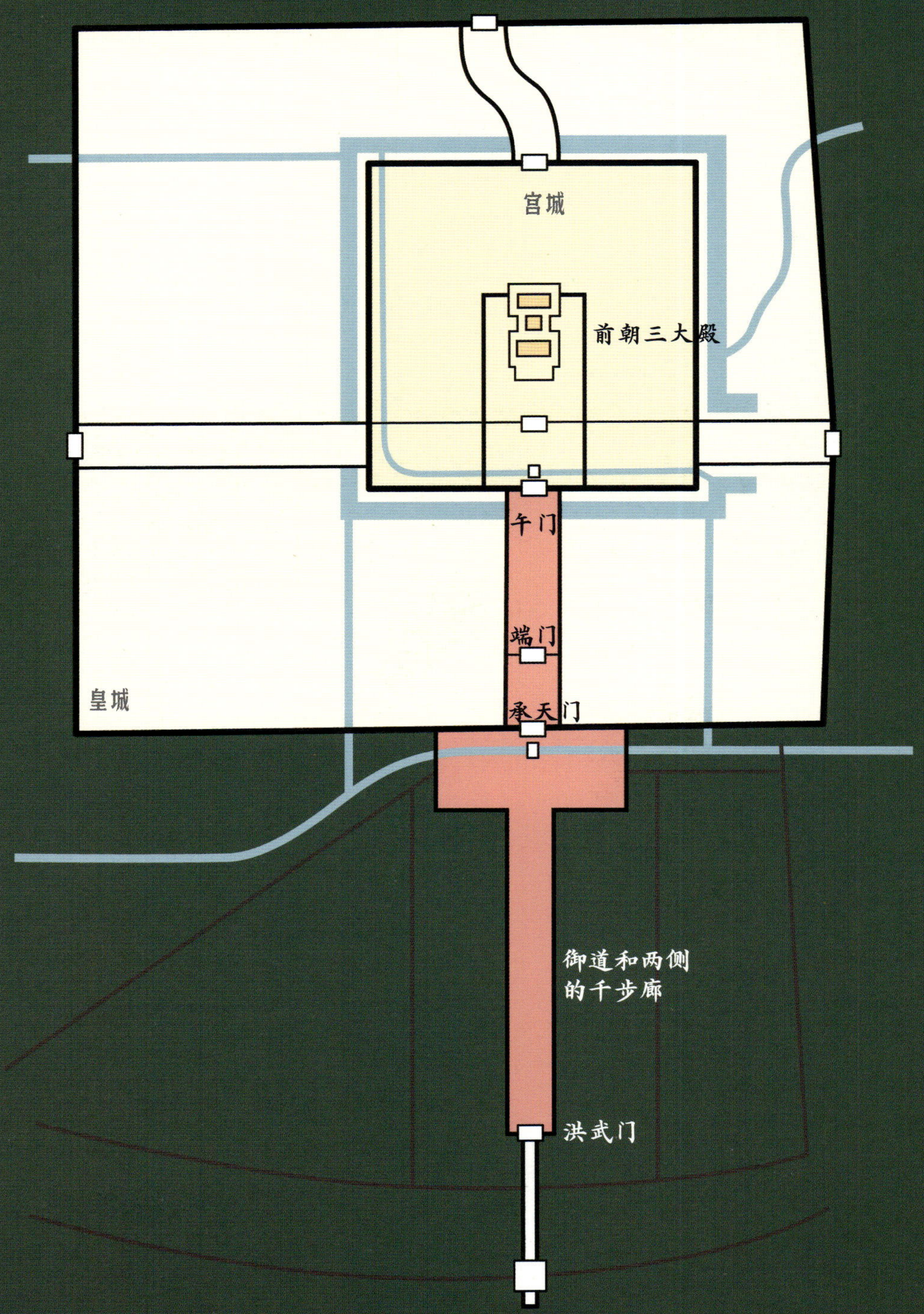

南京明故宫宫城皇城示意图

御道两侧的千步廊

自洪武门向北延伸，依次穿过承天门、端门，直至午门，为一条宽广的御道，御道两边为千步廊。千步廊是明初官员上朝的必经之路，彰显大明中央政府的威严。

自洪武门至承天门的千步廊两侧廊屋连绵，“五部六府”官署分列千步廊东西两侧，西侧为高级军事机构，东侧则是中央高级官署，它们共同构筑了大明帝国的权力核心。承天门到午门的道路左右两侧则分别建有社稷坛和太庙。两段道路中间隔着外御河，外五龙桥横跨河上连接内外。如今，千步廊已拓建为御道街，成为历史的见证，诉说着大明帝国的辉煌。

布局之美

保留轴线的御道街

午门前的千步廊和御道，今已演变为御前街，虽时光流转，但其庄重中轴对称的布局依旧清晰可见，历史的痕迹在街头巷尾悄然绽放。

道法自然的建筑理念

南京明故宫的建造底蕴深厚，其皇宫轴线与全城轴线重合的设计模式与布局，既在选址上顺应了自然，在命名和布局上呼应了天象，又在建筑形制上严格遵循了古代礼制，是皇家宫殿式建筑的典范。

富贵山位于南京玄武区，是南京故宫的靠山，古称“万岁山”。它隐于明城墙内侧，山体灰白色，虽仅80多米高，却林木葱郁。

呼应天象

南京故宫的建设深受中国古代堪舆术影响，其布局依据古代天文学中的“三垣”概念，即围绕在北极和靠近头顶天空的星象，它由紫微、太微和天市三区组成。

宫城模仿紫微垣布局，象征皇权的至高无上，又因皇家禁地，故得名“紫禁城”。其中殿取名“华盖殿”，与紫微垣内的华盖相呼应。皇城则仿照“太微垣”的布局，表明了“中央政府”的意思。此外，皇城城垣的命名也融合了天市垣的寓意，东西北三面城门分别名为“东安门”“西安门”“北安门”。南京故宫的皇城与宫城布局，彰显了皇权的至高无上与皇家的尊贵地位。

顺应自然

南京故宫的选址依循自然之道，通过仔细权衡，最终择址于钟山的南边，北侧靠有钟山“龙头”之称的富贵山。此举舍弃了平坦的旧都旧址，而是填湖造宫，因应地形。此决策背后，一是旧城狭隘且居民密集，拆迁不易；二是丘陵地形，依山而建更显宏伟。历史上，六朝宫城亦选址于高地，以山作为屏障。

明故宫依托着富贵山，利用东渠构建水系，与自然和谐共存。除此之外，其选址还可缓解紧张的交通。因此南京故宫的选址，是在自然的地形地貌与社会的心理层面影响下的明智选择。

富贵山与琵琶湖

遵循礼制

明故宫的建筑形制恢复了汉族的文化传统，推崇严格的礼制。它采用“三朝五门”布局，恢复了周朝的宫室制度，体现了对古制的尊重。其中五门包括洪武门、承天门等，三殿则为奉天殿、华盖殿和谨身殿，体现了皇权的至高无上。后妃六宫则按周礼设立，以遵循礼制的要求。午门的高大门阙亦遵循了《礼记》中的“以高为贵”。

同时，明故宫还借“天道”强化礼制在皇家宫殿中的用处。乾清、坤宁二宫意为帝后像天地；日精门和月华门则寓意日月衬托；青龙桥和白虎桥则源于星宿；建筑的命名如“奉天”也富有象征意义，强调新王朝的至高无上。整个南京皇宫通过礼制的严谨和象征的丰富，彰显了皇帝的地位和皇权的威严。

重现生机的宫城现状

曾经南京故宫的宫城，保留修建的区域集中在中轴线上，蜕变为如今树木林立、青葱多姿的遗址公园。它被民国时期新增的中山东路一分为二，南侧为午朝门公园，内有午门、内五龙桥等建筑遗址及奉天门遗址石刻园；北侧为南京明故宫遗址公园，包括外朝三大殿象征性建筑遗址、明故宫展览馆以及新建的景观绿地等。重新修建的遗址公园树林茂密，郁郁葱葱，与明故宫的断壁残垣交相辉映，仿佛古与今在此交汇，重现历史与自然的魅力。

午朝门公园

中轴线南侧的午朝门公园，承载着南京故宫的辉煌历史，是原南京故宫内午门至奉天门所在的区域。其中午门的城台与内五龙桥相对保存完好，午门城台上甚至留有百余座巨大的石础，印证着曾经午门城楼的庄严巍峨。

步入午门，置身于曾经的奉天门广场，走近留有桥面的内五龙桥，穿过蜿蜒的内御河，一眼望去，是宽阔的草地。草地尽头，是昔日的“御门听政”之所——奉天门。如今奉天门的须弥座、十余个边长2米的柱础和其余建筑文物皆安置于此，与周围的花草树木共同构筑了奉天门遗址石刻园。宁静与美丽的园内氛围，让人感受到历史的厚重与自然的和谐。

纹样之美 雕刻精致的须弥座

奉天门遗址石刻园内，奉天门须弥座上以海浪、花草为点缀，中心瑞兽成对，雕刻十分精美。

如今的华盖殿遗址，保留了昔日的
石柱构件和四面开门的建筑形式痕迹。

南京明故宫遗址公园

南京明故宫遗址公园，矗立于中轴线北侧，是明代皇家历史的缩影。如今，宫城内往昔的辉煌建筑已寥寥无几，仅存的建筑遗迹如前朝三大殿，也只剩下基座和石础，但其庄严肃穆的形态依稀可见。

步入公园南大门，一条笔直的景观大道引入其中。大道两侧，草坪如绿色地毯般铺展开，这里曾是正殿奉天殿的所在地。想象之中，奉天殿巍峨耸立，文楼与武楼分列两侧，其后是同样庄严威仪的华盖殿与谨身殿，气势磅礴，彰显皇家风范。曾经的前朝三大殿蜕变为如今平坦的草坪，原本的建筑形式痕迹仍可辨别，三大殿遗址静默伫立，柱础依旧，仿佛时光倒流。

后庭内，宫殿建筑已消失，取而代之的是一片绿意盎然、生机勃勃的园林景观。绿荫小路，树木参天，花草繁茂，与历史遗迹相映成趣，构成了一幅自然与人文的和谐画卷。

大政殿

第五章

沈阳故宫博物院

沈阳故宫位于中国辽宁省沈阳市，是中国保存最为完好的清代宫殿建筑群之一。沈阳故宫始建于1625年，历时11年，由清太祖努尔哈赤和清太宗皇太极先后建成，是清朝入关前的皇宫，也是清朝早期的重要政治中心。清入关后，沈阳故宫仍作为陪都宫殿继续存在。沈阳故宫占地约6万平方米，由大小建筑群组成，建筑风格既继承了明代传统，又融入了满、蒙古等民族的特色。中华人民共和国成立后，沈阳故宫于1981年正式定名为沈阳故宫博物院，内藏10万余件文物，开设30余个陈列室，成为展示清代宫殿建筑及宫廷文物的重要文教场所。

关外皇家建筑的历史变迁

沈阳故宫，即盛京皇宫，始建于1625年，完工于1636年。由努尔哈赤在清初下令建设，而后历经皇太极和乾隆的改造，占地约6.3万平方米，累计建筑百余座，房间五百余间。沈阳故宫是除了北京故宫之外，另一座中国仅存的皇家宫殿，更是关外唯一的皇家建筑群。其整体建筑布局按照建造时间和形式，分为三路——东路、中路和西路，每路皆有各自的特色。除此之外，这座宫殿融合了汉、满、蒙古等民族特色以及宗教传统的建筑艺术，具有极高的历史和艺术价值，是皇家宫殿的独特瑰宝。

皇家宫殿的雏形

后金天命十年（1625年），努尔哈赤定都沈阳，并改称盛京。历史交替，清王朝渐渐拉开序幕。他选址于沈阳中卫城的东南角，建造了大政殿与十王亭，为沈阳故宫的整体建设奠定了基础。

努尔哈赤去世后，皇太极未入住父王的宫殿，而是将自己的府邸——故宫中路的大清门至清宁宫之间的四贝勒府改建为新皇宫。自1631年起，历经5年，盛京城与皇宫得到扩建，增添了包括大清门、崇政殿在内的宫殿群。

1636年，皇太极设立国号为“大清”，并确定了皇宫的名字，至此，盛京宫殿正式成为皇家居所。

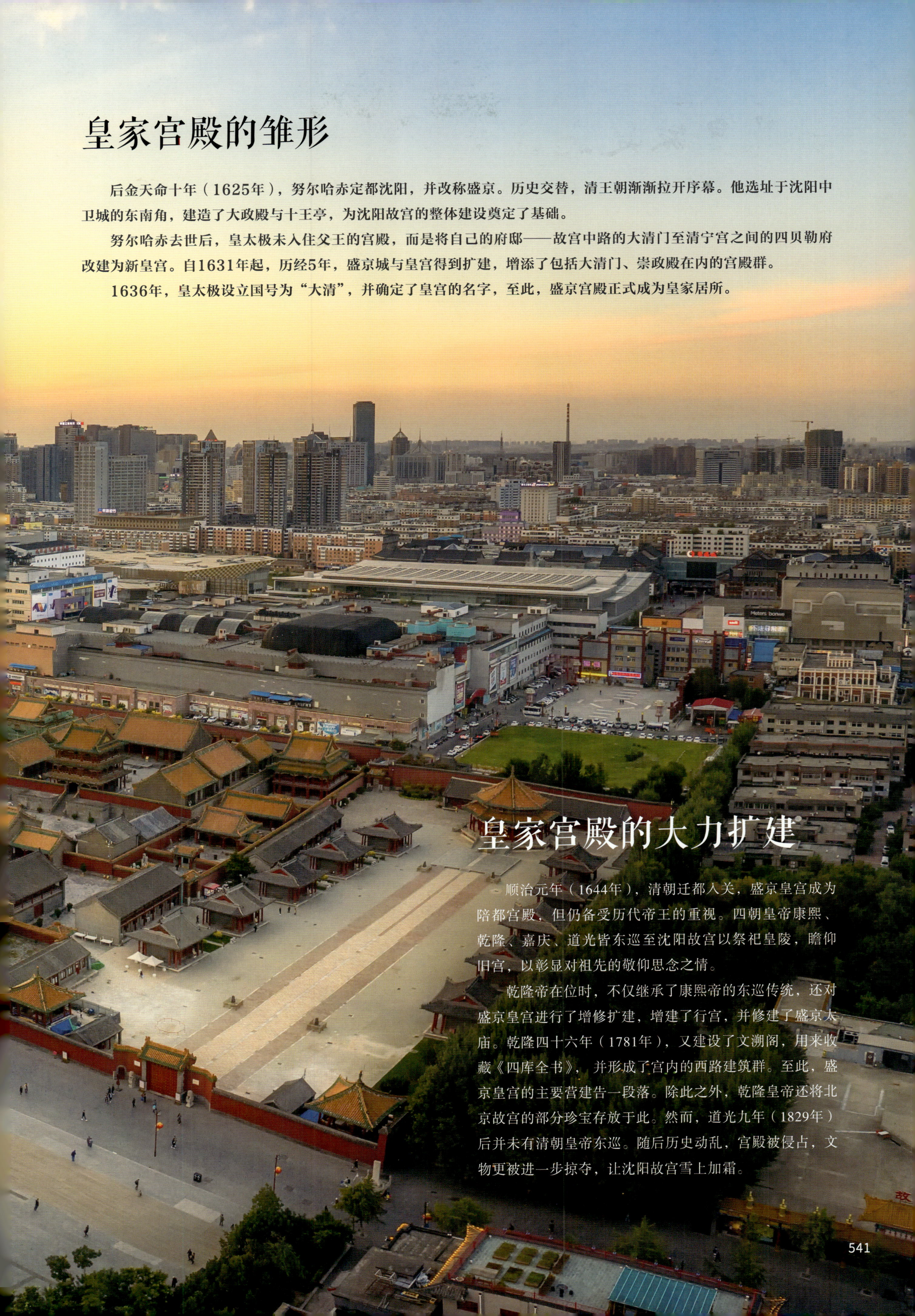

皇家宫殿的大力扩建

顺治元年（1644年），清朝迁都入关，盛京皇宫成为陪都宫殿，但仍备受历代帝王的重视。四朝皇帝康熙、乾隆、嘉庆、道光皆东巡至沈阳故宫以祭祀皇陵，瞻仰旧宫，以彰显对祖先的敬仰思念之情。

乾隆帝在位时，不仅继承了康熙帝的东巡传统，还对盛京皇宫进行了增修扩建，增建了行宫，并修建了盛京太庙。乾隆四十六年（1781年），又建设了文溯阁，用来收藏《四库全书》，并形成了宫内的西路建筑群。至此，盛京皇宫的主要营建告一段落。除此之外，乾隆皇帝还将北京故宫的部分珍宝存放于此。然而，道光九年（1829年）后并未有清朝皇帝东巡。随后历史动乱，宫殿被侵占，文物更被进一步掠夺，让沈阳故宫雪上加霜。

沈阳故宫的创立

清末，沈阳故宫依照《清室优待条件》由“盛京内务府办事处”管理。但不久后，宫殿内11万余件珍贵藏品被移送至北平古物陈列所。随着历史的变迁，沈阳故宫正式归政府所有并全权管理。

到了1926年，沈阳故宫变化了自己的职能，在此设立“东三省博物馆筹办处”，这座皇家宫殿由此转变为博物馆，成为东北首家公立博物馆，更成为中国博物馆事业发展的重要里程碑。此后，沈阳故宫又改名换姓，历经多个阶段。

沈阳故宫的转变

中华人民共和国成立后，沈阳故宫改名为“沈阳故宫博物馆”，成为展示清朝历史文化与艺术的博物馆。1961年成为首批全国重点文物保护单位，1981年，正式定名为“沈阳故宫博物院”。

而后，沈阳故宫在21世纪初入选了《世界文化遗产名录》，成为明清皇宫文化遗产的扩展项目。10年后，院内又设立了“沈阳清前史研究中心”与“清前史研究文化基地”，用来专门研究入关前的清王朝的历史往事。2017年，沈阳故宫博物院又成为国家一级博物馆。

沈阳故宫的馆藏文物也在战乱年代几经迁移，辗转全国各地保存，如今，这些原藏于沈阳故宫的文物大多分散在国内多家博物馆，继续讲述着历史的辉煌与沧桑。

分为三路的建筑布局

沈阳故宫按照建筑布局和建造时间分成三部分：东路、中路和西路。东路用于举行大典和大臣办公，中路为帝后居所，西路则是皇帝读书看戏等活动的地方。

东路

东路始建于清太祖天命十年至十一年（1625—1626年），南北长190米，东西宽75米，包含14座古建筑。其中，大政殿是东路的核心，位于北侧居中位置。十座王亭位于殿前，呈八字形在其两侧对称排列，分别代表八旗的旗主议政亭。此外，在区域南部，还设有东、西两座奏乐亭，用于典礼时的音乐演奏。这一建筑群完整反映了清朝的八旗制度，体现了皇权的威严与庄重。

中路

中路涵盖了清朝定都沈阳时的宫殿与迁都北京后的行宫建筑及盛京太庙，如大清门、崇政殿、凤凰楼等共计50余座。中路南北长280米，东西宽125米，始建于天聪元年（1627年）至天聪九年（1635年），并随后扩建。

此路的建筑布局为前朝后寝式，建筑高度从南向北渐渐升高，后方的寝宫区围绕着一圈围墙并建于台基上面，成为“城堡式”寝区。凤凰楼处于中轴线上，是后宫的门户。中路的五进院落功能各异，分为引导区、前朝区、过渡区、寝宫区和生活服务区，展现了皇家建筑的庄严与秩序。

西路

西路是清乾隆四十六年至四十八年间（1781—1783年）建成的庞大建筑群，南北长137米，东西宽55米，含15座古建筑。整体设计主要分为两部分：嘉荫堂及戏台、文溯阁。

嘉荫堂及戏台位于南部，用于皇帝东巡时举办宴会和赏戏。北部为文溯阁，包括宫门、碑亭、仰熙斋、九间殿等，乃皇帝读书和收藏《四库全书》之所，构成三进四合院。

中路：
帝后的日常居所
东路：
帝王举行大典和大臣的办公区域

各具特色的主要建筑

沈阳故宫的东路、中路和西路的建筑形式丰富，各具特色。东路的大政殿，八角重檐，气势恢宏；中路崇政殿，乃朝政重地，凤凰楼则守后宫门户；西路文溯阁，深藏《四库全书》，尽显文化厚重。三路建筑共绘皇家气象。

大政殿

大政殿原称“大殿”或“八角殿”，建于清天命十一年（1626年），为沈阳故宫中最早的建筑之一，是皇帝举行盛大庆典和处理朝政事务的场所。

大政殿全高17.5米，进深、面阔均为21米，面积约400平方米。屋顶为八角重檐攒尖琉璃瓦顶，绿剪边黄琉璃瓦在阳光下熠熠生辉，屋顶中央为相轮火焰珠攒尖顶。其建筑风格融合了汉族的斗拱、盘柱双龙与藏传佛教的兽面、如意、莲瓣等元素，展现了多民族艺术风格的独特魅力。

殿体八面敞开，无砖砌墙壁，每一面由四扇精美的红漆木制槅扇门围合而成。门心板上金色的浮雕升龙与殿内的藻井华丽非凡。大政殿不仅承载着重要的历史使命，更是多民族文化交流与融合的见证。

崇政殿

穿过中路的大清门，便是崇政殿。它又称“金銮殿”，是沈阳故宫的正殿，位于整个故宫的中心。这是清太宗时期皇帝处理政务、接见使臣之所，其建设始于1627年，历经5年完工。全殿采用木结构，面宽五间，进深三间，总面积达329平方米。其造型独特，是东北地区常见的五间九檩硬山式，但无论体量还是装饰，都堪称同式建筑中的翘楚。

崇政殿台基高达1.1米，望柱下雕刻着吐水的螭首。青砖砌成的墙体上，前后各有10扇红漆鎏金饰件的木制槅扇门。殿顶铺设有镶绿色剪边的黄琉璃瓦，屋脊饰以彩色琉璃构件，瑞兽花草的纹样色彩斑斓，极具艺术魅力。殿檐下，莲瓣、蜂窝、如意等纹样颇具特色，12根方柱柱顶均雕有金漆木雕飞龙短梁。殿前后还有石雕龙纹、灵芝图案的望柱和栏板，充满了东北地区的独特风情。殿内采用“彻上明造”，梁架、望板、殿柱上均饰有清代早期风格的和玺彩绘，以金龙纹样为主。殿中的宝座上方悬挂着乾隆皇帝的御笔诗匾楹联，彰显了这座宫殿在建筑群中的非凡地位。

凤凰楼

凤凰楼，位于中路建筑群的中轴线上，崇政殿以北。它始建于1627年，于1635年完工，历经岁月洗礼，依旧熠熠生辉。凤凰楼作为后宫的门户，其地位不言而喻。皇太极及后妃们曾在此议事、读书、小憩和举行宴会，使得这座楼阁充满了皇家生活的气息。

独特的建筑形式

凤凰楼为独特的三滴水歇山式楼阁，进深、面阔均为五间，平面近似正方形，上层梁架绘有金龙彩画，中层内饰梵文、凤凰及“万寿无疆”篆书图案，下层则是出入宫区的通道。

俯瞰全城的制高点

整栋建筑高达三层，是沈阳故宫的制高点。它建于3.875米高的人工台基之上。这种设计使得凤凰楼成为一个天然的瞭望台，可以轻易地观察四周的动静，便于及时发现并应对潜在的危险。除此之外，这种设计也是满族先人女真人长期生活在山区所形成的传统生活习惯的延续。

从功能上看，凤凰楼是前后院落的联系与过渡，同时也是饱览盛京城的绝佳观赏点。无论清晨的第一缕阳光，还是夜晚的璀璨星光，都能在这里得到最美的呈现。历代清帝东巡时，都会登临此楼，留下许多珍贵的御笔诗匾，其中乾隆皇帝的“紫气东来”更是被雕为金漆九龙牌匾，悬挂于一层，为凤凰楼增添了无尽的文化底蕴。

凤凰楼不仅衔接前后院落，更是盛京的观景高地。登楼远眺，盛京全景尽收眼底。“凤楼晓日”和“凤楼观塔”皆列入“盛京八景”和“陪都十景”中，尽显其独特魅力。

体现五行之道的黑色琉璃瓦屋顶

文溯阁

文溯阁，作为西路北侧的主体建筑，专门用于存放中国古代巨著《四库全书》。它仿照浙江宁波的天一阁，同时保留了皇家建筑的庄重与典雅，为沈阳故宫增添了一抹独特的文化韵味。

文溯阁占地约400平方米，15.2米高，面阔24.3米，进深14.8米，其前后出廊，屋顶铺设黑色琉璃瓦，四周一圈为绿色剪边。文溯阁的配色与皇家传统宫殿式建筑的常见色调不同，无论前后廊檐柱的绿色地仗、绿色的门窗柱，还是蓝、绿、白色的彩绘，均为冷色调。廊枋彩绘的内容不再是龙凤图案，而是与藏书楼功能相呼应的图案，如“白马献书”“翰墨卷册”等。

文溯阁的格局依据《易经》中“天一生水，地六成之”的原理，结构为二楼三层重檐硬山式，在大屋顶下分为六个开间，从外观上看为二层建筑，但实际上室内为三层，如今清代特制的书架仍整齐地摆放在阁中。其东侧建有红墙黄琉璃瓦顶的碑亭，内置乾隆皇帝撰写的《御制文溯阁记》石碑，记录了建阁的初衷与过程。

冷色调的文溯阁

以蓝、绿冷色为主色调的文溯阁，与皇宫其他建筑的红墙黄瓦形成了鲜明对比。其彩画也以图书为核心，摒弃了常见的龙凤图案，更添几分书卷气。屋顶铺满黑色琉璃瓦，与北京故宫用意相同，均体现了中国古代五行防火观念，意在守护阁中珍贵的书籍，使其免受火灾侵扰。

多元融合的建筑特色

相较于北京故宫，沈阳故宫少了些许中原的礼制精神和皇权至高无上的庄严，却深深烙印着浓郁民族风情。这座宫殿不仅彰显了满族文化的独特魅力，更在历史的演变中，吸收了汉文化、蒙古文化的精髓，成为多元文化融合的重要象征，是多元文化建筑艺术交融的完美典范。

皇权至上的汉族特色

沈阳故宫作为历史文化的瑰宝，其建筑布局和装饰艺术深深体现了汉文化的精髓，突显了皇家的尊贵与威严。

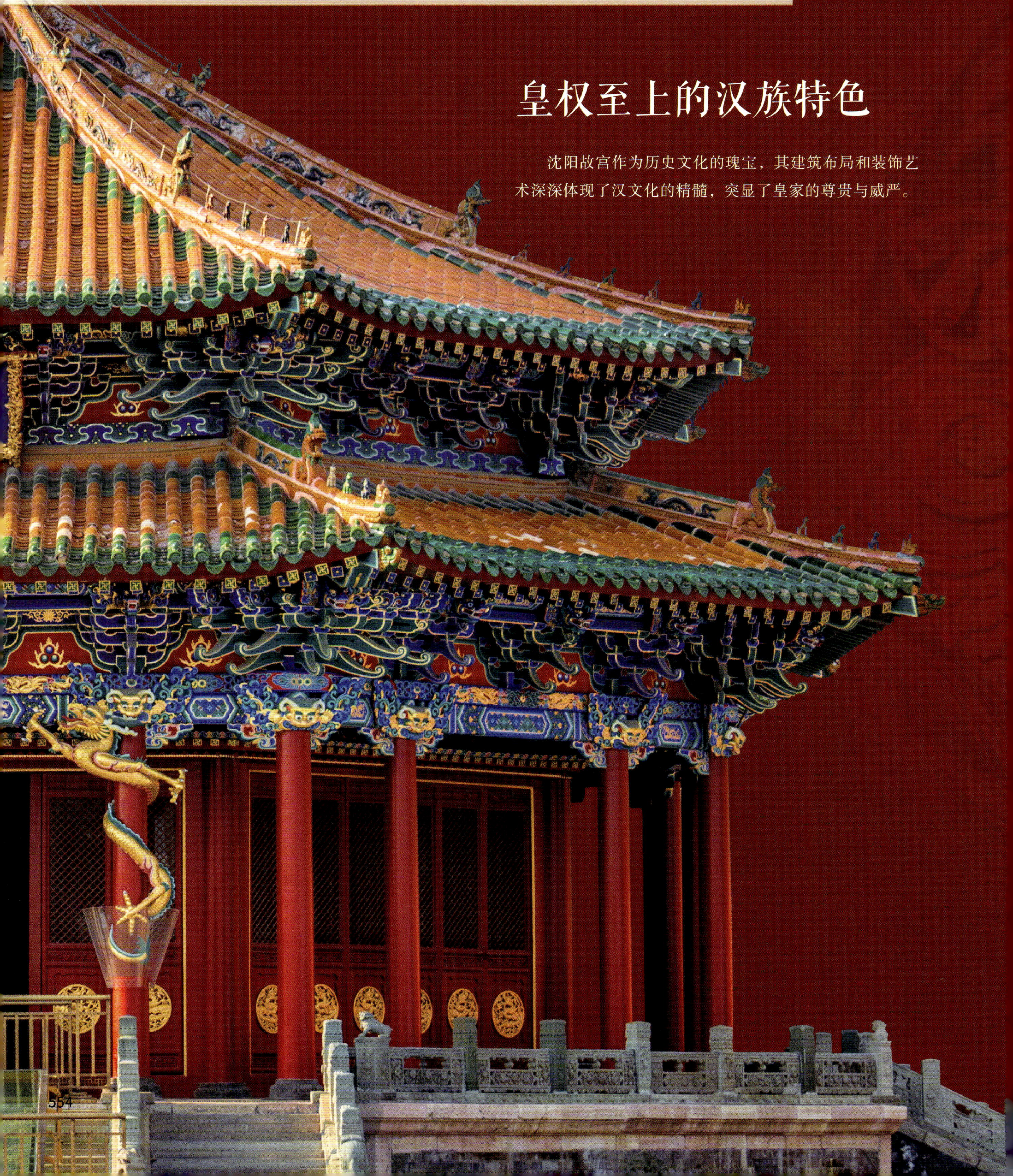

建筑布局

皇太极在继位后，为了彰显后金政权的合法性和正统地位，开始尊崇儒家文化，并建立了大清帝国，自称为皇帝。他在建造沈阳皇宫时，充分借鉴了汉族皇宫的设计理念，即“前朝后寝”的传统宫殿建筑的布局形式，将皇朝中央政权之地与日常居住之所紧密布局，突显了皇帝的朝政与生活的紧紧相连。

这种布局形式，使得沈阳故宫在空间上呈现出一种庄严而有序的感觉。主体建筑位于南北中轴线上，轴线建筑艺术突出了中心朝寝的重要地位，彰显出皇权的至高无上。

建筑装饰

而在建筑装饰方面，沈阳故宫更是将汉文化融入到每一个细节之中。主要宫殿的建筑装饰都采用了象征皇帝的龙纹，无论大政殿正面的双龙盘柱、红色槅扇门的金色浮雕祥龙装饰，还是崇政殿内外檐柱上方的龙形抱头梁，抑或是大清门的龙纹墀头，都彰显了汉族文化对宫殿建筑的深刻影响。这些装饰不仅美观大方，更寓意着皇权的稳固和皇家的威严。

纹样之美

槅扇门裙板上的龙纹装饰

沈阳故宫大政殿的红色槅扇门上，精致华丽的金色浮雕祥龙装饰令人瞩目。飞龙盘旋其中，身形矫健，气势非凡，周围海浪翻涌、祥云缭绕，尽显皇家气派与汉文化之精髓。

帐幄造型的满蒙特色

满蒙文化的精髓在沈阳故宫的布局与使用制度中展现得淋漓尽致。大政殿独特的造型与十王亭的布局形式在中国历朝的皇宫建筑中独树一帜。

大政殿居于轴线尽头，十王亭在两侧呈八字形排开。

使用制度

大政殿前的这些亭子代表着满族的八旗制度，又称“十王亭”或“八旗亭”，这一制度不仅是军事编制，更是集军事、生产、行政于一体的组织。每座亭子都代表着不同的旗帜和旗主，它们在清朝的政治、军事结构中皆占有举足轻重的地位。大型典礼时，皇帝与八旗贝勒各就各位，秩序井然，平日里，这些亭子则是八旗官员大臣的工作场所。

建筑形式与布局

大政殿前，左右两侧各五座方亭由近至远，呈八字形排开。两者的组合，不仅体现了满族政权的结构特色，更在建筑形式与布局上突出了浓厚的满蒙民族特点。帝王率领清军在出征时所搭建的蒙古包式帐幄，皇帝使用的往往是更为宏伟的“黄幄”，八旗的贝勒大臣们则使用整齐排列在皇帝帐幄两侧的“青幄”。沈阳故宫中的大政殿与十王亭，在布局、瓦色选择以及建筑风格上，都与游牧狩猎民族的帐幄有着高度的相似性。因此，这一宫殿建筑组合被誉为“帐殿式”布局，它不仅是满族文化的重要体现，更是游牧狩猎民族建筑艺术的典范。

贝勒大臣们使用的十王亭

檐柱上装饰的相貌凶猛、非狮非牛的动物借鉴了藏传佛教中的兽面，其色彩以金色为主，蓝、绿做点缀，雕刻十分精致。

皇家宫殿的独特气派

宫殿的建筑装饰受到了藏传佛教文化的影响。自努尔哈赤时期起，喇嘛们为后金带来了藏传佛教的信仰，其影响逐渐显著。皇太极时期，他不仅十分敬重喇嘛，更下令建造盛京护国四塔寺，并交由喇嘛主持设计，这些寺庙环绕沈阳故宫，形成了独特的曼荼罗式的坛城布局。

在宫殿的檐下装饰中，可见到兽面、蜂窝、莲瓣、如意等有藏传佛教特色的纹饰，它们或雕刻于檐柱，或彩绘于门枋，充满宗教韵味。特别是崇政殿的叠经装饰，不仅为皇宫增添了神秘感，更象征着皇太极的权威与神圣。

在大政殿外的殿柱顶端，还雕刻有非狮非牛、长相威武的神兽，它们是藏传佛教传说中的神兽，不仅代表着吉祥与威严，也是统治者权力的象征。

纹样之美

色彩鲜艳的祥龙与兽面

大政殿正面两侧的柱子上，盘踞的栩栩如生的巨龙是汉族特色的体现。两只祥龙与柱头顶端的藏传佛教兽面装饰皆雕刻精致，色彩鲜艳。二者相互呼应，色彩和谐。这种组合既突显了多元文化的融合统一，又彰显了皇室的尊贵与威严。

布局独特

楼宇高耸

多元融合

雕梁画柱

沈阳故宫博物院　　盘高 8.7 厘米，口径 47.4 厘米，底径 27.6 厘米

在中国古代的神话传说之中，龙作为上天入海、兴风布雨的神明形象可谓贯穿整个陶瓷史。这件雍正款青花红龙大盘为敞口、斜沿、矮圈足造型，施以深蓝色青花以及橙红色釉，盘心内部满绘青花留白海水纹。内部以矾红色釉绘一威猛的正面龙纹。龙为五爪，在翻腾的海浪之中追逐着一颗红色火珠。盘内沿则描绘四条在青花云纹间奔走的行龙，神龙姿态各异，或回首眺望，或引颈仰头，腾云驾雾，威风凛凛。盘外壁同样塑有奔走的青花云纹及行龙，盘底中心以楷书写“大清雍正年制”款识。盘型硕大规整，色彩艳丽纯正，纹饰灵动。不仅代表了清代瓷器制作的高超技巧，现如今也是沈阳故宫博物院的国家级一等藏品。

清代宫廷督造的此类龙盘数量众多，多为装饰用盘，以彰显皇帝的崇高地位。龙盘正面五条龙，背面盘壁四条龙，象征着“九五至尊”的崇高皇权。同时青花矾红的配色犹如一半海水，一半火焰，尤为绚丽夺目。

矾红

青花

精白

矾红色的神龙与围绕神龙的青花云纹纹饰动感十足，在精白底色的映衬下更显出极强的色彩对比。

纹饰之美　**蛟龙出海**

盘心的五爪龙纹描画十分精细，两只龙角高扬于龙头，龙为正视，龙身盘曲，龙爪张扬，在翻滚的海浪中腾跃而起，活灵活现，在周围行龙的环绕之下显得气势十足。

青花矾红彩瓷器

青花矾红配色的瓷器早在明代就开始烧制，为青花瓷的衍生品。在素胎之上以进口的钴料在釉下描绘青花纹样，经高温烧制，再在釉上以含铁色料描画红龙，经低温烧制下形成红彩纹饰。浓艳的红彩与青花对比强烈，更加凸显出海中蛟龙的主题。

乾隆款錾珐琅镶玉葫芦瓶

清代 | 珐琅器

沈阳故宫博物院　　尺寸不详

这件葫芦瓶为乾隆年间所制的陈设摆件，为一对。瓶顶盖做成带柄的葫芦头形状，器身上镶满小型葫芦装饰，并以葫芦花和蓝绿葫芦叶作为陪衬。工匠采用錾胎工艺，先在金属胎上画出叶片纹样，再在纹样轮廓线以外的空白处进行雕錾减地，使轮廓线突出，最后施釉烧制，营造出一幅葫芦缀满枝头、花叶繁盛茂密的景象。瓶底部为圈足，錾回形纹装饰，内填蓝色珐琅釉。

葫芦与“福禄”谐音，而且葫芦枝繁叶茂、果实累累而又多籽，更是被赋予了“多子多福”的寓意，因此被古人喜爱，是我国传统的纹样装饰之一。这件葫芦瓶周身嵌满玉石、珊瑚，更显得华贵吉祥。

造型之美　大小呼应

这件錾珐琅镶玉葫芦瓶整体塑造为逼真的葫芦形态，这类寓意“福禄连绵”的器型在清代已不足为奇，然而乾隆时期的工匠极尽装饰之能事，在葫芦瓶之上再以白玉镶嵌小葫芦贴面，大小呼应，可谓福禄不绝，珐琅的叶片亦让器表纹饰更为丰富，体现出匠人独到的造型与装饰能力。

繁盛华贵

表面镶嵌的葫芦用白玉、黄玉制作，葫芦花用五瓣红珊瑚珠制作，葫芦顶盖为带柄的葫芦头，可打开使用。

乾隆款掐丝珐琅海水双龙笔架

清代 | 珐琅器

沈阳故宫博物院　　长 22 厘米，高 15.2 厘米

这件笔架为铜胎掐丝珐琅器，是乾隆时期御制文房用品。笔架做成中间高耸、两边高度递减的五组弧形山峦形状，山峰之间低洼的壑谷为承笔之用。笔架上施深蓝、石青、石绿、明黄等珐琅釉，描绘出山峰巍峨挺拔、海浪翻滚的壮丽景色，两条龙游于海浪之上。笔架下方为一鎏金弧形底座，底座上半部饰一圈连珠纹，下半部装饰缠枝莲花纹，足部轮廓做成莲瓣形，饰如意云头纹，底部则錾有“乾隆年制”款。

乾隆时期的珐琅器不仅器型更丰富，而且烧制出来的颜色种类也倍增。同时，这一时期的珐琅器以红铜为胎，并采用西藏地区的镀金技术，才制作出较康、雍两代更为精美的珐琅器具。这件笔架釉色丰富肥厚，纹饰勾勒清晰，工艺精湛，可见乾隆时期珐琅器的风采。

纹饰之美

吉祥符号

两条金龙的上方画有带有绶带的金色卍字纹。卍字纹为佛教标志之一，代表吉祥。明清时期的卍字纹常常代表吉祥、连续、万世不断。

冷暖对比

这件笔架上施的珐琅釉注重石青、石绿与靛蓝的渐变，以及红蓝、红绿之间的冷暖对比，以此塑造出山峦层叠的空间感和金龙翱翔水面的纹理感。

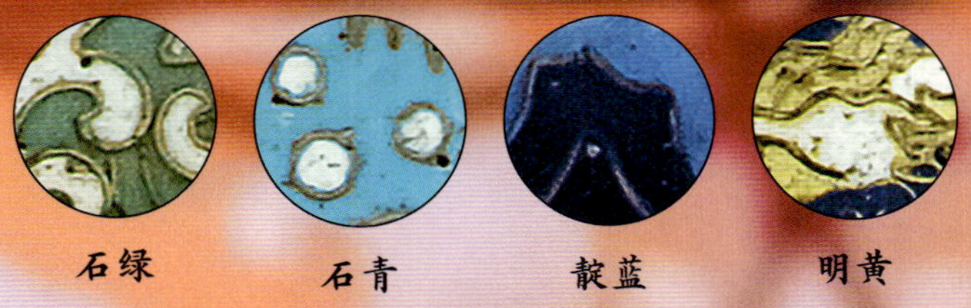

紫檀框铜镀金
卍字掐丝珐琅花卉挂屏

清代 | 珐琅器

沈阳故宫博物院　　尺寸不详

明清时期是挂屏艺术的鼎盛时期。这个时期的挂屏形式更加多样，工艺更加精湛，装饰效果更加华丽。挂屏不仅用于室内装饰，还被广泛应用于节庆和礼仪活动中。明清挂屏的题材丰富，包括花鸟、山水、人物、书法等，形式上也更加多样化，出现了绢画、纸画、刺绣、漆画等。

这件紫檀框铜镀金卍字掐丝珐琅花卉挂屏为乾隆年间所制，原为一对，用于悬挂在室内两侧，起装饰作用，此件为其中之一。挂屏呈方形，以巨大的浮雕卍字纹将画面平均分为方形的四部分，卍字符上亦满雕仙桃纹、蝠纹等纹饰，整体镀金，装饰华丽，而分割的每处则以青蓝色为底，以掐丝珐琅工艺绘梅花、佛手等花卉小景。色彩清新雅致，画面富于文人气息，且工艺精湛，造型新奇，显示出清代宫廷的独特审美，是彰显宫廷工艺水准的珐琅器精品之作。

造型之美

立体的卍字纹

卍字纹早在新石器时代的器物上就有出现过，到隋唐时期随着佛教的兴盛被赋予了万代不绝、生生不息的含义，开始作为一种装饰性的吉祥纹饰大量出现。卍字纹大多作为装饰性纹样点缀于器物之上，而这件挂屏上的符纹硕大并巧妙地分割了画面，既具有美好寓意又具有装饰美感。

纹饰之美

花草葱郁

挂屏上的四幅画以松绿色与宝蓝色相对排布于卍字纹的方框之内。从右向左、由上至下分别以掐丝珐琅烧制有白梅、竹石、佛手以及花枝四幅画。画面颜色搭配清新，过渡自然。在金色的卍字纹边框搭配下更显文人意境。挂屏悬挂于室内，成为文人雅士展示品位和修养的重要方式。

栴檀风绕吉祥云

性喜清泉白石间

红葩粉蕊艳欺霜

櫹槮倚石矗新筠

乾隆款画珐琅
缠枝花卉纹万寿无疆盘

清代 | 珐琅器

沈阳故宫博物院　　口径 22.5 厘米，足径 14.5 厘米，高 3.8 厘米

这件乾隆款画珐琅缠枝花卉纹万寿无疆盘为铜胎画珐琅材质，盘塑为浅圆形，边缘微微外翘，盘心平整。珐琅盘整体施明黄色釉，盘心正圆内书团寿字，周围满饰缠枝牡丹纹。盘底与盘壁以蓝色圈纹分割，外部环绕缠枝莲花及缠枝菊花，四处相对的开光内书“万”“寿”“无”“疆”篆文。盘沿鎏金，外壁与内沿纹饰相同，盘底书“大清乾隆年制”款识。

盘子以铜胎画珐琅手法烧制而成，不仅纹饰精美，烧制而成的盘面还泛着玻璃般的晶莹光芒。就这件珐琅盘的题材纹样来看，很可能是万寿节为皇帝祈福祝寿所制。这种发源于欧洲的珐琅技法传入中国后，便立刻受到宫廷贵族的喜爱，康熙年间的试验与钻研为雍正、乾隆时期画珐琅器繁多的色彩与精细的纹样打下了基础，从而造就了此类华丽精美的珐琅盘，使其得以留存，呈现在世人面前。

色彩之美　强烈的视觉冲击力

整个珐琅盘施以鲜艳的明黄色珐琅釉，衬托得盘心的群青色寿字纹更加清晰端正，而周围海棠红渐变色的牡丹艳丽繁密，青绿相间的枝叶清新淡雅，在配色上有轻有重，构成了繁而不乱的视觉效果。

群青

明黄

豆绿

海棠红

纹样之美　万寿无疆的美好心愿

盘心硕大的篆书团寿纹占据了视觉中心。团寿纹是中国传统文化中常见的吉祥纹样，寓意长寿、健康和幸福。寿字本身代表长寿，而团状的设计则象征圆满和团结，传达出对家庭和谐、生活幸福的美好祝愿。周围的篆字“万寿无疆”像是对团寿寓意的“注解”，又似对长寿的呼应，直观地表达了对拥有者的美好祝福。

外壁

瓷盘外壁同样以宝蓝色开四处圆形开光，开光内书篆书“万寿无疆”字样，周围绘各类缠枝花纹，与盘内壁相互呼应，纹样繁密，充满吉祥活泼之感。

清太祖高皇帝谥宝

清代 | 玉石器

沈阳故宫博物院　　尺寸不详

这件清太祖高皇帝谥宝为乾隆元年（1736年）内府奉旨所制。所谓谥宝，就是封建时期帝王为了纪念先代帝王，铭刻谥号并存放于陵寝或宗庙之中的玺印。清代时期自顺治年间开始推行谥宝制度，同时，自乾隆四十五年（1780年）起，历朝谥宝谥册皆制两份，一份藏于京师太庙，一份藏于盛京，从而开启了一朝两份宝册分藏两地的格局。清太祖高皇帝谥宝便是藏于盛京沈阳故宫中的宝玺之一。其为白玉所制，上方塑龙形纽，龙身阴刻纹饰填金，并系明黄色丝绳，印面以朱文刻篆书31字及满文6行，并放置于木制金漆龙凤纹套盒之中。

努尔哈赤作为清王朝的奠基者，不仅推动了满族的统一，迁都沈阳，也为其子皇太极建立清王朝提供了基础。在谥宝上以简短的“太祖承天广运圣德神功肇纪立极仁孝睿武端毅钦安弘文定业”概括了清太祖一生的功绩，不仅制作精美大气，也是具有重要历史意义的馆藏一级文物。

刻画之美　威严的描金龙纽

这件谥宝的印纽以硕大的白玉雕琢一只单体蹲龙，龙身匍匐，四肢下撑，龙头高昂，尾部上翘，其上以阴线刻画龙面及身体、脖颈上的纹饰，纹饰凹槽内部戗金，玉器的温润与金子的华丽完美结合，不仅表现了清太祖的崇高地位，也代表了金玉满堂的美好寓意。

篆刻之美

民族的融合

谥宝文包括满汉两种文字，右侧4行31字篆书：“太祖承天广运圣德神功肇纪立极仁孝睿武端毅钦安弘文定业高皇帝之宝”，左侧6行满文，内容相同。清代为满人建立的王朝，因此在玺印上出现满文再正常不过，同时清代帝王醉心于汉文化，因此不仅仅是玉玺，在文书、兵符等重要文件上也常见满汉双语。

龙身体弓起，从腹部下方钻孔穿金色流苏。

龙鳞排布整齐，富有节奏，纹内填金，低调华丽。

清乾隆款粉彩花卉葫芦瓶

清代 | 瓷器

沈阳故宫博物院　　尺寸不详

这件清代乾隆时期的粉彩花卉葫芦瓶原为清宫旧藏，瓷瓶整体为葫芦形，葫芦谐音“福禄”，象征着幸福和富贵。另外葫芦形状上下相连，也象征家庭和睦、子孙繁衍。此外，葫芦内多籽，寓意子孙满堂。其折射出的“福”文化也深深地扎根于中华民族文化的血脉中，并成为各式器物常常表现的形式图式之一。这件粉彩花卉葫芦瓶瓷胎莹白，瓶身满饰缠枝莲纹，上方的蝙蝠与寿字纹寓意福寿吉祥，瓶颈、束腰下端装饰如意云头纹，色彩柔和而丰富，给人活泼轻快之感。

这件葫芦瓶不仅是优秀的宫廷艺术品，更是承载着时代特征以及丰富文化内涵的历史文物。其精湛的工艺、独特的造型、吉祥的寓意，为大众展现了清代乾隆时期繁密喜庆的装饰风格，也向世人昭示出清代中期的盛世图景。

国宝小知识 风格多变的粉彩瓷

清代中期尤其是乾隆时期的粉彩瓷大多纹样繁密，但瓷器样式发展也并非一直如此。如这只清代咸丰年间的粉彩金鱼纹长方花盆用数条造型各异的金鱼装饰，相互之间无叠压。它们在暗刻水波纹的白釉地上，分散均匀。其白地红彩，对比更加强烈，色彩鲜艳夺目。

中国国家博物馆　清　粉彩金鱼纹长方花盆

纹饰之美 福寿纹样

在瓷瓶之上满饰各类纹饰，葫芦上部装饰缠枝莲纹，花纹红蓝相间，枝叶亦填涂不同色彩，给人繁花似锦、吉祥热闹之感。在花纹上方以金色描绘寿字纹样，在下方中心还绘有倒衔如意璎珞的蝙蝠，有着“福寿如意”的美好寓意。

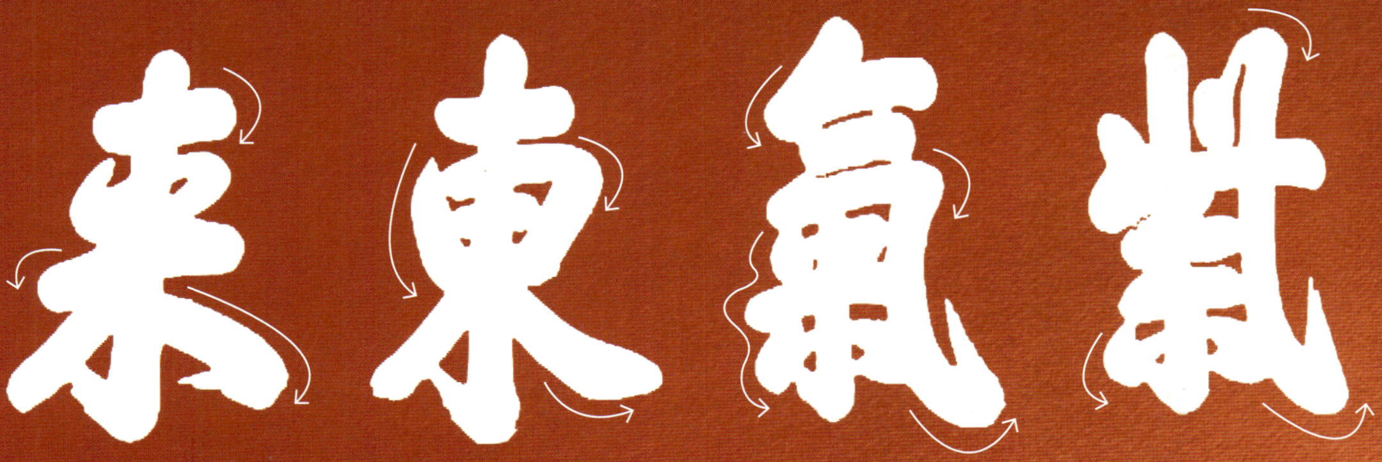

寓意之美　紫气东来

“紫气东来”一词语源自道教传说。相传老子出关时，有紫气从东方升起，预示着圣人出世。因此，“紫气东来”也象征祥瑞和好运，寓意国泰民安、风调雨顺。同时，匾上题字也充分体现了乾隆书法圆润冲淡、婉转流畅的特点。

纹样之美　神龙环绕

牌匾为木制雕刻，硕大的长方形木匾周围以宽边浮雕雕刻云龙纹，九条神龙沿牌匾排布，有双龙戏珠，有云间穿行，而正上方的正首神龙则似要突破匾额的限制飞夺而出，金漆的涂装之下更显九五至尊的尊崇地位。

正首龙

行龙

清金漆赶珠龙紫气东来铜字匾

清代 | 杂器

沈阳故宫博物院　　高 87 厘米，宽 217 厘米

凤凰楼坐落在沈阳故宫的中轴线上，作为前后院落的过渡以及盛京的观景高地，成为“盛京八景”之一。而这件紫气东来匾便悬挂于凤凰楼一层的入口处。匾额为木制，周围雕刻姿态各异的九条神龙并涂饰金漆，匾额内饰朱红色，中央洋蓝色背景镶乾隆皇帝亲笔御题的铜质行书大字“紫气东来”，匾额中央上方，镶嵌有“乾隆御笔之宝”玺印。匾额字体大气，飞龙气势磅礴，为宫殿的皇家气度起到画龙点睛之用。

盛京作为大清王朝基业开创的发祥地，也作为京师东部的陪都被誉为“龙兴之地”，乾隆皇帝曾四次前往盛京，皆有题字以铭记大清基业的来之不易，并寄托对国运的美好期望。牌匾在200余年的岁月中“看尽”岁月沧桑，可谓见证了清代盛京皇宫、盛京城乃至清王朝的兴衰历史。

盛京八景之一：凤凰楼

清乾隆款青花九桃番莲纹贯耳瓶

清代 | 瓷器

沈阳故宫博物院　　尺寸不详

这件清乾隆款青花九桃番莲纹贯耳瓶瓶身为扁状长方形，口沿扁方形，颈部左右塑方筒形贯耳，腹部外鼓，矮圈足。瓶外在白色胎底满绘青花纹饰。瓷瓶口沿描绘回形纹及如意云头纹，器颈上部留白，下部描绘一圈海水纹。器腹、双耳满饰缠枝莲纹，花心为团寿纹样，具有长寿之意。而瓶腹正面的开光内则描绘五只蝙蝠及九只缠枝寿桃，色泽简单而富于冲击力。瓶底以篆书写“大清乾隆年制”题款。

清代的青花瓷在景德镇御窑厂的钻研创新之下无论从技法、颜色还是器型上都有了进一步的发展。同时清代各朝的青花瓷也有着风格上的区别，康熙一朝的青花瓷风格清幽，雍正一朝的青花瓷器则相对淡雅，而乾隆一朝则热衷于仿古瓷器，且瓷器纹样繁密，发色也相对浓郁。这件瓷瓶仿制古时尊形却又描绘蝙蝠、寿桃等清人热衷纹饰，表现出独特的时代审美与对生活的热爱。

色彩之美

浓郁的青花

乾隆早期的青花瓷器颜色不甚稳定，常表现出青花晕散的痕迹，而中晚期的青花瓷则胎体洁白，发色浓郁，亦如这件瓷器的青花部分颜色富丽清晰。

瓷瓶颈部的海浪纹色彩浓郁，以灵动的留白线条展现海浪的汹涌，而海浪之间还依稀可见山峰，二者构成瓷器上常见的海水江崖纹。

五蝠捧寿

在瓶身正面开光内，上部三只蝙蝠头部相对环绕着“卍”字绶带，与下部两侧的两只蝙蝠构成“五蝠”。蝙蝠的簇拥下，九只桃子果实饱满，叶片色泽浓郁。桃蝠纹是瓷器上的代表纹饰，九桃五蝠不仅寓意吉祥长寿，同时也附会了“九五至尊”，寓意吉祥也彰显了皇家的尊贵。

蝙蝠绶带纹

蝙蝠以深青色勾线，浅青色着色，色彩清新，造型动感，带来吉祥与福气。

寿桃纹

以青色色釉描绘的寿桃色泽浓郁，且以深色表现了桃子的暗部，相对于明青花的平面化，很可能受到乾隆时期传入的西洋画法影响。

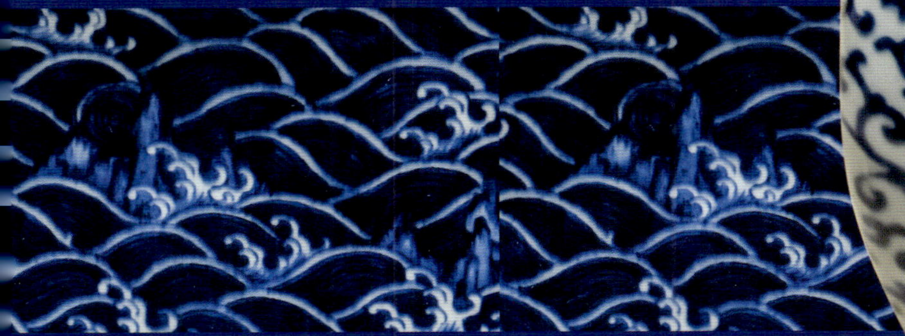

黑缎嵌点翠凤戏牡丹女帽

清代 | 杂器

沈阳故宫博物院　　高 21.6 厘米，宽 19.8 厘米

清宫后妃所戴的点翠女帽，俗称“钿子”，此黑缎嵌点翠凤戏牡丹女帽是清宫后妃在筵宴、节日、大婚等礼仪场合所佩戴的。这件点翠女帽外形类于平顶斜帽，帽框由竹、藤编制而成，再用黑缎网罩于帽框之外。帽的前后面及边缘部分镶插了许多由金片制成的双凤、牡丹等图案，再用翠鸟的羽毛粘在上面做装饰，颜色至今都绚丽夺目。

这种点翠工艺是明清时期宫廷常用的一种头饰工艺，需要用银做胎底，再用铜制托，用铜片制成花纹，再把翠鸟的羽毛镶嵌在上面。由于工艺复杂，取材稀少，并且是清代后宫嫔妃所特有，为宫廷佳品，所以就显得弥足珍贵，民间很少有机会见到。

工艺之美　千年点翠

点翠大多是以将翠鸟羽毛纵向排列后，经过剪裁加工制成，而此帽中的点翠在纵向的基础上有从小到大的发散状排列，与真实花卉中花丝的生长结构接近，宛如一朵蓝色牡丹,逼真至极。

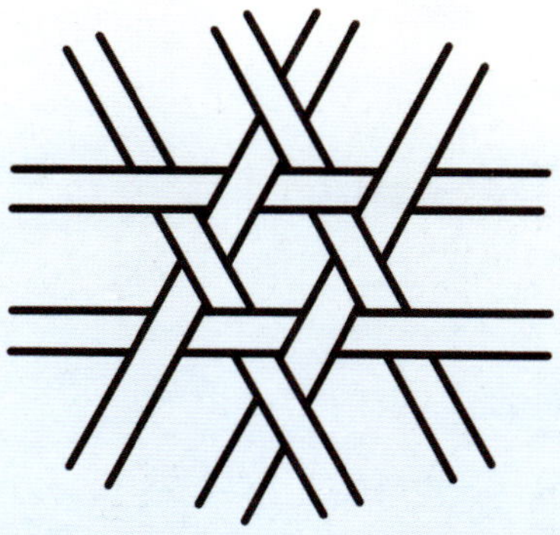

细节之美　六角孔编

这顶女帽的帽框编织技法为六角孔编法。以三条竹篾起头，再加三条竹篾织成六角孔。这种编织技法层次丰富，所有接头之处都做到藏而不露，使帽框浑然一体。

黄彩漆描金云蝠龙凤纹喜字宴桌

清代 | 漆器

沈阳故宫博物院　　尺寸不详

这件清代黄彩漆描金云蝠龙凤纹喜字宴桌为清代宫廷床上所摆炕桌。早在远古时期，人们就习惯于席地而坐，因此早期的桌子往往较矮，便于倚靠置物。清廷入关，将东北地区习惯居住的火炕带入紫禁城，虽然此时期高桌已经常见于生活中，但满族人仍会在常常坐卧的炕上摆放矮桌。这件黄彩漆描金云蝠龙凤纹喜字宴桌便是作此用处，而由上面纹样来看亦可能作宴席之用。

这张宴桌桌面呈方形，桌腿较矮，内收，呈如意形。桌面有雕刻精细的龙凤纹及五彩云纹，环绕着中心红色的双喜字，桌面侧面同样满雕五彩云纹及蝙蝠纹。这件宴桌不仅仅是一件实用的家具，更是中国传统文化的一个缩影。其每一处装饰都蕴含着深厚的文化内涵和美好祝愿。作为喜庆用品，它传达了对新人的祝福，同样也承载着宫廷贵族对美好生活的祝福。

矮桌折沿处同样雕刻有双喜字与蝙蝠纹

龙凤相合

这件喜字宴桌桌面上髹黄彩漆，开菱花形开光，一龙一凤翱翔其中，相对而望。周围满布五彩云纹，在龙凤中间的圈纹内，以红彩描绘一双喜字。龙凤合并的图案尤其常见于婚礼，因为它们代表了夫妻的和谐美满，与漆桌中央的双喜字相呼应，吉祥喜庆，很可能是帝后大婚之时所用宴桌。

花团锦簇

在漆桌桌面开光外还对称排布有四朵枝繁叶茂的缠枝牡丹，花朵鲜艳粉嫩，枝叶蔓延，色彩清新。牡丹在国人心目中向来是象征富贵美满之花，以娇艳的牡丹搭配龙飞凤舞的案面，更加凸显出大婚的喜庆与美好，方桌边沿搭配黑漆涂装的回形纹，更具装饰美感。

黑漆描金雕云蝠群仙祝寿图屏风

清代 | 漆器

沈阳故宫博物院　　尺寸不详

这件清代黑漆描金雕云蝠群仙祝寿图屏风与黑漆描金群仙祝寿图宝座共同构成一组家具，屏风通体以木质雕漆制成，为立式九扇屏，中间屏风最高，左右各有四扇且依次逐级降低。屏风的种类多种多样，有围屏、插屏、座屏等多种形式，往往作隔断、遮挡之用。这组围屏器型硕大，因其可灵活折叠又称为“软屏风”。屏风髹黑漆，上方雕刻蝙蝠云纹，屏风边框以金漆描绘各类吉祥纹样。清代皇子常常在皇帝寿辰之际进献祝寿主题的屏风以表孝心，正如此屏屏框内整体构成了一幅群仙祝寿的通景画面。画面设色清新，人物姿态不同，寓意着福寿绵长。围屏常常与宝座一同出现，象征皇权的至高无上。

刻画之美

群仙祝寿

屏风描绘了群仙祝寿的热闹场景，画面中西王母位于屏风正中，两侧仙女仙官围绕，台阶之上还有一只献上寿桃的灵猴。在画面中不仅有各具神通的八仙形象，还有捉鬼的钟馗、献寿的麻姑以及南极寿星等形象。众仙奔走于云雾、楼阁之间，还有仙鹤、灵鹿点缀其中，更加凸显出仙境的缥缈感，同时热闹的氛围也迎合了祝寿的主题。

装饰之美

“蝠”寿绵长

在屏风的上部装有9块如意云形雕板，刻浮雕云纹并髹黑漆，云雾缭绕间红色蝙蝠飞舞，充满动感与色彩冲击力。在屏风的眉板上则描金绘有云纹及蝙蝠纹，和群仙祝寿的画面呼应，同样表达着“福”“寿”的美好祝福。

紫檀木嵌牙骨文具箱

清代 | 木器、骨牙器

沈阳故宫博物院　　尺寸不详

这两件紫檀木嵌牙骨文具箱是用于收纳文房用品的陈设器。两只木箱形制相同，皆为方形对开门，主箱上方与下方设两个扁平抽屉，其中一只箱面边框描金，箱面上镶嵌有湖石花草的染牙雕刻，箱顶安装铜鎏金提手；另一只箱面则装饰有相对的缠枝石榴。在上下方的抽屉上装饰有雕刻精巧的佛手与装饰性回形纹。金贵的紫檀木搭配精巧的牙雕，共同构成了装饰精巧且富于文人画意境的牙雕文具箱。

文人书房中的文具可谓多种多样，除却笔墨纸砚四宝外，还有镇纸、笔架等各类用途的文具，文具种类越来越多便催生了文具箱，它既方便收纳，又便于携带。明清时期，随着经济的发展和文化的繁荣，工艺美术品的制作水平得到了极大的提升。宫廷和文人对精美器物的需求推动了工匠们不断创新和改进工艺。这组文具箱不仅是实用器具，更是文人雅士身份和品位的象征以及时代风尚的体现。

象牙雕与染色工艺的结合

在两只文具箱的箱面上皆镶嵌有象牙雕刻的花鸟图景，山石棱角突出，或青或白，繁密的枝叶翠绿，娇艳的花朵娉婷。器身上的象牙雕采用染牙工艺，在漆底上依形刻出浅槽，再将雕刻为各种形状的象牙片染色进行贴合，从而形成圆滑又立体的图像。

书房中的雅致山水

山石花卉是清代器物上常见的装饰纹样。明清时期，花鸟画无论从表现内容和笔墨技法上都更加成熟，湖石、花卉以及岩间生长的草木不仅是自然景物的再现，更是画家人格和情感的寄托。匠人巧妙地将花鸟小品移植到箱盒之上，拥有者在行笔作画之时望见盒上的美景，在诗情画意的独特意境之间内心也得到了洗涤。

掐丝珐琅蟠龙透雕宝相花兽耳冰箱

清代 | 珐琅器

沈阳故宫博物院　　尺寸不详

北方虽四季分明，但夏季也难免燥热，在没有制冷设备的古代，在城内设冰窖，冬季在上冻的河里取冰储存，到了炎炎夏日，便从中取冰，用于宫廷、贵族和官府的食品保鲜、药物存储及夏季降温。而这件清代掐丝珐琅蟠龙透雕宝相花兽耳冰箱，正是清代乾隆时期放置在乾隆皇帝寝宫之内，用于夏季放置冰块、冰鲜食物的冰箱。冰箱为长方体，盖身为铜胎掐丝珐琅材质，上方掐丝装饰回形纹及几何变形的夔龙纹，中部开光镂空雕刻有繁密的莲纹，箱顶则为木制，正中镂空雕刻云龙纹及正龙纹，纹饰华丽，造型精美。

这件精美的冰箱不仅可以冰镇食物，镂空的开孔还有利于冷气的散发，从而达到降温的作用。它不仅展示了古人的生活智慧，同时其精致的工艺与华丽的外形也体现出清代宫廷生活的奢华与考究，为我们了解清代宫廷起居用度提供了实物佐证。

国宝小知识 冰箱里的冰由何处而来

在《钦定大清会典则例》中就曾提到：“紫禁城内窖五，藏冰二万五千块；景山西门外窖六，藏冰五万四千块……正阳门外土窖二，藏冰六万块。”明清时期，冰窖大多为官办，由京城内护城河、什刹海等水源地取冰存放。《大清五朝会典》记载，冬季冬至前后取冰，并在夏季按照皇亲国戚及官员品阶发放冰块。

德胜门外，工人正将冰块运往冰窖

纹饰之美

镂空龙纹

冰箱侧面的镂空纹样刻画得十分细密，纹样以突出器表的三朵宝相花纹向外延伸缠枝卷草纹样，周围还分布变形的几何龙纹，与开光外部的掐丝珐琅龙纹相互呼应，在莲纹、龙纹间的卷草纹饰镂空，表现出繁密精巧的雕刻特征。

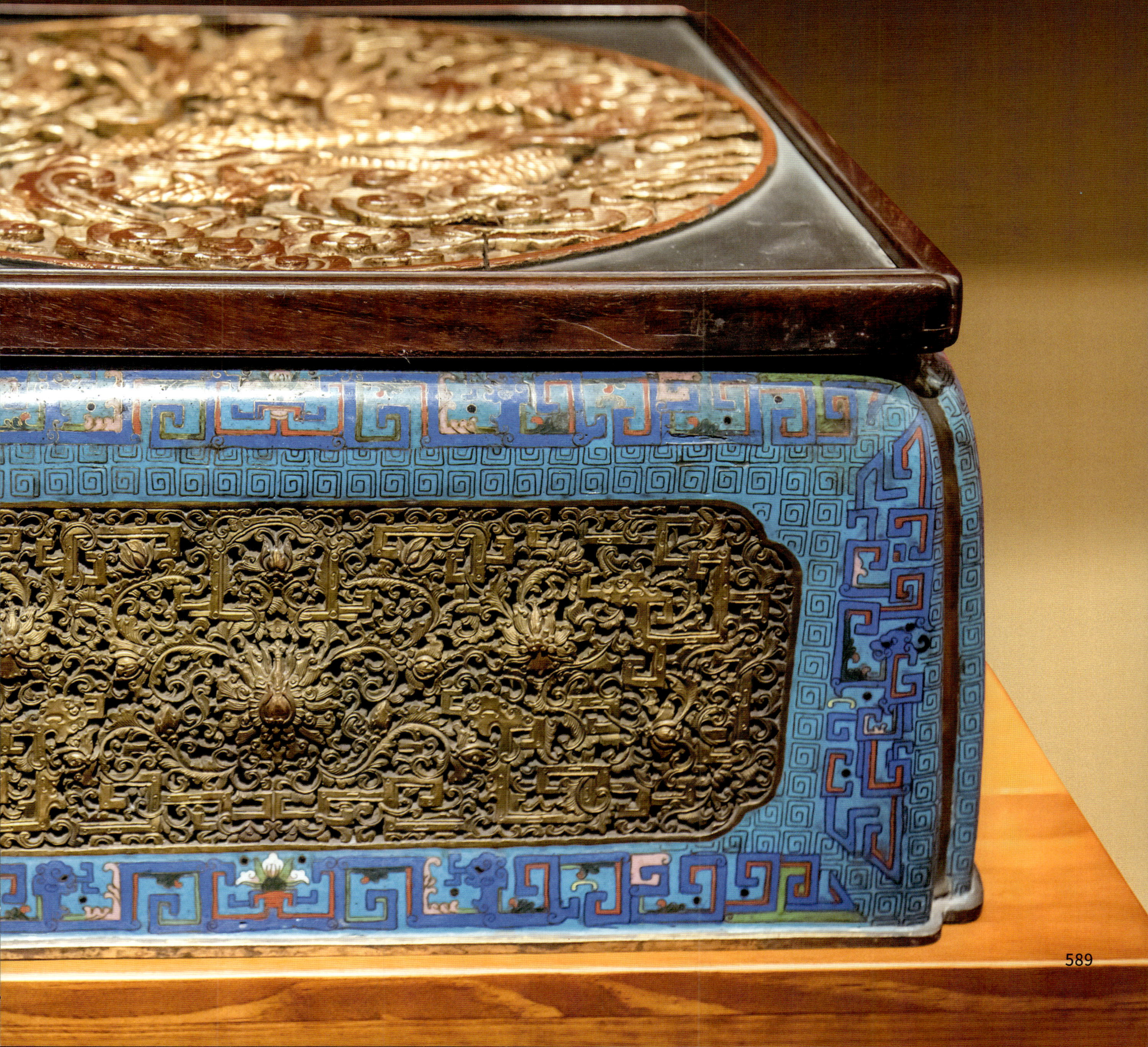

红木边座
錾胎珐琅桃鹤图插屏

清代 | 漆器

沈阳故宫博物院　　高 133 厘米，宽 140.5 厘米

这件红木边座錾胎珐琅桃鹤图插屏为乾隆年间所制，结合了木雕及珐琅工艺，其外部为红木材质，表面雕琢繁密的花纹。其中底座雕刻浮雕花卉纹，牙板和护板则雕刻回形纹框架，给人华贵沉稳之感。屏心则以錾胎珐琅装饰浮雕状的矮坡、湖石、竹叶以及斜出的桃树，树上的九颗饱满的寿桃与仙鹤共同构成一幅和谐的祝寿图景，画面造型生动，刻画精细，贵重间透着文雅与吉祥之气。

屏风文化最早可追溯至战国时期，作为宫廷贵族的室内陈设，具有分隔空间之用。明清时期，屏风的发展进入鼎盛阶段，制作工艺更加精湛，材质更加多样，包括紫檀、红木、象牙等。明清屏风的装饰图案繁复精美，常见题材有吉祥图案、民间传说、神话故事等。此时期的屏风不仅用于装饰，还具有美好的祝福含义以及彰显使用者身份的附加功用。例如这件屏风的纹饰具有典型的祝寿含义，而如皇帝宝座后常设的华丽屏风更多的是为彰显皇帝身份以及装饰之用。

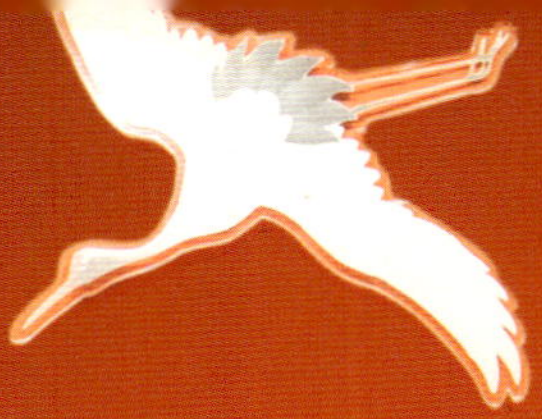

工艺之美　立体的图画

屏风上的画面巧妙地运用了錾胎珐琅技法，相较于掐丝珐琅在器表盘丝填料，錾胎珐琅是在胎体上剔出纹样，再向内填色料。同时，浮雕的雕刻形式更加凸显了纹样的立体感，仙鹤身上的羽毛层层叠叠，桃枝上的桃子颗颗饱满，增添了画面的装饰美感。

图像之美 桃鹤祝寿

屏风内部描绘一只独脚站立的仙鹤，仙鹤双翅飞展，头部后扭，立于一株桃枝之上。桃枝盘曲错结，上方生长出九颗白中泛粉的寿桃。象征福寿绵长的九桃图像与表现长寿吉祥的瑞鹤相结合，共同构成了一幅和谐的祝寿图景。在画面中右后方还表现有湖石与斜出的竹叶，使得画面更加丰富雅致。

屏心部分为插屏的视觉中心，大的插屏可达3米多高，多为隔挡之用，小的插屏亦有20厘米大小，摆放在桌上以供赏玩。

早期的插屏往往是一体的，明清时期则可以分体，便于移动。

金漆彩绘福寿纹镂空八方盒

清代 | 漆器

沈阳故宫博物院　　直径 39 厘米，高 17 厘米

这件清金漆彩绘福寿纹镂空八方盒是用于盛装水果食品的盒子。盒面呈八方形，盒盖与盒身侧面皆开镂空开光，并以铜丝编织细密的丝网，用来通风透气，避免炎炎夏日食物的腐坏。盒身整体以金漆为底，上方以黑漆、红漆描绘团寿纹、瓜果及缠枝花纹。八方盒制器精致巧妙，不仅富于实用性，同时纹样精美，寓意吉祥，为我们展现出清代宫廷用器的精致与奢华。

在金漆工艺中有一种在木胎上刻花或用漆灰堆成花纹再涂金的工艺称为“识文描金”，这件漆盒即采用此种工艺，花纹隐隐突起带有浮雕效果，并与黑红彩绘相结合，具有极强的装饰效果，华丽而精细。这件清金漆彩绘福寿纹镂空八方盒作为具有浓厚吉祥寓意的工艺品，不仅展示了清代工艺美术的高超水平，也反映了当时社会对福寿安康的美好追求和祝愿。

纹饰之美

福寿安康

盒面整体髹金漆，盒面中心以黑漆圈圈，内书红漆团寿纹，向外延伸则围绕一圈红黑相间的蝙蝠纹及缠枝花纹，盒面纹饰共分三组，最外层为一圈黑色缠枝纹及红色瓜瓞纹，瓜果以浅浮雕的装饰手法略突出于盒盖，具有瓜瓞绵长、福寿安康等美好寓意。

工艺之美

精巧的镂空盒身

八方盒四周的镂空部分以细如发丝的铜丝编织而成。清代金属工艺在明代金银器加工的基础上进一步发展，类似工艺编织的开光不仅在没有冰箱的古代起到通风降温作用，还精巧美观，减轻了盒身的重量，可谓一举两得。

清乾隆款青花九桃番莲纹贯耳瓶

乾隆款画珐琅缠枝花卉纹万寿无疆盘

金漆彩绘福寿纹镂空八方盒

清乾隆款粉彩花卉葫芦瓶

雍正款青花红龙大盘

清太祖高皇帝谥宝

紫檀木嵌牙骨文具箱

Appendix
附录

故宫珍藏文物预览

新石器时代　龙山文化红陶鬶
故宫博物院

新石器时代　青莲岗文化彩陶钵
故宫博物院

商　玉刃矛
故宫博物院

商　册方斝
故宫博物院

商　白陶刻几何纹瓿
故宫博物院

周　荣簋
故宫博物院

春秋　鲁大司徒匩
故宫博物院

春秋　四蛇饰甗
故宫博物院

春秋　番君鬲
故宫博物院

战国　蟠螭纹铜镜
故宫博物院

战国　鸟形勺
故宫博物院

战国　原始瓷青釉鐎斗
故宫博物院

战国　彩绘漆鹿角镇墓兽
故宫博物院

东汉　绿釉铺首耳陶壶
故宫博物院

东汉　绿釉陶狗
故宫博物院

东汉　建武二十一年斛
故宫博物院

汉　虎食羊铜饰牌
故宫博物院

东晋　德清窑黑釉鸡头壶
故宫博物院

晋　王献之《中秋帖》
故宫博物院

晋　陆机《平复帖》
故宫博物院

六朝　铜单“左”字虎符
故宫博物院

隋　十二生肖镜
故宫博物院

唐　白釉葵瓣口杯
故宫博物院

唐　杜牧《张好好诗》
故宫博物院

唐　鲁山窑花瓷腰鼓
故宫博物院

唐　三彩女立俑
故宫博物院

唐　四季平安铃
故宫博物院

唐　三彩凤首壶
故宫博物院

五代　顾闳中《韩熙载夜宴图》
故宫博物院

北宋　蔡襄《自书诗》
故宫博物院

宋　宣和尊
故宫博物院

宋　当阳峪窑白釉剔花瓶
故宫博物院

宋　耀州窑青釉人形执壶
故宫博物院

宋　景德镇窑青白釉倒流壶
故宫博物院

宋　磁州窑白地黑花竹纹枕
故宫博物院

宋　修武窑绞胎罐
故宫博物院

宋　绿釉剔刻花纹执壶 故宫
博物院

宋　钧窑天蓝釉红斑花瓣式碗
故宫博物院

宋　官窑青釉方花盆
故宫博物院

宋　哥窑青釉贯耳瓶
故宫博物院

辽　黄釉葫芦式执壶
故宫博物院

辽　三彩鱼形壶
故宫博物院

金　褐釉彩绘虎形枕
故宫博物院

元　陈及之《便桥会盟图》
故宫博物院

元　掐丝珐琅缠枝莲纹鼎式炉
故宫博物院

元　釉里红地白花暗刻云龙纹
四系扁壶　故宫博物院

元　磁州窑白地黑花云凤纹四系
瓶　故宫博物院

元　青花鱼莲纹罐
故宫博物院

元　钧窑天蓝釉葫芦瓶
故宫博物院

元　“张成造”剔犀云纹盘
故宫博物院

元　“杨茂造”剔红花卉纹尊
故宫博物院

元　“张成造”剔红栀子花纹圆盘
故宫博物院

明　彩漆戗金花卉纹圆盘
故宫博物院

明　翠青釉罐
故宫博物院

明　大明崇祯玖年潞国制铜鼎
故宫博物院

明　戴进《关山行旅图》
故宫博物院

明　德化窑白釉观音坐像
故宫博物院

明　斗彩开光折枝莲花纹罐
故宫博物院

明　珐花镂空孔雀花卉纹绣墩
故宫博物院

明　黑漆嵌螺钿人物盘
故宫博物院

明　蓝釉刻麒麟纹执壶
故宫博物院

明　吕纪《桂菊山禽图》
故宫博物院

明　掐丝珐琅缠枝莲纹直颈瓶
故宫博物院

明　掐丝珐琅花卉纹菊瓣式烛台
故宫博物院

明　掐丝珐琅狮纹双陆棋盘
故宫博物院

明　青花波斯文三足炉
故宫博物院藏

明　青花矾红彩海水龙纹盘
故宫博物院藏

明　石湾窑仿钧釉三足炉
故宫博物院藏

明　素三彩缠枝莲纹高足碗
故宫博物院藏

明　素三彩团龙瓶
故宫博物院藏

明　剔黑开光花鸟纹梅瓶
故宫博物院藏

明　剔红携琴访友图莲瓣式盘
故宫博物院藏

明　剔红云凤纹盏托
故宫博物院藏

明　文徵明《茶具十咏图》
故宫博物院藏

明　五彩山石花卉罐
故宫博物院藏

明　项圣谟《大树风号图》
故宫博物院藏

明　宣德款铜熏炉
故宫博物院藏

明　宜兴窑"时大彬"款紫砂胎剔红山水人物图执壶
故宫博物院藏

明　紫檀边座百宝嵌戏狮图插屏
故宫博物院藏

清　白地套绿玻璃花卉纹瓶
故宫博物院藏

清　碧玉仿古觥
故宫博物院藏

清　彩漆嵌铜活鼓字盘钟
故宫博物院藏

清　翠雕人物山景山子
故宫博物院藏

清　翠雕花鸟纹花插
故宫博物院藏

清　翠雕龙纹杯盘
故宫博物院藏

清　翠十八子手串
故宫博物院藏

清　翠太平有象磬
故宫博物院藏

清　翠卧牛
故宫博物院藏

清　翠白菜式花插
故宫博物院藏

清　淡粉釉瓶
故宫博物院藏

清　点翠嵌珠宝五凤钿
故宫博物院藏

清　貂皮嵌珠皇后冬朝冠
故宫博物院藏

清　雕牙三羊婴戏插屏
故宫博物院藏

清　董诰《秋山萧寺图》轴
故宫博物院藏

清　董诰《三友图》轴
故宫博物院藏

清　珐琅彩婴戏纹双连瓶
故宫博物院藏

清　芙蓉石双耳三足炉
故宫博物院藏

清　和阗白玉错金嵌宝石碗
故宫博物院藏

清　黑漆描金山水楼阁图手炉
故宫博物院藏

清　黑漆描金百寿字碗
故宫博物院藏

清　黑漆描金莲蝠纹宝座式笔架
故宫博物院藏

清　黑漆描金山水楼阁纹壶
故宫博物院藏

清　黑漆描金山水纹方胜式盘
故宫博物院藏

清　红宝石梅寿长春盆景
故宫博物院藏

清　红地开光珐琅彩牡丹图杯
故宫博物院藏

清　画珐琅缠枝花卉纹蝶式盒
故宫博物院藏

清　画珐琅勾莲开光西洋人物
双耳盖豆　故宫博物院藏

清　画珐琅花果瓜瓞纹高足盘
故宫博物院藏

清　画珐琅菊花纹执壶
故宫博物院藏

清　康熙款画珐琅桃蝠纹瓶
故宫博物院藏

清　乾隆款画珐琅开光花蝶图
葫芦式瓶　故宫博物院藏

清　素三彩暗花云龙花果纹盘
故宫博物院藏

清　黄玉雕夔纹活环壶
故宫博物院藏

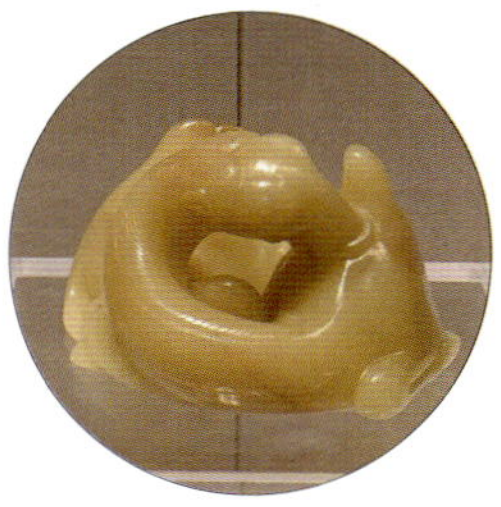

清　黄玉雕骆驼
故宫博物院藏

清　黄玉雕象驮宝瓶
故宫博物院藏

清　黄玉佛手花插
故宫博物院藏

清　洋金漆花卉纹圆盒
故宫博物院藏

清　旅行文具箱
故宫博物院藏

清　祭蓝地描金粉彩开光山水
图象耳壁瓶　故宫博物院藏

清　金点翠嵌珍珠宝石双龙挑子
故宫博物院藏

清　金盖托白玉杯
故宫博物院藏

清　金累丝嵌松石盘
故宫博物院藏

清　金立双凤盥盆
故宫博物院藏

清　金嵌宝石朝冠耳炉
故宫博物院藏

清　金嵌宝石镂空花卉纹八角盒
故宫博物院藏

清　金嵌松石佛瓶
故宫博物院藏

清　金嵌珍珠宝石帽花
故宫博物院藏

清　金嵌珠石带座香盒
故宫博物院藏

清　金胎画珐琅杯盘
故宫博物院藏

清　金錾花如意
故宫博物院藏

清　鎏金錾花爵
故宫博物院藏

清　鹿角椅
故宫博物院藏

清　绿地粉彩花叶式笔掭
故宫博物院藏

清　绿地粉彩藤萝花鸟纹圆盒
故宫博物院藏

清　绿地剔红十八罗汉笔筒
故宫博物院藏

清 玛瑙镶金口带托盖葵瓣碗
故宫博物院藏

清 木胎海棠式盆翠竹盆景
故宫博物院藏

清 藕荷地粉彩花鸟纹圆盒
故宫博物院藏

清 掐丝珐琅缠枝莲纹球式香熏
故宫博物院藏

清 掐丝珐琅葫芦式壁灯
故宫博物院藏

清 景泰款掐丝珐琅兽面纹尊
故宫博物院藏

清 乾隆款金胎画珐琅开光山
水人物图杯、盘 故宫博物院藏

清 染牙雕冠架
故宫博物院藏

清 三套钟机芯
故宫博物院藏

清 搧扇机器人表
故宫博物院藏

清 铜镀金转柱太平有象钟
故宫博物院藏

清 素三彩渔夫捕鱼图长方几
故宫博物院藏

清 剔彩百子晬盘
故宫博物院藏

清 剔彩山水人物琮式盒
故宫博物院藏

清 剔红仿古铜壶式盒
故宫博物院藏

清 剔红蟠龙纹冠架
故宫博物院藏

清 剔绿加彩张果老渡海图桃
式盒 故宫博物院藏

清 铜镀金珐琅开花蝴蝶花盆式钟
故宫博物院藏

清 铜镀金珐琅转花活动人物钟
故宫博物院藏

清 铜镀金珐琅转鸭荷花缸钟
故宫博物院藏

清 铜镀金牌楼式孔雀开屏人
打钟 故宫博物院藏

清 铜镀金嵌玛瑙画珐琅怀表
故宫博物院藏

清 铜胎画珐琅花鸟纹镂空球
式架 故宫博物院藏

清 脱胎朱漆菊瓣式盖碗
故宫博物院藏

清 王翚《墨池风雨》轴
故宫博物院藏

清 吴历《春早晴雪图》轴
故宫博物院藏

清 五彩耕织图瓶
故宫博物院藏

清 五彩人物长方瓷板
故宫博物院藏

清 宜兴窑绿地粉彩公道杯
故宫博物院藏

清 云龙纹博山炉
故宫博物院藏

清 银鎏金累丝提梁花篮
故宫博物院藏

清 玉羊首提梁壶
故宫博物院藏

清 郑旼《秋林读书图》轴
故宫博物院藏

清 紫檀木边座嵌珐琅五伦图屏风
故宫博物院藏

清 紫檀木嵌染牙广州十三行
图插屏 故宫博物院藏

新石器时代　玉虎
台北故宫博物院

新石器时代　玉圭
台北故宫博物院

新石器时代　玉钺瑁
台北故宫博物院

商　亚丑方簋
台北故宫博物院

商　亚丑方彝
台北故宫博物院

商　宁戈父丁盉
台北故宫博物院

商　乳丁夔纹簋
台北故宫博物院

西周　弦纹鼎
台北故宫博物院

西周　曾伯陭壶
台北故宫博物院

西周　危叔匜
台北故宫博物院

西周　文方鼎
台北故宫博物院

周　玉杠头方花囊
台北故宫博物院

春秋　吐舌夔纹方甗
台北故宫博物院

春秋　盖瓠形壶
台北故宫博物院

战国　陈侯午簋
台北故宫博物院

战国　玉璧
台北故宫博物院

战国　玉带钩
台北故宫博物院

战国　玉龙佩
台北故宫博物院

战国　玉鸟佩
台北故宫博物院

战国　玉韘形佩
台北故宫博物院

西汉　鸟兽纹玉饰
台北故宫博物院

东汉　绿釉陶钟
台北故宫博物院

东汉　兽纹玉环
台北故宫博物院

汉　玉蝉
台北故宫博物院

晋　王羲之《远宦帖》
台北故宫博物院

唐　徐浩《朱巨川告身》
台北故宫博物院

唐　韩幹《牧马图》
台北故宫博物院

唐　白玉人
台北故宫博物院

唐　尉迟乙僧《护国天王像》
台北故宫博物院

北宋或辽　玉龙纹盘
台北故宫博物院

南宋　童子戏鹅玉霞帔坠
台北故宫博物院

南宋　桃式水盛
台北故宫博物院

南宋　墨玉笔山
台北故宫博物院

南宋　旧玉琮形盉
台北故宫博物院

宋　黄庭坚《七言诗（花气薰人帖）》　台北故宫博物院

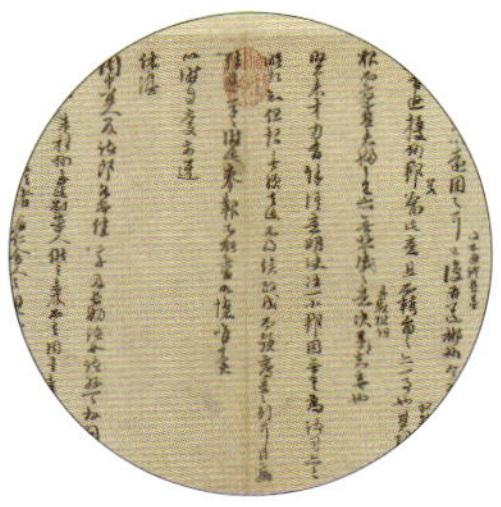
宋　朱熹《致会之知郡尺牍（秋深帖）》　台北故宫博物院

宋　马远《画雪景》
台北故宫博物院

宋　苏轼《书次韵三舍人省上诗》
台北故宫博物院

宋　燕文贵《奇峰万木》
台北故宫博物院

宋　玉笄
台北故宫博物院

宋　明玉荷叶杯
台北故宫博物院

宋　松下弈棋图玉版
台北故宫博物院

宋　玉乳丁纹剑璏
台北故宫博物院

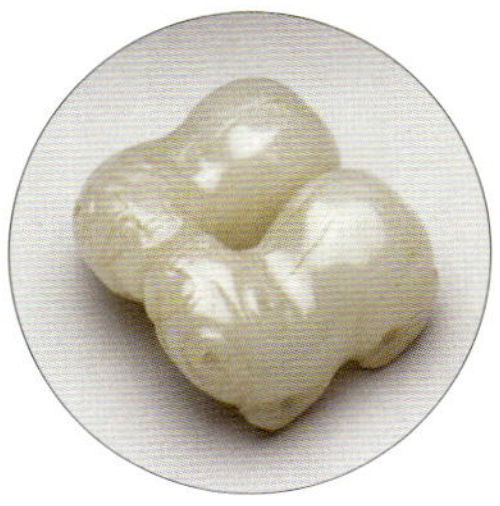
宋　玉双兽
台北故宫博物院

宋　柳斗形玉杯
台北故宫博物院

宋　龟游荷叶洗
台北故宫博物院

宋　玉凤柄洗
台北故宫博物院

宋　佚名《宋人冬日婴戏图轴》
台北故宫博物院

金　"秋山"玉饰
台北故宫博物院

金　花结单柄圆洗
台北故宫博物院

金　舞人玉珮
台北故宫博物院

元　王蒙《具区林屋》
台北故宫博物院

元　吴镇《双松图》
台北故宫博物院

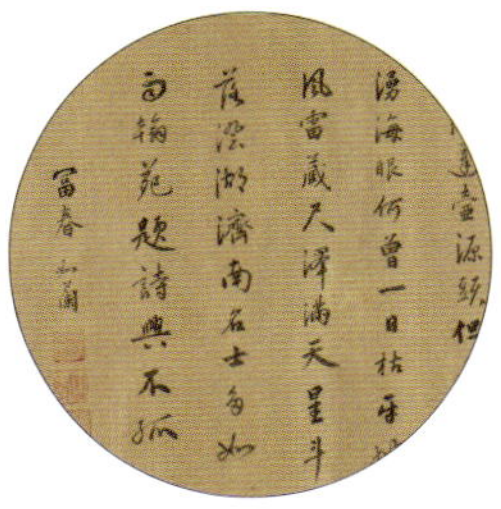
元　赵孟頫《书趵突泉诗》
台北故宫博物院

元　错金银带轮羊尊
台北故宫博物院

元　霁青单把杯
台北故宫博物院

元　鹿与猴玉饰
台北故宫博物院

元　玉云纹耳杯
台北故宫博物院

元　墨玉牧羝器架
台北故宫博物院

元　大雁玉带饰
台北故宫博物院

元　莲塘双凫图玉饰
台北故宫博物院

明　「天地人」三连环
台北故宫博物院

明　白玉螭纹方斗
台北故宫博物院

明　白玉猫镇纸
台北故宫博物院

明　白玉辟邪笔格
台北故宫博物院

明　白玉诗意臂搁
台北故宫博物院

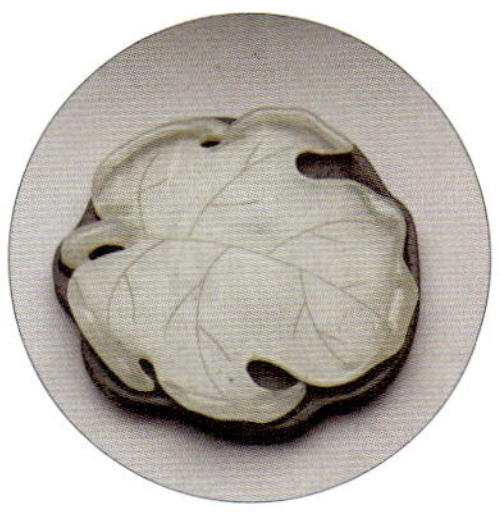
明　白玉叶式笔砚
台北故宫博物院

明　沈度《归去来辞》
台北故宫博物院

明　丁香紫瓷尊
台北故宫博物院

明　仿古玉蝶形佩
台北故宫博物院

明　红釉刻花莲瓣纹卤壶
台北故宫博物院

明　霁青孔雀蓝釉龙纹盘
台北故宫博物院

明　娇黄绿彩缠枝花卉纹碗
台北故宫博物院

明　鸠车
台北故宫博物院

明　陆子刚款雕玉竹节臂搁
台北故宫博物院

明　蒙兀儿帝国平口花蕾形双柄碗　台北故宫博物院

明　掐丝珐琅番莲纹盒
台北故宫博物院

明　掐丝珐琅番莲纹炉
台北故宫博物院

明　掐丝珐琅鹿鹤长春花插
台北故宫博物院

明　掐丝珐琅牛头瓶
台北故宫博物院

明　掐丝珐琅葡萄纹壶
台北故宫博物院

明　青花波涛龙纹带托爵杯
台北故宫博物院

明　青花穿莲夔龙纹高足碗
台北故宫博物院

明　青花转枝芙蓉纹高足碗
台北故宫博物院

明　青玉花式洗
台北故宫博物院

明　青玉炉
台北故宫博物院

明　青玉子母螭镇纸
台北故宫博物院

明　沈周《庐山高》
台北故宫博物院

明　十二章纹玉圭
台北故宫博物院

明　剔红荔枝圆盘
台北故宫博物院

明　剔红牡丹长颈瓶
台北故宫博物院

明　文伯仁《吴山春霁》
台北故宫博物院

明　五彩瓷笔架
台北故宫博物院

明　弦纹缸形玉香炉
台北故宫博物院

明　项元汴藏款紫檀嵌玉墨床
台北故宫博物院

明　宣德款填漆秋葵方盒
台北故宫博物院

明　印度玉花镶银胆碗
台北故宫博物院

明　玉鳌鱼花插
台北故宫博物院

明　玉杯
台北故宫博物院

明　玉环形笔洗
台北故宫博物院

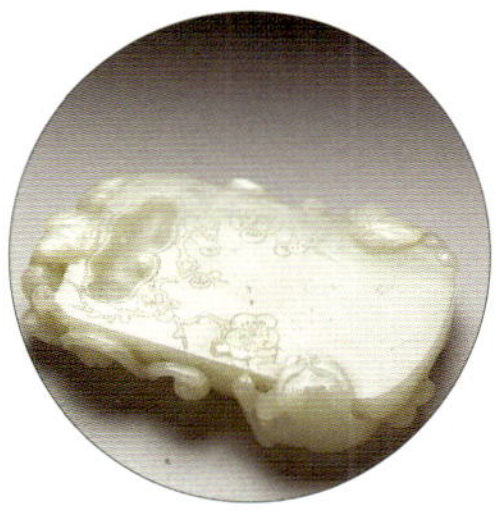
明　玉梅枝纹砚
台北故宫博物院

明　玉牛首角杯
台北故宫博物院

明　玉十二章璧
台北故宫博物院

明　玉双连杯
台北故宫博物院

明　玉松鼠葡萄
台北故宫博物院

明　玉桃形水盛
台北故宫博物院

明　中亚或西亚玉舟形碗
台北故宫博物院

明　中亚玉壶
台北故宫博物院

明　中亚至东欧玉双柄盖碗壶
台北故宫博物院

明　竹雕窥简图笔筒
台北故宫博物院

明　紫檀葫芦式双玉璧屏
台北故宫博物院

清　“海涵春育”鸡血石印
台北故宫博物院

清　白玉带钩
台北故宫博物院

清　白玉花插
台北故宫博物院

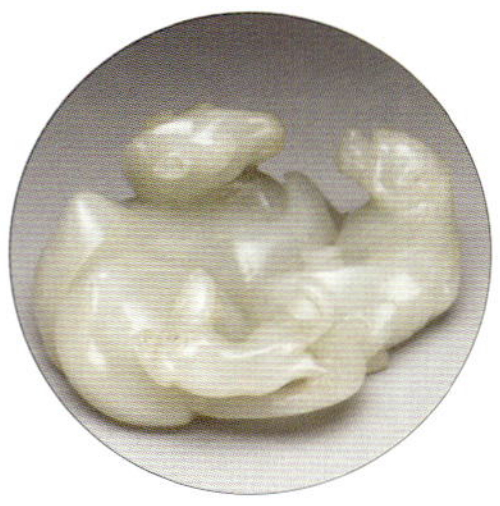

清　白玉骆驼瑞兽书镇
台北故宫博物院

清　玻璃胎画珐琅金地缠枝花卉鼻烟壶　台北故宫博物院

清　玻璃胎画珐琅牡丹蓝地胆瓶
台北故宫博物院

清　沉香鞘嵌珠松石古剑
台北故宫博物院

清　翠玉嵌珠宝钿花
台北故宫博物院

清　翠玉双喜长方腰结
台北故宫博物院

清　雕兽钮循连环田黄印
台北故宫博物院

清　雕玉赤壁赋图插屏
台北故宫博物院

清　董邦达《江关行旅》
台北故宫博物院

清　镀金累丝镶翠玉太平有象银如意　台北故宫博物院

清　镀金镶珐琅花鸟篮盒
台北故宫博物院

清　镀金镶珠篮盒
台北故宫博物院

清　珐琅彩粉红地开光四季花卉纹碗　台北故宫博物院

清　珐琅彩花卉瓶
台北故宫博物院

清　珐琅彩锦地开光西洋仕女三羊图长方盒　台北故宫博物院

清　珐琅彩蓝地剔花番莲茶碗
台北故宫博物院

清　珐琅彩绿地芙蓉桂花碗
台北故宫博物院

清　珐琅彩绿地福山寿海红山水盘
台北故宫博物院

清　珐琅彩诗意花卉纹牙签筒
台北故宫博物院

清　仿古双身兽纹玉璧
台北故宫博物院

清 翡翠扳指
台北故宫博物院

清　粉彩双耳百鹿（禄）尊
台北故宫博物院

清　鹅形玛瑙盒
台北故宫博物院

清　金累丝嵌宝石玉带头
台北故宫博物院

清　金灵芝
台北故宫博物院

清 金珀佛手鼻烟壶
台北故宫博物院

清　金嵌宝石鼻烟壶
台北故宫博物院

清　金嵌松石盖杯
台北故宫博物院

清　金嵌宝石斋戒牌
台北故宫博物院

清　金丝鼠
台北故宫博物院

清　刘墉《临阁帖行书》
台北故宫博物院

清　绿玉三多果盘坠角
台北故宫博物院

清　蒙兀儿帝国玉嵌玉花八角形盒
台北故宫博物院

清　蒙兀儿帝国玉双柄罐
台北故宫博物院

清　蒙兀儿帝国玉叶形盒
台北故宫博物院

清　蒙兀儿帝国玉长柄杓
台北故宫博物院

清　描金蓝玻璃葫芦鼻烟壶
台北故宫博物院

清　掐丝珐琅冰梅纹烛台（五供）
台北故宫博物院

清　掐丝珐琅狮子（一对）
台北故宫博物院

清　浅蓝碧玺瓜形坠
台北故宫博物院

清　戗金描漆龙凤纹箱
台北故宫博物院

清　青金石罗汉山子
台北故宫博物院

清　青金石手串
台北故宫博物院

清　青玉“万寿无疆”如意
台北故宫博物院

清　青玉海棠花式洗
台北故宫博物院

清　青玉寿字双耳洗
台北故宫博物院

清　青玉兽面炉
台北故宫博物院

清　日出式钟
台北故宫博物院

清　珊瑚数珠
台北故宫博物院

清　沈宗敬《双松图》
台北故宫博物院

清　施天章雕赤壁图鸡血石未刻印
台北故宫博物院

清　双人耳盂
台北故宫博物院

清　水晶内绘渔牧图鼻烟壶
台北故宫博物院

清　水晶手串
台北故宫博物院

清　松石葡萄松鼠鼻烟壶
台北故宫博物院

清　剔红荔枝形盒
台北故宫博物院

清　剔红辇式三层套盒
台北故宫博物院

清　剔红嵌玉盖盒
台北故宫博物院

清　剔红山水人物图海棠式花盆
台北故宫博物院

清　剔红山水人物玉石盆景
台北故宫博物院

清　铜镀金法轮
台北故宫博物院

清　铜镀金托嵌珠带头
台北故宫博物院

清　铜胎画珐琅福寿如意
台北故宫博物院

清　铜胎画珐琅提梁卣
台北故宫博物院

清　铜胎画珐琅万花盒
台北故宫博物院

清　万年青盆景
台北故宫博物院

清　王翚《千岩万壑图》
台北故宫博物院

清　西洋镀金嵌表转花瓶
台北故宫博物院

清　镶嵌铜镀金坛城
台北故宫博物院

清　镶松石花镀金八宝犀角盒
台北故宫博物院

清　象牙雕采莲小景
台北故宫博物院

清　象牙雕彩绘福寿圆珮
台北故宫博物院

清　象牙雕山水人物插屏
台北故宫博物院

清　象牙雕石榴盒
台北故宫博物院

清　象牙雕四层透花提食盒
台北故宫博物院

清　象牙雕仙工舟
台北故宫博物院

清　新疆回部玉瓜瓣杯
台北故宫博物院

清　洋彩冬景山水梅瓶
台北故宫博物院

清　洋彩黄锦地玲珑诗意轿瓶
台北故宫博物院

清　洋彩蓝地碧桃诗意双陆瓶
台北故宫博物院

清　宜兴胎画珐琅花卉茶碗
台北故宫博物院

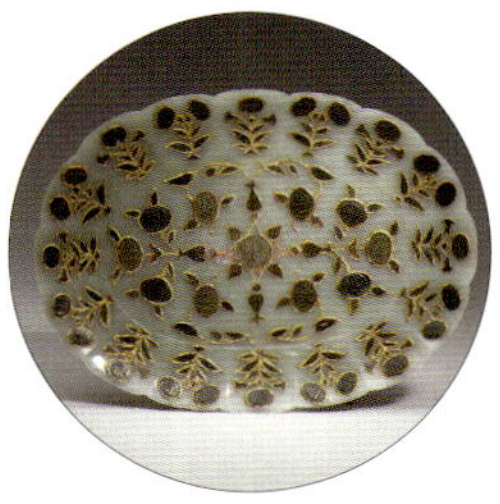
清　印度玉嵌玉花盘
台北故宫博物院

清　玉蚌式盘
台北故宫博物院

清　玉螭纹仿古韘形佩
台北故宫博物院

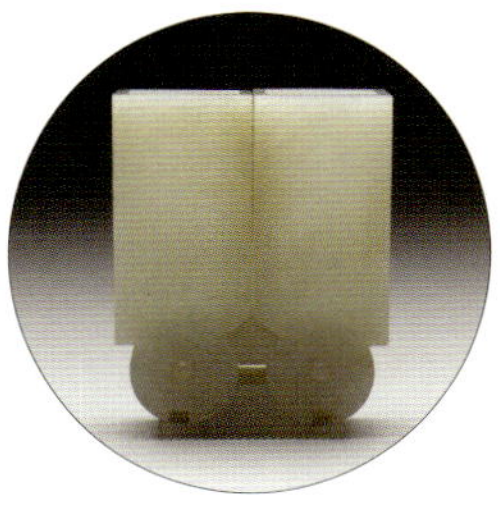
清　玉仿古构件
台北故宫博物院

清　玉福寿吉祥笔筒
台北故宫博物院

清　玉海棠式镀金灵芝盆景
台北故宫博物院

清　玉龙凤盉
台北故宫博物院

清　玉扭丝纹单柄碗
台北故宫博物院

清　玉嵌宝石浣花溪舟图插屏
台北故宫博物院

清　玉人与熊
台北故宫博物院

清　玉兽面纹壶
台北故宫博物院

清　玉双鱼盘
台北故宫博物院

清　玉太平有象
台北故宫博物院

清　玉听泉山子
台北故宫博物院

清　玉桐荫博古插屏（一对）
台北故宫博物院

清 竹雕根牧童卧牛
台北故宫博物院

清 竹雕梅花绶带
台北故宫博物院

民国 翡翠玉花鸟瓶
台北故宫博物院

民国 金双喜字如意
台北故宫博物院

民国 田黄薄意梅竹未刻印
台北故宫博物院

清《慈禧皇太后观音装像》香港故宫文化博物馆

清 白玉团花纹盖罐
香港故宫文化博物馆

清 斗彩云龙纹双耳扁壶
香港故宫文化博物馆

清 粉彩勾莲纹天球瓶
香港故宫文化博物馆

清 花蝠纹簪
香港故宫文化博物馆

清 乾隆款搅玻璃撇口瓶
香港故宫文化博物馆

清 金錾云龙纹执壶
香港故宫文化博物馆

清 菊花纹钿子
香港故宫文化博物馆

清 青玉灵芝佛手式花插
香港故宫文化博物馆

清 青玉携琴访友图山子
香港故宫文化博物馆

清 寿字纹十八子手串
香港故宫文化博物馆

清 松石绿地矾红彩云蝠纹葫芦瓶 香港故宫文化博物馆

清 文竹金漆里柿子式盒
香港故宫文化博物馆

清 行书兰亭诗句碧玉双面小插屏
香港故宫文化博物馆

清 玉异兽觥式壶
香港故宫文化博物馆

清 道光款粉彩粉青地开光百子花卉执壶 沈阳故宫博物院

清 点翠钗
沈阳故宫博物院

清 粉彩三友花卉笔筒
沈阳故宫博物院

清 嘉庆款粉彩瓜蝶盘
沈阳故宫博物院

清 康熙款黄釉锥把瓶
沈阳故宫博物院

清 仿康熙款绿釉夔龙纹蒜头瓶
沈阳故宫博物院

清 蓝玻璃画勾莲纹花瓶
沈阳故宫博物院

清 蓝玻璃鸡冠口双耳瓶
沈阳故宫博物院

清 掐丝珐琅勾莲凤耳大花觚
沈阳故宫博物院

清 乾隆款豆青釉胭脂红绶带葫芦瓶 沈阳故宫博物院

清 乾隆款粉彩九桃瓶
沈阳故宫博物院

清 乾隆款画珐琅双螭耳圆柱形灯檠 沈阳故宫博物院

清 乾隆款绿釉盖罐
沈阳故宫博物院

清 青玉浮雕串枝莲兽耳活环四足洗 沈阳故宫博物院

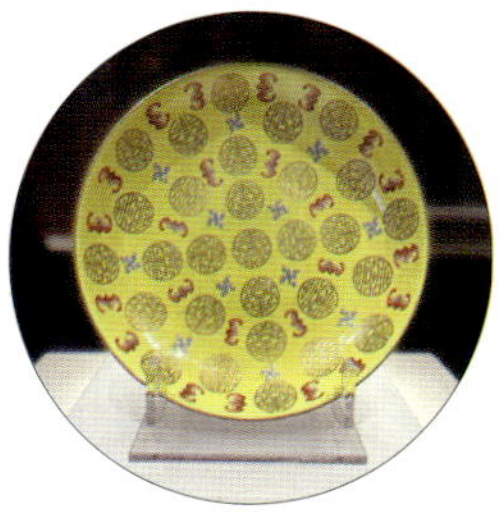
清 同治款黄地红蝠金彩团寿字纹盘 沈阳故宫博物院

图书在版编目（CIP）数据

中国故宫全书 / 红糖美学著. -- 武汉：华中科技大学出版社，2024. 10 . --（中国瑰宝系列）.
ISBN 978-7-5772-1126-8
Ⅰ. K928.74
中国国家版本馆CIP数据核字第2024N2168X号

中国故宫全书
Zhongguo Gugong Quanshu

红糖美学 著

出版发行：华中科技大学出版社（中国·武汉） 电话：（027）81321913
华中科技大学出版社有限责任公司艺术分公司 （010）67326910-6023
出 版 人：阮海洪

责任编辑：张 颖 谢林霞 张 洋 封面设计：李静娴
责任监印：赵 月 张 丽

制 作：北京玉平文化传媒有限公司
印 刷：北京兰星球彩色印刷有限公司
开 本：765mm × 1092mm 1/8
印 张：76
字 数：664千字
版 次：2024年10月第1版第2次印刷
定 价：998.00元

华中出版

本书若有印装质量问题，请向出版社营销中心调换
全国免费服务热线：400-6679-118 竭诚为您服务